KB149874

미래의
맑스주의

미-래의 맑스주의

초판 1쇄 발행 __ 2006년 3월 30일
초판 2쇄 발행 __ 2006년 4월 30일

지은이 __ 이진경
펴낸이 __ 유재건
주 간 __ 김현경
편집장 __ 이재원
편 집 __ 홍승호, 박순기, 주승일
마케팅 __ 노수준, 김하늘
제 작 __ 유재영
경영지원 __ 인현주

펴낸곳 __ 도서출판 그린비 · 등록번호 제10-425호
주 소 __ 서울시 마포구 신수동 115-10
전 화 __ 702-2717 · 702-4791
팩 스 __ 703-0272
E-mail __ editor@greenbee.co.kr

책값은 뒤표지에 있습니다.
Copyright ⓒ 이진경
저작권자와의 협의에 따라 인지는 생략했습니다.
이 책은 저자와 그린비의 독점계약에 의해 출간되었으므로
무단전재와 무단복제를 금합니다.
ISBN 89-7682-960-3 04100

미래의 맑스주의

이진경 지음

그린비

:: 차 례

| 일러두기 |

1 이 책의 주는 크게 인용주와 내용주로 구분되어 있다. 인용문의 출처를 밝혀 놓은 인용주는
일련 번호(1, 2, 3 ……)로 표시되며, 후주로 처리되어 있다. 내용주는 각주로 처리하였으며,
별표(*)로 표시되어 있다.

2 각주에 있는 인용은 괄호 안에 저자명, 서명, 인용 쪽수 순으로 정리했다. 구체적인 서지사항
은 이 책 뒤에 붙인 〈참고문헌〉에 모두 정리되어 있다.

3 인명이나 지명, 그리고 작품명은 〈국립국어연구소〉에서 2002년에 펴낸 '외래어 표기법'에 근
거하여 표기했다. 단, 이미 관례적으로 쓰이고 있는 표기는 관례를 그대로 따랐다.

4 단행본·전집·정기간행물 등에는 겹낫표(『 』)를, 회화·사진·정기논문 등에는 낫표(「 」)를
사용했다.

0

서문

흔히 오해되는 것과 반대로 들뢰즈/가타리는 유목민을 이주민과 구별하여 '움직이지 않는 자'라고 정의한 바 있다. 돈을 벌기 위해 3일이 멀다 하고 비행기를 타고 이동하는 이른바 '디지털 노마드'나, 모든 국경을 넘어 돈 되는 곳이라면 어디든 가는 투기적인 자본들, 혹은 돈 되는 거라면 혁명이라도 좋다고 상품화하려 덤벼드는 장사꾼들, 좀더 좋은 자리를 찾아 끊임없이 이동하고자 하는 소위 '잡 노마드'(Job Nomad, Jobhopper)들, 어딜 가든 단물을 다 빨아먹곤 또 다른 단물을 찾아 다른 곳으로 이동하는 자들. 이들은 끊임없이 움직이고 이동하지만 그 모든 이동이 오직 하나의 목적에 종속되어 있다는 점에서 유목민이 아니라 정착민이고, 잘 해야 이주민일 따름이다. 유목민은 불모가 된 땅을 버리고 떠나는 이주민이 아니라, 거꾸로 불모가 된 땅에 달라붙어 거기서 살아가는 방법을 창안하는 자고, 그럼으로써 불모의 땅을 새로운 창조와 생성의 땅으로 변환시키는 자다. 유목민이 '움직이지 않는 자'라는 것은 바로 이런 의미에서다.

사회주의 붕괴 이후 맑스주의가 불모의 땅이 되어버렸다는 것은 굳이 설명하지 않아도 모두 아는 사실이다. 그 불모의 땅을 버리고 많은 사람들이 떠났다. 어떤 이는 '역쉬 시장이야'라며 자본주의, 자유주의로 떠났고, 어떤 이는 '그나마 덜 나쁜 건 사회민주주의지'라며 복지국가를 찾아 떠났고, 또 어떤 이는 '건전한 우익'을 자처하며 '책임 있는 정치가'의 자리를 찾아 북을 치고 나발 불며 요란하게 떠났다.

　　그러나 이 '똑똑한' 이주민들보다 미련스레 아직도 그 불모가 된 땅에 남아서 헤매듯이 길을 찾고 있는 바보 같은 유목민들이 적지 않음을 나는 알고 있다. 떠날 줄 모르는 유목민, 그 불모의 땅에서 살아가는 길을 찾고 있는 유목민들이 있음을 나는 잘 알고 있다. 그리고 아마도 무언가 새로운 것을 창조하는 것은, "저 '바보'들이 지금 무얼 얼마나 찾아냈는가"를 묻는 것으로 떠난 자신의 현명함을 증명하려는 사람들이 아니라, 아직 아무것도 보이지 않지만 우직하게 그 폐허를 뒤지고 황폐한 절망을 파헤치는 사람들일 것임을 나는 확신한다.

　　떠나는 사람들은 종종 '떠나는 용기'에 대해 말한다. 낡은 이념을 버리는 것도, 새로운 '전망'을 찾아 떠나는 것도 용기를 필요로 한다고. 물론 낡은 것을 버리는 것도 용기가 필요하다. 그러나 낡고 실패한 것을 버리는 데 무슨 대단한 용기가 필요하단 말인가? 진정 용기가 필요한 '떠남'이 있다면, 그것은 '실패'를 떠나는 게 아니라 '성공'을 떠나는 것이고, 가치 없는 것을 버리는 게 아니라 가치 있는 것을 버리는 것이다. 그게 아니라면 차라리, 남들이 보증하는 밝은 미래를 찾아가는 것보다는 새로운 종류의 희망을 찾기 위해 절망의 심연 속으로 뛰어드는 것이, 실패를 던져버리기보다는 그 거대한 실패를 자신의 것으로 받아들이고 그 실패를 살아가고 사유하는 것이, '그나마 덜 나쁜 것'을 선택하는 보증된 편안함보다는 아무것도 보장하진 않지만 또 다른 실패의 위험을 무릅쓰고 실낱 같은 희망을 향해 삶을 거는 모험이 진정 용기라는 말에 값하는 게 아닐까? 그렇다면 실패로 폐허가 된 땅을 떠나지 않는 미련한 자들이야말로 진정 용기있는 자들이라고 해야 하지 않을까?

그래서 나 또한 또 한 명의 유목민임을 자처한다. 불모가 된 땅, 폐허가 된 '이념'의 대지를 헤집으며 새로운 혁명(!)의 꿈을 찾는 몽상가임을 자처한다. 그리고 그 몽상을 실험하며 새로운 삶의 방식을, 그 불모의 땅을 새로운 창조의 공간으로 변환시킬 어떤 실마리를 찾고자 탐색하는 탐험가임을 자처한다. 이 책에 실린 글들은 모두 그 불모의 땅에 달라붙어 사유한 것들이다. 지진처럼 닥쳐온 거대한 붕괴의 폐허 속에서, 맑스주의가 또 다시 희망의 이름이 되길 바라며 살고 사유한 것들이다.

그러나 그것은 또한 맑스주의 외부를 통해 사유한 것들이고, 맑스주의에 외부로 남아 있는 것들에 대해서 사유한 것들이다. 그래서 아마도 그것은 대개 기존의 맑스주의를 표시하는 여러 경계선들을 넘나들고 침범하며 변경시키는 것일 것이다. 여기서 나는 맑스의 문장들을 빌려, 유물론이란 '외부에 의한 사유'로서 새로이 정의하고자 했다. 이는 유물론으로 하여금 물질이란 개념과 결별하도록 하게 했다. 맑스주의를 '노동의 인간학'이라는 근대의 인식론적 배치에서 벗어나게 하기 위한 이탈가능성의 지점을 찾고자 했으며, 맑스와 더불어 통상 맑스주의 경제학과 동일시되고 있는 '노동가치론'과 대결하고자 했다. 『자본』I권의 유명한 가치형태의 도식들 사이에 일종의 단절을 찾아내어 화폐의 권력이 작동하게 하는 메커니즘을 화폐형태의 도식에서 찾아내고자 했으며, '기계적 포섭'이란 개념을 통해 기계 또한 가치를 생산한다고 주장했고, 이로써 인간만이 가치를 생산한다는 경제학적 인간중심주의를 전복하고자 했다. 여기서 충분히 개진하진 못했지만, 맑스의 지대이론은 기계만이 아니라 토지를 비롯한 자연 전체가, 생명체가 가치를 생산한다는 명제를 가능하게 해주리라는 생각을 여기에 덧붙일 수 있을 것이다.

또한 도시의 부르주아지가 자본주의적인 계급이 아니라고 주장함으로써 부르주아지와 계급 개념, 나아가 근대 국가에 대한 고전적인 관념과 대결하고자 했다. 프롤레타리아트를 '비계급'으로 정의하고 프롤레타리아트와 노동자계급을 구별함으로써 프롤레타리아트의 계급정치학에 대해 다시 사유하고자 했다. 맑스의 사유에서 차이와 대립, 적대의 개념을 구분하고 차이가 대립 내지 적대로 전환되는 조건을 찾고자 했으며, 그것을 통해 모든 차이를 적대로 환원하는 적대의 정치학과 구별되는 차이의 정치학이 맑스주의 안에 있을 수 있음을, 아니 있어야 함을 보여주고자 했다. 나아가 코뮤주의라는 개념을 공산주의와 구별하여 재정의하면서, 동시에 그것이 '공동체주의'와 어떻게 다른지를 구별하고자 했다. 그리고 생명과학과 생태학 사이에서 생명과 공동체의 개념을 새로이 정의함으로써, 생명과 기계의 대립을 넘어서 생명과 생태학적 문제를 코뮤주의적 관점에서 다시 사유하기 위한 출발점을 찾고자 했다.

이 모든 시도에서 나는 일관되게 '외부에 의한 사유'를 하고자 했다고 믿는다. 그리고 인간과 기계, 생명과 기계의 근원적 단절을 넘어서, 그리하여 '인간'이라는 특권적인 범주, 그것의 연장으로서 '생명'이라는 특권적 범주를 넘어서 맑스주의와 코뮤주의를 사유하고자 했다. 이럼으로써 자동화와 정보화의 시대, 생명복제의 시대, 다시 말해 기계와 생명체가 잉여가치의 원천이 되고 자본에 의해 본격적으로 착취되는 시대에 인간과 기계, 생명체와 기계의 관계에 대해 근본적으로 다르게 사유할 수 있는 방법을 맑스주의가 제공해야 한다고 믿기 때문이다. 그럼으로써 환경이나 생명조차 인간을 중심으로 생각하는 태도에서 벗어나, 코뮨적 관계를 근본적으로 다른 층위에서 정의해야 한다고 믿기 때문이다. 공동체의 개념을 생명과 생태학을 가로지르는, '일반화된 기계주의' 혹은 스피노자적인 의미에서 '일반화된 자연주의'의 관점에서 재정의하고자 했던 것 역시 이런 이유에서다. 단순화하길 좋아하는 사람들이라면 이런 우리의 생각에 대뜸 '탈인간중심적 맑스주의'(post-humanist Marxism)라는 이름을 붙이려 할지도 모르겠다.

　　다른 한편 프롤레타리아트를 단지 노동자계급의 다른 이름, 결국은 자본주의 사회에서 계급의 한 종류로 정의하기보다는 차라리 '비계급'으로, 자본의 공리계에서 벗어난 모든 소수자들의 집합으로, 그러한 공리계에 반하여 변혁의 지대를 창안하는 모든 소수자들의 집합으로 정의하고자 했던 것은, 노동자계급을 자본주의 사회의 주류 계급으로 포섭하는 것이 일반화된 현금의 자본주의 세계에서 노동자계급 외부에서 새로이 생성되는 소수자들의 문제가 새로운 정치적 첨점으로, 새로운 정치학의 화두로 사유되어야 한다는 생각 때문이다. 그러한 소수자의 정치학을 통해 노동자계급의 운동이 다시 사유되어야 한다는 생각 때문이다. 노동자계급을 다수자(majority)로 만드는 부르주아지의 전략에 반하는, 프롤레타리아트의 소수-화(becoming-minor)의 전략이, 노동운동의 '소수-화 전략'이 중요하다는 생각 때문이다. 노동자계급도 프롤레타리아트화되어야 하고, 프롤레타리아트도 프롤레타리아트가 되어야 한다는 생각이다. 이로써 사회주의와 대비하여 코뮨주의를 정의할 수 있으리라는 생각이다.

그런데 앞서 말한 것처럼 인간중심주의를 벗어나서 생산과 착취의 문제를 사유할 수 있다면, 그리고 자본주의 사회의 소수자를 오직 인간으로 한정하는 우리의 통념에서 벗어날 수 있다면, 인간중심주의를 벗어난 맑스주의와 이러한 소수화의 전략이 연결되는 지점을 탐색하는 것은 결코 어이없는 공상이 아니라, 생명공학과 기계적 생산의 시대에 탈인간중심적 정치학이 작동해야 할 새로운 사유의 지대를 드러내줄지도 모른다. 우리는 인간의 경계를 넘어서 프롤레타리아트를 사유해야 할지도 모르며, '기계주의적'(machinistique) 프롤레타리아트, 혹은 '자연주의적' 프롤레타리아트에 대해서 정의할 수 있어야 하는 건지도 모른다. 프롤레타리아트를 '인간'으로부터 탈영토화하는 문제에 대해 진지하게 검토해야 할지도 모른다. 하지만 이는 아직 대답이라기보다는 질문으로 남아 있다. 이는 내가 이 책을 통해 독자들에게 던지고 싶은 질문이고, 독자들과 함께 풀어나가고 싶은 질문이다.

맑스주의의 경계를 침범하고 범람하는 이러한 주장들은 필경 기존의 맑스주의에 익숙한 사람들로선 아주 불편하고 당혹스러운 것일 게 분명하다. 맑스주의 자체를 위협하는, 위험하고 불온한 것으로 보일지도 모른다. 그러나 나는 거꾸로 그 '불온함'에 희망을 걸고 싶다. 맑스주의란, 혹은 맑스적 사유란 언제나 불온한 것이 아니었던가! 맑스적 사유의 불온함이란 언제나 기존의 것, 지배적인 것을 전복하여 다른 것으로 변혁하려는 힘의 표현이 아니었던가! 불온함이란 현재의 것을 다른 방향으로 비트는 잠재적 힘의 감응(affect)이 아닐까? 그렇다면 불온함의 강밀도는 그러한 사유의 포텐셜(potential)을 표현한다고 말해도 좋지 않을까? 지금 현재 주어진 세계뿐만 아니라 지금 현재의 자기 자신 또한 변혁하려는 끊임없는 혁명과 이탈의 시도야말로 맑스적 사유에 특이적인(singular) 포텐셜이 아닐까? 그렇다면 정통성이 제공하는 '안정성' 내지 '안전성(!)' 이야말로 이 불온한 사유를 표준화하고 평균화함으로써 그러한 불온성을 거세하고 삭감했던 것이라고 해야 하지 않을까?

나는 이 책의 불온함이 이 책을 읽는 분들의 또 다른 불온함을 촉발하고 증식시키길 바란다. 그것이 또 다른 종류의 불온한 사유를 생산하길 바란다. 그 불온한 사유가 다시 내게 다가와 또 다른 사유의 길이 있음을, 또 다른 삶의 방향이 있음을 알려주고 촉발하길 기대한다. 그리하여 불온한 사유가 이 불모의 땅에 새로운 삶/생명으로 퍼져나가, 우리가 발딛고 선 대지 전체를 다시금 불온하게 뒤흔들게 되기를 기대한다.

'미-래(未-來)의 맑스주의' 란 블로흐(E. Bloch) 식의 어법으로 말하면 '아직-오지-않은' 맑스주의다. 그것은 아직 오지 않았지만 이미 충분히 다가온 맑스주의, 그렇기에 현재 주어진 것을 이미 변형시키고 이탈시키기 시작한 맑스주의다. 기-존의 사유로 결여된 자리를 메우며 이동하는 빈곤한 맑스주의가 아니라, 불온성의 감응을 동반하는, 새로운 이탈의 포텐셜로 충만한 맑스주의일 것이다. 맑스주의에 풍요의 요소를 추가하는. 따라서 그것은 단지 지금까지 없었던 맑스주의, 그저 새로운 것을 찾는 맑스주의, 부재하던 맑스주의를 뜻하지 않는다. 그것은 맑스주의에서 아직 사유되지 않은 것을 사유하는 맑스주의고, 그런 방식으로 '도래할 맑스주의' 다.

사실 자신에게 주어지는 새로운 현실 속에서, 그 변화된 외부를 조건으로 사유하는 것이 맑스주의라면, 맑스주의는 언제나 지금까지 없었던, 그러나 사유하지 않으면 안 될 것을 사유하는 것이어야 할 것이고, 따라서 항상-이미 미-래의 사유를 담는 맑스주의, 미-래의 맑스주의여야 할 것이다. 이런 의미에서 미-래의 맑스주의는 기존의 맑스주의 안에 없는 것, 혹은 기존의 맑스주의에서 산출된 것들을 침범하고 변형시키는 것이란 점에서 현재의 맑스주의 내지 과거의 맑스주의와 대결하는 미래의 맑스주의일 것이다. 그러나 동시에 그것은 언제나 자신이 현재 대면하게 된 현실 속에서 사유하고 대결하는 가운데 아직 보이지 않던 것을 보이게 하고 아직 사유되지 않았던 것을 사유하게 하는 것일 것이고, 정확히 이런 의미에서 현재의 맑스주의라고 해야 할 것이다. 희망이 이처럼 아직 오지 않았지만 이미 충분히 현재의 시간 속에서 작동하는 변혁과 이탈의 성분을 뜻하는 한, 미-래의 사유로서 맑스주의란 언제나 희망의 일반적 이름으로 존재하게 될 것이다.

2006년 3월 6일
이진경

1부

도래할

맑스주의?

백남준, 「끈에 매인 바이올린」(Violin with String), 1975

바이올린은 바이올린이 아니다.
특정한 관계 속에서만 그것은 바이올린이 된다.

1

외부에 의한 사유, 혹은 맑스의 유물론

1. 유물론이란 무엇인가?

맑스가 유물론자라는 것에 이견이 있을 수 있을까? 좌익이든 우익이든, 유물론을 좋아하든 싫어하든, 혹은 유물론을 무엇이라 생각하든, 이를 부인할 사람은 없을 듯하다. 그렇다. 맑스는 분명히 유물론자다. 스스로 자신이 유물론자임을 자처했으며, 유물론적으로 사유하고자 했다. 그의 박사학위논문은 고대 그리스의 유물론자인 데모크리토스와 에피쿠로스에 대한 연구였고,[1] 그가 자신의 사유를 시작했던 것은 헤겔 철학이라는 '관념론'을 비판하는 작업과 더불어서였다.[2] 이 시기 그의 저술에서 '관념론'이라는 말은 쉽게 말해 '나쁜 것'의 총칭이었다.

그런데 이때 유물론이란 대체 무엇인가? 그것이 세계를 보는 관점이라면 대체 어떻게 세계를 보는 관점이고, 그것이 사유방법이라면 대체 어떤 사유의 방법인가? 흔히들 말하듯 물질의 일차성을 인정하고 세계의 객관적 실재성을 믿는 관점인가? 의식과 관련된 모든 것을 물질로 환원하여 설명하는 방법인가?

그러나 유물론이 물질의 일차성을 인정하는 태도나 정신적인 것을 물질적인 것으로 환원하여 설명하는 방법이라면 유물론자가 되는 것은 너무도 쉬운 일 아닌가? 이런 종류의 유물론자가 되기 위해 많은 시간을 들여 고대 유물론을 연구하고 헤겔의 관념론을 비판한 것이라고 본다면, 그것은 맑스를 바보 취급하는 것이거나 현학적인 취향의 고약한 지식인으로 간주하는 게 아닐까? 그것은 맑스 이전에도 이미 있었던 것이고(철학의 역사가 유물론과 관념론의 투쟁의 역사라면, 유물론은 맑스 이전에 이미 있었음이 분명하다), 지금 우리가 그러하듯이 맑스 역시 인정하고 받아들이면 되는 것일 뿐이기 때문이다.

그렇다면 유물론은 정치나 이데올로기 등의 문제를 물질적 생산의 심급으로 환원하여 사유하고 연구하는 방법인가? 물론 맑스의 '역사유물론'이 수립된 『독일 이데올로기』나 이후의 저작에서 이런 식의 문구를 찾아내는 것은 쉬운 일이다. 아니, 그것은 「헤겔 법철학 비판 서문」에서 종교와 현실의 관계에 대해 말하는 부분에서 이미 나타나는 사유방법이다. 그것이 맑스주의 전통에서 역사유물론에 대한 공식적인 관념으로 이해되었음 또한 사실이다.

그러나 그것은 지금이라면 누구나 '경제주의'라고 비판해 마지않는 단순하고 조악한 연구방법 아닌가? 이러한 단순명쾌하지만 조악한 사유방법에 유연성을 부여하기 위해, 가령 알튀세르는 경제적 심급으로부터의 '상대적 자율성'을 주장하고 "경제라는 최종심급의 고독한 시간은 결코 오지 않을 것"임을 선언하지 않았던가? 그 경우 '물질의 일차성'을 '경제의 일차성'으로 치환해버린 유물론에는 과연 무엇이 남게 될까? 경제의 결정적 지위가 제거된 경제주의, 그것은 아무것도 아님을 뜻하지 않을까? 거기서 유물론이란 대체 무엇을 뜻하는 것일까? 오지 않을 최종심급의 자리에 물질이나 경제를 할당하여 그것의 지고성을 인정하는 신념의 일종일까? 경제라는 최종심을 계급이익으로 대체함으로써 사태가 달라질 것이라고 기대하지는 말자.

이런 난점을 젖혀둔다고 해도, 이는 유물론이라는 철학적 태도보다는 차라리 알튀세르라면 '과학'이라고 불렀을 역사유물론의 정의에 해당되지 않는가? 그렇다면 다시 질문이 던져져야 한다. 이런 역사유물론에서 '유물론'이란 대체 무엇인가? '역사' 없는 '유물론'이 있을 수 있는가? 여기서 우리는 다시 통념처럼 '물질의 일차성에 대한 믿음'으로, 사물의 객관성에 대한 신념으로 되돌아가야 하는가? 그런 유물론에게 '역사'란 대체 무엇일까? 더구나 레닌이 말했고[3] 알튀세르가 다시 강조했듯이[4] 철학적 범주로서의 '물질'이란 과학의 대상인 '물질' 개념과 달리 아무런 내용도 갖지 않는데, 그런 유물론에 '역사'가 있을 수 있는가?

어쨌건 우리는 '물질의 선차성'과 '대상의 인식가능성'을 통해 정의되는 유물론이란 관념으로 반복하여 되돌아가고 있다. 그것이 매우 자명해보이고 이해하기 쉽다는 점이 그것이 포함하고 있는 근본적인 난점들을 쉽게 가려버리기에, 그리고 그러한 정의에 엥겔스와 레닌이라는 이름이 새겨져 있기에 우리는 그 통념적인 정의에 쉽게, 즉 안이하게 안주한다. 이런 의미에서 유물론이란 구체적인 사유의 과정에서 사용되는 어떤 방법이라기보다는 차라리 세계의 물질성이나 객관성에 대한 믿음의 문제와 결부된 것처럼 보인다.

이러한 소박한 유물론의 관념을 넘어서 유물론을 정의하려는 시도는 그동안 별로 없었던 것처럼 보인다. 맑스주의에서 유물론이 차지하는 중요성에 비추어 본다면, 그리고 통상적인 유물론의 개념이 너무도 소박하다는 점을 고려한다면 이는 차라리 기이하다고 해야 할 듯하다. 레닌의 유물론 개념을 철학적으로 해명하려 했던 알튀세르의 훌륭한 논문조차,[5] 유물론이란 무엇인가 하는 물음보다는 철학이란 무엇인가를 묻는 질문에 의해 과잉결정되어 있었다. 거기서 그는 물질이란 철학적 범주와 관련해 중요한 명제를 제기하지만, 유물론이 무엇인지를 다시 사유하지는 않는다. 다만 과학과 정치라는 두 심급과의 관계 속에서 맑스주의 철학을 철학적 실천으로 정의하고 있을 뿐이다.

물질을 통념적인 대상으로 표상하든, 아니면 개념적 내용이 없는 철학적 범주로 정의하든, 유물론을 적극적인 사유의 방법으로 영유하는 데는 별로 도움이 안 된다. 비록 나중에 다시 끌어들이는 한이 있더라도, '물질'이란 말로부터 유물론을 해방시켜 주지 않고서는 유물론에 대한 적절한 정의에 이를 수 없다는 것이 우리의 생각이다. '물질'이라는 말 없이 유물론을 정의하는 것. 그러나 '물질 없는 유물론'이라는 역설적 문구에 멈출 순 없다. 실제로 사유의 방법으로, 변혁을 사유하는 무기로 유물론을 벼리어내기 위한 적극적이고 긍정적인 정의를 찾아야 한다.

미리 결론부터 말하면, 유물론이란 "외부에 의한 사유" 혹은 "외부를 통한 사유"로 정의되어야 한다. 우리는 맑스의 역사유물론이 바로 이러한 유물론의 정의에 정확하게 부합한다고 믿는다. 유의할 것은 거기서 '역사'라는 말은 어떤 것의 본질을 규정하는 조건들의 집합, 따라서 그것이 달라지면 그 본성 역시 달라지는 조건들의 집합이다. 이런 점에서 그것은 어떤 것의 본성이 내부에 있는 게 아니라 통상 '역사'라고 불리는 외부 조건들에 기대고 있음을 표현한다. 이런 점에서 역사유물론에서 '역사'란 바로 이런 '외부성'과 관련된 말이지, 우리가 통상 표상하는 식의 역사, 즉 과거에서 현재로 이어지는 사실들의 시계열적 집합이 아니다. 따라서 유물론은 처음부터 항상-이미 역사유물론이다. 다시 말해 우리에게 역사유물론이란 역사를 대상으로 하는 과학의 한 종류가 아니라, 외부에 의해 사유하는 방법을 지칭하는, 맑스에 의해 명료화된 유물론 자체의 이름이다.

그러나 당장 제기될 반론은 그런 정의가 아무리 타당하다 해도 그 것을 굳이 '유물론'이라고 명명할 이유가 있는가 하는 것이다. 이는 우리가 '외부'라는 말로 표현하려는 것에 대해 약간의 부연을 요구한다. 우리가 이전에 유물론을 그런 식으로 정의하면서 말했던 것을 다시 인용하는 것이 적절할 듯하다.

외부, 그것은 그것을 상대하는 자가 **자신의 뜻대로 할 수 없는 조건**이고, 그런 의미에서 딜타이(W. Dilthey)의 말을 빌리면 의지나 의식에 하나의 '저항'으로 다가오는 것이다. 그런 한에서 그것은 **관념론의 절대적 한계**를 표시하는 지대인 셈이다. 어떤 사상도 그 외부를 가지며, 그 외부를 통해 형성되고 작동한다. 아니, 어떤 사상도 그 외부를 나름대로 수용하고 사용하는 방식으로 형성되고 이해된다. 그런 의미에서 이 외부는 모든 사상의 내부에 자리잡고 있다. 외부는 모든 사상, 모든 철학의 내적인 조건이다.

하지만 철학은 자신의 모든 사유에 내부성을, 형식을 부여하고자 한다. 즉 특정한 조건과 결부된 사유로 다루기보다는 보편적이고 일반적인 것으로, 사유 자체의 내적 성질로, 혹은 인간이나 주체 자체의 보편적 양상으로 서술하고자 한다. 마치 **어떤 조건과도 무관한** 보편적 진리를 자신이 설파하고 있는 것처럼 말하고자 한다. 아마도 바로 이 순간이 철학이 세계와 분리되고 이별하는 시점일 것이다. 바로 여기가 관념론이 시작되는 지점이다.

반면 외부를 통해 사유하고자 하며, 외부에 의해 사유하고자 하는 시도들 또한 반복하여 존재한 바 있다. 맑스가 사용했던 '유물론'이라는 말에 다시금 어떤 신뢰를 부여할 수 있다면, 이는 가령 자본주의라는 조건 속에서만 인간을, 노동을, 삶을 사유할 수 있다는 원칙, 그런 조건에 의해 형성되는 관계의 변화만이 사태를 적절하게 설명해주리라는 신념 때문일 것이다. 이런 점에서 나는 맑스주의나 유물론을 **외부를 통한 사유**, 혹은 **외부에 의한 사유**로 정의하고자 한다."[6]

이러한 유물론의 정의에 대해서 아마도 좀더 많은 해명이 필요할 것이다. 우리는 이미『맑스주의와 근대성』에서 이러한 '외부' 개념이 맑스의 정치경제학 비판에서 갖는 중요성을 강조한 바 있으며,[7]『자본을 넘어선 자본』에서 이러한 방법을 통해서『자본』을 일관되게 독해하려고 시도한 바 있다.[8] 하지만 이러한 유물론의 정의는 맑스는 물론 다른 어떤 맑스주의자들에 의해서도 제시된 적이 없다는 점에서, 타당성 여부를 떠나서 그것이 정말 맑스적인 유물론인가 하는 의문을 피할 수 없다. 하지만 맑스가 관념론과 대결하면서 넘어서고자 했던 것이 무엇이었던가를 본다면, 그리고 그가 자신의 유물론적 사유를 드러내는 지점을 주의깊게 살펴본다면, 이러한 의문에 긍정적으로 답할 수 있으리라고 믿는다. 그리고 그것은 유물론을 정의하게 해주는 '외부'의 개념적 요소들을 부분적이나마 드러내줄 것이다.

2. 관념론, 혹은 내부화하는 사유

1) 내부화

'내부'에 있다는 것은 무엇인가? 그것은 **어떤 경계 안에, 어떤 하나의 원리나 법칙, 메커니즘이 작용하는 영역 안에 있음**을 뜻한다. 의식 안에 있음은 의식의 작용 안에 있음이고, 의식의 범주나 활동 안에 있음이다. 혹은 철학적인 의미에서 그것은 의식을 지배한다고 가정되는 어떤 원리 내지 법칙, '이성'이라고 불리는 법칙 안에 있음이다. 국가의 내부에 있음은 국경선 안에 있음이 아니라 그 국가의 국민으로 규정하는 여러 가지 법적 규정이 작용하는 영역 안에 있음이다. 국민이란 규정은 국경을 벗어나 여행을 하거나 이주를 해도 그 국가의 법적 규정이 그대로 유효함을 의미하며, 따라서 어떤 나라 안에 들어가 살더라도 그런 법적 규정의 유효성을 얻지 못하면 그는 여전히 그 국가 외부에 있는 존재고, 비-국민인 것이다.[*]

관념론이 의식 바깥의 대상이 갖는 실재성을 부인하는 것이라고만 생각하는 것은, 유물론이란 오직 의식 바깥에 물질만이 존재한다고 생각하는 것만큼이나 바보 취급하는 것이다. 제대로 된 유물론 역시 의식의 존재와 힘을 부정하지 않는 것처럼, 제대로 된 관념론 역시 의식 바깥의 실재의 존재와 힘을 부정하지 않는다. 일단 통상적인 유물론이 유물론인 것은 의식을 언제나 그 외부의 물질성과 관련해서만 다루기 때문이지 의식을 부정하기 때문이 아니다. 마찬가지로 관념론이 관념론

---

[*] 이런 의미에서 의무는 물론 권리라는 개념 자체는 항상 어떤 경계 내부에 있는 사람들을 다루는 개념이고 사람들을 그 경계 안으로 내부화하는 개념이다. 시민권이든, 인권이든 사태는 다르지 않다.

인 것은 그 실재를 언제나 의식과 관련된 실재로만, 의식의 활동과 관련해서만 다루기 때문이다. 책이 저자의 정신적 활동의 산물인 것처럼, 조각품은 조각가의 감각-의식의 산물이고, 자전거는 생산자의 합목적적 활동의 산물이다. 이런 의미에서 이 모든 것은 의식의 내부에 있으며, 의식을 통해 생산되는 것, 의식이 '외화'된 것이다.*

따라서 관념론이란 모든 것을 그 관념의 **내부에** 존재하는 것으로, 의식의 **내부에** 존재하는 것으로 다루는 방법이라고 말할 수 있다. 통상 이성이나 '논리'라고 불리는 관념의 법칙들에 의해 포착되고 그것에 따라 사유되고 해석되는 경우, 우리는 그 대상이 의식 내지 관념의 내부에 있다고 말할 수 있다. 물론 많은 것들이 의식 내지 관념 안에 있다. 그러나 또한 많은 것이 그 바깥에 있다. 유물론이란 많은 것이 의식 외부에 존재한다고 말할 뿐 아니라, 의식 안에 있는 것은 물론 의식 자체 또한 그 외부에 있는 것에 의해 규정된다고 말하지만, 관념론은 그 반대로 말한다. 그것은 의식 외부에 있는 것들, 혹은 의식에 의해 통제되지 않거나 이성적 논리의 원리 바깥에 있는 것을 의식 내부로 포섭하고 포획한다.

맑스는 헤겔의 관념론이 이를 전형적으로 보여준다고 생각한다. 가령 그는 헤겔의 법철학에 대한 비판적 주석들 속에서 헤겔이 국가나 정치라는 현실적 활동의 영역을 논리학의 법칙 내부에 존재하는 것으로 설정하고 있음을 지적한다. "그는 자신의 사유를 [의식 외부의] 대상으로부터 전개하지 않고, 오히려 스스로 완결된 또는 논리학의 추상적

---

*이런 의미에서 가령 건축가와 벌이 생산한 집을 비교하여 노동의 본질을 합목적적 활동이라고, 시작하기 전에 이미 끝을 가지고 시작한다고 하는 노동의 정의는 정확하게 헤겔적인 것이고 관념론적인 것이다.

영역 속에서 **스스로 완결된 사유에 따라서** 대상을 전개한다."[9] 국가 내지 정치학과 결부된 모든 것들이 논리학적 범주들의 논리적 순서에 따라 적용되고 배열된다. 다시 말해 모든 정치적 현상들은 논리학 내부에 있는 것으로 간주된다. 따라서 "논리가 국가를 증명하는 데 봉사하는 게 아니라 국가가 논리를 증명하는 데 봉사한다".[10] 이는 자연학의 경우도 다르지 않다. 『엔치클로페디』(*Enzyklopädie*)의 배열은 매우 상징적이다. 거기에는 가장 먼저 논리학이 등장하고, 그것을 자연에 적용한 것으로서 자연철학이, 그리고 사회에 적용한 것으로서 법철학이 배열된다. 헤겔 철학의 체계 전체를 요약하고 있는 이 책은, 그의 철학에서 자연이나 사회 모두가 이성의 법칙, 관념의 법칙인 논리학 **내부에** 정확하게 자리잡고 있음을 보여주고 있다.

나중에 엥겔스에 의해 '현실적인 것'이란 개념과 더불어 적극적으로 해석된 바 있지만,[11] 헤겔에게 '이성적인 것'이란 바로 이 이성의 법칙들 안에 자리잡고 있음을 뜻하는 것이고, 그렇기에 논리적 범주들의 이행과 운동에 따라 변형되고 변환됨을 함축하는 것이다. 그런 점에서 이성적인 것이란 말이 변화의 가능성을 함축하는 경우에도, 그것은 이성의 법칙 내부에서, 그 이성의 법칙을 따라서 진행되는 것이다. 물론 헤겔에게 체제가 이성적(합리적)인 것은 중요한데, 그러나 이 경우 합리적이라 함은 "국가의 계기들이 추상적인 **논리적 계기들 속으로 해소될 수 있음**"을 의미한다.[12] 이렇게 관념들의 논리적 계기들 내부로 들어간 모든 것은 필연성을 획득한다. "관념성에서의 필연성이란 이념의 **그 자신 내부에서 있어서의 전개**다."[13] 따라서 헤겔의 체계에서는 어떤 것이든 논리학의 한 범주로 환원시키면, 그 다음은 논리학이 알아서 자동적으로 처리해준다. 연관된 다른 범주로 변환시켜 주고 다른 현상과의 관계를 찾아준다. 이것이 1840년대 노년 헤겔학파가 사유하던 방식이었음은 이미 맑스가 지적한 바 있다.[14]

2) 매개

그렇지만 세상일이 순조롭지만은 않은 것처럼, 정치도 그렇고, 이성의 업무 또한 순조롭지만은 않다. 마치 이성의 법칙에 반하고, 논리적 배열에 반하는 듯한 일들이 도처에 존재하기 때문이다. 가령 군주를 중심으로 이성적으로 배열된 체제에 반하여 반란을 일으키는 인민들이 있게 마련이고, '이성적'이라고 할 수 없는 일들이 발생하기 마련이다. 특히 법철학에서 군주권을 중심으로 보편적이고 이성적인 정치체제의 모델에 반하여 움직이는 인민, 보편과 반대로 특수한 이익을 위해 움직이는 인민들을 논리적으로 다루기 위해 헤겔은 '매개'의 개념을 적극 활용한다. 정치적으로는 의회가 그 매개중심으로 설정된다. "의회는 정치적 행위로서의 특수이익의 고립을 표상함으로써 특수이익이 '고립'되지 않도록 매개한다. 부분적으로는 의회 자신이 군주권의 한 부분으로 되면서, 부분적으로는 의회가 통치권을 하나의 극단으로 만들면서, 의회는 군주권이 하나의 극단으로서 고립되지 않도록 매개한다."[15]

　　매개란 이처럼 서로 극단적인 것들을 하나로 통합하고 통일하는 방법이고, 이성의 논리 바깥에 있는 것처럼 보이는 극단을 이성의 논리 안으로, 혹은 관념이나 '목적' 안으로 **내부화하는 방법**이다. 맑스에 따르면 헤겔은 법철학에서 의회의 매개를 통해 국민을 국가의 내부로 내부화하고, 정부를 국민의 내부에 있는 존재로 표상하게 한다. 이런 방식으로 매개는 극단의 입장을 내부화하여 전체를 이루는 유기적 부분으로 통합한다. 이에 대해 맑스는 헤겔의 말을 인용한다.

대립관계에 위치하면서 한 극단의 입장을 가진 특정한 계기는 동시에 **매개** 중심을 이룸으로써 한 극단이기를 중단하고 **유기적** 계기로 된다는 것은 극히 중요한 논리적 통찰에 속하는 것이다.[16]

우리는 이 말의 의미를 잘 이해할 수 있다. 가령 대중들이 국가 내지 정부에 대항하여 혁명적으로 행동할 때, 그들은 정확하게 국가의 외부에 있다. 그들은 국가나 정부가 표상하는 보편적 이익, 보편적 통치의 이념 바깥에서 그것을 공격하고 있는 것이다. 이것이 단지 극단으로서 매개 없이 존재하는 한, 그것은 국가를 전복하고 그것의 체계를 와해시킨다. 반면 정부나 군주와 이들 국민 사이의 중간에서 매개로서 작용한다면, 그리하여 국민의 '특수이익' 만큼이나 군주의 이익 역시 특수한 것으로 극단화시키고, 그 양극단의 중간에서 양자를 매개하고 조정한다면, 인민대중은 그것을 통해 국가 내부로, 그 내부에서 자신의 특수이익을 조정하며 관철하는 내부자가 된다. 노동조합이 노동자와 자본가 사이의 매개가 되는 것도 이와 동일한 방식으로 이해할 수 있다. 이런 점에서 합리적이고 유기적인 체계로서 국가는, 그리고 그 국가의 각 부분을 체계화하는 "헌법은, 본질상 하나의 매개체계다".[17]

하지만 이러한 매개의 논리적 메커니즘이 모든 것을 하나로 엮는 잡식성의 내부화 방법임을 맑스는 지적한다. "군주는 입법권 안에서 통치권과 의회적 요소 사이의 매개중심을 형성해야 한다." 그러나 군주가 일면적 극단이 되는 것을 피하기 위해 의회적 요소가 필요하다고 했는데, 다음에는 바로 그 군주가 통치권과 의회 사이의 매개가 되어준다. "때로는 극단의 역할을, 때로는 매개중심의 역할을 교대로 연출하는 이러한 극단의 철저한 불합리성이 바로 여기서 발생한다."[18] 극단이 되었다가 중간이 되었다가, 이때는 이 얼굴, 저때는 저 얼굴로 바꾸는 "야누스적" 방법으로 인해 매개는 사실 못할 일이 없게 된다. 어느 것이든 연결하여 하나로 통합할 필요만 있다면, 어느 것이든 끌어들여 내부화할 필요만 있다면, 매개는 신이 나서 작동한다. "그러나 통치권이 실로 군주와 의회적 요소 사이의 매개중심이다. 그리고 의회적 요소는 군주와 시민사회 사이의 매개중심이다."[19]

이런 의미에서 매개란 **서로 극단적인 위치에 있는 것, 서로 외적인 것을, 심지어 서로 다른 본질을 갖는 것조차 하나의 공통된 본질, 좀더 고양된 공통의 본질로, 하나의 보편성으로 묶어주는 것**이다. 이런 '고양'과 묶어줌의 결과 외부적인 것은 내부화된다. 부르주아지와 프롤레타리아트는 '하나의 국민'이라는 '공통의 본질'을 통해 매개되고 통일되며, 인간과 파리는 '생물'이라는 공통된 본질을 매개로 통일된다.* 그래서 맑스는 말한다. "헤겔의 주요결함은 그가 현상의 모순을 **본질 안에서의 통일**, 즉 이념 안에서의 통일로 파악하는 데 있다."[20] 이로써 "현실적 통일성이라는 가상을 정립"한다.[21]

맑스가 대립물간의 매개를 시도하는 것을 비판하는 것은 이런 의미에서 현실적 극단, 혹은 상이한 본질을 갖는 것, 서로 외부적인 것들을 하나의 추상적 본질로 통합하고 내부화하는 데 대한 비판이라고 할 것이다. 그는 현실적 대립물들의 결정적 단호함을 강조하면서, 그것의

---

* 이런 매개와 달리 알튀세르(L. Althusser)가 말하는 '과잉결정'(Overdetermination)은 본질적 요소의 효과조차 언제나 그에 외부적인 요인들에 의존하고 있음을 표현하는 개념이라고 할 수 있다(루이 알튀세르, 『맑스를 위하여』). 즉 외부적 '모순'이나 요소들이 기본적인 모순과 더불어 응축되어 내적 모순, 내적 본질로 환원될 수 없는 결과를 산출한다는 점에서, 이는 내부화와 반대로 본질의 결정마저 외부성에 열려 있음을 표현하는 개념인 셈이다.

매개가 불가능하거나 불필요하다고 말한다. 하나의 본질로 매개될 수 있는 게 아니라 대립되는 본질이기 때문이고, 서로에 대해 외부적인 것이기 때문이다. "현실적인 극단들은, 그 자신이 현실적인 극단이라는 바로 그 이유 때문에 서로 매개되는 것이 불가능하다. 그것들은 결코 매개를 필요로 하지 않는다. 왜냐하면 그것들은 대립된 본질이기 때문이다. 그것들은 상호 공통된 것을 아무것도 가지지 않는다."[22]

이런 맥락에서 맑스는 국민을 국가 내부의 특수자라고 말한 헤겔을 반박하면서, "국민이란 국가 **바깥에** 존재하는 특수자"임을 명시한다.[23] 아니, 국민과 정치의 관계에 대해 대답뿐만 아니라 질문 자체가 국가 내부에서 던져지는 것을 비판한다. 가령 개인이나 국민이라는 '경험적 보편성'이 국가의 업무에 참여하는 문제에 대해서 헤겔은 "시민사회가 대의원을 통해서 입법권에 참여하든가, 아니면 만인이 개개인으로서 직접적으로 참여해야 한다"고 하지만, 이는 물음 자체가 "정치적 국가의 추상화 내부에서의, 혹은 추상적·정치적 국가 내부에서의 물음"임을 지적한다.**

3) 외화와 '부정의 부정'

외부를 내부로 포섭하기 위해 관념론이 사용하는 또 하나의 중요한 방법은 '외화'(外化, Entäußerung)와 '부정의 부정'이다. 헤겔에게 외화란

** 칼 맑스, 「헤겔 국법론 비판」, 『헤겔 법철학 비판』, p. 167. 이와 관련해 중요한 것은 헤겔이 말한 두 가지 선택지가 아니라 "개개인이 만인으로서 입법권에 참여하든가, 아니면 개개인이 소수자로서, 비-만인으로서 입법권에 참여하거냐" 하는 것이다(같은 쪽). 전자는 개개인을 수의 문제를 떠나 전체로 다루는 것으로 "현재 자신의 존재와 자신의 행동에 의해서 대표자가 되는"(같은 책, p. 171) 것을 뜻하고, 후자는 추상적 보편성(만인의 이익)으로 환원불가능한 존재로서, 들뢰즈 식의 개념으로 말하면 '소수자'로서 참여하는 것이다.

알다시피 정신이 자신을 부정하여 자신의 '타자존재'가, 비-정신이 되는 것이다. 가령 정신이 자신을 '부정'하여 자연이 되거나 사회가 되고 예술이 되거나 정치가 되는 것이다. 사실 이렇게 외화되어야 할 필요성은 정신에 포함되지 않는 것이 존재한다는 것, 다시 말해 **정신의 외부가 존재한다는 사실** 때문이다. 절대자인 정신이 자신에 포섭되지 않은 외부를 남겨둔다는 것은, 자신의 **무능력 지대**가 존재함을 인정하는 것이다. 그것이 자신의 외부로 남아 있는 한, 정신은 절대적인 것일 수 없다.

이를 자기화하기 위해, 자신의 내부로 만들기 위해, 스스로를 그 외부로 내던진다. 그래서 외화는 그 말만으로 보자면 내부화하는 것과 반대의 의미를 갖는 것처럼 보인다. 그러나 그렇게 외화되는 것은 결국 그 외부를 자기 것으로, 자기 내부로 포섭하기 위한 것이다. 그래서 외화된 정신은 다시 그 자신을 '부정'하여 정신으로 복귀한다. 따라서 '부정의 부정'은 외화의 필연적인 짝이다. 모든 외화는 부정의 부정을 통해 정신으로 되돌아가기 위한 것이다. 이런 점에서 외화는 정신이 자신의 외부를 자기 내부로 내부화하는 가장 일반적인 방법인 셈이다.

맑스 역시 이를 정확하게 인식하고 있었다. 그가 보기에 헤겔에게서 "자연은 사유에 대해 외부적이다". 즉 그것은 '사유의 자기상실'로 나타난다. 사유가 통하지 않는 곳, 사유가 자신의 뜻대로 할 수 없는 지대, 그것이 바로 자연이다. 그 자연을 지배하기 위해 정신은 인간으로 하여금 과학적 지식을 만들어내도록 한다. 자연을 지배하는 힘으로서의 지식을. "사유는 이제 이 자연을 추상적 사고로서, 그러나 외화된 추상적 사고로 파악한다." 이런 한에서 자연은 정신의 목적론적 운동 안에 있는 자연이고, 추상적 사고 안에 존재하는 자연이며, 사유에 의해 포착되고 변형되고 지배되는 자연이다. 사유의 힘에 의해 지배되는 자연, **사유의 힘 안에 있는** 자연이다. 그리고 "끝으로 정신, 자기 자신으로 귀환하는 사유"가 나타난다.[24] 자연은 물론, 자신이 외화되어 거쳐갔던 모든 것을 자기 안에 포함한 채, 세계 전체를 자기 안에 담고서 귀환하는 것이다. 부정의 부정.

헤겔에게서 역사란 이처럼 정신 내지 이성이 역사라고 불리는 세계 속으로 외화되어, 자신의 외부에 속했던 것들, 자신과 이질적인 것들을 자신의 역사 안에 포섭하고 내부화하는 과정이다. 가령 중국이나 인도는 물론 이른바 '인디언들'의 이질적인 문화나 삶의 방식, 심지어 지하 어딘가에 묻혀 있을지도 모를 '지하인' ── 이런 존재가 있다면 ──의 삶의 방식조차 헤겔의 역사이성은 모두 끌어안을 수 있다. 어린아이에서 성인, 노년으로 이르는 생물학적 시간의 은유 속에, 혹은 미개에서 문명으로 이어지는 이성적 시간의 선형적 계열 속에 어느 한 자리를 할당하면 되기 때문이다. 역사 속에 들어간다는 것, 역사이성에 의해 내부화된다는 것은, 그 모든 이질성들을 상실하고 역사이성의 취향과 척도에 맞는 것만을 간신히 손에 든 채, 역사이성이 할당하는 자리에 들어서는 것이다. 그럼으로써 그것은 보편적 이성의 역사, '절대'라는 단어로 표시되는 신적인 이성의 내부에, 신의 나라 내부에 들어가는 '영광'을 얻게 되는 것이다.

이처럼 외화를 통해 자기 내부로 되돌아가는 이성의 여정에는 어떤 외부도 없다. 혹시 그것에 거스르는 것처럼 보이는 경우도 있지만, 사실 알고 보면 결국은 이성의 실현을 재촉하기 위해 그랬던 것임이 드러난다. 가령 자본의 초과착취에 대항하여 노동시간을 줄이기 위해 투쟁한 노동자들의 행동은, 자본가로 하여금 노동시간의 제한으로 인해 내포적 생산을 추구하게 함으로써 자본주의의 발전을 촉진시키는 결과로 귀착된다는 식의 역사 말이다. 대개는 사실들의 '적절한' 왜곡과 변형을 수반하면서 역사의 종말/목적에다 역사를 두들겨 맞추는 이런 식의 내부화 방법을 헤겔은 '이성의 간교한 지혜'(List der Vernunft)라고 불렀다. 이성의 간교한 지혜란 이성의 외부는 없음을 보증하는 개념적 도구인 셈이다.*

따라서 "외화의 역사 전체와 외화의 폐지 전체는 추상적인, 즉 절대적인 사유의 생산의 역사"에 지나지 않는다.[25] 다시 말해 모든 것을 절대적 사유의 내부에서 사유형식으로 생산하는 역사에 지나지 않는다. 정신과 그 외부의 대립은 이런 논리를 통해서 '의식과 자기의식의 대립' 즉 의식 **내부**에서의 대상과 주관의 대립이 되고, "사유 자체의 내부에 있는 현실적 감각의 대립"이 된다.[26] 남는 것은 "더이상 바깥을 향하지 않고 오직 자기 자신 안에서**만** 진행되는 추상적 사유의 운동"뿐이다.[27] 그래서 헤겔은 노동을 인간의 본질로 보지만, 이 경우에도 "노동은 외화 내부에서 이뤄지는 인간의 '향자화'(向自化, Fürsichwerden)"에 지나지 않는다. 그 노동은 합목적성이라는 관념에 의해 정신 안에서 정의되는 노동, "추상적으로 정신적인 노동이다".[28] 이런 의미에서 루카치가 정신현상학의 중심 개념이 '외화'라고 지적했던 것은[29] 어쩌면 정확한 지적이라고 해야 할지도 모르겠다. 그리고 『경제학 철학 초고』에서 맑스의 '헤겔 철학 일반에 대한 비판'이 다른 무엇보다도 외화라는, '노동'에 연원을 두는[30] 이 내부화 메커니즘을 겨냥하고 있는 것도 결코 우연은 아니라고 해야 한다.

---

* 보르헤스는 헤겔의 역사 철학만이 아니라 목적론적 방법을 사용하는 어떤 역사 서술에도 외부는 있을 수 없음을 아주 풍자적이고 반어적인 스타일로 보여준 바 있다(호르헤 루이스 보르헤스, 「배신자와 영웅에 대한 논고」, 『픽션들』).

4) 우연성

「헤겔 국법론 비판」에서 아주 흥미로운 것은, 모든 것을 이성의 논리, 필연성의 논리로 논리학적 범주에 담는 헤겔의 법철학이 사실 그가 결코 이성으로 내부화할 수 없었던 것을 내부화함으로써 발생하는 역설적 결과를 통해서 그의 논리 전체를 파국으로 몰고 간다는 점이다. 이에 대한 맑스의 비판은 아주 유머러스한 익살의 색채를 띠고 있다.

헤겔처럼 군주제에 어떤 보편성이나 멋진 필연성의 논리를 부여한다 해도, 누가 군주가 되는가는 누가 군주의 자식으로 태어나는가라는 전적으로 자의적이고 우연적인 사실에 의해 결정될 수밖에 없다. 즉 누가 군주가 되는가는 어떤 합리적 근거에 의해서가 아니라, 아무 근거 없는 우연에 의해 결정된다. 군주제의 정당성을 믿는 한, 군주제의 가장 결정적인 계기가 되는 이 근거 없는 실존을, 이 우연성을 부정할 수 없다. 헤겔은 바로 이 군주제에 이성의 이름으로 최고의 존엄성을 부여하고자 했지만, 그것은 군주의 '근거 없는 실존'에 부여된 존엄성에 지나지 않았다. 그가 군주제에 부여한 보편성은 군주의 '자연적' 개별성을 보편성으로 상찬하는 것에 지나지 않았으며, 그가 거기에 부여한 필연성은 임의적인 우연성에 필연성을 부여하는 것에 지나지 않았다.

이러한 어이없는 역전에 대한 맑스의 비판은 통쾌한 웃음을 자아낸다. 즉 헤겔에 따르면 "의지의 우연과 자연의 우연, 즉 자의와 자연에 의한 출생"이 바로 군주를 결정한다. 그러므로 "군주의 존엄성/폐하(Majesty)는 우연이다. 따라서 우연이 국가의 현실적 통일이다".[31] 출생만이 아니다. 군주에 고유하게 부여된 모든 것이 우연에 존엄을 부여한다. 가령 "은사권은 용서의 권리다. 용서는 우연적 자의의 최고의 표현이다. …… 헤겔은 보론에서 심지어 근거를 갖지 않는 결정을 용서의 원천으로서 규정한다."[32] 이런 점에서 "군주는 도처에서 우연을 대표"하며,[33] 군주의 최고활동은 누구도 침범할 수 없는 그런 또 다른 우연으로서 자신의 자식을 만드는 것이다. 따라서 "국왕의 최고활동은 생식행위"다.[34] 장자 상속권 역시 이런 우연성의 필연적인 재생산을 보장한다. 이런 점에서 "귀족의 비밀은 동물학이다".*

이성에 의해 내부화되지 못했던 것을 억지로 국가적 이성의 체제 안으로 끌어들임으로써 이제 헤겔의 정치학은 자신이 경멸해 마지않았던 자연적 야만성, 동물적 야만성을 필연화하는 체제가 된다. "자연은 헤겔로부터 받은 멸시로 헤겔에게 보복한다."[35] 이로써 헤겔 철학이 갖는 진면목이 매우 우스꽝스런 역설 속에서 드러난다. 우연적인 것에 필연성을 부여하고(우연의 필연성을 증명했다!), 우연적인 출생에 지고한 보편성을 부여하는 철학, "헤겔 철학의 완전한 무비판성"이[36] 그것이다. 그것은 "존재하는 그대로를 국가의 본질이라고" 간주하는 근엄한 실재론이 그려주는 희화다.

헤겔은 모든 것을 이성의 논리 내부로 편입시켰고, 그것들의 연관과 이행에 필연성을 부여했지만, 그 모든 것이 군주제의 가장 결정적인 계기가 우연적이라는 사실로 인해 해체되고 붕괴되는 것이다. 여기서 우리는 관념론의 피곤한 운명을 쉽게 포착할 수 있다. 그것은 모든 것을 자신의 법칙, 자신의 논리 안으로 내부화해야 한다. 물론 내부화할 수 없는 것은 가능한 한 사전에 우연이나 사소한 이탈로 배제해버려야

---

* 칼 맑스, 「헤겔 국법론 비판」, 『헤겔 법철학 비판』, p. 153. "여러 가지 최고의 국무(國務)들이 출생에 의해 여러 개인과 부합하게 되는 것은 마치 동물의 지위, 그의 특성, 생활방식 등등이 직접 동물 자신에게 있어 천성인 것과 마찬가지다. 최고의 기능들을 가진 국가가 동물적 현실성을 획득하게 된다."(같은 책, p. 152)

한다. 그러나 그럴 수 없는 것이 있다면, 그리고 그것을 하나라도 놓치게 되면, 혹은 충분히 내부화하지 못하면, 모든 이성의 논리가 바로 그 우연 하나에 봉사하는 어이없는 필연성, 웃기는 보편성으로 전락하는 것이다. 아마도 이것이 맑스가 「헤겔 국법론 비판」 전체에 걸쳐서 군주제의 우연적 존엄을 반복하여 끄집어내 비판하는 이유였을 것이다. 이런 점에서 관념론 비판은 차라리 쉬운 것일 수도 있다. 그것은 관념 내부로 포섭할 수 없는, 그렇다고 배제하거나 삭제해버릴 수도 없는 외부를 하나 찾아내는 것만으로도 힘들여 쌓은 체계 전체를 와해시킬 수 있음을 뜻하기 때문이다.

3. 외부성의 유물론

1) 형이상학과 그 외부

철학은 통상 모든 것을 하나의 원리 안에 담으려 한다. '이데아'라고 불리든, '일자'라고 불리든, '부동의 시동자'라고 불리든. 진리란 하나의 원리에 의해 모든 것을 통합하고 통일하는 데 있다는 생각이 이런 식의 생각을 표현하는 것임은 두말할 것도 없다. 하나의 원리 안에 모든 것을 담는 것이 단지 철학자들만의 꿈은 아닐 것이다. 모든 것을 하나의 원리로 귀착시키려는 욕망은 모든 것을 신이라는 '일자'(The One) 안에 담으려는 신학적 욕망이기도 했다. 모든 것을 하나의 원리 안에 담는 것을 통상 '형이상학'이라고 부른다. 이런 의미에서 서양에서 철학의 역사는 형이상학의 역사였으며, 본질적으로 모든 것을 신이라는 최초의 원인으로 환원하려는 것이었다는 점에서 신학적인 것이었다는 하이데거의 지적은[37] 이런 사태를 적절하게 요약해주고 있다.

맑스의 유물론은 바로 이 형이상학적 사유방법과 대결한다. 맑스는 하나의 원리 안에 모든 것을 포괄하려는 사고방식 자체를 비판한다. 그런 비판을 통해 제대로 된 '진리', 제대로 된 '형이상학'을 완성하려 한 시도가 맑스적 사유와 아무런 상관이 없음을 다시 말할 필요가 있을까? 이런 점에서 맑스는 형이상학을 비판하는 하이데거나 데리다의 태도와 근본적으로 다르다.* 뿐만 아니라 불변의 본질이나 본성이 어떤 것의 내부에 자리잡고 있다는 식의 생각, 다시 말해 본질을 내적인 것, 내부에 존재하는 것으로 파악하려는 태도 전체를 겨냥하고 있다.

이런 점에서 맑스가 생각하는 유물론을 이해하는 데는 오히려 '정치경제학의 형이상학'을 비판하는 『철학의 빈곤』 2부에서 시작하는 것이 더 나을지도 모른다. 일곱 개로 이루어져 있는 그 고찰의 가장 첫번째 고찰에서 그는 정확하게 프루동의 형이상학적 태도를 헤겔의 관념론과 연결하여 비판하고 있다. 즉 프루동의 생각처럼 **"모든 사물이 하나**

---

* 하이데거는 서구의 형이상학이 모든 것을 하나의 근거, 하나의 원인으로 소급하려 했지만, 그 최초의 원인이 '존재'(Sein)가 아니라 '존재자'(Seiende)였음이 결정적인 문제였다고 본다. 즉 그에게 문제가 되는 것은 하나의 근거나 근원으로 환원하려는 태도 자체가 아니라, 그 근거나 근원을 존재 아닌 존재자로 본다는 사실이다. 따라서 그는 형이상학이란 기획 자체를 폐기하는 게 아니라, 그 안에서 원리의 자리에 존재자 아닌 존재를 두는 방식으로 형이상학의 꿈을 '완성'하려는 것처럼 보인다. 물론 그 경우에 근거(Grund)는 '심연'(Abgrund)으로 변환된다고 해도 말이다. 그것이 존재자의 '해체'(Destruktion)를 통해 그가 하고자 하는 것이다. 그래서 그는 항상 형이상학 근처에서 배회한다. 데리다는 하이데거의 이런 문제의식을 철학이나 형이상학뿐만 아니라 문학이나 인류학, 언어학 등 모든 '세속적' 영역으로 확장한다. 그래서인지 그의 논지는 어느 것을 해체하려 하든 간에 항상 비슷해 보인다. '원흔적', '선물', '정의' 등과 같이, 현전의 형이상학을 대신해서 현전하지 않는 최초의 기원을 찾아주는 것. 해체가 파괴가 아니라 (재)구성이라는 것은 이런 의미에서 '형이상학' 자체에 대해서도 해당된다는 점은 해체주의 지지자들에게도 너무 쉽게 망각되는 듯하다. 형이상학의 파괴가 아니라 '해체'를 통한 '재구성'을 꿈꾸는 이런 시도가 '비판'의 기획을 발전시킨 것은 사실이라고 해도, 그것이 맑스적 사유와 얼마나 먼 것인지는 따로 말하지 않아도 좋을 것이다.

의 논리적 범주로 환원되고 모든 운동, 모든 생산 행위가 방법으로 환원된다면, 생산물 및 생산의 총체(ensemble), 대상 및 운동의 총체가 하나의 응용 형이상학으로 환원된다는 결론이 자연히 도출된다. 헤겔이 종교, 법 등등에 대해서 행했던 것을 프루동 씨는 정치경제학에 대해서 행하고자 한다."[38]

이런 관점에서 맑스는 헤겔이 종교, 법 등등에 대해서 사용했던 방법이 정확하게 형이상학을 구성하는 방법임을, 헤겔 자신의 말을 빌려 보여준다. "방법은 어떤 대상도 저항할 수 없는 절대적인, 유일한, 지고의 무한한 힘이다 ; 그것은 **모든 사물 속에서 스스로를 재발견하고 스스로를 재인식하는 이성의 경향**이다"(헤겔, 『논리학』 3권).[39] 모든 사물 속에서 자신을 재발견하는 이성, 그것은 모든 사물을 자신의 내부로 내부화하는 방법임을 굳이 부연할 필요가 있을까?

다른 한편 이 '절대적 방법'은 모든 것을 하나의 범주나 일자, 원리로 환원하는 데 그치지 않는다. 그것은 반대로 모든 것을 그 하나의 원리나 범주로부터 추론하거나 그 원리를 적용하여 다른 것을 '찾아낸다'. 서로 상반되는 것, 대립하는 것을 하나로 통일하고 통합하는 변증법은 이러한 내부화의 강력한 수단을 제공한다. 상반되는 두 극단을 하나로 통합할 수 있다면, 그 극단 사이에 있는 어떠한 것도 그 안에 통합할 수 있을 것이기 때문이다. 정치경제학에서 형이상학을 꿈꾸는 프루동 역시 이런 방법을 그대로, 아니 "보잘 것 없는 규모로 축소하여" 사용했던 듯하다.

단순한 범주들의 변증법적 운동으로부터 [관념]군이 생겨나는 것과 마찬가지로, 그 군들의 변증법적 운동으로부터 계열(série)이 생기며, 그 계열들의 변증법적 운동으로부터 체계 전체가 생겨난다. 이 방법을 정치경제학에 적용하여 보라. 그러면 정치경제학의 논리학과 형이상학을 얻게 될 것이다.[40]

프루동은 경제적 관계들을 테제로부터 안티테제가 나오는 변증법적 운동에 따라 도출하는 이러한 방법으로 사회적 국면들을 도출하고자 하지만, 이 경우에조차 사실은 그 변증법적 운동이 아직 제공하지 않은 것, 그 범주적 운동의 외부에 있는 관계들이 없다면 그것이 설명되지 않는다는 난점이 발생한다. "따라서 그는 그에게 있어 모든 경제적 진화의 토대인 가치의 본성에 도달하기 위해서 분업, 경쟁 등등의 것들을 빌려오지 않을 수 없었다. 그러나 이 관계들은 〔변증법적 운동의〕 계열 속에도, 프루동 씨의 지성 속에도, 논리적 연속 속에도 아직 존재하지 않았던 것이다."[41]

그러나 이는 단지 연관된 전체를 한꺼번에 말할 수 없다는 난점에 그치는 것은 아니다. 그것이라면 누구도 피할 수 없을 터이기 때문이다. 차라리 중요한 것은 자신의 원리에 따라 대상을 만들어내고, 자신의 '방법'에 따라 범주들을 만들어내는 이성에 대해, 그것의 외부에 있는 어떤 것이, 이성의 빛을 받지 못해서 초라하고 부차적인 것처럼 보이는 그 어떤 것이 그러한 원리나 방법이 작용하는 데 결정적인 조건이 된다는 사실이다. 가령 변증법이 '외적 조건'이라는 말로 부차화시키는 '조건'이 그것이다. 달걀에 생명의 '원리'가 내재해 있다고 해도, 그것이 부화하고 발생할 수 있는 '외적 조건'이 없다면, 그것은 병아리가 될 수 없는 것이다. 그 조건에 따라 그것은 병아리가 아니라 '프라이'가 될 수 있을 것이기 때문이다. 화폐의 본성 내부에 가치법칙의 원리가 내재한다고 해도, 화폐가 존재하는 모든 사회가 가치법칙에 따라 움직이는 것은 아니다. 가치법칙에 따라 움직이기 위해서는 그 법칙과는 무관한, 즉 그 법칙에 대해 외부적인 여러 가지 조건들이 있어야 한다. 그게 없으면 아무리 화폐가 많이 있다고 해도 가치법칙은 작동하지 않는다.

'원리'와 조건의 이러한 관계는 원리와 역사의 관계로 바꾸어도 그대로 타당하다. '역사'란 원리에 대해 외부적인 그런 조건들의 집합이기 때문이다. 이런 점에서 유물론은 원리에서 역사를 추론하는 것과 반대로, 원리를 의미 있게 만들거나 의미 없게 만드는 역사라는 조건을 주목한다. "프루동 씨와 함께 현실적 역사, 시간의 순서에 따른 역사는 이념들·범주들·원리들이 스스로를 발현시키는 역사적 연속이라고 가정해보자. …… 이러한 추론에 따른다면 …… 원리가 역사를 만들어냈지 역사가 원리를 만들어낸 것이 아니다."[42] 그러나 맑스 말대로 "왜 특정한 원리가 다른 세계가 아닌 11세기에 혹은 18세기에 발현되었는가를" 질문해본다면, 관념론이나 형이상학의 주장과는 반대로 원리와 조건, 원리와 역사의 관계는 역전된다. 즉 어떤 원리를 어떤 시대에 지배적이게 만드는 것은 원리에 내재된 어떤 본성이 아니라, 원리 외부적인 조건들, 역사라는 이름의 조건들인 것이다. 즉 원리에서 역사가 나오는 게 아니라 역사가 유효한 원리를 '선택'하는 것이다. 원리에 대해 외부적인 조건들이 원리의 유효성을 규정하는 것이다.

따라서 모든 조건에 부합하는, 혹은 구체적 조건과 무관하게 존재하는 원리 내지 법칙은 없다. 이는 자연과학의 법칙에 대해서도 마찬가지다. 자유낙하법칙은 진공을 조건으로 해서만 제대로 성립한다. 양자역학의 법칙들은 미시적 입자들의 세계를 조건으로 해서만 성립한다. '나비효과'라는 말로 더 유명해진 카오스 이론은 이런 조건의 아주 작은 변화만으로도, 원리나 법칙으로 환원될 수 없는 거대한 변화를 야기한다는 것을 아주 잘 보여준다.

요컨대 원리로 환원되지 않는 다양한 조건들, 원리에 대해 외부적인 조건들이 원리나 법칙의 작용을 조건짓고 제한한다. 이런 점에서 이 조건들, 역사들은 원리에 부가되는 부차적 요인이 아니라, 원리나 법칙이 기대고 있는 조건(dependent condition)이고, 원리만큼이나 본질적인 요인이다. 이로 인해 원리나 법칙은 물론 프루동이 말하는 "이 이념들, 이 범주들은 그것들이 표현하는 관계들과 마찬가지로 영원하지 않다. 그것은 역사적이고 과도적인 산물들이다".[43]

대조해서 말하자면, 관념론이 하나의 원리에 모든 것을 내부화하려 하는 데 반해, 유물론은 원리 내부로 환원될 수 없는 그 외부적인 조건들에 대해 주목하며, 원리나 법칙의 유효성이 그 외부적 조건에 기대어 있음을 강조한다. 원리가 기대고 있는 조건, 원리가 작용을 일으키기[起] 위해 기대고 있는[緣하고 있는] 조건을 '연기적(緣起的) 조건'(dependent condition)이라고 명명한다면, 이 연기적 조건이란 바로 원리로 환원불가능한 외부의 이름, 그 원리를 조건짓는 외부의 다른 이름이라고 할 수 있을 것이다.

유물론은 이 '외부'에 의해 사유하는 방법이다. '역사'란 바로 이 외부, 원리의 외부적 조건들을 지칭한다. 따라서 맑스의 유물론은 항상-이미 역사를 통해, 역사라는 조건에 의해 사유하는 방법이란 점에서 언제나 역사유물론이다. 역사란 원리들에 부가되는, 원리가 통과해 가는 시간적인 어떤 지대(地帶)의 이름이 아니며, 유물론이 적용되어야 할 어떤 시대의 이름도 아니다. 그것은 유물론적으로 사유하기 위해 항상 기대어야 하고 의거해야 할 외부적 조건의 이름이다.

2) 본질과 외부

사태를 불변의 원리에 의해 이해하는 한, 사태는 그 원리 안에 있으며, 그 안에서 진행되고, 변화마저 그 원리에 따른다. 그것은 원리에 의해 이미 정해진 것이란 점에서 사실 '변화'란 말에 부합하지 않는다. 이런 식으로 형이상학은 변화마저 원리 안에 가둔다. 관념론이 변화를 다루지 못하는 건 아니다. 다만 그것을 오직 관념 내부에서, 관념이 포착한 법칙 내지 원리 안에서 다루는 것이다. 여기서 변화의 가변성과 역동성은 원리에 의해 거세되고, 불변의 원리에 봉사하는 역할을 하게 된다.

반면 모든 것을, 심지어 원리나 법칙, 신이나 주체 같은 거대하고 신성한 범주들조차 조건에 따라, 외부에 의해 그 유효성이 달라진다고 보는 유물론의 관점은 모든 '안정된 것'들마저 무수한 방향으로 열린 가변성의 지대로 유인한다. 혁명이 근본적인 변화를 꿈꾸는 것인 한, 그것이 유물론적일 수밖에 없는 것은 이런 이유에서일 것이다. 그러나 '역사'나 '외부', '연기적 조건' 등이 단지 정해진 원리나 본질이 유효하게 되는 조건에 불과하다면, 원리나 본질의 변혁은 불가능하다고 해야 할지도 모른다. 단지 조건을 제거하여 그것의 발현을 무한히 연기시키는 지연작전만이 가능할 뿐, 원리의 필연성, 본질의 불변성은 침범할 수 없는 것으로 그대로 남는 것이다.

예들 들어, 관념론과 대결하고 있지만, 여전히 관념론에서 완전히 벗어나지 못한 『경제학 철학 초고』에서의 맑스, 다시 말해 이른바 '소외론'에서의 맑스는, "관념의 운동에서 나타나는 추상적 소외가 아니라 현실적 소외를 볼 것"을 주장하며, 그 소외를 조건짓는 자본주의와 사적 소유를 주목한다. 그러나 본질의 '소외'라는 관념에 머무는 한, 어떤 본질이 이미 있고, 현실의 조건 속에서 그 본질이 상실되었음을 말하는 게 된다. '인간'이라는 유적(類的) 본질이 있고, '노동'이라는 활동의 본질이 있지만, 자본주의에서 그것이 소외되어 나타난다고 할 때, 본질이 외부를 통해 상실된 것으로 나타나지만(이런 면에서 그는 이미 부분적으로 유물론자다), 그 본질은 조건을 바꾸어서 회복되어야 할 어떤 것으로 나타난다. 즉 본질의 유효성은 외부적 조건에 의해 파악하지만, 본질 자체는 여전히 **내적인** 어떤 것, 심지어 상실될 수는 있지만 얼른 **회복**되어야 할 어떤 것으로 남아 있는 것이다. 이런 한에서 소외의 조건에 대한 유물론적 파악과 달리 소외라는 개념 자체는 유적 본질이라는 개념 자체와 마찬가지로 관념론적인 사유 안에 머물러 있다.

역사유물론이 관념론의 영향을 완전히 벗어나는 것은, 조건이 달라져도 내부에 그대로 남아 있는 불변의 본질 같은 것은 없다(空性!)고 볼 때고, 본질마저도 외부에 의해 파악하고자 할 때다. 이러한 생각이 명료화된 것은 아이러니하게도 관념론 비판이 아니라 유물론을 비판하는 가운데서였다. 포이어바흐의 명시적인 유물론이 가령 인간을 감각적인 어떤 본성에 의해 정의할 때에조차, 그것이 "개인들을 자연적으로 묶어주는 **내적이고 말없는 보편성**"으로[44] 정의되는 한, 그것은 조건을 바꾸어 회복되어야 할 본질, 소외된 본질이라는 관념론적 사유를 벗어날 수 없다. 이를 넘어서는 지점을 확연하게 보여주는 것은 맑스가 인간의 경우를 들어 본질에 대해 인식하는 전적으로 유물론적인 방식을 제안할 때다. "인간의 본질은 각각의 개체 **속에 내재하는** 추상물이 아니다. 인간의 본질은 그 현실상의 사회적 관계들의 집합(ensemble)이다."[45]

간결하지만 모호해 보이기도 하는 이 정의의 의미를 더없는 명료함을 갖고 보여주는 것은 「임금노동과 자본」의 유명한 문장이다. "흑인은 흑인이다. 일정한 관계 속에서만 그는 비로소 노예가 된다. 면방적

기는 면방적을 하는 기계다. 일정한 관계 속에서만 그것은 자본이 된다. 이러한 관계로부터 분리되었을 때 그것은 자본이 아니다."[46] 흑인이 "흑인종에 속하는 한 인간"이라는 말은 동어반복이다. 내적 본질이란 이런 동어반복 같은 것이고, 아무 의미도 없는 것이다. 정작 중요한 것은 그 흑인이 어떤 외부와 만나는가에 따라 초원을 달리는 자유인이 될 수도 있고, 목화를 따는 노예가 될 수도 있으며, 석탄을 캐는 임노동자가 될 수도 있다는 사실이다. 인간의 본질이란 이처럼 그의 내부에 자리잡은 '말없는'(말해도 말하지 않은 것과 똑같은 동어반복적인!) 불변의 보편성이 아니라, 그가 접속하는 외부에 의해, 이웃한 요소들과의 관계에 의해 결정되는 것이다. 이는 자본 역시 마찬가지다. 면방적기는 어떤 이웃, 어떤 외부와 만나 어떤 관계를 형성하는가에 따라 자본이 되기도 하고, 단순한 생계수단이 되기도 하며, 고철이 되기도 한다.

　모든 것의 본질은 그 내부가 아니라 외부에 의해, 어떤 것이 만나고 접속하는 외부에 의해, 그 외부와의 관계에 의해 결정된다. 이로써 내적인 본질, 조건에 의해 발현되지 못하거나 상실되어도 여전히 말없이 남아서 회복되길 기다리는 그런 본질은 깨끗이 사라진다. 어떤 것도 미리 정해진 본질, 불변의 본질 같은 것은 없다. 그것이 만나는 외부, 이웃항들과의 관계(이웃관계)에 의해 그때마다 결정되는 그런 본질이 있을 뿐이다. 그 외부가, 이웃관계가 달라진다면, 그 본질도 완전히 달라질 것이다. 외부적 조건을 바꾸는 것, 그것은 본질을 바꾸는 것이고 모든 것을 바꾸는 것이다.

　외부라는 개념이 유물론에 결정적이라는 것은 여기서 다시 분명해진다. 맑스의 역사유물론은 단지 본질이나 원리가 기대고 있는 현실적 조건이나 '역사'를 고려하고 주목하는 유물론이 아니라, 본질이나 원리 자체가 외부에 의해 결정되고 달라진다고 보는 유물론이다. 그것은 모든 것을 항상 그 외부에 의해 사유하는 사유방법이다.

3) 유물론과 필연성

외부적 조건을 통해 사유하고, 외부에 의해 본질을 포착하는 유물론에서는 우연성이 매우 중요한 자리를 차지한다. 우리는 헤겔이 이성의 이름으로 모든 것에 필연성을 부여하고자 했음을 잘 알고 있다. 모든 것을 하나의 원리나 일자에 담으려 하는 한, 그 모든 것은 필연적으로 거기서 도출되어야 하기 때문이다. 그러나 '외부적 조건'이 어떤 원리나 일자, 법칙에 내부화될 이유가 없고, 그럴 수도 없는 한, 그것은 필연성의 세례를 필요로 하지 않으며 필연성의 그물로 포획될 수도 없다. 그것은 거꾸로 그 그물을 아주 쉽게 찢어버린다. 이미 우리는 맑스의 「헤겔 국법론 비판」에서 헤겔의 거대한 이성의 그물이 군주의 존재가 갖는 우연성 하나로 인해 엉망이 되었음을 본 바 있다. 외부에 의해 본질을 사유하는 것 역시 그렇다. 외부로 다가오는 조건이 무엇인가, 관계를 맺는 이웃이 무엇인가에 따라 본질이 달라지는 만큼, 어떤 것의 본질은 그것과 외부와의 우연적 만남에 의해 결정되고 변경된다.

하지만 모든 것이 우연이라고만 말한다면, 그것은 삶에도, 사유에도 별로 주는 것이 없을 것이다. 모든 것은 우연적인 것이니, 사유하고 미리 연구해봐야 아무런 쓸모가 없을 것이기 때문이다. 그러나 역사유물론은 "모든 것은 우연이니, 운에 맡기라"고 말하지 않는다. 그것은 우연에게 결정적인 자리를 내어준 이후에 오히려 필연성을 사유한다. 가령 끔찍한 이웃관계를 끊고 도망친 흑인에게 다시 노예사냥꾼이 다가온다면, 흑인을 노예로 부리는 백인들의 세계가 그의 삶의 조건으로 다가온다면, 그는 필연적으로 노예가 될 것이 분명하기 때문이다. 어떤 이웃이나 외부가 반복하여 다가온다면, 그 이웃관계에 의해 결정되는 본질 역시 동일하게 반복될 것이다.

따라서 외부에 의한 사유는 필연성을 배제하지 않으며, 오히려 그것을 적극적으로 다룬다. '연기적 조건'은 우연적으로 주어지지만, 일단 그것이 주어진 한 그와 결부된 어떤 결과를 필연적으로 야기한다. 그것은 일종의 '인과적 필연성'을 함축한다. 그러나 그 필연성은 주어진 조건을 전제하고, 그러한 조건하에서만 작동하는 필연성이란 점에서 연기적 조건의 외부성 안에 있다. 이런 의미에서 우리는 이를 '연기적 인과성'(dependent causality)이라고 명명할 수 있을 것이다. 연기적 조건을 전제로 하는 인과성, 혹은 연기적 조건에 따라 다른 효과를 산출하는 인과성. 연기적 조건이 '외부적'인 한 그것은 우리의 의지대로 좌우할 수 있는 것이 아니다. 즉 그것이 닥쳐오는 것을 피할 수는 없는 것이다(그러나 이는 필연성이 아니다). 그리고 그것이 우연히 닥쳐온 것이라고 해도, 그 조건이 포함하는 필연적 효과들 또한 피할 수 없는 것이다. 그러나 그러한 연기적 조건이 필연적인 것이 아닌 한, 우리는 닥쳐온 그 조건을 변형시키거나 전복할 수 있다. 그럼으로써 그 조건이 필연적으로 야기하는 효과들에서 벗어날 수 있다.

혁명이란 이처럼 우리의 삶을 인과적으로 제약하고 규정하는 연기적 조건들을 전복하거나 변환시키는 것이다. 그것은 필연성의 조건을 제거하거나 변형시킴으로써 새로운 삶의 조건을 만드는 자유로운 행동들의 집합이다. 즉 혁명이란, 역사법칙이라는 원리적 필연성의 결과에 따라 하나의 사회를 그 다음에 올 사회로 대체하는 것이 아니라, 어떤 필연성을 작동시키는 조건들——그 자체로는 우연적으로 주어지는——

을 제거하거나 변혁함으로써 그 조건이 필연적으로 야기하는 결과——
그게 '억압'이든 '착취'든, 혹은 옛날 말로 '소외'든 간에——를 제거하
거나 바꾸는 것이다.

그러나 알다시피 혁명은 결코 쉬운 일이 아니다. 혁명을 어렵게 하
는 것은 우선 인과적 힘을 갖는 그 외부적 조건이, 내 맘대로 선택한 것
도 아니고 내 맘대로 쉽게 바꿀 수 있는 것도 아니라는 점일 것이다. 사
실 그 어려움은 훨씬 더 근본적이다. '나'의 본질이, 내가 선택한 적이
없는 그 조건에 의해, 내가 그 속으로 '던져지는' 그 조건에 의해 결정
되기 때문이고, 그래서 많은 경우 나의 의지나 욕망, 의식이 바로 그 조
건에 의해 규정되기 때문이다. 예컨대 개개인을 부르주아지로 규정하
는 것은 생산수단의 소유라는 외부적 조건이지만, 그런 조건 안에 있는
한, 그 개인은 생산수단을 지키고 늘리기 위하여, 자본을 증식시키기
위하여 행동하게 하는 필연성의 지배 아래 있는 것이다. '자본의 담지
자', 자본의 꼭두각시로서 욕망하고 행동하게 하는 인과적 필연성이 작
동하는 것이다. 이 인과적 힘에 매여 있는 한, 그 인과적 힘을 작동시키
는 조건에서 자유로워지지 못하는 한, 그는 실업자에게 임금을 주라는
말에 당혹해하거나 거부할 것이 분명하다. 더구나 부르주아지가 노동
자에 대해 그러하듯, 나와 관계를 맺는 이웃이, 그 이웃관계 안에서 이
익을 얻는다면 그는 그 관계를 바꾸고자 하지 않을 것이고, 그 이웃이
그 관계 안에서 권력을 갖고 있다면, 그 관계를 바꾸는 것을 저지하고
방해할 것이 분명하다. 외부적 조건이 필연적인 결과를 야기하는 것은
그 안에 이런 힘들이 존재하고 작용하기 때문이다.

외부가 의식에 대해 '저항'인 것은 무엇보다 주어진 상태를 지속
하고 유지하려는 이런 힘들 때문이다. 이런 한에서 그것은 정말 우리의

의지로부터 독립된 '물질적 힘'을 갖는다. 가령 "생산력은 …… 이들 개인들에게 …… **그들 외부에 있는 하나의 낯선 힘으로 나타나는 바** …… 인간들의 의지와 행동으로부터 독립된 …… 힘이다".*[47] 마치 그것은 돌이나 나무가 조각가의 의지에 저항하며 자신의 형태를 유지하려 버티듯이, 좀더 나은 관계를 만들고자 하는 우리의 의지에 저항하며 기존의 관계를 유지하고 재생산하기 위해 버틴다. 외부가 유물론적인 사유를 요구하는 것은, 그것을 아무리 관념이나 의식 내부에 집어넣어도 관념이나 의식대로 바꿀 수 없는 이 물질적 힘 때문이다. 그것은 의식에서 벗어나 그 외부 자체의 움직임과 작동방식을 파악하고 그것의 흐름을 타면서 그것을 바꾸는 '정치의 기예(art)'를 요구한다.

이처럼 개인의 본질을 결정하는 이 외부, 개인의 의지로부터 독립되어 그 개인의 의지나 의식을 규정하는 이 외부, 따라서 개인의 경험이나 사유, 행동 전반을 규정하는 '선험적 전제'가 되는 이 외부를 우리는 칸트 식의 개념을 빌려 '초험적 조건'(transcendental condition)이라고 말할 수 있지 않을까? 그래서 가령 자본주의는 우리 삶의 초험적 조건이고, 부르주아지라는 계급의 입장은 개별 자본가들의 행동과 삶을 규정하는 초험적 조건이라고 말할 수 있지 않을까? 그렇다면 외부에 의한 사유로서 유물론이란 이 초험적 조건에 대한 사유, 초험적 조건을 통해서 개별적인 사유나 행동, 삶과 죽음을 이해하는 사유라고 말할 수 있을 것이다.

---

*그래서 맑스는 자본주의적 생산양식에 대한 연구를 하면서 자신이 주목하는 것을 "인간의 의지로부터 독립적인 관계들", 따라서 개인의 책임을 별로 물을 수 없는 그런 독립적 관계들이라고 말한 바 있고, 그래서 그에 대한 서술은 마치 자연법칙처럼 냉정한 필연성을 갖는 대상을 다루는 것처럼 될 것임을 지적한 바 있다.(칼 맑스, 『자본』 I(상), p.6)

4. 유물론과 혁명

우리의 본질이 외부적 조건에 의해 이렇게 강력하게 규정되어 있다면, 우리의 의식과 행동이 그 외부적 조건의 힘에 이렇게 사로잡혀 있다면, 그것을 벗어나는 것은 대체 어떻게 가능한가? 관념론이 원리나 법칙에 주었던 필연성의 힘과 권력을 유물론은 외부 내지 초험적 조건이라고 부른 것에 부여하고 있는 것은 아닌가? 결국은 필연성을 거스르는 어떤 우연을, 필연성을 무시하고 출현하는 어이없는 '해결사'(deus ex machina)를 다시 불러들여야 하는 것인가?

그러나 역사유물론에 등장하는 필연성과 우연성은 헤겔의 웃기는 군주제의 관념론과 전혀 다른 관계 속에 작동함을 다시 상기해야 한다. 외부에 의한 사유는 헤겔처럼 우연성을 배제하여 내적 필연성으로 일원화하지 않으며, 반대로 우연성에 일차적 지위를 부여한다. 거기서 필연성은 원리적인 것이 아니라 오히려 우연히 주어진 어떤 조건의 산물일 뿐이다. 따라서 인과적 필연성을 작동시키는 연기적 조건 자체가 우연에 의해 주어지는 또 다른 변화의 요소들에 항상 열려 있다. 물론 그 상태를 유지하고 재생산하려는 힘이 작동하지만, 그 역시 연기적으로 주어지는 그 외부를 배제하지 못한다. 그리고 조건을 변경시키는 조그마한 변화의 추가조차 종종 뜻밖의 강력한 힘으로 조건 자체를 다른 것으로 변성시킨다. 지배자의 '작은' 실수나 경제관료의 '조그만' 실수, 혹은 국제투기자본의 갑작스런 이동 등처럼 조그만 사건이 사회·정치적 정세 전체를 급변시키는 경우를 우리는 빈번하게 경험하지 않았던가! 우연히 주어지는 '초기 조건'의 사소한 변화조차, 거대한 폭풍 같은 변화를 야기한다는 말은 날씨보다는 차라리 사회·정치적 정세의 경우에 더 적절하게 부합한다고 해야 할 것이다.

우리의 일상적 삶을 둘러싼 이웃관계 역시 그렇다. 가령 동일하게 노동의 대가를 돈으로 받아야 하고, 돈을 이용해서 먹고 살아야 하지만, 화폐의 사용법을 바꾸는 '조그만' 변화를 하나 추가하는 것으로도 화폐와 관련된 우리의 삶의 조건은 크게 변환될 수 있다. 인터넷은 통신망의 구성에서 하나의 중심을 제거하여 소통의 통로를 복수화하는 것만으로도 통신의 양상 자체가 근본적으로 달라진다는 것을 보여주었다. 이런 새로운 통신의 공간이 하나 추가되는 것이 우리의 삶을 얼마나 크게 변화시킬 수 있는가를 설명하는 것은 모두를 쑥스럽게 만드는 공연한 췌사가 될 것이다. 유물론은 이런 점에서 우리의 삶을 규정하는 외부적 조건마저도, 그것의 외부에 의해 가변적인 것으로 사유하는 방법인 셈이다.

여기에 우리는 에피쿠로스를 통해 맑스가 다시 찾아낸 성분을 추가해야 한다.[48] 일단 에피쿠로스에게 원자론이란 원자의 본성은 그것과 다른 원자들의 배열, 이웃관계 안에서 규정되고 달라진다는 것을 정확하게 지적한다는 점에서 그것은 외부에 의한 사유를 작동시킨다. 이는 데모크리토스의 경우에도 마찬가지로 해당된다. 에피쿠로스는 데모크리토스의 원자론에 근본적 변화를 야기하는 요소를 추가한다. 원자들이 '클리나멘'(clinamen)이라는, 주어진 경로에서 벗어나는 힘을 처음부터 갖고 있다는 명제가 그것이다. 정해진 방향에서 벗어나는 힘, 중력에 따라 일직선으로 떨어지는 운동에서 벗어나는 힘, 그것이 없다면 원자들의 만남도, 재구성도, 분해도 불가능하기 때문이다. 따라서 이런 힘은 원자론이 의미를 갖기 위한 전제조건이다. 바로 이 힘으로 인해 정해진 궤도에서 벗어나는 운동, 관성에서 벗어나는 운동이 가능하게 되고, 바로 이 힘으로 인해서 기존의 것이 해체되고 새로운 것이 생성될 수 있는 것이다.

여기서 이 힘이 정해진 경로나 관성만이 아니라, 모든 것을 오직한 방향으로 움직이게 만드는 하나의 원리, 단일한 법칙에서 벗어나는 이탈의 성분, 탈주의 성분이라는 것을 이해하는 것은 결코 어려운 일이 아니다. 혁명, 그것은 주어진 조건에서, 주어진 원리나 법칙에서 벗어나는 이 편위적인 힘이 표현되는 하나의 방식이라고 해야 할지도 모른다. 그것은 처음부터 존재하는 원리의 외부, 법칙의 외부, 일자의 외부, 필연성의 외부다. 혁명을 사유한다는 것은 바로 이 또 하나의 외부를 사유하는 것이고, 바로 그 외부를 통해서 새로운 삶을, 새로운 운동을 사유하는 것이다.

앞서 말한 초험적 조건이 흔히 '필연성'이라고 묘사되는 지대한 힘을 갖는 게 사실이라고 하더라도, 그 조건은 항상-이미 이런 이탈의 성분들, 탈주의 성분들을 포함하고 있다고 말해야 한다. 초험적 조건의 재생산 이전에 항상-이미 탈주선이 먼저 존재한다고 말해야 한다. 주어진 조건에 만족하지 못하고 그것의 재생산에 저항하는 형태로 표현되는 편위적인 힘이 먼저 존재하는 것이라고 말해야 한다. 이는 주어진 조건을 유지하고자 하는 권력보다 먼저 존재하는 일차적 힘이고, 그 권력의 힘이 작동하지 않는 무능력의 지대며, 그 힘의 '외부'다. 이는 강력한 재생산의 메커니즘이 존재함에도 불구하고 어느 곳에나 실재하는 모든 저항과 전복, 혁명의 원동력이다.

그것만은 아니다. 어떠한 초험적 조건도, 자신을 유지하고 지속하려는 힘에서 벗어나는 또 다른 이탈의 성분들을 자기 스스로 산출한다. 예컨대 자본주의는 자본이 포섭할 수 없는 외부자들을 이런저런 형태로 끊임없이 생산하고, 자본이 산출하는 힘에 의해 억압받고 착취당하는 자들을 필연적으로 생산한다.[*] 주어진 그 연기적 조건, 그 초험적 조건 안에서 결코 편안하거나 행복할 수 없는 존재들, 그것에서 벗어나는 것을 욕망하고 그 벗어나는 방법을 추구하려는 존재들을 산출한다. 이런 점에서 초험적 조건은 효과의 통일성을 보장하는 어떤 통일성과 단일성을, 그런 종류의 필연성을 생산하는 게 아니라, 상반되기도 하고 전혀 다른 방향을 갖기도 하는 복수의 벡터들, 상이한 필연성들을 생산한다고 해야 한다.

따라서 '재생산'이 필연적인 만큼이나 혁명 역시 필연적이다. 그러나 그것은 원리와도 같은 법칙의 산물이란 의미가 아니라, 그것에서 벗어나려는 욕망이나 행동을 그 조건 자체가 제거할 수 없다는 의미에서, 또 다른 외부를 향한 욕망을 그 조건 자체가 산출할 수밖에 없다는 의미에서 그러하다. 혁명이란, 역사법칙이라는 단일한 원리의 필연성에 따라 움직이는 꼭두각시의 또 하나의 노동이 아니라, 우리의 팔다리를 붙들어맨 필연성의 실을, 그 실을 조종하는 존재를 제거해버리는 자유인의 춤이다. 그 뒤에 또 다른 조건이 닥쳐오고, 그 조건이 함축하는 또 다른 '필연성'의 그물이 덮쳐올 위험이 있다 하더라도 결코 포기할 수 없는. 유물론이란 이처럼 우리에게 주어진 초험적 조건에 대한 연구를 통해 그 조건을 유지하려 하는 힘을 찾아낼 뿐 아니라, 그것의 또 다른 외부를 사유하고 창안할 방법을 찾는 사유라고 말할 수 있을 것이다.

---

[*] 우리는 자본의 필연적 법칙에 따라 사는 부르주아지와 대비하여, 전자를 비계급으로서 프롤레타리아트라고 명명하고, 후자를 자본가에 의해 고용되었지만 그에 의해 착취당하는 노동자라고 구별해서 명명하고자 한다. 이에 대해서는 뒤에 실린 3부의 7장 「계급과 비계급의 계급투쟁」을 참조.

에드워드 커티스(Edward S. Curtis), 「천을 짜는 호피족 인디언」(The Weaver, A Hopi Man)

이것은 노동이 아니다.

2

노동의 인간학과 미-래의 맑스주의

1. 인간과 노동

인간이란 말에 스스로가 인간이라고 생각하는 사람들이 관심과 애정을 갖는 것은 당연한 일이다. 인간이 만물의 척도니, 인간만이 존재의 의미를 알 수 있다느니, 인간만이 사유할 수 있다느니 하는 생각은 자신을 인간이라고 생각하는 모든 사람들에게 특권적인 위상을 부여해준다. 그것은 자신이 인간으로 태어났음에 기쁨을 주고 위안을 준다. 인간중심주의 혹은 인간주의 내지 휴머니즘이라는 말에 대해 인간들이 애착을 갖고 옳다는 확신을 갖는 것은 이 점에서 나름대로 이유가 있다 할 것이다. 그것은 누구나 자연발생적으로 갖게 마련인 자기중심주의의 일종이기 때문이다. 물론 그것을 옳다고 믿거나 지지하는 것은 전혀 다른 문제지만 말이다.

　　노동의 경우에도 비슷한 사태가 발견된다. 즉 노동하는 사람이 노동이라는 말에 애착을 갖는 것은 충분히 '당연' 하다. 노동이 모든 가치의 원천이라는 생각, 노동자가 세상의 주인이며, 역사와 문명을 만들어 왔다는 생각, 나아가 인간의 본질은 노동이라는 생각은 노동자에게 특 권적인 위상을 부여해준다. 이런 생각을 보통 '노동의 인간학'이라고 부른다. 그것이 노동자에게 기쁨과 위안을 주리라는 것은 분명하다.

그런데 기묘한 것은 이러한 생각을 지지하고 이 생각에 강한 애착 을 보이는 것은 단지 노동자만이 아니라는 것이다. 노동자와 대립 내지 적대적 관계에 있는 자본가들이 노동에 대해 갖는 애착과 그것에 부여 하는 특권은 노동자가 그렇게 하는 것 이상이다. 그들은 심지어 이러한 생각에 자신을 맞추기 위해 자신들이 하는 모든 활동을 '노동'이라고 정의하려 한다. '위선'이라고 말하기엔 너무 진지하다.

실제로 이러한 노동의 인간학을 구성하는 요소들이 만들어진 것은 부르주아 사상가들에 의해서였다. 예를 들면 노동을 모든 가치의 척도 로 정의함으로써 정치경제학의 탄생을 알린 사람은 스미스(A. Simth) 였고, 그것이 모든 가치를 생산하는 가치의 원천이라고 말한 사람은 리 카도(D. Ricardo)였다. 또 이러한 노동 개념을 확장하여 절대정신의 활 동에까지 적용한 사람은 헤겔이었다. 그는 노예의 노동이야말로 세상 의 문명을 만들어가고 지배하는 힘이며, 그것이 주인의 인정을 받는 진 정한 주인이 되는 기초라고까지 말한다. 흔히들 말하듯이, '인간의 본 질은 노동'이라는 청년 맑스의 명제는 이러한 스미스나 리카도, 헤겔의 영향을 받은 것이다.

통상적인 평가대로 그들은 '노동의 인간학'에 기초를 마련한 사람 들이다. 그러나 여기 거론된 인물들은 맑스를 제외하고는, 종종 '과학 적'내지 '혁명적'이라는 말이 추가되기는 하지만, 모두 부르주아 사상 의 대표자들이다. 노동하는 자도, 노동자의 입장에 서 있던 사람도 아닌 사상가들이 노동의 인간학을 만들었다는 것이다. 이들은 노동자에게 이론적 자선을 베푼 자비로운 사람들이었던 걸까? 아니면 맑스처럼 부르주아 사회에 분노하여 그것의 전복을 꿈꾸며 노동자에게 기대를 걸었던 사람들이었을까? 잘 알다시피 모두 아니다. 그렇다면 그들이 앞장서 기초를 닦았던 저 노동의 인간학이란 그들에게 대체 무엇을 뜻하는 것이었을까? 이러한 의구심은 또 다른 의문을 낳는다. 즉 노동자가 노동의 인간학을 지지하는 것은 인간이 인간중심주의를 지지하는 것처럼 '당연한' 것일까? 맑스주의 혹은 모든 노동자계급의 사상이 노동의 인간학에 기초해야 한다는 생각은 당연한 것일까? 이 노동의 인간학은 노동자들에게는 무엇을 뜻하는 것일까?

2. 노동의 인간학 : 인식론적 배치

스미스가 '정치경제학의 아버지'로 불리는 것은 모든 부와 가치를 노동이라는 개념을 통해서 분석하고 있다는 사실에 기인한다. 하지만 노동이라는 말을 사용한 사람은 스미스 이전에도 있었다. 로크(J. Locke)는 노동을 소유와 관련된 개념으로 보았고,[1] 흄(D. Hume)은 노동을 통해서 인간과 동물을 구별하려고 했다.[2] 또 튀르고(A. Turgot)나 캉티용(R. Cantillon) 이후 노동의 양은 가치의 측정을 위해 사용되었다. 그러나 이 경우 노동은 상대적인 것이었고, 다른 것으로 얼마든지 환원가능한 척도였으며, 실질적으로 절대적 준거의 역할을 한 것은 의식주와 연관된 사용가치였다. "말하자면 가격의 척도는 식품이었으며, 이 점에서 농업생산과 밀과 토지에 절대적 특권이 부여되었던 것이다."[3]

이들과 달리 스미스는 노동을 다른 것으로 환원될 수 없는 절대적인 척도로서 간주한다. 그것은 부를 표상하는 여러 가지 척도 가운데 하나가 아니라, 모든 부를 비교하고 평가하게 해주는 단일한 척도며, 주관적인 가치평가에 좌우되는 표상의 일종이 아니라 표상의 외부에 있는 객체적이고 불변적인 척도인 것이다.[4]

리카도는 여기서 좀더 심층으로 밀고 들어간다. 즉 노동은 가치를 측정하는 절대적 단위일 뿐만 아니라, 모든 상품의 가치를 결정해주는 원천이다. 생산활동으로서 노동이 바로 모든 가치의 원천이라는 것이다. 이로써 가치는 부를 표상하고 표시하는 기호가 아니라, 노동에 의해 만들어지는 생산물이 되었다. 노동은 척도에서 기원과 생산의 차원으로 그 위상을 바꾼다. 노동은 '모든 가치의 기원'이며 생산자라는 확고한 지위를 차지하게 된다. 이제 분석의 중심은 교환에서 생산으로 이동한다. 그 결과 시장이나 교환을 다루는 유통이론에 앞서 가치의 생산을 다루는 생산이론이 일차적인 지위를 차지하게 된다.[*]

더불어 또 하나의 중요한 변환이 나타난다. 그것은 생산자로서 노동 개념과 짝을 이루는 것으로서, 희소성 개념과 관련된다. 이전에 희소성은 소유하지 않은 욕구의 대상을 지칭하는 것이었다. 배고픈 자에게는 곡식이 희소성을 가지며, 머물 곳이 없는 자에게는 집이 희소성을 가지고, 일하고자 하는 자에게는 도구가 희소성을 갖는다. 이런 의미에서 희소성은 교환과 유통의 이유였다. 반면 리카도 시대에 희소성은 근

---

[*] 스미스와의 이러한 차이는 보통 스미스의 '지배노동가치설'과 '투하노동가치설'이라는 말로 표시된다. 즉 리카도는 스미스의 가치 개념이 어떤 생산물이 시장에서 지배할 수 있는 노동량이라고 보는 것을 비판하면서, 어떤 생산물에 투하된 노동량이 상품의 가치를 결정한다고 함으로써 상품간의 상대적 비교관계에서 가치 개념을 독립시켜 절대화한다(데이비드 리카도, 『정치경제학 및 과세의 원리』, p.76).

본적이고 기원적인 불충분함이다.[5] 즉 노동이나 경제활동이 이 세상에 나타난 것은 인간이 너무 많아져서 토지의 자연적 생산물로는 더 이상 충족시킬 수 없게 되었을 때였다. 맬서스(Th. Malthus)의 인구법칙, 즉 곡식은 산술급수적으로 늘지만 인구는 기하급수적으로 늘기 때문에 식량의 부족은 본래적인 문제라는 명제는 이러한 생각을 명확하게 정식화해서 보여준다. 다시 말해 이제 희소성은 경제활동 내지 경제학이 작동하게 되는 항상적인 전제조건이 된 것이다. 노동이란 이러한 희소성을 극복하기 위해 인간이 벌이는 가치생산활동이며, 그렇기 때문에 그것은 모든 가치의 유일한 원천이요 기원일 수 있는 것이다.

인간이 어떤 적극적인 활동성으로 정의될 수 있다면, 이는 노동의 개념을 통해 정의될 수 있음을 뜻한다. 사실 헤겔은 이러한 활동성을 '외화'(Entäußerung)라는 개념으로 확장하여 일반화하며, 이를 절대정신의 활동을 특징짓는 개념으로 정의한다. 즉 그가 보기에 노동이란 주체의 합목적적 활동이며, 자신의 목적을 실현하는 활동이다. 그러나 '정신'처럼, 주체가 인간이나 어떤 개체가 아니라 주체적 활동 그 자체라면, 노동이라는 개념은 합목적적 활동과정으로 바꾸어 정의해야 적절하다고 할 것이다. 여기서 헤겔은 합목적적 과정 자체를 주체로 정의하는 관점으로 발전한다.** 이러한 개념이 정신의 현상학에서 정신이 외화하여 자기발전하는 역사적 과정으로, 역사철학으로 이행할 수 있는 핵심적인 계기라는 것은 분명하다. 이 외화라는 개념이 정신현상학이나 논리학을 비롯한 헤겔의 체계 전체를 특징짓고 있다는 점에서 이

** 루카치는 자신의 책 『청년 헤겔』에서 청년 헤겔의 중요 저작인 『정신현상학』의 중심 개념이 '외화'라고 하면서, 이러한 개념의 형성에 스미스 등의 경제학이 매우 결정적인 영향을 미쳤다는 것을 보여준다.

는 청년 헤겔뿐만 아니라 헤겔 철학 전반을 특징짓는 개념 가운데 하나라고 해도 좋을 것이다.

노동의 인간학을 가장 극적으로 발전시켰다고 하는 『경제학 철학 초고』에서 맑스는 이러한 점을 충분히 지적하고 있다. "헤겔은 노동의 본질을 파악하고 있으며, 대상적 인간 …… 을 그 자신의 고유한 노동의 결과로 파악하고 있다."[6] 이런 점에서 "헤겔은 근대 정치경제학자들의 관점에 서 있다. 헤겔은 노동을 인간의 본질로서, 자기를 입증하는 본질로서 파악한다".[7] 그리고 보다시피 여기서 맑스는 '인간의 본질은 노동'이라고 하는, 노동의 인간학을 응집하는 명제를 명료하게 제시하고 있다.*

헤겔적인 노동의 개념은 노동과 노동자를 역사적 발전과정 속에서 포착하는 것을 가능하게 한다. 헤겔은 '주인과 노예의 변증법'에서 이를 충분히 보여주었다. 인정투쟁에서 패배하여 노예가 된 자는 주인의 의지에 따라 노동을 해야 한다. 그러한 노동의 과정에서 노예는 금욕주의나 회의주의 혹은 불행한 의식에 빠지기도 하지만, 동시에 노동을 통해 물질적 세계의 법칙을 파악하고 그것을 통제할 능력을 획득하며, 그것을 실질적으로 변화시켜 가는 존재로서 자기의식을 획득하게 된다. 즉 자신이 세계의 실질적 주인임을 의식하게 된다. 이제 남은 것은 자

---

* 하지만 알튀세르는 여기에서 '인간'이나 인간의 본질을 정의하는 방식은 유적 존재 (Gattungswesen)로 인간을 정의하는 포이어바흐의 인간학을 그대로 따르고 있다는 점에서 차라리 포이어바흐에 더 가깝다고 말한다(루이 알튀세르, 『마르크스를 위하여』, pp. 182, 269 이하). 알다시피 이러한 명제는 '인간'이라는 말을 피하면서 "인간이란 사회적 관계의 집합"이라는 정의를 제시하는 1845년 이후 약화된다(『독일 이데올로기』 ; 「포이어바흐에 관한 테제」). 하지만 '노동과정'에 대해 서술하고 있는 『자본』의 한 부분에서 맑스는 인간과 거미, 혹은 인간과 벌을 대비시키면서 노동을 '합목적적 활동'으로 정의하고 있다(칼 맑스, 『자본』 I(상), pp. 236~237).

신의 주인에게 자신을 노예가 아니라 자립적 의식으로서, 주인으로서 인정받는 것뿐이다. 그런 점에서 "자립적 의식의 진리는 결국 노예의식이다".[8] 그 결과 "사물과 자신 사이에 노예노동을 끼워놓은 주인은 …… 그 스스로가 비생산적 위치로 전락하며, 세계사의 변증법에서 노예의식을 그 자신의 의식보다 우월한 위치로 고양시킨다".[9]

이와 다른 차원에서 맑스는 『자본』 I권에서 자본의 축적이 가치적인 면에서 노동의 산물인 잉여가치의 축적이며, 소재적인 면에서 죽은 노동의 축적일 뿐임을 보여준다. 노동의 인간학이란 관점에서 보면 이러한 맑스의 명제는 축적으로 정의되는 자본의 역사 내지 자본주의의 역사가 사실은 노동의 역사이고 노동이 실현되는 역사라는 것을 보여주는 것으로 해석된다. 다른 한편 그 역사는 동시에 노동하는 계급 프롤레타리아트에 의해 전복되는 혁명으로 종결되는 역사이기도 하다.[**] "자본주의의 조종이 울린다. 착취자가 착취당한다." 어떤 면에서든 역사란 노동이 축적되어 만들어지는 것이며, 그런 노동과 문명화에 의해 진행되는 발전과 진보의 과정이라는 것이다.

도식화의 위험을 감수하면서 감히 요약해서 말하자면, 노동의 인간학은 노동이 모든 가치의 기원이고 원천이라는 명제, 인간의 본질은 노동이라는 명제, 그리고 역사는 노동의 본질을 실현하는 과정이라는 명제로 구성된다. 첫째 명제는 **가치의 본질은 노동**이라는 명제로서, '가

[**] 푸코는 혁명과 역사에 관한 이러한 관념이 근대의 인간학적 배치에 속한다고 주장한다. 즉 그가 보기에 축적으로서 역사란 인간의 유한성을 통해 노동과 축적, 역사를 정의하는 근대적 인간학의 인식론적 배치를 반복하는 것이다. 또한 혁명으로 종결되는 자본주의의 역사란, 이윤율의 저하로 인해 투자와 생산이 안정화되고 부동화(不動化)되는 리카도의 비관주의에서 보이는, 역사적 유한성의 개념과 크게 다르지 않다는 것이다(미셸 푸코, 『말과 사물』, pp. 308~309).

치=노동'이라는 등식으로 요약할 수 있다. 이는 노동가치론의 가장 기본적인 공리다. 둘째 명제는 **인간의 본질은 노동**이라는 명제이므로 '인간=노동'이라는 등식으로 요약할 수 있다. 이는 노동의 철학의 출발점이다. 셋째 명제는 **역사의 본질은 노동**이라는 것이다. 이 역시 '역사=노동'이라는 등식으로 요약할 수 있다. 이는 역사를 부의 증대, 문명의 진보, 자연에 대한 인간 지배력의 증대로 보는 대부분의 역사철학에서도 찾아볼 수 있으며, 또한 노동자계급의 존재 자체에서 혁명의 동력을 발견하고,* 그 혁명에서 역사의 목적/종말을 보는 모든 역사철학에서도 마찬가지로 발견된다.**

이처럼 노동의 인간학에서 '가치'와 '인간'과 '역사'는 노동이라는 단일한 개념으로 모이고 응집된다. 이런 점에서 노동의 인간학에서 중심 위치를 차지하는 것은 '인간'이라기보다는 '노동'이라고 하는 것이 정확하다. 이것이 노동의 인간학을 평범한 인간주의로 환원할 수 없는 이유라고 해야 할 것이다. 굳이 도식적 대비를 하자면 '인간중심주의'와 구분되는 '노동중심주의'란 말을 사용해도 좋을 것이다. 이것이 바로 노동의 인간학이 노동자들에게 기쁨과 위안을 주는 이유일 것이고, '인간중심주의'가 비과학의 이름으로 처단되고 난 이후에도[10] 노동의 인간학이 그대로 존속할 수 있는 이유일 것이며, 또한 이것이 바로 노동자계급의 사상과 이론이 노동의 인간학 안에 머무는 이유일 것이다.

그러나 노동의 인간학은 단지 노동에 관한 담론이나 이론이 아니라 노동과 다른 개념들이 계열화되는 양상을 특징짓는 것이다.[11] 따라

---

* 예를 들면 게오르크 루카치, 『역사와 계급의식』, p.237.
** 하지만 노동가치론과 노동의 철학, 역사 철학 역시 노동의 인간학의 일부를 이루는 한, 그 각각이 노동의 인간학을 구성하는 세 개의 명제를 순환적으로 포함하고 있다.

서 중요한 것은 노동이라는 하나의 개념이 아니라 '가치'나 '인간', '역사'와 같은 핵심적인 개념들이 노동이란 개념과 계열화되는 양상이다. 예컨대 정치경제학은 가치와 노동을 연결하는 선 위에 있다기보다는 가치와 인간, 역사가 노동을 통해 정의되는 입체적 공간 안에 있는 것이다. 노동의 철학 역시 헤겔이나 청년 맑스가 보여주듯이 인간과 가치, 역사가 노동과 계열화되는 공간 안에서 작동된다. 그렇다면 노동의 인간학이란 **노동을 정점으로 하여 가치와 인간, 혁명이 반복하여 계열화되는 일종의 인식론적 배치**로 정의해도 좋을 것이다.

3. 노동의 인간학 : 욕망의 배치

이상에서 보듯이 노동의 인간학은 하나의 이념이나 '이데올로기'라기보다는 이론적이든 경험적이든 다양한 문제들을 언제나 노동과, 그리고 그와 결부된 다른 핵심적인 개념들과 관련하여 사고하고 판단하게 하는 포괄적인 인식론적 배치다. 정치경제학은 물론 사회학, 혹은 정치학, 혹은 역사학, 교육학 등 다양한 이론들을 그러한 배치 안에서 사유할 수 있으며, 이 경우 그것을 대개 노동자계급의 입장에 선 것으로 간주한다.

그런데 노동의 인간학은 단지 이러한 인식론적 배치의 문제에 머물지 않는다. 그것은 사람들의 삶에 관여하고 그것을 특정한 양상으로 방향짓고, 사람들의 생각과 욕망·행동을 특정한 양상으로 반복하게 하는 현실적인 조건과 연관되기 때문이다. 이는 노동과 '가치'의 관계를 통해서, 또 노동과 '인간'의 관계를 통해서, 노동과 '역사'의 관계를 통해서 작동한다. 여기서는 특히 앞의 두 문제에 집중해서 살펴보겠다.

첫째, 노동과 '가치'의 문제. 모든 가치의 본질은 노동이고, 노동은 가치를 생산하는 활동이다. 따라서 가치를 생산하지 않는 활동은 노동이 아니다. 예를 들어 공원의 한 구석에서 음악에 맞추어 노래하거나 춤추는 아이들의 활동은 노동이 아니다. 왜냐하면 그것은 가치화되지 않았기 때문이고, 가치를 생산하지 않았기 때문이다. 그러면 내가 먹을 밥을 하거나 찢어진 옷을 꿰메는 활동은 노동인가? 그렇지 않다. 그것은 나 자신을 위해 가치 있는(valuable) 활동임이 분명하지만, 가치를 생산한다고 말할 순 없기 때문이다. 그것은 남에게 팔기 위한, 교환가치를 생산하기 위한 활동이 아닌 것이다.

정치경제학에서 가치란 다른 상품과 교환할 수 있는 것이고, 그런 점에서 교환가치를 뜻한다. 바로 그렇기 때문에 동일한 행동이 교환가치를 생산하기 위해 행해진다면 그것은 노동이 된다. 아이들의 춤추는 활동이 가수의 노래를 치장하는 백댄스가 되면 그것은 노동이 된다. 사람들 앞에서 부르던 노래를 클럽이나 스튜디오에서 부르게 되면 교환가치를 생산하며, 따라서 노동이 된다. 밥을 짓는 활동은 식당에서 행해지면 노동이 되고, 바느질은 세탁소에서 하면 노동이 된다.[*]

여기서 노동과 가치의 관계에 기묘한 전도(顚倒)가 발생한다. 즉 **어떠한 활동도 가치화되지 못하면, 다시 말해 가치를 생산할 수 있는 능력으**

---

[*] 물론 이러한 밥 짓거나 바느질 하는 노동이 자본가의 집에서 자본가를 위한 봉사로 행해지면 비생산적 노동이 되고, 상업적인 식당이나 공장, 세탁소 등에서처럼 자본의 가치를 증식시키는 활동으로 행해지면 생산적 노동이 된다. 이런 점에서 "직접적으로 잉여가치를 창조하는, 즉 **자본을 증식시키는 노동이 생산적이다**"(칼 맑스, 「직접적 생산과정의 제결과」, 『경제학 노트』, p. 107). 여기서 생산적 노동과 비생산적 노동의 경계는 사실 생각보다 뚜렷하지 않다는 점을 추가해두어야 하지만. 생산적 노동과 비생산적 노동의 개념에 관한 맑스의 견해에 대해서는 『잉여가치학설사』 1권, p. 165 이하를 참조.

로 인정받지 못하면 노동이 되지 못한다. 가치를 생산할 수 있는 능력으로 인정(recognition)받는다는 것은 무엇인가? 그것은 자본가나 화폐소유자에 의해 구매되는 것이다. 따라서 어떤 활동이 노동이 되기 위해서는 자본가나 화폐소유자에 의해 그것이 구매되어야 한다. 하나의 동일한 활동이 노동이 되게 하는 것은 활동을 행하는 사람이 아니라 그것을 구매하려는 사람, 곧 자본가나 화폐소유자다. 노동이 가치의 본질이며, 가치를 생산하는 활동인 한, 그것은 단순히 '인간의 합목적적 활동'이 아니다. 그것은 차라리 자본에 의해 구매되는 활동이고, 자본에 의해 결정되는 활동이다. 즉 노동을 노동으로서 정의하는 것은 자본가나 화폐소유자다. 이 경우 노동은 '노동력이란 상품의 사용가치'다.

그런데 자본주의 사회에서 무산자인 노동자는 노동하지 않고선 살 수 없다. 다른 활동을 하는 것도 마찬가지다. 노래든, 춤이든, 공부든, 사랑이든 모든 종류의 활동이나 활동에 대한 욕망은, 노동을 통하지 않고선, 노동을 가치화함으로써 획득하는 화폐 없이는 불가능하다. 따라서 그 모든 활동과 욕망은 한편으로는 생존의 조건인 노동 이후로 미루어지고, 노동에 대한 잔여적인 영역으로, 일종의 '레저'로 밀려난다. 이를 위해서도 노동은 필수적인 조건이고 전제적인 욕망이다. 다른 한편 그 모든 활동을 어떻게든 가치화될 수 있게 하여 노동으로 변환시키고자 하게 된다. 이는 **모든 욕망이 노동의 욕망으로, 가치화하려는 욕망으로 환원됨**을 의미한다.

가치를 생산하고 싶다는 욕망, 가치를 생산하는 활동을 하고 싶다는 욕망이 가치 있게 살고 싶다는 욕망을 대신하고 대체한다. 그런데 그러한 욕망은 앞서 말했듯이 정확하게 자신의 활동을 판매하고 싶다는 욕망이다. 자본에 의해 구매되어 자본에 포섭되고 싶다는 욕망. 이런 점에서 '노동의 욕망'은 분명 **자본의 욕망**이다. 그러나 노동자는 이러한 자본의 욕망을 자신의 욕망으로 삼아야 한다. 자신의 생존, 그리고 가족의 생존을 생각한다면 말이다. 여기서 **노동은 노동자 자신의 욕망이 된다.**

한편 자본가는 말한다. 노동하지 않는 자, 다시 말해 자본 내지 화폐와 교환될 만한 활동을 하지 않는 자는 먹을 자격이 없다. 왜냐하면 그는 가치를 생산하지 않는 자이기 때문이다. 여기서 '무노동 무임금'을 외치는 자본가의 유명한 구호가 나온다. "노동하지 않는 자는 먹지도 말라!" 이는 노동력을 구매하여 잉여가치를 생산하고자 하는, 그것을 자신의 의지 아래 복속시켜 움직이게 함으로써 자본을 증식시키고자 하는 자본의 욕망을 정확하게 표현한다.

하지만 노동 없이는 먹고 살 수 없기에 노동해야 하는 것이다. 다시 말해 자본에 자신의 노동력과 노동의사를 판매하는 행위 없이는 먹고 살 수 없는 자본주의적 생산의 조건이야말로 노동하지 않는 자는 먹을 수 없다는 태도를 만들어낸다는 것이다. 이른바 '본원적 축적'이라고 불리는 과정이, 토마스 모어가 양들이 사람을 잡아먹는다고 표현했던 그 끔찍한 과정이, 요컨대 직접생산자를 생산수단으로부터 분리해내는 과정이, 이러한 욕망의 배치가 작동하게 되는 현실적 조건을 이룬다는 것은 잘 아는 바와 같다.*

---

* 하지만 이는 노동의 인간학 이전에 이미 진행되었던 과정이다. 즉 시간적으로 '본원적 축적'이 노동의 인간학에 선행한다. 다시 말해 '본원적 축적'이 모든 욕망을 노동의 욕망으로 환원하게 하는 현실적 조건이라면, 노동으로써 가치를 정의하고 노동의 욕망을 가치화하려는 욕망으로 정의하는 노동의 인간학은 그러한 조건을 표현하는 '표현형식'이라고 하겠다.

둘째, 노동과 '인간'의 관계. 인간의 본질이 노동이라고 하는 말은 뒤집어 말하면 **노동하는 자만이 인간**이라는 것을 의미한다. 노동은 신성한 것이다. 왜냐하면 그것을 통해서만 우리는 인간의 대열에 들어갈 수 있기 때문이고, 그것을 통해서만 자신의 인간다운 본질을 구현하는 보람찬 삶을 사는 것이기 때문이다. 반대로 노동하지 않는 자, 예컨대 실업자, 게으름뱅이, 부랑자, 구걸로 편안히(?) 돈을 벌려는 자, 가치화되지 않는 활동, 예컨대 노래나 춤·그림·게임 등등에 미쳐 있는 자는 모두 '인간'이 아닌 것이다.

16~17세기, 혹은 이른바 '본원적 축적'이 시작되었던 그 이전 세기부터 인간에 속하지 않는 이 '사회적 해충'들을 교화하여 인간으로 만들려는 거대한 노력이 유럽 전역에서 행해진다. 부랑을 제한하고 그것을 처벌하는 이른바 '빈민법'은 그것 가운데 하나다. 빈민의 이름으로 불리던 그 법들은 그들을 '자유의지'에 의한 범죄자로 취급하였으며, 그들이 노동하지 않는 것을 그들의 의지 결여에서 찾았다.[12] 따라서 그들은 "짐차 뒤에 결박되어 몸에서 피가 흐르도록 매를 맞고 그 뒤에는 그들의 출생지나 그들이 최근 3년간 거주하던 곳으로 돌아가서 '노동에 종사'해야 했다. …… 그리고 부랑자로 다시 체포되면 태형에 처하고 귀를 절반 자르며, 세 번 체포되면 중죄인으로서 '공동체의 적'으로 규정되어 사형에 처해졌다".[13] 1547년 영국의 법에 따르면, '노동하는 것을 거절하는 자'는 그를 게으름뱅이라고 고발한 자의 노예가 되어야 했다.[14]

또 파리 시민 100명 당 1명 꼴로 '종합병원'이라는 이름의 수용소에 가두었던 '거대한 감금' 역시 이러한 '해충'들을 인간세계로부터 격리하여 인간으로 개조하거나 교화하려는 조치 가운데 하나였다.[15] 그 수용소에서, 경제적으로는 실패였음이 판명난 노동을 그들에게 강제했던 것은,[16] 비인간인 그들을 인간으로 '구제'하기 위해서였다. 감금과 더불어 노동은 인간과 노동의 등식을 만들어내는 가장 중요한 방법이었던 것이다. 이로써 노동하는 자만이 인간이라는 원칙이 자본주의적 실천이성의 요청으로 확립된다. 그렇다면 노동이 인간의 본질이라는 노동의 인간학의 공리적 명제는 이러한 요청을 반복하고 있는 것은 아닐까? 그것은 노동을 통해서 인간을 정의하고, 노동을 통해서만 인간으로 만들려는 자본의 욕망과 과연 무관한 것일까?

그런데 역설적이게도 자본은 축적과 함께 이러한 '비인간'을 스스로 끊임없이 만들어낸다. 즉 자본의 축적은 유기적 구성의 상승을 야기함으로써 산 노동을 끊임없이 죽은 노동으로 대체하며, 인간의 대열에 들어 노동하고 있던 사람들을 노동하지 않는 비인간의 세계로 끊임없이 몰아낸다.[17]

과잉인구는 아직 취업하고 있는 노동자들에 대해 실업화하려는 압력을 일상적으로 행사한다. 이를 '실업화 압력'이라고 부르자. 그것은 자본에 대해 대항하거나, 자본에 복종하지 않는 자, 자본의 요구에 적절하지 않게 된 자를 '비인간'이 될 운명으로 내몰 뿐만 아니라, 정상적인 노동자 전체로 하여금 죽음에 근접한 그 끔찍한 운명을 항상적으로 떠올리게 함으로써 자본에 대한 복종과 충성을 강요한다. 그것을 피하기 위해선 어떠한 형태의 노동에도 적응해야 하고, 갑작스런 업무나 배치의 변경에도 순응해야 하며, 그렇지 못한 자는 무능력하거나 불성실한 자로서 쫓겨날 각오를 해야 한다.* 이로써 자본은 그 구체적인 물적 형태와 기술적 형태, 그에 요구되는 노동의 형태에 무관하게 노동력을 채취하여 이용할 수 있는 조건을 확보한다. 노동하려는 자, 인간의 세계에 남아 있기를 원하는 자는 어떠한 종류의 일이나, 어떤 고통스런 규율도 감수하려는 의지를 갖게 된다.

과잉인구는 또 '인간'의 대열 안에 들어가기 위한, 혹은 그 안에 살아남기 위한 노동자들의 경쟁을 만들어낸다. 이 경쟁은 노동자들 사이에 적대적 거리를 만들어낸다. 다른 노동자는 모두 자신의 경쟁자요 적이다. 노동자로, '인간'으로 살아남기 위해선, 자신이 다른 사람보다 낫다는 것을 보여주어야 한다. 고용을 위한 노력은 그 경쟁에서 성공하기 위해 자신 스스로 선택한 것이요 **자신의 욕망**이 된다.** 예컨대 영어를 잘하고 싶다는 욕망, 컴퓨터를 잘하고 싶다는 욕망은 사실상 그런 능력을 필요로 하는 자본의 요구다. 그러나 그것은 자본에 의해 구매되고 가치화되는 한에서만 먹고살 수 있고, 그런 한에서만 활동할 수 있기에 그것은 노동자 자신의 능력이요 나 자신의 욕망이다. 반면 실업이나 실직은, 자본이 요구하는 그런 능력을 갖추지 못한 것을, 다시 말해 노동자 **자신이 무능력함**을 뜻하는 것이 된다.

결국 노동하는 자만이 인간이라는 노동의 인간학의 명제는, 노동을 통해서만 인간답게 살 수 있게 만드는 자본주의의 조건 아래서, 노동자가 **자본의 요구를 자신의 욕망으로 삼게 만드는 욕망의 배치**를 작동시

---

* 이에 대해 맑스는 이렇게 쓰고 있다. "[실업화 압력은] 노동과정에서 노동자를 그 비열하고 가증스런 [자본의] 독재에 굴복시키고, 그의 전체 생활시간을 노동시간으로 전환시키며, 그의 처자를 저거노트의 수레바퀴(Juggernaut-Rad) 밑에 던져 넣는다 …… [그리하여] 상대적 과잉인구, 또는 산업예비군을 언제나 축적의 규모 및 힘과 균형을 유지하게 하고 있는 그 법칙은 헤파이토스의 쐐기가 프로메테우스를 바위에 못박은 것보다 더 단단하게 노동자를 자본에 못박는다." (칼 맑스, 『자본』 I(하), pp.880~881.)
** 맑스는 제임스 스튜어트를 인용해서 이렇게 말하고 있다. "노예제에서 사람들은 …… 타인의 노예였기에 노동을 강요당했다. 지금 사람들은 **그들 자신의 욕망의 노예이기에** 노동을 강요당한다." (칼 맑스, 『자본』 I(하), p.883.)

킨다. 우리는 이 욕망의 배치 안에서, 자본이 요구하는 능력과 자질을 자신의 신체에 새기게 된다. 취업하기 이전부터, 취업한 이후에도, 그리고 취업에 실패하거나 취업에서 탈락한 경우에도.

요컨대 욕망의 배치로서 노동의 인간학이란 자신의 활동을 가치화하고자 하는 욕망의 배치고, 자본이나 화폐소유자에게 자신의 능력을 팔고자 하는 욕망의 배치며, 이렇게 하여 정의되는 노동을 통해서 인간이 되고자 하는 욕망의 배치다.

이리하여 노동의 인간학을 구성하는 핵심적인 두 개의 축에서, 노동중심주의의 인식론적 배치의 뒤편에서 우리는 자본의 욕망 내지 요구를 노동자가 자신의 욕망으로 삼게 하는 욕망의 배치를 발견한다. 그리고 바로 여기서 부르주아의 사상가들이 노동의 인간학을 구성하는 데 진심으로(!) 몰두했던 이유를 충분히 이해할 수 있게 된다. 즉 그들이 노동의 인간학에 몰두했던 것은 위선도 아니었고, 노동자에 대한 동정도 아니었으며, 순수 진리에 대한 욕구도 아니었다. 그것은 정확하게도 자본의 욕망이나 요구를 노동자 자신의 욕망으로 삼게 만드는 욕망의 배치를 구성하는 문제였던 것이다.

노동을 모든 것의 중심에 두는 인식론적 배치로서 노동의 인간학은, 가치화하는 한에서만 노동이 된다는 자본주의의 조건에서, 또 노동하는 자만이 인간일 수 있게 만드는 자본주의의 조건에서 자본의 욕망을 노동의 욕망으로, 자본의 요구를 노동자의 욕망으로 대체하는 욕망의 배치로서 작동한다. 그리고 바로 그런 만큼 인식론적 배치로서 그것이 보여주는 노동에 대한 애정이 강렬하면 강렬할수록, 욕망의 배치로서 그것이 자본의 욕망에 따라 노동자의 삶을 포섭하는 양상 또한 그만큼 강렬했다고 말할 수 있지 않을까?

인식론적 배치로서 노동의 인간학이 보여주는 '인간적' 면모와 욕망의 배치로서 그것이 보여주는 '비인간적' 면모는 너무도 대조적이다. 지킬 박사와 하이드 씨처럼. 특히나 인식론적 배치 안에서 노동이나 인간, 가치, 역사 등과 관련된 문제를 다루는 사람들에게, 그것이 작동시키는 욕망의 배치란 결코 쉽게 믿을 수 있는 진실은 아닐 것이다. 더구나 노동의 인간학을 언제나 인간적인 이론적 측면에서만 주목해온 오래된 전통 안에서라면, 그것을 통해 작동하는 자본의 욕망을 읽어내는 것은 결코 쉬운 일이 아니었을 것이다. 아마도 이것이 노동의 인간학에 대한 맑스주의 안에서의 오래된 호감이 단지 청년 시절의 맑스가 그것을 주장했다는 사실에 기인한다고만은 말할 수 없는 이유일 것이다. 그리고 이것이 지금까지도 수많은 맑스주의자들이 거기서 벗어나지 못하거나, 벗어나려고 하지 않는 이유 중 하나일 것이다.

이러한 욕망의 배치는 노동자가 노동의 욕망을 자신의 욕망으로 간주하는 한, 결코 벗어날 수 없는 배치일 것이다. 바로 그것이 그러한 욕망의 배치 아래에서 자본의 요구를 자신의 욕망으로 삼고, 자본의 시선으로 자신의 신체를 보는 우리 자신의 습속을 형성했던 '초험적(transcendental) 조건'이기 때문이다. 그리고 그것은 그런 만큼 자본의 권력을 우리의 신체, 우리의 시선, 우리의 욕망에 대해 작용시키는 **권력의 배치**이기도 하다. 그렇다면 자본의 지배를 폐기하고자 한다면, 자본의 권력을 전복시키고자 한다면, 이미 우리 자신의 욕망이 되어버린 그 자본의 욕망에서 벗어나야 하는 것은 아닐까? 자본의 욕망을 우리 자신의 욕망으로 만드는 저 노동의 인간학이라는 욕망의 배치를 변환시켜야 하는 것은 아닐까?

4. 노동의 인간학과 맑스주의

앞에서 우리는 노동의 인간학의 인식론적 배치를 다음과 같은 세 개의 명제로 요약한 바 있다. ①가치의 본질은 노동이다. ②인간의 본질은 노동이다. ③역사의 본질은 노동이다. 노동을 통해서 가치와 인간을 정의해주는 앞의 두 명제로 다시 돌아가자.

첫째, 가치의 본질을 노동으로 환원하는 노동가치론의 공리적 명제. 이미 본 것처럼 이 명제는 자본주의라는 조건에서 모든 활동을 가치화하려고 하는 욕망을 산출한다. 그것은 단지 먹고 살기 위해 활동하려는 사람들의 욕구뿐만 아니라, 가치 있는 것을 생산하려는 욕망을 자신의 생산물을 '가치'를 갖는 것으로 판매하려는 욕망, 자신의 생산능력을 '가치화'하려는 욕망으로 대체한다. 역으로 이러한 배치 안에서 가치화되지 않는 활동, 자본가에 의해 구매되지 않는 활동, 잉여가치를 생산하지 않는 활동은 가치가 없는 활동이 된다. 나아가 그러한 가치를 생산하지 못하는 자, 즉 노동하지 않는 자는 아무런 가치 있는 활동을 하지 않는 자, 비생산적인 존재로 표상된다.

"노동하지 않는 자, 가치를 생산하지 않는 자는 먹지도 말라"는 부르주아지의 적대적 요구는 정확히 이런 표상을 전제로 작동한다. 노동가치론은 '무노동 무임금'을 주장하는 부르주아지의 이 주장을 근본적으로 반박할 수 있을까? 임금은 노동력 재생산비용이라는 논리만으로 그러한 반박에 충분할까? 노동가치론은 노동하지 않는 자, 일하지 않는 자를 무엇으로 표상할까? 노동가치론은 가령 실업자들이 '놀고 먹는 것'을 용인할 수 있을까? 그들에게도 노동력 재생산 비용인 임금을 주어야 한다고 말할 수 있을까? "그들이 임금을 받는다면, 노동하는 사람은 대체 바보란 말인가?" ——이게 단지 부르주아들만의 생각일까?

우리는 노동하지 않는 자는 먹지도 말라는 이 끔찍한 주장을 근본에서 뒤집어야 한다. 다시 말해 **노동하지 않는 자도 충분히 먹고 살 수 있어야 한다.** 즉 노동을 하든 안 하든 먹고 살 수 있는 비용, 즉 노동력 재생산 비용이 사회적으로 지급되어야 한다. 물론 자본가들의 입장에서 노동에 대해 별도의 임금을 추가로 지급하려 한다면 굳이 반대할 이유는 없다. 그 경우 최소한의 임금에 경제적으로 만족하면서 자기가 하고 싶은 활동을 하고 살거나, 아니면 좀더 경제적으로 나은 생활을 위해 노동을 하거나 하는 판단 사이에서 선택할 수 있을 것이다. 이때 노동은 비로소 강제가 아니라 '자발적' 선택이 될 것이다.

활동을 가치화해야 한다는 노동의 강박에서 벗어나게 하는 것, 그것은 가치화를 통해서만 활동이 노동이 되는 현실적 조건을 돌파해야 함을 뜻한다. 바로 그런 만큼 그것은 가치화되는 활동만을 노동으로 정의하는 이론적 명제를 돌파해야 함을 뜻한다. 노동가치론의 이론적 배치에서 벗어나는 것, 혹은 좀더 근본적으로 노동의 인간학이라는 인식론적 배치에서 벗어나는 것. 이는 바로 자본주의의 외부를 창안하고 창출하는 것으로서의 '혁명'이나 '코뮨주의'라는 개념과 결부되어 있다.

그러나 그 '외부'를 창안하는 것이 어렵고 '공상적'이라고 느껴지는 사람이라면, 차라리 정반대의 길을 가리키는 일종의 '반어'(irony)가 더 낫다고 말할지도 모른다. **모든 활동을 가치화하고, 모든 활동을 노동으로 만드는 것.** 공장에서 일하는 것뿐만 아니라, 집에서 밥하고 빨래하는 것도, 학교에서 공부하는 것도, 화실에 앉아 그림을 그리거나 배우는 것도, 혹은 음악을 듣는 것도, 심지어 산소를 생산하는 나무들의 활동까지도 모두 가치화해버리는 것이다. 그런 활동이 생산한 모든 '가치 있는 것'(the valuable)에 대해 가치를 인정하라고 부르주아지나 국가 인들에게 요구하는 것이다.

현재의 노동가치론에 따르면 정치가나 국회의원들의 활동은 아무 런 경제적 가치를 생산하지 않는다. 그래도 그들에게 임금을 지급하는 것에 대해 당연하게 생각한다. 그들의 활동은 충분히 가치화된 것이고, 가치 있는 것이 된 것이다. 그러나 가사노동을 하는 주부나 공부하는 학생들, 창작을 위해 사색하는 예술가들의 활동이 이 사회가 존속하는 데 그것보다 가치가 없다고 누가 말할 수 있을 것인가! 나무들이 대기 를 정화하고 물이 대지를 정화하는 활동은 더욱더 그렇지 않은가? 따 라서 사람들이 원하는 모든 활동을 하도록, 그 활동의 내용에 상관없이 최소한의 임금 —— 노동력 재생산 비용 —— 을 사회적으로 지급하는 것, 나무들의 생산활동에 대해서도 그 결과를 소비한 자들이 예컨대 산소 세 형태로 나무들에게 되돌려주는 것은, 적어도 국회의원들에게 임금 을 지급하는 것을 생각하면 결코 부당하지 않다.

이 길을 따르는 경우에는 노동과 가치의 등식을 해체할 필요는 없 을 것 같다. 아니 이 길을 따라갈 때 비로소 노동과 가치의 등식은 완성 된다. 어차피 자본주의 안에서 모든 것을 가치화하고 잉여가치를 증대 시키고자 한다면, 그 길로 끝까지 가라고 요구하는 것도 나쁘지 않을 것이다. 아마도 가사활동을 '노동'으로 만들고자 했던 페미니스트들이 이러한 발상의 선례를 제공하는 것 같다. 가치를 오직 교환가치로 정의 하는 태도에 대해, 활동의 가치를 오직 상품성으로 평가하는 태도에 대 해 갖고 있는 근본적 의문이 답해질 수 있는 건 아니라고 해도 말이다. 더불어 반어에 스스로 너무 몰입해버리는 우를 피할 최소한의 거리는 확보해두어야 함을 추가해두자.

두번째로, 인간의 본질을 노동으로 환원하는 인간학적 명제. 이 역시 이미 본 것처럼 노동하지 않는 자는 인간이 아니니 금쪽 같은 시간을 아껴 부지런히 노동하라는 부르주아적 실천이성의 요청에 상응한다. 그것이 비인간화의 위협과 동일한 실업화 압력을 통해서 자본의 요구를 다시 한번 노동자 자신의 욕망으로 삼게 만든다는 것을 보았다.

실업 이후 자신감을 잃거나 무력감에 빠지는 사람들, 혹은 자신의 무능력이나 '비–인간됨'을 보이는 듯해서 실직했다는 말조차 하지 못하고 낮에 산을 오르는 사람들, 지금도 끔찍한 수용시설에 갇혀 '인간'이 되는 고통을 감수하며 강제노동에 시달리고 있는 사람들, 이런 사람들 속에서 노동하는 자만이 인간이라는 명제의 구체적 의미를 발견하는 것은 쉬운 일이다. 반면 노동하지 않는, 따라서 가치를 생산하지 않고 임금도 받지 못하며, 그래서 동등한 인간으로 인정받지 못하는 아이들이나 여성들의 모습에서 그 명제의 구체적 의미를 발견하는 것은 그리 쉬운 일이 아니다.

여기서도 우리는 노동을 통해서만 인간으로 인정받을 수 있으며, 또한 그것을 강제하는 현실적 조건을 돌파해야 한다. 다시 말해 노동의 중단이 '인간적' 삶의 중단 혹은 삶 자체의 절단을 뜻하는 자본주의적 강제 ─ 경제적 강제 ─ 의 조건을 돌파해야 한다. 그리하여 노동 아닌 다른 모든 활동에서도 '인간'으로서 즐거움과 기쁨을 충분히 향유할 수 있어야 한다. 실업에 대해 별다른 동요 없이 덤덤할 수 있어야 하며, 그런 만큼 취업이나 승진에 대해서도 충분히 덤덤할 수 있어야 한다. 이는 또한 인간의 본질은 노동이라는 이론적 등식을 돌파해야 하며, 그리하여 노동을 하든 않든 충분히 동등하게 인간일 수 있어야 한다. 노동하는 자 스스로 노동하는 자만이 인간이라는 생각에서 벗어나야 하고,

노동을 통해서만 인간이 될 수 있다는 태도에서 벗어나야 하며, 인간이 되기 위해 노동을 하고자 하는 욕망의 배치에서 벗어나야 한다.

우리는 이런 식으로 또 다른 종류의 인간주의, 실천적 내지 실질적 휴머니즘을 주장하려는 것인가? 그런 식으로 하나의 휴머니즘을 다른 휴머니즘으로 대체하는 한, 인간은 인간이기에 인간중심주의를 벗어날 수 없다는 인간중심주의적 숙명론을 벗어날 길은 없을 것 같다. 중요한 것은 오히려 노동의 특권적 중심성을 제거하여 노동과 비노동의 구별을 넘어서는 것이고, 인간의 특권성을 제거하여 인간과 비인간의 경계를 넘어서는 것이다. 이로써 '노동'과 '인간'의 강박에서 벗어나고, 그 강박을 통해 자본주의가 강제하는 노동과 인간의 개념, 그런 욕망의 배치에서 벗어나야 한다. 인간이나 가치, 역사를 노동이라는 개념으로 환원하는, 노동자에게 주어지는 위안으로서 노동중심주의를 과감하게 벗어던지는 것, 그리하여 노동의 인간학을 통해 작동하는 욕망의 배치를 변환시키는 것.

이는 맑스주의의 과거를 현재적 상황 속에서 검토하고, 그것을 통해 맑스주의의 미래를 새로운 방식으로 구성하려는 하나의 문제설정 방식이다. 그것은 노동의 인간학에서 벗어나서 맑스주의를 새로이 재구성하고 변환시키고자 하는 문제설정이다. 하지만 이는 노동자계급에게 던지는 성급한 작별인사가 결코 아니고, 자본주의의 근본적인 문제로부터 벗어나 사소한 문제들 속으로 한없이 빠져 들어가는 맹목적 함몰도 아니며, 맑스나 맑스주의에게 들이대는 싸늘한 배신의 칼도 아니다. 그것은 오히려 노동에 관한 문제, 자본주의에 관한 문제, 혹은 맑스주의적 문제들을 다루는 방식에서 하나의 변환을 시도하고자 함일 뿐이다.

중요한 개념들을 노동으로 환원하는 이론적 배치가 반드시 노동의 문제를 올바로 다루는 방법을 뜻하지는 않는다. 마치 모든 것을 인간이라는 개념으로 환원하는 이론적 배치가 인간의 문제를 올바로 다루는 방법은 아닌 것처럼. 마치 모든 것을 생명의 개념으로 환원하는 것이 생명과 관련된 문제를 올바로 다루는 방법은 아닌 것처럼. 휴머니즘이나 노동의 인간학이 문제가 되는 것은 그것이 단지 과학이 아닌 이데올로기라는 점 때문이 아니라, 모든 것의 중심에 인간이나 노동을 둠으로써 인간이나 노동을 찬양하는 방식으로 '인간'이나 '노동'을 욕망하게 하는 동시에 그 '인간'이나 '노동'에 대한 욕망을 방향짓고 있는 자본의 욕망을 보지 못하게 한다는 사실 때문이다. 휴머니즘이나 노동의 인간학을 벗어나는 것은 단지 인간이나 노동자임에 대한 위안을 주는 이데올로기의 안이한 유용성을 포기하자는 제안이 아니라, 그러한 종류의 이론이나 '이데올로기'를 자본의 욕망 안에서 작동하게 만드는 **욕망의 배치를 전복하자는 제안**이다. 그것은 노동이나 인간이라는 관념마저 해방된 삶의 관점에서 근본적으로 다시 사고하자는 제안이다.

　　그렇다고 기존의 정치경제학이나, 맑스주의 철학 혹은 맑스주의 역사학을 모두 폐기하는 것으로 노동의 인간학을 극복할 수 있으리라고 믿는다면 너무 순진한 것일 게다. 왜냐하면 그것이 이미 욕망의 배치로 작동하고 있으며, 아마도 자본주의에서 생산하는 습속의 무의식을 구성하고 있는 한, 그것은 하나의 이론을 다른 이론으로 대체하는 환유연쇄를 만들어낼 것이 분명하기 때문이다. 반대로 노동의 인간학을 넘어서는 것이 그러한 관점을 전제로 산출된 모든 것을 무효화시키는 것도 아닐 것이다. 맑스가 프롤레타리아트의 입장으로 확실하게 이동한 이후에도 부르주아적 경제학이나 철학 혹은 '소부르주아적 코뮨주의' 전체를 무효화시키지 않았듯이. 물론 그러한 유산의 핵심적 요체를 계승하는 방식으로 과학이나 사상을 '완성'하고 보충하는 방식으로 이용할 수 있으리란 생각에 대해서도 경계해야 하지만. 중요한 것은 노동의 인간학을 넘어서는 새로운 인식론적 배치, 새로운 욕망의 배치를 구성하는 것이고, 그러한 배치 안에서 이전의 이론적 성과들이 작동하게 하는 것이다.

개념이나 주제를 노동으로 환원하는 것, 혹은 노동을 모든 이론적 사유의 근거로 삼는 것, 노동이라는 개념이 사유의 진보성과 혁명성을 보증해주리라는 생각, 맑스주의의 정통성이나 통일성이 노동이라는 기초개념에서 확보될 수 있으리라는 생각, 바로 여기서 벗어날 때, 우리는 맑스주의의 다양한 개념들이 단단한 울타리를 벗어나 새로운 계열화의 선을 그리며 새로운 이론적 사유의 지대로 나아가는 것을 볼 수 있을 것이다. 그것은 분명 맑스주의의 가장 중요한 통념에 반한다는 점에서, 그리고 '정통성'에 대한 여전히 강하게 남아 있는 우리 자신의 습관적 태도에 반한다는 점에서 우리 자신으로 하여금 자신의 현재와 과거에 대항하여 싸울 것을 요구한다. 그 길의 어느 한편에서 기다리고 있는 것은 지금의 우리에게 결코 익숙하지 않은 맑스주의일 것이고, '아직 오지 않은'(未-來!) 맑스주의일 것이다. 그러나 미래의 맑스주의가 이미 존재하는 맑스주의, 그래서 붕괴한 현실 사회주의에 갇힌 맑스주의일 수 없다면, 혹은 또 다른 근대적 사유의 한 형태로서 기존의 맑스주의에서 벗어나야 한다면, 아직 오지 않은 맑스주의, '미-래의 맑스주의'야말로 미래의 맑스주의를 위한 하나의 희망일 수 있지 않을까?

2부

가치의 생산과
화폐의 권력

살바도르 달리(Salvador Dalí), 「시간의 고귀함」(La Noblesse du temps), 1977

노동의 신, 구겨지다.

3

노동가치론과 맑스주의 :
노동가치론의 몇 가지 전제에 관하여

1. 내재하는 외부

『맑스주의와 근대성』[1]의 한 장에서 우리는 맑스의 정치경제학 비판을, 고전적 정치경제학의 가장 근본적인 출발점을 이루는 노동가치론에 대한 비판으로 독해한 바 있다. 즉 맑스는 노동이란 노동력의 사용가치라는 질적인 범주로서 (교환)가치를 갖지 않으며, (교환)가치라는 양적 범주와 전혀 이질적이라는 것, 그리고 질에서 양이 도출되지 않듯이 노동에서 가치가 도출되지 않는다는 것, 나아가 그것을 양화(가치화)하는 경우에도 노동력을 사용하여 산출한 가치량은 그것의 구입에 지출된 가치량과 무관하다는 것을 보여주었다는 것이다. 이러한 새로운 명제는 잉여가치라는 개념을 낳는다. 즉 결코 등가교환이라고 할 수 없는 프로세스가 등가교환의 공리 위에서 설명되어야 한다는 이율배반이 등장한다. 이는 노동가치론의 공리계 내부에 존재하는, 그러나 정확하게 괴델적인 의미에서 그 공리계 안에서는 '결정불가능한 명제'다. 요컨대 '자본의 일반적 공식'을 제시하고, 그 '일반적 공식의 이율배반'을 지적하는 것으로 귀결되는 『자본』 I권의 제2편은, 노동가치론의 공리계 안에서, 그것의 논리를 최대치로 따라가면서 그것의 내부에 존재하는 이율배반을 드러내는 비판의 방법을 통해 정치경제학 비판을 수행하고 있다는 것이다.

물론 괴델의 정리에서 그렇듯이, 어떤 공리계에 대해 결정불가능한 명제는 그 공리계 안에 새로운 공리로서 포섭할 수 있다. 그것은 이전의 공리와 더불어 '완성된' 공리계, 혹은 '발전된' 공리계를 구성한다. 정확하게 이와 동일한 과정이 맑스주의 정치경제학의 역사에서 발생했다. 즉 잉여가치에 관한 맑스의 명제를 고전경제학의 공리계 안에 새로운 공리로 포섭함으로써 '발전된' 정치경제학, '완성된' 정치경제학의 자리를 맑스에게 할당했다. 그러나 그것은 맑스의 정치경제학 '비판'이 정치경제학 내부로 포섭되었음을, 정치경제학에 대한 비판이 아니라 그것의 확장이 되게 되었음을 의미한다.

그러나 괴델의 정리에 따르면, 결정불가능한 명제를 또 하나의 공리로 추가해서 '완성'하는 경우에도 그 공리계에는 또 다른 결정불가능한 명제가 존재하게 된다. 이런 점에서 어떤 공리계도 이율배반이 출현하지 않는 '완전한' 공리계가 될 수 없다. 우리는 노동가치론의 공리계 안에서 이율배반을 드러냈던 『자본』 I권의 「상품과 화폐」 이후에 맑스가 제시하고 있는 이론적 과정을 이런 관점에서 이해할 수 있다고 주장한 바 있다. 가령 맑스는 노동력을 사용하여 산출한 가치량(가치생산물, w)은 물론이고 노동력의 구입에 사용된 가치량(v) 또한 가치법칙에 '외부적인' 요인들에 의해 결정된다는 것을 통해서, 잉여가치는 가치법칙에 대해 외부적이라는 것을 보여주었다. 즉 그것은 잉여가치 개념을 포섭한 공리계 안에 다시 그것에 외부적인, 다시 말해 그 공리계 안에서 결정불가능한 명제들이 존재하고 있음을 보여주는 것이라고 할 수 있다.

　물론 이 명제 역시 정치경제학과 가치론에 의해 가치론의 공리계 안에 포섭될 수 있으며, 실제로 그렇게 되었지만, 그 경우에도 축적이라는 자본주의적 과정이 '과잉인구화'에 관한, 가치론의 공리계에 외부적인, 따라서 그 공리계 안에서 결정불가능한 또 다른 명제가 출현한다는 것을 『자본』의 I권은 보여준다. 우리가 '축적의 외부성'이란 말로 표시하려고 했던 것은 이것이다. 그것은 "노동인구를 항상적인 과잉의 상태로 유지하는 경향이 오히려 가치법칙을 제대로 작용할 수 없도록 만드는 것"[2]이 아니라, 반대로 과잉인구라는, 가치법칙으로 추론하거나 설명할 수 없는 요인이 가치법칙의 작용에 항상-이미 전제가 되고 있다는 것이다. 가령 노동력에 대한 자본의 수요가 늘어나면 그에 부응할 잉여노동력이 있어야 한다. 노동력 상품은 다른 상품과 달리 몇 달 새, 혹은 1~2년 안에 필요하다고 새로 '만들어낼' 수 있는 상품이 아니다. 즉 과잉인구는 노동력에 대한 수요와 공급, 임금률의 변동을 가능하게 하는 전제조건이다.[3] 노동력 상품의 가격을 결정하는 가치법칙은 이러한 과잉인구를 전제로 해서만 작동할 수 있다.

　그렇지만 동시에 그것은 자본축적의 법칙에 따른 결과물이다. 그것은 새로운 기술적인 생산수단의 도입에 의해, 동시에 임금비용의 비율을 줄이려는 자본가의 욕망에 의해 야기되는 것이고, 그런 점에서 자본주의 공리계 안에 있는 것이다. 다시 말해 자본의 공리계 안에서 자본의 공리계에서 벗어난 것을 생산하고 산출하는 것이다. 따라서 그것은 "자본주의에 고유한 것과 그렇지 않은 것 간의 대립구도"를 상정하고 있는 것이 아니라, 반대로 그 양자 사이의 경계가 없으며, 자본의 '순수한' ── 가치론적이고 경제학적인 ── 논리와 전혀 다른 요인이 잉여가치의 생산만큼이나 자본의 축적에 내재적이라는 것을 뜻한다. 이를 우리는 '내재하는 외부'라는 개념으로 정의한 바 있다.

　너무도 괴델적인 양상으로 진행되는 맑스의 이러한 '비판'을, 어떤 이론의 내부에 들어가 그것의 논리를 따라가면서 그것의 내적 균열과 이율배반을 드러내는 '해체'의 방법이라고 명명하자. 우리가 보기에 맑스는 수많은 맑스주의자들이 주장하고 대부분의 맑스주의자들이 쉽게 용인하고 수용했던 것처럼 노동가치론의 지지자나 고전경제학의 '완성자'가 아니라, 이러한 방법을 통해 그것을 내부로부터 해체하려고 했던 비판자였다. 그리고 이를 새로이 부각시킴으로써 우리는 많은 사람들이 우려하듯이 맑스를 통해 '노동가치론을 해체'하려는 것임 역시 사실이다. 그러한 시도의 가장 중요한 목표는 우리가 보기에는 고전경제학만큼이나 근대적인 '맑스주의 정치경제학'을 해체하려고 하는 것이고, 많은 사람들로 하여금 그것의 속박에서 벗어나게 하려는 것이다. 좀더 나아가 이를 통해 우리는 맑스 자신조차 결코 그로부터 자유롭지 않은 근대적 한계를, 맑스 자신의 비판적 문제설정을 통해 넘어서려는 것이다.

2. 내재적 비판의 방법

그런데 맑스를 통해 비판한다는 것은 무엇을 의미하는가? 그것은 맑스의 문제설정을 오늘의 조건 위에서 다시 작동하게 하는 것이다. 다른 한편 그것은 또 그가 제시한 이론적 작업 자체에 대해, 그리고 그 이론적 작업을 직조하는 데 관여된 다양한 이론적 요소들에 대해서 그의 문제설정 자체를 작동시키는 것이다.

여기서 우리는 후자의 측면이 갖는 중요성에 대해 강조해둘 필요가 있다. 먼저 그것은, 그의 '비판'이 갖는 고유한 측면과 결부되어 있고, 다른 한편에선 이것이 충분하지 못할 경우 그의 이론적 '유산'이 그의 문제설정을 오늘의 조건에서 작동하지 못하게 가로막는 '유제'가 될 가능성이 있기 때문이다. 이는, 맑스의 문구들에 사로잡혀 그것을 옹호하거나 방어하는 것을 맑스주의자의 이론적 내지 이데올로기적 과제로 설정했던 오래된 맑스주의의 전통을 잠시 상기하는 것만으로도 쉽게 이해할 수 있을 것이다. 그런데 그의 비판이 갖는 고유한 측면은 맑스 자신의 유산을 유제화하는 이런 사태를 좀더 심각하고 치명적인 것으로 만들 수 있다. 이에 대해서 약간 자세히 말해야 하는 것은 이런 이유에서다.

정치경제학 비판의 경우에 특히 그러했지만, 맑스에게 '비판'은 어떤 하나의 관점에서 자신과 다른 견해를 비난하는 것이 아니며, 자신이 옳다고 믿는 것을 척도로 그와 다른 것을 논박하는 것 또한 아니다. 그것은 자신의 적의 약점만을 보며 그 적을 최소화하여 손쉽게 깨부수는 '최소주의적' 비판의 방법보다는 차라리 적의 취약한 논리를 보강해주기까지 하면서 그들의 이론적 가능성을 극대화하여 적을 최대화하여 대결하는 '최대주의적' 비판의 방법에 가깝다. 물론 계급적 입장의 차이로 환원하여 비판하는 방법 또한 없다 할 수 없겠지만, 그가 필생을 걸었던 비판의 기획은 반대로 적진에 들어가 적이 갖는 강점과 약점을, 그들의 이론이 갖는 다양한 측면을 이해하고 거기서 이론적 자원을 추출하여 자신의 문제설정 안에서 새로운 것으로 변용시키는 방식으로 진행된다.

이런 의미에서 맑스의 비판은 자신이 대결하고 있는 적의 무기를 빼앗아 자신이 구성한 이론적 배치 안에서 자신의 무기로 변이·변용하는 방법이다. 따라서 이것은 비판이라는 말의 표면적인 의미와 달리 부정적인 것이 아니라, 비판의 대상을 통해서 새로운 것을 만들어내고 생성하는 긍정적인 작업이다. 그리고 그것은 대결하는 상대의 논지를 말 그대로 '비판'하고 '논박'하는 경우에조차도 자신만의 또 다른 초월적 원리를 취하여 기존의 것을 비판하는 초월적인 비판의 방법보다는, 차라리 그들이 전제하고 있는 원리나 기준을 잣대로 삼아 그 내부에 존재하는 이율배반을 드러내고 비판하는 내재적 비판의 방법을 사용한다. 이는 적진의 내부에 깊숙이 들어가 그 안에서 외부(내재하는 외부!)를 찾아내고, 그것을 통해서 전체를 전복하거나 변이시키는 비판의 방법이다.

따라서 그것은 어설픈 '거리두기'보다는 '몰입'과 '비판', '변환'을 반복하여 통과하는 과정이다. 그가 헤겔에 대해 철저하고 생산적인 비판을 수행할 수 있었던 것은 그가 한때 강렬하게 헤겔에게 몰입할 수 있었기 때문이었고, 스미스나 리카도에 대해 그럴 수 있었던 것 역시 철저하게 그들 속에 몰입할 수 있었기 때문이었다. 헤겔과 더할 수 없는 긴장 속에서 대결했음에도 불구하고 헤겔에게서 많은 것을 배웠다고 말하고, 스미스와 리카도를 비판하는 것을 필생의 일로 삼았음에도 잉여가치와 계급투쟁의 개념조차 리카도에게 돌리는 '겸손함'은 이런 사실의 표현일 것이다. 비록 이것이 많은 경우 그를 헤겔주의자 혹은 리카도주의자로 오해하게 하지만 말이다.

이는 그가 비판했던 것과 그 자신이, 동일한 말이지만, 그가 몰입했던 것과 그 자신이 뒤섞이는 것이 불가피하고, 그런 만큼 많은 경우 그를 헤겔, 리카도와 구별하기 힘들게 만드는 것이기도 하다. 내재적 비판의 방법, 혹은 비판의 내재성을 보지 못함으로써 그를 헤겔주의자, 리카도주의자로 이해하는 사태는, '정통' 맑스주의 안에서 너무도 빈번히 발견되었던 주류적 견해고, 심지어 정통을 벗어나서조차 강력한 '해석의 지평'을 제공한다. 그러나 비판과 전복, 혹은 변환이 가능해지는 것은 '외부'를 통해서라는 것, 차라리 비판의 특이성을 유효하게 만들고, 새로운 사유의 공간을 만드는 것은 바로 그 **내재하는 '외부'를 통해서**라는 것을 놓치면, 비판의 내재성은 이것저것이 뒤섞여 사후적 목적성 안에서 '지양'되고 동일화되는 (헤겔적인) '변증법'으로 오해되고 만다. 그것은 맑스를 위한 발전과정 속에 헤겔과 리카도를 위치짓고, 그들의 이론적 요소를 맑스의 그것에 동일화시키는 방식으로 진행된다. 그러나 그것은 사실 맑스의 문제설정을 헤겔이나 리카도의 그것과 동일화시키는 것이기도 하다.

이런 식으로 씌어지는 '역사'는 하나의 학파 안에서, 혹은 하나의 문제설정 안에서라면 유효할지 모르지만, 맑스처럼 문제설정과 입지점, 나아가 패러다임 전체를 전복한 경우에는 전혀 부적절한 해석을 낳는다. 중요한 것은 맑스가 몰입했던 체계가 그가 추출해낸 저 '외부'를 통해 어떻게 해체되고 변환되었는가다. 그 '외부'는 그가 자신이 '기댔던' 이전의 사상가들과 그 자신 사이에 만들어낸 단절의 지점을, 변환의 문턱을 표시한다. 그가 리카도나 스미스의 이론적 요소들에 얼마나 기대고 있든지 간에, 그는 자신의 문제설정을 통해서 이미 고전적 경제학의 문턱을 넘은 것이고, 다른 이론적 배치를 창안해낸 것이며, 그 요소들을 다른 것으로 만들어버린 것이다.

그렇기에 우리는 그 자신이 기록하고 적어놓은 수많은 초고나 연구노트들에 대해서, 심지어 자신이 누차 교열하고 수정한 그의 저작들에 대해서도, 그리고 그가 제시한 이론적 명제들에 대해서조차 맑스 자신의 문제설정에 비추어 다시 생각하고 다시 평가해야 한다. 적진의 내부에 들어가야 했기에, 적에게 몰입하여 그의 무기를 빼앗고 적과 뒤엉켜 싸우고 있기에 그 자신조차 정확하게 구별하지 못했던 것들에 대해, 맑스 자신의 문제설정을 통해서 세심하게 구별하고 사유해야 한다. 그럴 때에만 그의 유산이 유제가 되는 사태, 아니 '넘들의' 유산이 우리의 유제가 되는 사태를 피할 수 있을 것이다.

3. 노동가치론의 공리

맑스가 가치론의 공리계에서 찾아낸 외부는 현재적인 조건 속에서 노동가치론의 전제를 근본적으로 다시 살펴볼 수 있는 공간을 제공한다. 여기서 우리는 맑스의 비판을 가치론에서 탈영토화하는 방향으로 좀더 밀고 나아가게 될 것이다.

먼저 어떤 상품의 가치는 노동시간에 의해 결정된다는 공리에 관해 두 가지 측면에서 살펴보자. 우선 이 공리는 각각의 상품에 직접 적용되지는 않는다. 가치와 가격이 다르고, 생산성 차이 등으로 인해 동일한 (가격을 갖는) 상품의 가치도 사실은 다를 수 있기 때문이다. 그래서 이 공리는 생산된 상품의 사회적 총량 수준에서 적용된다. 즉 생산된 상품의 사회적 총가치는 그것의 생산에 투여된 사회적 총노동시간과 일치한다는 명제가 그것이다. 그렇다면 어떤 사회에서 주어진 기간

동안에 생산된 가치의 총량은 생산에 참여한 노동자의 수와 그들의 노동시간의 곱으로 표시될 수 있을 것이다.

그런데 알다시피 19세기 중반 이래 총노동력에서 농업노동력이 차지하는 비중은 급속히 감소되었다. 19세기의 3/4분기에 그 비율은 70% 정도에서 50%로 감소되었고, 1900년에는 30%로, 1940년에는 20%로, 현재는 약 3%로 감소했다고 한다.[4] 그렇다면 농업부문에서 생산된 가치 역시 동일한 비율로 감소되었다고 해야 한다. 아마도 노동가치론은 그렇게 말할 것이다. 공장노동자의 수가 고려되어야 하겠지만, 만약 그 수가 비슷하다면 하루에 14~16시간 노동을 시킬 수 있었던 1833년 이전의 영국 공장이 8시간 이상은 노동시킬 수 없는 20세기 중반의 영국 공장보다 더 많은 가치를 생산한다고 해야 할 것이다. 따라서 산업혁명 이후, 혹은 과학기술혁명 이후 노동시간이 제한되거나 단축되면서 이른바 '내포적 생산'이 추구되게 되었다고 해도, 상대적 잉여가치의 비율이 늘어나기는 하겠지만 총노동시간이 제한되게 되었다면 생산되는 가치 총량은 그 이전보다 작아진다고 말해야 할 것이다. 아마도 노동가치론은 그렇다고 말할지도 모른다.

다른 한편 1970년대 중반 이래 유럽의 실업률은 대략 10% 정도였다. 그렇다면 70년대 유럽에서 생산된 가치의 총량은 호황기 때의 90% 남짓에 불과하다고 해야 한다. 이 역시 노동가치론은 그렇다고 말할지도 모른다. 좀더 극한적으로 사유해보자. 얼마간 과장이 포함되어 있다고 해야겠지만, 잘 알려져 있다시피 리프킨(J. Rifkin)은 기계화와 그에 따른 노동인력의 과잉화로 인해 '노동의 종말'이라는 우울한 미래를 예견하고 있다.[5] 거기까진 안 간다고 해도, 흔히들 말하듯이 전체 인구의 20%만이 노동해도 자본주의가 유지될 수 있는, 다시 말해 80%가 과잉인구로, 실업자로 살아야 하는 이른바 '20 대 80의 사회'에서라면[6) 어떨까? 인구 증가율이 결정적인 변화를 야기할 정도로 크지 않다면, 그 사회에서 생산되는 가치의 총량은 완전히 가동되는 시기의 20% 정도라고 해야 한다. 다시 말해 기계가 노동력을 대체하는 미래에 생산될 가치의 총량은 모든 사람이 고용되어 일할 때의 20%밖에 안 되리라는 것이다.* 이 기이한 결론에 대해서도 노동가치론은 그렇다고 말할 수 있을까?

아마도 지금까지 흔히 그랬듯이 다른 이론적인 보호대(protective belt)를 찾을지도 모른다. 예를 들면 '노동강도'나 '복잡노동'이라는 요인을 통하여 설명하는 것이다. 그러나 이런 개념을 추가한다고 해도 사정이 크게 바뀔 것 같지는 않다. 설혹 그렇다면 이제는 복잡노동이나 노동강도를 시간으로 환원하여 설명하는 것보다는 그 반대가 차라리 더 설득력이 있을 것 같다. 즉 노동의 강도나 복잡도가 다양해진다면, 이제는 노동의 가치를 동일한 시간의 길이로 재는 것은 불가능해질 것이라고.

물론 이는 있을 수 없는 극단적 과장이라고 하겠지만, 이미 10%대의 실업률이 20년 이상 지속된 선진국에서 기계화·자동화·(노동시장) 유연화 등을 통해 진행될 경로를, 기계화가 과잉인구를 생산하는 효과에 관한 맑스의 논의에 비추어 볼 때, 그 양과 시기는 어떨지 모르지만 대체적인 추세를 부정하기는 어려워 보인다. 더구나 노동시간마저 지속적으로 감소하는 경향이 역사적 사실 아닌가? 노동시간은 지금까지

---

* 생산성 상승과 기계화로 인해 생산물의 양은 많아지겠지만, 알다시피 이 경우 개별 상품의 가치는 하락하기에 아무런 문제가 되지 않는다.

지속적으로 감소해왔고, 앞으로도 계속 그럴 것이다. 노동가치론에 따르면 이 역시 생산된 가치총량의 감소를 의미한다. 그렇다면 **자본의 유기적 구성의 상승에 따라, 그리고 노동시간의 감소에 따라, 가치생산물의 총량은 절대적으로 감소하는 경향이 있다는** '법칙'은 노동가치론의 공리계에서 충분히 추론할 수 있는 명제다. 그러나 정말 우리는 실업률과 노동시간 감소율에 따라 가치생산물의 총량이 감소한다는 결론을 받아들여야 하는 것일까?

둘째로, 노동시간이라는 개념에는 특정한 종류의 시간 개념이 전제되어 있다. 즉 **시간은 동질적이고 선형적이며 특정 단위에 의해 선분으로 분할되고, 서로 간에 더해질 수 있으며, 그것을 더함으로써 누적될 수 있다는** 생각을 전제하고 있다는 것이다.[7] 이는 알다시피 시계적인 시간 개념이고, 원주상의 길이라는 공간적이고 선적인 것으로 환원된 시간 개념이며, 근대인의 삶을 사로잡고 있는 형식이다.

노동가치론에서 가치의 개념은 노동이라는 질적인 과정을 양으로 환원함으로써 만들어질 수 있는 것인 한, 이처럼 시계적인 시간, 직선적인 시간 개념을 사용하는 것은 불가피한 것이다. 노동이라는 질은 노동시간으로 환원된다. 그것은 서로 더해질 수 있으며, 따라서 축적(누적)될 수 있다. 축적/누적은 가치량의 증가고, 따라서 진화요 진보라는 생각이 이러한 시간 개념과 밀접하게 결부되어 있음을 아는 것은 그리 어렵지 않다.

그런데 조금 전에 잠시 언급했지만, 노동강도나 복잡노동 등의 개념은 모든 노동이 평균적인 다른 노동과 동일한 시간척도로 환원될 수 없음을 보여준다. 이를 고려하면 동일한 10시간의 노동이, 10시간으로 등가화될 수 없는 가치를 생산할 수 있음을 의미한다.[8] 이는 시간이 노동의 질과 강도에 따라 **다른 '가치'를 갖는다**는 것을 뜻하는 것이다. 좀 더 엄밀하게 말하면 노동하는 사람에 따라서, 그리고 노동조건에 따라서 노동시간은 다른 가치를 생산한다고 말해야 하지 않을까? 그렇다면 여기서 우리는 다시 질문해야 한다. 모든 노동자가, 혹은 모든 공장이 동일한 시간 동안 동일한 가치를 생산하리라는 가정, 모든 사람에게 노동시간은 동일한 가치를 가질 것이라는 가정이 대체 어떻게 가능한 것일까?

그것은 단지 '가정'된 것에 불과하다. 즉 모든 사람에게 노동시간은 동질적이라는 것은 노동가치론의 또 다른 가정인 것이다. 스미스의 사례에서 사냥꾼이나 농부, 분업적으로 일하는 바늘공장 노동자, 혹은 탄광의 소년 광부나 제철소의 성인 노동자가 모두 동일한 시간이라면 동일한 가치를 생산하리라는 것은 노동가치론이 성립하기 위해 자명한 것으로 가정한 또 다른 공리다. 복잡노동 같은 개념이 이 가정에 위협적이라는 것을 잘 아는 사람은, 좀더 극명하고 과격하게 주장하기도 한다. 대학교수나 초등학교 교사나 청소부나 사장이나 모두 동일 노동시간은 동일 가치를 갖는다고.[9] 복잡노동은 없다고. 이를 어찌 반박할 수 있을까? 그러나 이를 어찌 증명할 수 있을까? 그건 다만 수긍하거나 거부할 수 있는 가정일 뿐이다. 아마도 산업혁명으로 숙련이 해체되면서, 누구나 다 비슷한 노동력의 소유자로 간주되던 시기였기에 쉽게 수용되고 확산될 수 있었던 가정일 것이다.

조건이 달라진다면, 아마도 이런 가정을 받아들이는 것은 예전처럼 쉽지 않을 것이다. 사실 이는 과학과 기술, 정보, 통신 등 시간을 '응축'할 수 있는 요소들이 생산에서 차지하는 비중이 증가하면서, 그리고 질적이고 창조적인 특성이 가치생산에 미치는 영향이 증가하면서 아주 근본적인 난점을 야기한다. 농부의 10시간 노동과 새로운 종자를 만들기 위해 유전공학 실험실에서 일하는 과학자의 10시간 노동이, 중국집 주방장과 호텔 주방장의 노동이, 카바레의 무명가수와 조용필이나 서태지의 '노동'이 동일한 가치를 생산한다고 말하기 위해선 너무도 많은 것을 모른 척 눈감고 무시해야 한다.

다른 한편 노동의 가치화가 야기하는 결과를 노동시간으로 환원하는 것은 질적으로 상이한 활동을 하나로 동질화하는 것을 뜻한다. 가령 실험실에서 일하는 연구자의 노동시간과 그 실험결과를 이용해서 가공하는 노동시간은 결코 동질적이지 않으며, 단순한 노동시간의 길이로 비교할 수 없다. 예를 들면, 어떤 공학자가 100시간 걸려 찾아낸 공식의 경제적 '가치'를 그가 그것을 찾아내는 데 걸린 시간이나, 그가 그것을 위해 공부한 시간의 합으로 환원할 수 있을까? 어떤 잘 나가는 가수의 노래가 갖는 '가치'를 그 노래를 부르고 녹음하는 데 걸린 시간, 그리고 노래하는 법을 배우는 데 걸린 시간으로 환원할 수 있을까?

시간의 근대적 개념은 다른 차원에서도 문제가 된다. 선형적(직선적) 시간 개념은 특정 시점에 **어떤 하나의** 시간적 계열만이 있을 수 있다는 것을 전제한다. 다시 말해 상이한 속도와 흐름을 갖는 시간들이 동시에 병존할 수는 없다는 것이다. 1980년대 후반 이후 엄청난 속도로 증가하면서 세계 자본주의 경제 전반에 결정적인 영향을 미치는, 1997년의 한국의 경제위기나 IMF체제와도 긴밀히 연관된 거대한 금융적 자본과 금융거래를 보면 이러한 시간 개념을 유지하는 것이 불가능하다는 것을 알 수 있다.

흔히 지적되는 것이지만, 최근 세계 전체의 국제 교역에서 이들 거래가 차지하는 비중은 98%를 넘어섰다. 이들은 빛과 같은 속도(전파의 속도)로 이동하며 거래한다. 그런데 예컨대 퓨처와 같은 파생금융상품이 잘 보여주듯이 이들의 거래는 아직 생산되지 않은 것에 대한 선물(先物)거래를 포함하며, 그것으로 시작되어 무한히 증식되는 투기를 야기한다. 그것은 아직 오지 않은 시간을 거래하는 것이고, 아직 생산되지 않은 가치를 거래하는 것이다. 따라서 특정 기간 동안 거래에 포함된 금융적 자본의 '가치량'은 그와 상응하는 실물적인 가치량과 다르다. 다시 말해 그것은 생산자본이 실물적 형태로 이용하는 시간이나 그런 형태로 거래하는 가치와 독립적으로 이루어진다. 두 개의 영역에서 상이한 크기의 '시간'이 거래되고 있는 것이다.[*] 요컨대 가치를 시간으로 환원한다고 해도, **금융적 자본의 운동과 생산자본의 운동은 이질적이며 상이한 시간을 대상으로, 별도의 시간적 계열을 구성한다**는 것이다. 따라서 우리는 상이한 시간적 계열이 동시에 공존하고 있음을 알 수 있다. 이는 동질적이고 단일한 시간적 계열을 전제하는 노동가치론의 공리와 양립하기 힘들다.

4. 노동의 공리

다음으로 가치는 노동에 의해서만 생산된다는 공리, 다시 말해 가치의 기원은 노동이라는 공리에 관하여 살펴보자. 노동은 질적인 것이며, 가치는 양적인 것이라는, 따라서 질에서 양을 추론하는 것이 잘못이라는 맑스의 비판은 앞서 언급했다. 여기서 이러한 공리에 대해, 혹은 그 전

---

[*] 여기서 우리는 금융적 자본을 생산자본으로 환원하는 것 또한 불가능해진다는 결론에 이른다.

제에 대해 다시 질문하는 것이 필요하다. 즉 가치의 기원이 되는 노동이란 대체 무엇인가?

먼저 떠올릴 수 있는 것은 노동에 관한 맑스의 일반적 정의다. 노동과정에 관한 장에서 보여주는 정의에 따르면 노동은 '자연과의 대사과정'이다.[10] 그러나 노동에 관한 이러한 일반적 정의로는 앞의 질문에 답하기에 불충분하다. 왜냐하면 그것은 그 자체로 경제학자들이 말하는 '가치'를 생산하지 않기 때문이다. 예를 들어 장작을 패는 행위나 나무를 돌보는 행위, 밥을 하거나 빨래하는 행위는 물론 컴퓨터 자판을 두들기는 행위조차 '자연과의 대사과정'이지만 다른 조건을 부가하지 않고는, 즉 그 자체로는 가치를 생산한다고 말하기 어렵다. 그것은 가치를 생산하지 않는다. 엄밀히 말해 그것은 노동이 아니다. 그렇다면 노동이란, 아니 가치를 생산하는 노동이란 무엇인가? 여기서 우리는 위의 질문이 '생산적 노동'에 관한 맑스의 개념과 결부되어 있다는 것을 알 수 있다.

『잉여가치 학설사』 1권에서 맑스는 이 문제를 스미스의 생산적 노동 개념을 검토하면서 다루고 있다.[11] 거기서 맑스는 생산적 노동이란 자본에 의해 구매되고 이용되는 노동임을 분명히 하고 있다. 예를 들어 밥을 하는 행위가 집안에서 자신이 생존하기 위해 행해진다면, 그것은 생산적 노동이 아니다. 그러나 동일한 행위가 큰 식당에서 행해지면 그것은 생산적 노동이 된다. 노래를 하는 행위가 자신의 감흥에 의해 행해진다면 그것이 여러 사람들 앞에서(타인을 위해) 이루어진다고 해도 생산적 노동이 아니다. 반면 그것이 자본에 의해 구매되고 상품화되면 그것은 생산적 노동이 된다. 뒤집어 말하면, 자본에 의해 구매되고 상품화될 수 있는 것이면 어떤 활동도 생산적 노동이 된다. 나무를 돌보는 행위도, 글을 쓰는 행위도, 컴퓨터 자판을 두들기는 행위도 자본에 의해 의해 구매되면 정원사의 노동, 작가의 노동, 프로그래머의 노동이 된다.

요컨대 자본주의에서 사람들이 행하는 다양한 활동/노동은 그것이 **자본에 의해 구매될 때만**, 다시 말해 **자본에 의해 가치화(Verwertung)될* 때만** 생산적 노동이 된다. 노동이란 "노동력 상품의 사용가치"라고 정의할 때도 맑스는 이러한 역설을 이미 이해하고 있었다. 즉 그것은 **이미 상품화된** 활동능력이 갖는 사용가치다. 다시 말해 그것은 상품화되는 한에서 활동능력, 혹은 상품화될 수 있는 한에서 활동능력이 갖는 어떤 질적 잠재성을 의미한다. 여기서 우리는 기묘한 역설에 부딪치게 된다. 어떤 활동이 가치를 생산하는 것은 그것이 자본에 의해 가치화되는 한에서다. 노동가치론에서처럼 가치의 기원이 되는 활동으로 '노동'이라는 말을 사용한다면, 그것은 이제 '자본에 의해 가치화되는 활동'이라고 말해야 한다. 그렇다면 '가치의 기원은 노동'이라는 명제 옆에 이렇게 추가해두어야 한다. '노동의 기원은 가치화다.'

경제학적 의미에서 '노동'이란 이처럼 가치화과정에 포섭된 활동이다. 예를 들어 노래하고 춤추는 것은 그 자체로는 유희지 '노동'이 아니다. 책 읽고 공부하는 것도 '노동'이 아니다. 밥하고 빨래하는 행위도 가사지 '노동'이 아니다. 그것은 자본에 의해 가치화되어야 비로소 '노

---

* 가치증식(valorisation)이란 말은 'Verwertung'의 번역어인데, 'Ver-wert-ung'은 글자 그대로 가치화를 뜻한다. 'ver'가 '상실'의 의미를 갖는다는 것을 고려하면, '가치화'란 애초에 가치를 갖지 않는 노동이 가치화되면서 노동자 자신이 상실됨을 의미한다고 하겠다. 아마도 가치화를 통해 가치가 증식되는 것을 지칭하려고 '가치증식'이라는 말로 번역한 것이겠지만, 이는 단지 가치증식이라는 '경제적' 의미로 제한되어선 안 된다.

동'이 된다. 따라서 어떤 활동이 '노동'인가의 여부는 자본에 의해 정의되는 것이다. 그것은 자본의 효과 아래 있으며, 자본주의적인 것이다. 자본주의 아래서 그것은 더이상 '자연과의 대사과정'이 아니라 '노동력 **상품**의 사용가치'인 것이다. 이런 의미에서 '노동'은 사용가치라는 질적 규정 아래 놓여 있을 때조차도 이미 가치화과정에 잠재적으로 포섭되어 있는 것이며, 바로 그렇기 때문에 그것은 양화되어 가치라는 양적인 계열을 만들 수 있는 것이다.

이러한 개념은 노동을 신성한 것으로, 모든 가치의 원천이라고 생각하는 관념과 상충되기 때문에 당혹스럽게 들릴 것이다. 그러나 그것은 자본을 매개로 해야만 노동할 수 있는 자본주의에서는 누구도 피할 수 없는 것이다. 노동가치론의 공리는 물론 그 밑에 깔린 개념 자체를 해체하는 맑스의 이러한 비판은 가치가 무엇인가를 다시 사고하게 한다. 그것은 사람들의 다양한 활동을 가치화함으로써 발생한 양적 결과물이다. 즉 **가치는 가치화에 의해 정의되고 생산된다**는 것이다.

5. 착취와 휴머니즘

그렇다면 이제 우리는 두 가지 질문에 대답해야 한다. 그런 식으로 노동 개념 자체를 비판하고 노동가치론을 해체한다면 첫째, 착취를 대체 어떻게 설명할 수 있는가? 둘째, 그것의 모태가 되었던, 노동하는 사람들을 중심으로 세계를 포착하려고 했던 노동의 인간학, 이른바 '휴머니즘'의 실천적 함의를 더불어 포기하게 되는 것은 아닌가?

먼저 착취의 문제. 노동가치론의 확장으로서 '잉여가치론'은 노동력 상품의 가치와 그것을 이용해 생산한 가치생산물 사이의 양적 차이를 통해 착취를 정의했다. 일단 우리는 『맑스주의와 근대성』에서 그러한 착취의 강도를 결정하는 요인들이 잉여가치론 또한 전제하는 노동가치론의 공리계 안에서 결정되지 않는다는 것을 맑스를 통해 이론적 및 역사적으로 입증했다. 이 문제에 관해서 좀더 언급한다면, 중요한 것은 얼마나 착취하는가가 아니라 어떻게 착취하는가다. 앞서 자본에 의한 '가치화'를 통해 사람들의 활동은 노동으로 정의되고, 사람들은 노동자로 정의됨을 보았다. 이러한 가치화(Verwertung) 자체는 이미 처음부터 가치증식(Verwertung)을 포함하고 있다. 다시 말해 자본이 어떤 활동을 가치화할 것인가를 결정하는 것은 그것을 통해 가치증식을 하려는 것이고, 그런 한에서만 자본은 사람들의 활동능력을 가치화한다.

그런데 사람들의 활동은 질적인 것이어서 양적인 측정과 평가가 불가능하고, 활동능력은 잠재적인 것이어서 얼마만한 가치로 현재화할 것인지 미리 예측할 순 없다. 가치화한다는 것은 이러한 질적인 것, 잠재적인 것을 구체적인 생산물로 상품화하는 것을 통해 이루어진다. 즉 상품으로 현재화된 것을 통해서 그것을 산출한 잠재적 능력의 가치를 평가하고 '가치화'하는 것이다. 이런 점에서 가치화의 벡터는 결과물을 통해서 그것을 산출한 '원인'의 능력을 가치화하는 것이란 점에서 소급적인 방향성을 갖는다. 그리고 노동이나 노동능력의 가치의 크기가 미리, 실체적인 형태로 존재하는 게 아니라 가치화의 벡터를 통해 결정되는 것이란 점에서 가치화는 자본가에 의해 이루어지는 것이다.

그런데 자본가가 노동을 가치화하는 것은 무엇보다 가치의 증식을 위해서다. 즉 잉여가치를 위해서다. 따라서 잉여가치가 있을 수 없다면 자본가로선 그것을 가치화하려고 할 이유가 없다. 따라서 가치화과정은 시작하기 이전에 증식될 최소한의 가치를 이미 처음부터 포함한다. 그렇지 않으면 가치화과정은 시작되지 않으며, 활동능력은 '노동력' 으로 구매되지 않는다. 이런 의미에서 잉여가치는 가치화의 현실적 전제이고, 따라서 잉여노동은 노동의 논리적 전제인 셈이다. 다시 말해 잉여노동은 노동 다음에 추가되는 게 아니라 노동에 선행한다는 것이다. 착취는 생산한 결과를 나누는 지점에서 발생하는 게 아니라, 노동력을 구매할 때, 아니 구매하기 전에 항상-이미 발생한다. 따라서 계급투쟁은 생산의 결과물 분배를 둘러싼 투쟁이 아니라, 활동능력과 활동 자체의 가치화를 둘러싼 투쟁이다. 그것은 생산과정의 끝에서 시작하는 게 아니라 생산과정의 모두(冒頭)에서, 아니 생산과정 이전에 시작된다. 노동의 가치화는 항상-이미 이 계급투쟁의 효과 속에서 진행된다.

다른 한편 착취는 단지 이윤 형태로만 이뤄지는 것은 아니다. 가치화의 대가로 지불받는 것은 화폐 형태의 임금인데, 이 화폐는 자본으로서 순환되는 화폐와 동일한 형태를 취한다. 그런데 자본으로서의 화폐는 새로운 화폐 발행이나 유통속도의 증가, 신용창조 등에 의해 지속적으로 감가된다. 노동자의 손에 있는 화폐는 이러한 자본의 순환과 별개의 것이지만, 동일한 화폐 형태를 취하고 있기에 그것이 감가될 때 함께 감가된다. 즉 노동자의 손 안에서 임금은 감가되며, 실질적 구매력은 감소된다. 이는 생산과정의 외부에서 발생하는 또 하나의 착취다.

유용한(valuable) 활동은 가치화 이전에 존재하지만 자본은 그 가운데 가치화할 것을 정할 수 있으며, 그런 한에서 유용한 활동을 가치화하지 않음으로써 행해지는 착취도 있다. 즉 가사나 공부, 자연-환경적 조건 등은 물론 취미활동에 이르기까지, 가치화하지 않아도 행해지는 특정한 종류의 활동들은 노동의 조건이라는 점에서 가치화의 조건을 구성하지만, 가치화하지 않으면서 이용함으로써 아무런 지불 없이 착취된다.

두번째로 휴머니즘, 혹은 노동의 인간학의 문제. 확실히 맑스는 자신의 작업을 19세기 산업혁명과 자본가에 의해 피폐화되고 황폐화된 노동자들에 대한 애정과 그러한 삶을 만든 자본가 내지 자본 자체에 대한 뜨거운 분노에서 시작했다. 이런 관점에서 거꾸로 노동하는 자야말로 '인간'이며, 노동이야말로 인간의 본질이라고 정의했다. 신성한 노동. 이러한 생각을 가장 극명하게 보여주는 것은 알다시피 그 유명한 1844년의 『경제학-철학 초고』일 것이다.* 그러나 잘 알려져 있듯이 일찍이 알튀세르는 그것은 이데올로기적이며 과학적이지 않다고 비판한 바 있으며, 그로부터 성숙한 맑스를 구하기 위해 '인식론적 단절'이라는 개념을 사용한 바 있다. 그리고 이러한 자신의 입장을 '이론적 반-휴머니즘'이라고 불렀다.

여기서 푸코나 알튀세르를 인용함으로써 대답하는 것은 문제를 해결하는 하나의 방법일 수 있다. 그러나 근대적이라는 푸코 식의 비판이나, 비과학적이라는 알튀세르의 비판은[12] 노동의 인간학이나 휴머니즘이 갖는 비-이론적 설득력에 대해서는 눈감을 수밖에 없다는 점에서 제한적이다. 우리는 실천적인 차원에서는 인간학 내지 휴머니즘을 인

---

* 이러한 생각은 단지 맑스만의 것은 아니다. 헤겔은 스미스의 영향 아래 노동을 인간의 본질로 보았고, 이를 '외화'(Entäußerung)라는 개념을 통해 절대정신의 신적인 본질로까지 확장해서 적용했다(게오르크 루카치, 『청년 헤겔』 2권). 19세기의 어떤 사상가도 인간과 노동을 연결시키는 노동의 인간학에서 그다지 자유롭지 않았다. 그런데 푸코라면 이를 두고 노동과 생명, 언어가 표상으로 환원되지 않는 객체의 형식들로 발견되고, 그러한 형식들을 통해 인간이라는 선험적-경험적 이중체를 만들어낸 19세기적인 에피스테메 안에 있는 것이라고 말할 것이다.

정해야 하는 것일까? 노동가치론의 인간학적 함의에 대해서 '이론적 반-휴머니즘'이라는 어정쩡한 유보를 달면서 '실천적 휴머니즘'의 하나로[13] 인정해야 하는 것일까?

노동의 인간학이 갖는 실천적 함의를 거칠게 요약하면, 노동은 신성한 것이고 인간의 본질이니 신성한 노동 속에서 살라는 것이다. 또한 노동하는 자는 신성한 세계에 속한 자요, 자신의 본질을 구현하고 있는 자며, 그런 자만이 인간이라는 것이다. 그에 따르면 노동하지 않는 자, 부랑하는 자, 게으름뱅이는 인간의 범주에서 제외된다.

실제로 이런 인간답지 못한 자들을 가두고, 그들로 하여금 부랑하지 못하게 하며, **노동을 통해 인간으로 훈육하려는** 거대한 시도들이 있었다. 맑스가 유혈입법이라고 부르며 서술했던 '빈민법'에 관한 『자본』I권의 유명한 장(章)들은 이런 시도들의 역사적 사례들을 보여주고 있다. 파리 시민 100명 가운데 1명을 감금했던 '종합병원' 등속의 수많은 수용소들 역시 이 '사회적 해충'들을 인간 세계로부터 격리하여 노동을 통해서 인간으로 만들려고 했다.[14] 노동과 인간의 관계는 이처럼 밀접하다.

지금이라면 어떤가? 유럽에서는 이미 오래된 일이지만, 최근** 한국에서는 수많은 사람들이 일자리를 잃고 노동하지 않는 자의 대열로 속속 밀려들고 있다. 그들은 일자리와 함께 인간의 자리를 잃은 것이다. 더불어 자신이 생존을 책임져야 하는 가족 안에서의 가장이라는 자리를 잃은 것이다. 그 결과 그들은 가족들의 시선을 견디지 못해 집을

** 이 글은 원래 IMF 사태 직후인 1998년에 『맑스주의와 근대성』에 대한 류동민 씨의 비판 (「노동가치론과 탈근대성」, 『경제와 사회』, 1998년 가을호)에 답하기 위해 쓰여진 것이었다.

떠나 정말로 부랑이라는 비-인간의 자리, 비-인간의 삶을 살고 있다. 이미 유럽 수준을 육박하고 있는 한국의 실업자들. 그런데 불행하게도 '유기적 구성의 상승'이라는 법칙은, 다시 극한적으로 말해 '20 대 80 의 사회'는 이러한 대열이 늘면 늘었지 줄지는 않을 것임을 예고하고 있다. 대부분의 노동력이 기계로 대체되어 노동하고 싶어도 노동하기 힘든 사회가 예고되고 있다. 이는 이제 우리가 노동을 통해 인간이 될 수 있는 기회가 점점 더 줄어들고 있다는 것을 의미한다.

노동을 잃은 이들에게, 노동의 인간학이 그저 "다시 노동하라"는 충고를 하리라고는 생각지 않는다. 아마도 그것은 '노동의 기회', '노동의 권리'를 잃은 이들에게 그것을 되돌려주라고 말할 것이고, 적절한 고용대책을 요구할 것이며, 일자리의 사회적 보장과 국가적 관리를 요구할지도 모른다. 그러나 그것이 인간의 노동을 기계의 노동으로 대체해가는 저 강력한 경향을 되돌릴 수 있을 것인가?

그러나 이 질문은 그다지 적절하지 못하다. 거대한 법칙이라는, 어찌할 수 없는 무언가에 떠밀려 던지는 것이기 때문이다. 근본적으로 다시 질문하자. '노동의 권리'를 되돌려주고, 그를 위한 적절한 고용대책을 마련하라는 요구는 과연 바람직한 것일까? 왜 굳이 이용할 수 있는 기계마저 버리고 노동을 통해 '인간'이 되어야 하는 것일까? 굳이 익숙지도 않은 취로사업이나 공사장에 가서 시원치 않은 급료를 구걸하듯 받아가며 일을 해야만 '인간'이 될 수 있는 것일까? 차라리 그럴 비용으로 이들이 편히 잘 수 있고 한가롭게 '쉴' 수 있는 공간을 만들고, 여유 있게 '놀' 수 있도록 보조금을 지급하라고 하는 것이 더 낫지 않을까? 찾기도 힘들고 그나마 불안정한 새로운 일자리를 찾아 방황하고 좌절하는 것은 인간적이며, 모여서 연극을 하거나 음악을 듣고, 때론 토론도 하고 함께 운동을 하기도 하는 '베짱이' 같은 삶은 비인간적이라면, 굳이 우리가 인간이 되려고 고집할 이유는 대체 무엇일까?[*] 사정이 이렇다면 우리는 노동의 인간학을, 그에 기초한 노동가치론을 고집할 (실천적!) 이유가 대체 어디 있을까? 노동을 선동하고 노동을 통해서만 생산적인 존재요 인간적인 존재임을 인정하려는 노동의 인간학보다는, 차라리 노동의 강박을 웃어넘기고 게으름을 찬양하는 러셀이나,[15] 노동의 권리 대신에 게으름의 권리를 주장하는 라파르그가[16] 더 낫지 않을까?

이는 단지 실업이 항상화되었다는 특정한 상황에 관련된 문제만은 아니다. 그것은 노동의 개념 자체에 대해 근본적으로 다시 사유해야 하는 '실천적' 이유를 보여준다. 앞서 노동가치론을 비판하면서 맑스가 찾아낸 노동의 정의는 이러한 사유의 전환점을 표시한다. 즉 노동은 '자본에 의해 가치화된 활동'이라는 것이고, 자본에 의해 정의되는 것이며, 그런 만큼 자본의 흔적이 강하게 새겨져 있으리라는 것이다.[**]

---

[*] 베짱이 같은 삶이나, 그것을 야기할 수 있는 '자선'(charity)에 대해 19세기의 부르주아들이 얼마나 끔찍하게 싫어하고 혐오했는지는 잘 알려져 있다. 이른바 '박애주의자'(philanthropist)라고 불리던 사람들은, 우리가 구빈원이나 구빈법 등을 통해 잘 알고 있는 저 끔찍한 '자선'에 대해서조차도 '빈민'(common people)들이 노동하지 않고 구호로 먹고 사는 '비인간적' 삶을 야기하고 그런 태도를 확대하리라는 점에서 반대한다. 그들은 이런 점에서 노동하려고 함에도 불구하고 피할 수 없는 '자연적 빈곤'과 대비하여 그런 의지의 박약으로 인해 야기된 '인위적 빈곤'을 구별한다(Jacques Donzelot, *La police des familles*; Lion Murard et Patrick Zylberman, *Le petit travailleur infatigable* 참조). 그들이 보기에 전자는 자연적인 것이지만, 후자는 도덕적인 것이다. 따라서 빈곤은 그 인위성 여부, 도덕성 여부를 확인하기 위해 감시되고 확인되어야 한다. 이러한 도덕의 요체는 노동과 도덕, 노동과 인간이라는 개념의 등가화였다. 이는 노동의 인간학과 '박애주의'라는 말이 갖는 친화성을 보여주기에 충분하다.

[**] 근대의 출발점, 아니 자본주의의 출발점에서 노동을 통해 인간을 정의하고, 그러한 정의 속에 사람들을 포섭하기 위해 행해졌던 저 끔찍한 유혈입법과 대감금은 자본주의와 노동, 인간 사이의 이 긴밀한 관계를 역사적으로 입증해주는 것이다.

앞서 들었던 예이지만 밥을 짓고 노래하는 활동은, 그것이 나를 위한 것이든 남을 위한 것이든 그 자체로 유용하고 훌륭한 활동이다. 그런데 그것은 자본을 통해 가치화됨으로써 노동이 된다. 그러나 후자가 전자에 비해서 더 가치 있는 것일까? 우리는 그 반대라고 생각한다. 계산된 호의보다는 계산 없는 호의가 비교할 수 없을 만큼 더욱 '가치 있는' 것이라는 생각과 동일한 이유에서. 그러나 노동가치론이나 '경제학'은 전자와 같은 활동을 주목할 여유가 없다. 그것은 이미 계산될 수 있는 가치, 양적으로 분석될 수 있는 가치만을 대상으로 하기 때문이며, 따라서 자본에 의해 가치화된 활동으로서의 '노동'만을 대상으로 하기 때문이다.* 우리가 생각하는 '노동거부'란, 이처럼 '가치 있는' 우리 자신의 활동을 굳이 자본을 통해 가치화할 이유가 없다는 것이고, 자본을 통과하지 않는 그 활동이나 삶을 무가치한 것으로 부정하는 게 아니라 그 자체로 긍정하는 것이다. 자본의 흔적 없는 삶을 긍정적으로 구성하는 것, 그것이 노동거부라는 '부정적' 단어를 통해 실제로 하고자 하는 것이다.

확실히 노동과 가치, 인간이라는 개념은 강력하게 하나로 묶여 있다. 그리고 그것을 묶는 끈이 바로 '노동의 인간학'이요 '휴머니즘'이다. 그것은 또한 반복해서 말했듯이 자본의 끈이요 자본주의의 끈이기도 하다. 그렇다면 혁명이란 단지 생산관계를 바꾸는 것일 뿐만 아니라 **노동과 가치의 강박을 통해서만 인간을 정의하는** 저 강력한 끈을 끊어버리는 것이어야 하지 않을까? 맑스적인 '비판'은 적어도 그러한 강박으로부터 사람들의 생각을 벗어나게 해줄 수 있어야 하지 않을까? 이를 위

---

* 이 점에서 노동가치론과 이런 '경제학'은 정확하게도 근대적이고 자본주의적이다.

해 노동의 인간학에 대해서도 해체와 비판의 칼날을 들이대야 하지 않을까? 맑스의 정치경제학 비판이, 좁혀서 노동가치론 비판이 근대 비판이었다는 것은 바로 이런 의미에서고, 우리가 집요하게 근대 비판의 구도를 고집하고 있는 것 역시 바로 이런 의미에서다.

앤디 워홀(Andy Warhol), 「다색의 회상」(Multicoloured Retrospective Painting), 1979

모나리자가 살아남는 법.

가치형태론에서 화폐와 허무주의

1. 재현으로서 화폐 개념

공격적인 '자유주의' 경제학의 대표자인 프리드먼(M. Friedman)이 잘 보여주듯이, 화폐에 대한 통화주의자들의 입장은 결국 '피셔의 교환방정식'으로,[*] 좀더 고풍스러운 이름을 들면 '화폐수량설'이라고 불리는 매우 간단한 명제로 귀착된다. 여기서 통화주의자들은, 다른 조건이 동일하다는 가정 아래, 통화량이 많아지면 물가가 오르고, 적어지면 물가가 하락한다는 '법칙'을 찾아낸다.[1] 쉽게 말해 화폐량이 실물적인 것에 비해 과도하면 상품 유통의 속도는 빨라지지만 물가가 오르고, 반대로 화폐량이 지나치게 적으면 경기가 침체되리라는 것이다. 따라서 이 두 가지 함정을 피하면서 실물적인 것과 화폐량 간의 적절한 균형을 유지

---

[*] 피셔의 교환방정식은 미국의 경제통계학자 어빙 피셔(Irving Fisher)가 정식화한 것으로, 통화량과 통화의 유통속도, 가격의 관계를 나타낸다. 즉 $M \cdot V = P \cdot T$(M은 통화량, V는 유통속도, P는 평균가격, T는 거래량으로 화폐와 교환되는 재화 및 용역의 양이다)가 그것이다.

하는 것이 이들이 주장하는 모든 입론의 요체다.*

여기서 화폐란 실물적인 재화나 용역의 양을 양적인 형식으로 표상/재현하는(represent) 수단이다. 따라서 무엇보다 중요한 문제는 실물적인 것의 거래량과 화폐량 간의 적절한 균형(적절한 비례관계)을 유지하는 것이다. 알다시피 '통화주의'란 이름은 이런 사정에 따라 붙여진 것이다. 그럼에도 불구하고 화폐가 단지 실물적 '가치'의 표상/재현이라고 정의되는 한, 화폐가 차지하고 있는 개념적인 위상은 실제로는 매우 부차적이고 소극적인 것이다. 화폐를 유효수요와 투자를 창출하며, 계급투쟁에 대응하면서 전체 경제를 이끌어가는 중심고리로 설정하는 케인즈주의자들과[2) 달리, 이들은 실물적 경제를 적절하게 반영하는 수준에서 화폐의 독자성을 극소화하고자 한다. 이를 위해 화폐증발의 위험을 항상 안고 있는** 정부의 경제적 개입을 극소화해야 한다는 것이다. 스미스 이래 자유주의 경제학의 전통에 연결되어, '신자유주의'라고 불리는 이들에게 화폐란 **실물적 '가치'를 표상하고 재현하는 수단**일 뿐이다.

그런데 이들과 계급적으로 반대의 입장에 서 있는 맑스주의 정치경제학 역시 화폐에 대해서 이와 동일한 방식으로 정의하고 있음은 잘 알려진 사실이다. 거기에서도 화폐는 역시 실물적인 가치를 **표상하고**

---

* "인플레이션은 화폐적 현상이다"라는 프리드먼의 명제 역시, 인플레이션 문제를 단지 통화량의 문제로 환원하는 이런 입론의 다른 표현이다(밀튼 프리드먼, 『돈의 이야기』, p.340)
** "인플레이션은 세 가지 방법으로 재원을 조달해준다. 첫째로, 정부의 화폐 발행은 본원통화 보유에 대한 암묵적인 인플레이션 조세로 된다. 둘째로, 인플레이션은 소득세 과표 구성요소이 적어도 일부 또는 소득세 계층을 인플레이션에 대해 조정하지 못하는 결과도 투표에 의하지 않은 명시적이 조세의 증가를 초래할 수 있다. 셋째로, 인플레이션은 장래의 인플레이션을 충분히 감안하지 못한 이자율로 발행된 부채잔액의 실질가치를 감소시킨다."(같은 책, 332쪽).

재현하는 수단이며, 따라서 가치라는 본질을 표시하는 현상적 지표일 뿐이다. 물론 가치와 가격 간에 실질적인 격차와 편위가 존재하지만, 이는 결국 가치텀(term)으로 환원되어 해결될 수 있으며, 또 그렇게 되어야 한다.*** 그럴 때 비로소 가격, 즉 가치의 화폐적 표시라는 현상의 가상을 뚫고 착취가 행해지는 본질의 실상을 볼 수 있으리라는 것이다. 프리드먼 식으로 말하면, "화폐는 가치〔라는 본질〕의 현상이다"라는 것이다. 따라서 맑스주의 경제학에서도 화폐는 아무런 독자적인 위상을 갖지 못한다. 그것은 가치론의 일부로서 다루어질 뿐이다.

*** 이른바 '전형문제'가 그것인데, 이 문제가 맑스주의 경제학의 '가치론'에서 오랫동안 가장 중심적인 문제였다. 참고로 전형문제란 ①생산된 총가치와 총생산가격의 일치, ②총잉여가치와 총이윤의 일치라는 두 개의 총계 일치를 증명하는 문제다. 노동가치론에 따르면 당연히 성립되어야 할 이 명제들이 동시에 성립되는 않는다는 지적에서 시작된 것이다. 이에 대해 스라파(P. Sraffa)는 표준상품 개념과 생산가격의 방정식을 통해 가격문제를 다룰 수 있는 틀을 제시했고, 이 문제를 '해결'했다고 간주되었던 모리시마(森嶋通夫) 역시 이 방정식과 표준상품의 가정을 전제로 하고 있었다. 이런 문제와는 별개로 계급투쟁의 문제를 표현한다고 간주되었던 이 방정식은 스라파를 잇는 신리카도주의자들에 의해 결국 가치 개념의 폐기라는 역설적 결과로 귀착되고(I. Steedman), '계급투쟁'의 논리는 땅콩가치론의 '조롱'으로 변환되었다(S. Bowles and H. Gintis). 한편 리피에츠(A. Lipietz)는 화폐의 노동등가물 개념을 도입하고, ①을 순생산물의 가치(총부가가치)＝순생산물의 가격이라는 명제로 대체하여 해결하려 했지만, 총가치와 총생산가격의 비율로 노동등가물을 정의할 때(즉 ①을 다시 도입할 때) ②가 성립되지 않는다는 난점에 빠진다(이에 관해서는 강남훈, 「전형문제에 대한 재검토」, 『가치이론』; 조원희, 「노동가치론의 철학적·이론적 기초에 대한 재검토」, 『가치이론 논쟁』 참조). 이와 다른 차원에서 폴리(D. Foley)와 뒤메닐(G. Duménil)은 각각 독립적으로 화폐가치(화폐단위당 노동시간의 비)의 역수로 정의되는 '노동의 화폐적 표현' 개념을 도입하여, 순생산물(부가가치)이 가치생산물 총액(v＋s)으로 환원될 수 있다는 가정(노동가치론의 공리)하에, 앞의 두 총계일치 명제가 성립됨을 보여줌으로써 전형문제를 '해결'했다. 그러나 그들 자신이 말했듯이 이는 노동가치론의 가정을 명료히 함으로써 문제 자체가 '해소'된 것이었고, 이런 점에서 애초에 문제가 될 게 아니었음을 입증한 셈이다(이에 대해서는 덩컨 폴리, 「노동가치이론의 최근 동향」, 『자본주의의 위기와 역사적 마르크스주의』; 윤소영, 『마르크스의 경제학 비판』 참조). 그러나 여기서 가격은 가치로 환원가능하다는 것이, 다시 말해 가치와 화폐 간에는 근본적인 간극이 없다는 것이 가정으로 도입된 것임을 다시 한번 확인할 수 있을 것이다. 이런 가정하에서 화폐란 가치와 상응하는 가치의 형식일 뿐이다.

화폐에 대한 이런 견해에 공통된 것은 화폐가 상품의 가치를 재현한다는 재현주의적 관점이다. 우리는 화폐에 대한 이런 재현적 관념 자체를 근본적으로 재검토해야 한다. 화폐가 재현적인 가치형태를 구성하는 경우에조차 그것은 이러한 재현주의적 관념을 벗어나서야 비로소 제대로 다뤄질 수 있을 것이다. 그것은 한편으로는 재현적이지 않은 교환의 가능성을 사유하기 위해서, 다른 한편으로는 재현적 형식의 화폐가 출현함으로써 야기되는, 가치법칙으로 환원불가능한 결과를 사유하기 위해서 꼭 필요한 일이다. 아마도 그것은 권력이 직접적으로 작동하는 체제로서 화폐 문제에 접근하는 데 중요한 통로를 제공할 것이다.

다른 한편 우리는 화폐라는 형식을 통해 우리 삶에 직접적으로 야기되는 또 다른 효과에 대해 살펴보아야 한다. 이를 위해 잠시 내용과 형식이라는 변증법적 범주에 대해 살펴보자. 알다시피 맑스주의에서는 가치와 화폐의 관계를 내용과 형식이라는 변증법적 범주로 설명해왔다. 그런데 화폐의 문제를 가치라는 내용의 형식에 불과하다고 보는 한, 형식인 화폐의 문제는 그것의 본질이자 내용인 가치의 문제로 소급해 들어가는 식으로 사고될 수밖에 없다. 이런 점에서 고전적인 경제학적 가정과 변증법적 범주는 기이할 정도의 동형성을 보여준다. 그러나 모든 내용은 형식 없이 존재할 수 없으며, 사실은 항상 형식화된 내용으로서, 내용의 형식으로서만 존재한다. 내용에 대해 말하려는 순간 우리는 항상 그것의 형식에 대해 말하게 되고, 형식에 대해 말하려는 순간 그 형식 안에 담겨진 내용의 형식임을 말하게 된다. 다시 말해 그것은 사실 하나의 동일한 것에 대해, 아니 오직 하나에 대해서만 말하는 방법인 것이다.

그러나 문제는 그러한 내용으로, 내용의 형식으로 환원될 수 없는 고유한 '표현형식'이 존재한다는 점이다. 가령 어떤 이론의 내용이 계급적 내지 '이데올로기적'이라고 해도, 그것을 표현하는 형식은 계급적이거나 이데올로기적이지 않다. 오히려 내용이 계급적일수록 표현은 계급적이지 않으며, 내용이 이데올로기적일수록 표현은 이데올로기적이지 않은 경우가 일반적이다. 그러나 그것을 단지 속이기 위한 것이라고만 해선 곤란하다. 표현형식 자체 또한 내용으로 환원불가능한 고유한 효과를 생산하기 때문이다.

예컨대 화폐는 가치의 표현형식이지만, '가치'의 내용형식인 가치법칙은 잉여가치라는 내용을 표현하는 표현형식이기도 하다. 즉 가치법칙은 실질적인 부등가교환인 잉여가치의 착취를 등가교환의 형식으로 표현하는 표현형식이다. 그렇지만 그것은 단지 그 계급적 관계를 은폐하는 기만의 형식인 것만은 아니다. 생산물을 특정한 가치의 상품으로 만드는 것은 교환의 일반적 형식으로 환원할 수 없는 관계를, 상품들 각각의 유용성을 넘어서는 새로운 차원의 어떤 형식과 효과를 수반한다. 또 노동력을 상품화하고 가치화하는 것은 착취 일반으로 환원할 수 없는 고유한 관계형식이고, 그 결과 사람들의 삶을 근본적으로 다르게 변환시키는 효과를 갖는다. 화폐 또한 마찬가지다. 그것은 가치관계와 상관적인, 가치를 표현하는 표현형식이지만 가치법칙으로 환원할 수 없는 고유한 형식과 효과를 갖는다. 가령 은행에서의 '신용창조'나 화폐의 추가적 발행은 단지 통화량 변화에 따른 물가 변화 말고도 다른 효과들을 가지며, 국가는 이러한 효과를 경기 조절을 위해 이용한다.

정치경제학은 가치법칙을 다룰 때는 그것이 착취와 상관적인 표현형식임을 잊고 지나치게 독립적으로 다루지만, 화폐를 다룰 때는 그것이 가치법칙으로 환원될 수 없는 표현형식임을 잊고 가치법칙으로 환원하여 다룬다. 그 결과 화폐론은 가치론으로 환원되고, 잉여가치론은 가치론에서 분리되어 버린다.

우리는 여기서 화폐에 대한 재현적 관념을 비판하면서, 그것을 통해 가치법칙으로 환원될 수 없는, 화폐라는 가치형태 자체가 갖는 고유한 효과에 대해 검토할 것이다. 그것은 화폐가 사람들의 삶을 규제하는 일반적 형식이 된 세계에서, 그리하여 사람들이 삶을 지속하기 위해선 어떤 식으로든 화폐라는 형식을 피해갈 수 없게 된 세계에서, 화폐라는 형식 자체가 삶 자체에 야기하는 효과에 대한 것이다.

간단히 덧붙이자면, 이러한 관점에서 볼 때 루카치(G. Lukács)가 상품 및 화폐를 다루는 방식은 다시 주목할 필요가 있다. 그는 '사물화'(Verdinglichung)에 관한 『역사와 계급의식』의 유명한 장에서 상품과 화폐의 문제를, 노동의 결과를 양화하여 계산가능하게 만드는 형식으로 포착한다. 즉 화폐는 노동이 갖는 질적인 모든 측면을 양적인 것으로 환원하며, 이로써 인간과 노동의 질적인 세계는 양적으로 계산가능하게 된 사물들의 세계로 대체된다는 것이다.[3] 이는 조문(條文, code)에 의해 통제되는 계산가능한 세계로서 근대에 대한 베버(M. Weber)의 연구와 '화폐의 철학'에 관한 짐멜(G. Simmel)의 연구에 영향을 받은 것인데, 특히 짐멜은 생활양식(Der Stil des Lebens)의 차원에서 화폐의 문제를 다루는 훌륭한 선례를 남긴 바 있다.[*]

---

* 짐멜의 『돈의 철학』이 바로 그런 저작이다. 한편 루카치의 책에서는 사라져버린, 하늘의 별을 보며 길을 찾을 수 있던 시절에 대한 (『소설의 이론』에서의) 그리움이, 기술과 예술이 하나로 결합되어 있던(cf. 하이데거) 그 좋던 시절의 장인적인 노동, 즉 그 본질이 유효하기에 인간적이라고 할 수 있는 노동에 대한 그리움으로 치환되어 나타난다(이는 브레이버만 역시 동일하다. 브레이버만, 『노동과 독점자본』 참조). 짐멜이나 베버는 물론 하이데거나 아도르노도 결코 거기서 자유롭지 못했음을 우리는 알고 있다.

그러나 루카치는 이러한 분석을 통해 양화되기 이전의 인간적 본질인 노동 개념으로 돌아간다. 그리고 그것을 그러한 관념의 철학적 원천인 헤겔에게 맑스의 철학을 되돌리는 전환점으로 삼고 있으며, 결국 노동의 인간학으로 맑스주의를 회귀하게 하는 이론적 전거로 삼고 있다. 다른 한편 이러한 철학적 분석을 통해 루카치는 자본뿐만 아니라 상품 형식 자체를 폐기할 것을 주장하게 되는데, **사회주의와 코뮨주의에 대한 기존의 개념 위에서** 이는 그를 이른바 '좌익 공산주의'(Left-Wing Communism)의 궁지로 몰아간다.

우리는 화폐란 자본주의에서 대중들의 일상적 삶의 방식 자체를 가치법칙으로 포섭하고 포획하는 메커니즘이라고 생각한다. 다시 말해 노동자의 모든 살아 있는 활동을 가치화(Verwertung)과정 속으로, 즉 자본의 가치증식(valorisation) 과정 속으로 포섭해 그것이 생산하는 결과를 포획하는 메커니즘이며, 그것으로 포섭되지 않는 모든 종류의 활동과 생산물들을 현실적으로 부정하고 파괴하는 부정의 메커니즘이라는 것이다. 또한 그것은 그러한 포섭과 포획을 통한 동질화를 강제하는 화폐적 등식을 통해, 일종의 초월적인 권력을 장악하고 작동시키며, 그에 반하는 현세적 가치에 대한 부정을 수행하는 메커니즘이기도 하다. 이런 점에서 우리는 이러한 화폐적 메커니즘을 맑스가 제시한 화폐형식의 도식에서 출발하여, 니체가 말하는 '허무주의'(nihilism)라는 말로 개념화할 수 있으리라고 생각한다. 이 경우 '허무주의'란 화폐적 등식으로 표시되는 '가치형태'의 의미와 효과를 뜻하는 것에 다르지 않다고 할 수 있다. 이 등식과 상품과 노동이 계열화될 때 '철학적' 차원에서 화폐의 허무주의를 정의할 수 있을 것이고, 이 등식과 자본이 계열화될 때 '경제학적' 차원에서 화폐의 허무주의를 정의할 수 있을 것이다.

2. 가치와 표현

알다시피 단순한 가치형태의 도식은 다음과 같다.

$x \cdot comA = y \cdot comB$($x$량의 상품 A $=$ y량의 상품 B)

가령 20미터의 아마포는 1개의 저고리와 가치가 같다는 식의 관계가 바로 그것이다. 여기서 "아마포는 **자기의 가치를** 저고리로 **표현하며,** 저고리는 이러한 **가치표현의 소재**가 된다".[4] 일반적으로 말하면 등호의 좌변에 있는 x량의 상품 A는 자신의 가치를 표현하는 주어로 관계의 "능동적 역할을 담당하며", 우변의 y량의 상품 B는 그런 표현의 술어로 관계의 "수동적 역할을 담당한다". 자기를 표현하는(s'exprimer) 항과 그에 대한 표현(expression)의 역할을 하는 두 항의 이러한 관계를 통하여, 이 등가관계의 본질이 표현된다(exprimé). (등가물로 표시되는) 타자에 대해 가치를 갖는(valuable) 활동으로서 '노동'이 그것이다.*

여기서 우리는 일단 두 가지 사실을 주목해야 한다. 하나는 맑스 자신이 "모든 가치형태의 비밀이 숨어 있다"고[5] 말했던 이 도식이 가치의 **표현적** 관계를 나타내는 등식이라는 사실이다. '가치형태론'을 다룬 거의 모든 페이지에서 우리는 '(자기의 가치를) 표현한다'와 '가치 표현', '표현된다'는 말을 빈번히 만나게 된다.** 다른 하나는 가치의 표현과 관련된 이 도식이 두 항 간의 등식으로 표시되어 있지만, 거기에 실제로 관계된 항은 **세** 항이라는 사실이다. '자기를 표현하는 것'과 '표현' 자체, 그리고 '표현되는 것'의 세 가지 항이 그것이다. 요컨대 단순한 가치형태 도식은 이러한 '상품'의 교환이 표현적 관계를 이룬다는 것을 보여주며, 그 관계는 3항으로 이루어진다는 것이다. 들뢰즈에 따르면, 이러한 표현의 3항적 관계는 스피노자에게서 (앞서) 발견된다.

"표현은 하나의 3위체(triade)로 제시된다. 우리는 실체, 속성들, 본질을 구별해야 한다. 실체는 **자신을 표현하는 것**이고, 속성들은 **표현들**이며, 본질은 **표현되는 것**이다."[6]***

그런데 이러한 3항성이 3항으로서 실질적인 의미를 갖는 것은 각각의 항이 다른 항으로 환원될 수 없는 고유한 위상을 갖고 있을 때다. 먼저 A는 B의 사용가치를 통해서 자신의 가치를 표현한다. 자신을 표현하는 항(A의 가치)과 표현(물)이 되는 항(B의 사용가치)은 서로 다르며, 그러한 한에서만 서로 등식의 양변에 놓일 수 있다. "예를 들어 아마포의 가치를 아마포의 가치로 표현할 수는 없다. '20미터의 아마포=20미터의 아마포'는 결코 가치표현이 아니다."[7] 맑스는 이를 상대적 가치형태(A)와 등가형태(B)라는 별개의 개념으로 명확하게 구별하고 있다. 이러한 차이는 확대된 가치형태에서 좀더 확연하게 드러난다.

둘째, 자신을 표현하는 항(A의 가치)과 표현되는 항('노동') 역시 구별되며, 어느 하나가 다른 하나로 환원되지 않는다. 타자에 대해 가

---

* 미리 말해두지만, 여기서 '노동'이란 노동시간으로 환산되는 어떤 양(가치)이 아니라, 교환가능한(타자에 대해 가치 있는) 것을 생산해낸 활동 그 자체다. 이것이 두 상품 A와 B를 만들어내는 데 걸린 노동시간으로 환원되는 것은 어떤 공통의 양적 척도로 그것이 환원됨으로써다. 이는 화폐나 일반적 등가물을 이미 전제하는 것이고, 뒤에서 보이는 다른 가치형태 도식에서 나타나는 것이다.

** 예를 들면, "상품 B를 상품 A와 등치하는 것이 상품 A의 가치를 **표현하는 방식**이라는 것을 나타내는 데 독일어 'Wertsein'은 라틴어 계통의 동사 'valere', 'valer', 'valoir'보다 적절하지 못하다."(맑스, 『자본』 I, p.66) 반면 재현/표상이라는 말은 매우 찾아보기 힘들다. 등가 내지 등가성이 상이한 방식으로 정의될 수 있다는 것을 안다면, 등가물에서 재현/표상의 징표를 찾으려는 시도가 부적절하리라는 것은 쉽게 알 수 있을 것이다.

*** 물론 이러한 실체의 3위체적 관계는 이후 절대, 무한, 완전의 3위체, 능력(puissance)으로서 본질, 능력을 본질로 하는 것, 변용(affection)될 역량(pouvoir)의 3위체로 변형되며 반복되어 나타난다. 이는 양태에 대해서도 마찬가지다. 즉 3위체적 관계는 속성·양태·변양(modification)의 양태의 3위체, 본질·특징적 관계·외연적 부분들 등의 개별 양태의 3위체로 변형되며 반복하여 나타난다.

치를 갖는 활동으로서 '노동'은 교환의 도식을 통해 표현되는 본질이지만, 가치를 생산하는 능동적 요인(natura naturans, 능산적 자연)이라면, A의 가치는 그것을 통해 생산된 산물(natura naturata, 소산적 자연)이기 때문이다.

셋째, 여기서 '노동'은 **타자에 대해 가치를 갖는 활동**이기에, A가 등가물 B를 통해 자신을 표현할 수 있다는 사실에 의해서 비로소 표현되는 것이다. 즉 그것은 A가 B와 등치될 수 있다는 사실에 의해서 표현되는 것이기에, 표현물의 자리에 오는 등가물 B와 동일하지 않으며, 그것으로 환원되지 않는다. 따라서 상대적 가치형태와 등가형태, '노동'은 서로 환원불가능한 고유한 위상을 갖고 있으며, 하나의 등식에 의해 연결되는 3항적 관계를 갖고 있다.

다음으로, 단순한 가치형태 도식은 자신을 표현하는 항으로서 가치가 언제나 자신과는 근본적으로 다른 타자를 통해 정의되며, 그것을 통해서만 존재함을 보여준다. 예를 들면 맑스의 말마따나 아마포의 가치는 '다른' 상품으로만 자신을 표현할 수 있다. 즉 아마포로 하여금 자신의 가치를 표현케 해주는 이 '다른 상품'은 아마포가 아니라는 점에서, 그리고 가치가 아닌 사용가치라는 점에서 이중의 의미에서 '다른' 상품이다. 따라서 우변의 이 '다른 상품'은 좌변의 아마포에 대해 '절대적인 타자(autre)'인 동시에, 아마포의 가치가 존재할 수 있는 '절대적 조건'이다.[*] 우변에 들어갈 수 있는 어떠한 생산물의 '가치'도 등가물 역할을 하는 **이 타자와의 관계를 통해서만** 존재한다. 가치는 타자와의 표현적인 관계 이전에 따로 존재하는 어떤 객체적 실재가 아니라는 것이

---

[*] 근본적으로 다르다는 의미에서, 그리고 절대적으로 필요하다는 점에서 '절대적'이다.

다. 이는 가치를 갖지 않는 생산물과 가치를 갖는 생산물을 구별해주는 결정적 기준이다. 가령 목수가 아이를 위해 만들어준 의자는 등가관계로 표시되는 교환관계 속에 들어가지 않기에, 가치를 갖지 않는다.

한편 표현되는 것으로서 '노동'은 그 생산물이 어떤 타자와 교환 가능한 그런 활동, 다시 말해 타자에 대해 가치 있는 활동이다. 따라서 노동 역시 그것을 표현하는 관계 바깥에 존재하지 않는다. 즉 노동은 등호로 표시되는 표현적인 관계 안에서만 존재한다. 교환되지 않는 것이 '가치'가 아니듯이, 교환관계 외부에서 인간의 활동 또한 '노동'이 아니다. 이런 점에서 '노동'은 '자기를 위한 활동'과 구별되며, 이러한 구별로 인해 '활동' 일반과 외연을 달리한다.** 다시 말해 인간의 모든 활동은 노동이 아니며, 가치화되는 특정한 종류의 활동만이 노동이다. 따라서 노동이란 "합목적적 활동"이라는 철학적 정의는 부적절하고, "자연과의 대사과정"이라는 자연학적-생태학적 정의는 불충분하다. 가령 초국적 자본의 연합에 반하는 시위나 음악을 듣는 활동은 명맥히 합목적적 활동이지만 결코 '노동'이라고는 할 수 없으며,*** 집을 짓는 벌들이나 댐을 만드는 비버들의 활동 역시 자연과의 대사과정 안에 있지만 '노동'이라고 하기엔 불충분하기 때문이다.

한편 확대된 가치형태에서 증식되는 표현(물)의 측면에 주목한다

** 그런데 타자에 대해 가치를 갖는 활동으로서 노동은, 자본주의의 경우 가치화되는 활동, 가치증식과정에 관여하는 활동이 된다. 타자에 대해 가치 있는 활동이 여기서는 자본에 의해 가치화(가치증식)되는 활동이 되고, 자본은 이전의 절대적 타자를 대신하는 일반적 타자가 된다. 이로써 노동은 자본에 포섭된 활동이 된다.

*** 이런 점에서 '합목적적 활동'으로서 노동을 인간의 본질이라고 하는 인간학적 정의는 인간을 정의하는 데 부적절하다. 그것은 의식(합목적성)을 인간의 본성으로 정의하던 전통에, 활동이라는 말을 덧붙인 것에 불과하다.

면, 이상의 도식에서 표현적 관계의 다양성과 일의성이라는 외견상 대립되는 두 측면이 드러난다는 것을 쉽게 포착할 수 있다. 확대된 가치형태는 알다시피 다음과 같다.

$$z \cdot comA = u \cdot comB$$
$$= v \cdot comC$$
$$= w \cdot comD$$
$$= x \cdot comE$$
$$\cdots\cdots\cdots$$

여기서 A의 가치는 B뿐 아니라 C, D, E 등 무한히 많은 다른 상품들을 통해서 자신을 표현한다. 표현의 역할을 하는 항들은 무한히 증식된다. 이러한 증식을 통해서, 자기를 표현하는 것과 그것의 표현 간의 차이가 극명하게 드러난다. 그런데 이처럼 (A의) 가치와 그것의 등가물들은 구별되지만, 이는 각각의 등가물이 '노동'이라는 특정한 본질을 표현하는 한에서만 그렇다. 다시 말해 우변의 등가물은 사용가치를 통해 A의 표현으로 작용하지만, 그렇다고 공기나 햇빛처럼 '타자에 대해 가치를 갖는 활동'의 산물이 아닌 것은 들어설 수 없다. 따라서 가치를 표현하는 등가물의 계열은 무한하지만(infinite) 무제한하지(indefinite)는 않다.[*] 이런 의미에서 확대된 가치형태의 도식은 그 등가물의 무한한 복수성에도 불구하고, '노동'이라는 동일한 본질이 표현되는 한에서만 성립된다는 점에서 일의적(一義的)이다.

그러나 이러한 일의성이, 화폐형태에서처럼 특정량의 노동시간과

---

[*] 이는 질적 측면에서 '노동'은 무한하지만, 타자를 위한 활동인 한에서만 '노동'일 수 있다는 점에서 노동 개념이 무제한적이지 않다는 것과 짝을 이룬다.

같은 어떤 하나의 양으로 환원되지 않는다는 것은 분명하다. 왜냐하면 이 도식은 다양한 상품이 하나의 등가형태로 묶이는 일반적 가치형태와 달리, 개별적 가치형태의 외연적 확장일 뿐이며, 따라서 모든 등식에 적용될 수 있는 하나의 척도는 없기 때문이다. 맑스의 말대로, 이 도식에서 중요한 것은 자신의 가치를 표현하려는 항이 무한히 다양한 표현(물)을 가질 수 있다는 것이고, 이로써 그 양자가 서로 완전히 독립적인 것임이 분명하게 드러난다는 것이다. "아마포의 가치표현의 무한한 계열로부터 우리들은 아마포의 가치가 그것을 나타내는 사용가치의 특수한 형태와는 전혀 관계가 없다는 것을 알 수 있다."[8]

A가 주어의 자리를 차지하고 있는 이러한 도식들은, A 아닌 다른 모든 상품들을 주어로 해서도 동일한 양상으로 성립된다. 즉 이 도식의 좌변 역시 하나의 항으로 제한되지 않는다. 따라서 가치형태의 도식은 양 방향으로 무한히 확장된다. 결국 이러한 확장으로 묘사되는 확대된 가치형태란, 자기 가치를 표현할 수 있는 다양한 등가적 표현물을 찾는, 혹은 그에 대한 표현물을 제공하고자 하는 교환관계의 무한한 집합인 셈이다. 어떤 초월적인 척도 없이 확장되는 이러한 복수적인 교환의 무한집합은, 교환의 형식으로 표시되는 (타자와의) 관계들의 내재적 장(場)을 이룬다고 하겠다. '노동'(타자에 대해 가치 있는 활동)이 이렇게 표시되는 관계의 표현적인 본질이라는 말은 이를 의미한다. 동일한 본질이 표현되는 일의성 안에서, 어떤 하나의 중심으로 환원되지 않는 이런 종류의 다양성에 대해 들뢰즈라면 '리좀적 다양성'이라고 불렀을지도 모른다.[9]

요약하면 단순한 가치형태 및 그것의 확대된 가치형태 도식에서 우리는 가치의 표현적 관계를 보았고, 그것의 몇 가지 특징, 즉 표현적 가치관계의 3항성, 노동 개념의 타자성과 관계성, 표현적 관계에서 가치의 다양성과 일의성 등을 보았다. 그런데 여기서 주로 서술상의 불가피성으로 인해 전제되었던, 하지만 '삭제' 내지 완화시켜야 할 것이 있다. 그것은 자기를 표현하는 것과 표현물 간의 등가성 형태로 나타나는 관계에서 처음부터 당연한 것으로 가정되어 사용된 '가치'와 '상품'(com으로 표시한 바 있다)이라는 개념이다. 이 개념은 암묵적으로 우리에게 익숙한 근대적 가치와 상품 개념을 연상시킨다. 그러나 맑스가 충분히 밝힌 것처럼, 이 두 가지 도식은 결국 화폐로 귀결되는 일반적 가치형태의 도식에 선행하는 논리적 도식이고, 바로 그렇게 화폐적으로 표시되는 근대적 가치 및 상품 개념을 전제하는 순환적 관념을 피하기 위해 고안된 도식이다. 따라서 우리는 위 도식에서 사용된 개념에 대해, '가격기제' 내지 '시장기제'라고 불리는 메커니즘을 묵시적으로 전제하는 가치와 상품 개념에 상응하는 것을 삭제해야 한다. 그렇다면 두 항의 등식으로 표시되는 등가성의 관계에 대해 어떻게 이해해야 할 것인가? 가치와 상품이라는 말에 대해서는 어떻게 이해해야 할 것인가?

위 도식에서 등호로 표시되는 등가성이란 **두 가지 '상품'의 교환가능성**을 뜻한다. 즉 주어 역할을 하는 A의 소유자가 그것과 바꾸고자 하는 대상이 바로 좌변에 등기되는 B 내지 여러 상품들이라는 것이다. 사실 수요와 공급의 법칙이 작동하는 시장기제가 작동하지 않는 한, 등가성이란 교환하려는 의사, 혹은 교환에 대한 기대로서 교환가능성을 뜻할 뿐이다. 가령 소농민이 면포를 구하기 위해 쌀을 내놓는 경우──그것이 자신의 거주지역에서 이루어지든 아니면 '장터'에서 이루어지든──가 그렇다. 좀더 극단적인 예로, 기사들의 충성('용역'!)을 얻기 위해 영주가 제공하는 봉토조차 이러한 교환가능성의 등호를 따라 교환된다.* 그리고 많은 경우 이러한 교환에서는, 근대적 의미의 등가성은 차라리 배제되기도 했다. 가령 그리스의 경우 귀족이 노예에게 주는 것이 노예가 제공하는 것과 동일하다면, 그것은 자신의 무능력을 보여주는 것이란 점에서 더없는 수치였고, 중세의 귀족들 역시 가신들이 제공하는 것에 비해 많은 것을 주고 '베풀지' 않으면 안 되었다.

이런 점에서 **등가성을 단순히 교환가능성에 의해 정의하는** 이런 교환은, **교환가능성을 오직 등가성을 통해서만 정의하는** 근대적 시장에서의 교환과 결코 동일한 게 아니다. 그렇다면 "단순한 가치형태에 **모든** 가치형태의 비밀이 숨어 있다"는 말은 이런 의미에서 이해할 수 있지 않을까? 그렇다면 위 두 도식에서 가치나 상품이란 말은 폴라니가 말한 넓은 의미의 경제[10] 혹은 넓은 의미의 교환 형태와 결부된 것이 아닐까? 요컨대 확대된 가치형태로 귀착되는 이 두 도식은, 등가성을 단순한 교환가능성에 의해 정의하는 교환의 형식, 근대적 시장체제에서의 교환과는 다른 '가치형태'에 대한 논리적 서술이라 해도 좋지 않을까?**

---

* 이를 폴라니(K. Polanyi)는 '호혜성'이라는 규칙을 갖는 교환으로 정의한다. 이 밖에도 그는 재분배와 가정경제, 교역(trade) 등의 교환방식에 대해 지적하면서, 근대의 시장패턴과 다른 종류의 교환(광의의 경제)이 있음을 보여준다(칼 폴라니, 『거대한 변환』, pp.62~76). 이는 이후 교역과 화폐, 시장의 통념적인 동일시에 대한 비판으로 발전하는데(칼 폴라니, 『인간의 경제』 I~II), 이는 비시장적 교역이나 비시장적인 화폐, 비화폐적인 교역 등에 대한 연구에 중요한 참조점을 제공한다.

** 그렇지만 이 두 도식이 근대적 시장체제에 선행하는 어떤 '원시적' 내지 '전근대적' 경제에 해당되는 것으로, 즉 어떤 역사적 선행성을 내포하는 것으로 간주되어선 안 된다. 그것은 다만 일반적 가치형태나 화폐형태로 표시되는 시장체제와 **다른** 교환형태에 관한 것이고, 그러한 교환형태의 **논리**에 관한 것이다. 덧붙이자면 그러한 형태는 화폐형태 내지 시장체제가 지배하는 사회, 혹은 자본주의 사회에도 존재한다. 가령 폴라니가 말하는 '재분배' 형태의 교환이나 '가정경제' 형태의 교환은 물론 '호혜적' 교환 역시 시장체제가 지배하는 사회 안에도 존재한다는 것은 분명하다. 다른 한편 이러한 교환과 구별되는 '선물'의 체제가 있음을 간단히 지적해두자(이에 대해서는 마르셀 모스의 『증여론』과 고병권, 『화폐, 마법의 사중주』, pp.171~186 참조).

3. 가치와 재현

일반적 가치형태의 도식은 알다시피 다음과 같다.

$$
\left.\begin{array}{l}
u \cdot comB \\
v \cdot comC \\
w \cdot comD \\
x \cdot comE \\
\cdots\cdots
\end{array}\right\} = z \cdot comA
$$

일반적 가치형태는 확대된 가치형태에서 등호의 좌우변을 바꾼 형식을 취하고 있다. 이러한 변화는 산술적인 이항(移項)의 절차처럼 자명하고 간단한 것처럼 보인다. 그러나 맑스 자신이 상대적 가치형태와 등가형태 각각에 고유한 위상과 대립에 대해 말하면서, 그리고 일반적 가치형태에 대해 말하면서 직접 지적하듯이, 등호의 양쪽은 그런 식의 산술적 절차로 치환될 수 있는 것이 아니다.[11] 왜냐면 좌변은 원래 자신의 가치를 표현하는 항으로 주어 역할을 하는 쪽이라면, 우변은 그것을 위해 선택된 표현으로서 서술어 역할을 하는 쪽이기 때문이다. 이런 이유에서 맑스는 이 도식이 단순히 등호로 연결된 좌우 항을 바꾸는 산술적 연산으로 환원되지 않는 차이가 있음을 강조하고 있다. 화폐형태의 도식은 이 일반화된 가치형태의 도식에서 z량의 상품 A를 일정량의 화폐 M으로 치환한 것으로, 근본적으로 다르지 않다. 아니, 정확하게 말하면, 일반화된 가치형태에서 상품 A는, 그것이 맑스의 예에서처럼 아마포든, 아니면 소금이나 쌀이든, 일반적 등가물로 사용되는 한 이미 화폐다.* 다시 말해 일반적 가치형태는 항상-이미 화폐형태다.**

그런데 일반적 가치형태나 화폐형태의 경우 앞서 보았던 두 가지

도식에서 나타나는 표현적인 관계와 다른 면모를 보인다. 한마디로 말하면, 그것은 표현적 관계의 도식이 아니다. 먼저, 앞서 등가물로써 자신의 가치를 표현하던 좌변의 상품은, 우변의 상품의 사용가치를 자신의 가치를 표현하는 표현물로 선택할 수 있었다. 확대된 가치형태는 그 선택의 폭이 무한히 다양할 수 있다는 것을 보여주었다. 그러나 여기서는 좌변에 들어갈 어떠한 상품도, 즉 어떠한 주어도 자신의 가치를 단 하나의 상품(A) 내지 화폐로만 표현할 수 있다. 만약 이 초월적 항으로 자신의 가치를 표현할 수 없는 것이라면 상품세계를 뜻하는 좌변의 자리에 들어갈 수 없다. 따라서 이제 좌변의 상품은 자신을 표현하는 표현물을 선택할 어떠한 여지도 없다. 다만 상품 A 혹은 화폐 M을 선택해야 한다는 일종의 강제가 나타난다.

어떤 생산물도 자신이 타자에 대해 가치 있는 존재임을 입증하기 위해선 자신과 화폐와의 교환가능성을 보여주어야 한다. 즉 여기서 좌변의 항들은 이런저런 등가물을 통해 자신의 가치를 표현하는 것이 아니라, 좌변(상품세계)에 자리잡기 위해 화폐와의 교환가능성을 가시화해야 하는, 달리 말하면 화폐로 표시되는 특정량의 가치를 자신이 '다시-보여줄'(re-present) 수 있음을 증명해야 한다. 화폐가 상품의 가치를 재현하는 게 아니라, 반대로 **상품이 화폐의 가치를 재현해야 한다.** 이

---

* 이는 상품화폐라고 할 것인데, 좀더 확장해서 본다면 태환가능한 모든 화폐 전체를 이러한 범주에 드는 것으로 생각할 수 있을 것이다. 반면 불환지폐처럼 태환조건을 결여한 화폐는, 화폐형태에 속하지만 일반적 가치형태의 상품 A와 동일한 것은 아니다.

** 그런 점에서 맑스가 4개의 단계로 나누어 구별했던 가치형태의 도식들은 근본적으로 확대된 가치형태와 화폐형태라는 두 개의 구별 안에 있다고 할 수 있을 것이다. 반면 태환능력을 결여한 화폐의 경우에는 화폐형태로 환원되지 않는 요소를 포함하고 있다. 즉 가능하다면 화폐형태 뒤에는 또 다른 별도의 도식이 추가되어야 할 것으로 보인다.

경우 상품들의 가치는 다른 상품을 통해 자기를 표현하는 게 아니라, 화폐라는 거울을 통해 되비쳐진(re-flex) 황금빛 숫자를 통해 재현한다(represent).* "가치는 오히려 각각의 노동생산물 모두를 하나의 사회적 상형문자로", 화폐량을 표상하는(represent) 하나의 숫자로 "바꾸어 버린다".[12] 요컨대 일반적 가치형태 및 화폐형태의 도식은 표현적 관계의 도식이 아니라, 그와 전혀 다른 성격을 갖는 재현적 메커니즘의 도식이다.

이제 여기서 "각각의 상품은 이제 화폐적 가치를 재현해야 한다"는 것은 단순한 사실의 묘사일 뿐만 아니라, 태어나는 모든 생산물들에 대해 요구되는 일종의 '정언명령'이다. '상품화의 정언명령'이라고 불러 마땅한 이 원칙은, 상품으로 생산되고 교환되기 위한 경제적 조건이라는 점에서 상품세계의 새로운 '법칙'이고, 화폐적 권력의 재현자로서 존재하기 위한 정치적 조건이라는 점에서 상품세계의 새로운 '법'이며, 가치 있는 물건으로 존재가치를 인정받기 위한 도덕적 조건이라는 점에서 상품세계의 새로운 '도덕'이요 그 도덕을 규제하는 '실천이성'의 원리다. 이는 "선(善)하기에 법이 되는 것이 아니라 법이기 때문에 선한 것"이라는, 근대의 법과 도덕에 대한 칸트의 언명과[13] 정확하게 짝을 이루는 원리처럼 보인다.

이는 표현물의 측면에서 보아도 마찬가지다. 이전의 도식과 달리

---

* 우리는 이러한 역설적 '재현'의 과정을 물신주의에 대한 장에서 맑스가 매혹적으로 묘사한 바 있음을 잘 알고 있다(칼 맑스, 『자본』 I, p.91 이하). 다시 말해 물신주의에 대한 맑스의 서술은 이데올로기나 허구적 속임수에 대한 서술이 아니라, 인간관계가 직접 드러나는 (present) 것이 아니라 언제나 화폐로 표시되는 사물들 간의 관계를 통해 재현되는/다시-드러나는(re-present) 메커니즘에 대한 서술이다. 그러한 메커니즘은 표현적 관계를 재현적 형식으로 대체하고, 재현의 척도가 되는 화폐에 의해 지배하는 메커니즘이다.

표현물의 항(우변)은 단수로든 복수로든 선택될 수 없으며, 생산물이 만들어지기 이전부터 항상−이미 하나의 단일한 것(A 또는 M)으로 존재한다. 자신을 표현할 수 있는 표현물이 오직 하나밖에 존재하지 않을 때, 과연 자신의 가치를 표현한다는 것이 어떤 의미를 가질 수 있을까? 더구나 그 단일한 표현물은 자신뿐만 아니라 다른 상품들 역시 동일하게 '자신의 가치를 표현하기' 위해 '선택'해야 하는 어떤 것이라면, 표현이라는 말은 대체 어떤 의미를 가질 수 있을까? 마치 신 내지 전제군주, 혹은 독재자 오직 하나만을 통해서 자신의 의사를 표현해야 한다고 한다면, 그때 사용할 수 있는 '오직 하나의 표현'이 과연 표현이라는 말에 가당한 것일까?

앞서 노동의 타자성과 관계성에 대해 말하면서 보았지만, 원래 "노동생산물은 **그 교환 내부에서만** 비로소 그들의 사용대상으로서의 다양한 존재형태와는 구별되는 하나의 동등한 사회적 객관성, 즉 가치를 획득한다."[14] 하지만 오직 하나의 표현물(화폐)이라는 조건 아래에서의 가치형태라고 불리는 관계는 좌변의 상품들이 자신을 표현하는 것이 아니라, 무한히 많은 상품들을 하나의 대상에 '묶음'으로써 그 안에 실재하는 어떤 공통성을 표시하는 것으로 나타나게 하고, 그 결과 화폐는 그 상품들의 가치를 재현/표상하는 것으로 나타나게 한다. "**모든 상품들이 공통적으로 화폐로 표현되고 있다는 사실이** 상품의 가치라는 성격을 고정시키는 것이다."[15] 그 결과 가치는 각 상품이 표현하는 것과 무관하게 상품들 가운데 공통으로 존재하는 **어떤 객체적 실재의 형식으로** 나타나고, 그런 만큼 이러한 교환의 등식 이전에 항상−이미 존재하는 어떤 불변의 본질로 나타난다. '가치'라고 불리는 이 본질은 이제 표현적 관계의 존재 유무와 무관하게 존재하는 것이 되고, 이전에 표현적 본질이었던 노동은 이 고정적인 어떤 '가치'의 본질이 된다.*

이제 여기에 상이한 노동들을 하나의 동질적인 것으로 추상할 수 있는 조건이 갖추어지게 되면, 노동은 시간으로 계산가능한 동질적인 어떤 양이 된다. 이는, 노동가치론에서 잘 보여주듯이, 노동이 한 상품의 생산에 투여된 노동시간으로 환원되고, 바로 그 시간에 의해 그 상품의 가치가 정의된다는 점에서 양자가 서로 환원가능한 것이 된다는 것을 뜻한다. 하지만 정확하게 말하면, 논리적 측면에서 이러한 환원은 먼저 이전에는 타자와의 관계에서 획득되는 어떤 질적인 것으로서 노동의 '가치'(the valuable)가 노동시간으로 환원되고, 다음으로 "시간은 금"이라는 말처럼 시간이 화폐로 환원되는 이중의 과정을 통해 진행된 것이다. 하지만 현실적으로 이것은 노동할 능력을 구매함으로써 노동의 결과를 영유하는 단일한 과정을 통해 진행된 것인데, 이러한 절차의 핵심은 시간으로 측정되는 노동량을 화폐로 환원하는 것이었다.**

이상에서 본 것처럼 일반적 가치형태, 결국은 화폐형태의 도식에서 화폐는 그것이 유일한 등가물이라는 초월적인 자리를 차지하고 있다. 그 초월성을 확고하고 분명한 것으로 하기 위해 맑스가 "상대적 가치형태와 등가형태의 대립"이라고 부른 것이 외적인 대립으로 분명하게 가시화된다. 즉 등가물인 화폐는 상대적 가치형태인 상품세계(좌변)로부터 '배제'되어 등가형태로 고정된다. 또 역으로 "상품세계에 속하는 모든 상품은 등가형태로부터 배제된다".[16] 이제 화폐는 상품이 될 수

---

* '노동의 가치'라는, 이미 맑스가 부적절성을 지적했던 말이 그것이다.
** 여기서 "화폐가 가치를 재현한다"는 관념은 사실은 이처럼 노동량과 시간을 동시에 화폐로 환원하는, 그 단일한 표현물에 포섭하는 과정의 산물이다. 도착(倒錯). 노동이 가치화된 활동, 혹은 가치증식적 활동으로 정의되는 것은 이러한 과정을 통해서다.

없으며, 반대로 상품은 화폐가 될 수 없다. 그런데 여기서 좀더 결정적인 것으로 보이는 것은, 아글리에타/오를레앙의 생각과*** 반대로 모든 상품을 **등가형태에서 배제**한다는 사실이다. 마치 스스로 권력의 자리를 차지한 전제군주가 자기 이외의 모든 사람으로 하여금 권력의 자리에서 배제하려는 것과 동일한 양상의 '폭력'이 행해지는 것이다.

이로써 화폐는 상품들을 자신이 부여하는 하나의 질서 아래 통합하고, 어떤 생산물이 상품세계에 들어올 수 있는 조건을 제한한다. 다시 새로운 배제가 나타난다. 즉 화폐적 권력에 순응하고 자신을 그 척

*** 아글리에타(M. Aglietta)와 오를레앙(A. Orléan)은 화폐가 상품세계로부터 배제된다는 점을 강조한다. 그들은 지라르(R. Girard)의 이론을 원용하여 가치형태론에 대한 새로운 해석을 시도한 바 있는데, 그에 따르면, 가치형태 도식의 우변에 있는 상품의 사용가치는 모방충동에 의해 형성되는, 타자의 욕망을 모델로 하여 규정된 욕망의 대상이다. 반면 모방의 모델이기도 한 이 타자는 동일한 대상을 욕망하기에 경쟁자이기도 하다. 그는 단순한 가치형태의 도식에서 모델이기도 한 이 경쟁자를 제거하고 그 대상을 획득하려는 일종의 잠재적 폭력을 본다. 이를 '본질적 폭력'이라고 한다. 하지만 확대된 가치형태의 도식에서처럼 이 폭력은 '상호적 폭력'이 되고, 홉스("만인에 대한 만인의 투쟁")를 연상시키는 이 상호적 폭력의 악순환을 피하기 위해 만장일치에 의해 어떤 하나의 대상을 '희생양'으로 삼게 된다. 안정적 사회를 형성하기 위해 만장일치에 의해 어떤 하나의 대상을 자신의 세계에서 배제하는 이러한 폭력을 '창시적 폭력'이라고 하는데, 그 결과 나타나는 희생양이 바로 상품세계에서 '배제'되는 화폐라는 것이다(ミシェル アグリエッタ/アンドレ オルレアン, 『貨幣の暴力 : 金融危機のレギュラシオン · アプローチ』, pp. 32~48 ; 전창환, 「아글리에타의 현재 자본주의 동학이론에 대한 연구」, p. 137 이하).
화폐가 '희생양'으로 간주되는 이러한 해석은 너무도 놀라운(!) 것인데, 우리가 보기엔 반대로 화폐란 생산물들로 하여금 상품이 되게 강제하고, 그런 한에서만 생산물에게 존재할 수 있게 하는, 다시 말해 생사여탈권을 쥐고 그것을 장악하는 권력자로 보이기 때문이다. 사회적 질서가 만들어지고 유지되는 것은 희생양을 만드는 폭력과 그 폭력을 은폐하기 위해 '성스런 것'으로 만드는 제의에 의한 것이라기보다는, 화폐형태의 도식이 보여주는 그대로 화폐에 부여된 척도로서 통합적 권력에 의한 것이다. 여기서 '사회화의 문제설정'이라고 불리는 후기 아글리에타의 문제의식(권현정, 「미셸 아글리에타의 자본주의 조절이론에 대한 연구」, p. 44 이하)이 만인에 대한 만인의 욕망이 서로 투쟁하는 시장적 세계에서 "사회(질서)란 대체 어떻게 가능한가?"를 물던 홉스적 문제설정과 동일한 것임을 볼 수 있다. 다만 홉스가 리바이어던(Leviathan)이라는 괴물의 초월적 권력을 답으로 제시한 것은 소박하지만 솔직한 데 비해, 화폐는 희생양 덕분에 가능하다는 그의 대답은 세련되지만 전도(顚倒)된 것으로 보인다.

도에 따라 교환가능한 것으로 할 수 없는 것은 어떤 것도 **상품세계로부터** 철저하게 **배제**된다. 모든 상품은 이제 화폐적 가치에 의해 치환가능한 것으로 정의된다. 어떤 것도 화폐적 가치를 재현해야 하며, 그러한 한에서만 상품이 될 수 있고, '가치 있는' 생산물이 될 수 있다. 중요한 것은 "이 물건은 얼마짜리인가"라는 것이다. 여기서 화폐의 초월성은, 그것이 상품들이 재현해야 할 유일한 가치요 본질이라는 점에서, 상품세계에 강력한 '통일성'을 부여한다. 흔히 '획일성'이라고 불리는 이러한 일자적(一者的) 통일성이 이전 도식들에서 보이던 환원불가능한 다양성(리좀적 다양성)을 대체한다.

한편 여기서 표현적 관계와 재현적 메커니즘을 표시하는 두 가지 종류의 도식에 대해 또 하나의 중요한 차이를 언급해야 한다. 앞서 우리는 표현적 관계가 근본적으로 환원불가능한 3항으로 구성된다는 것을 보았다. 반면 화폐가 지배하는 하나의 체제를 작동시키는 저 재현적 메커니즘에서는, 화폐만이 유일한 '표현(물)'이 된다는 점으로 인해 좌변의 상품들이 '자기를 표현하는' 능력을 상실한다는 것 역시 보았다. 그것은 단지 화폐적 가치와 등가성을 갖는 재현물들(representations)일 뿐이다. 이러한 재현물을 통해서 '자기를 재현하는 것'은 방금 말했다시피 화폐요 일정량의 숫자로 표시되는 화폐의 가치다. 그리고 상품과 화폐의 이러한 등식을 통해 '재현되는 것'은 그러한 가치의 본질을 이루는 노동이다. 여기서 노동이란, 앞서 말했듯이 이미 화폐로 환원된 (노동)시간으로 (다시) 환원되는 동질적인 어떤 양이고, 객체적인 실재다. 그리고 이는 상품들을 통해 자기를 재현하는 것으로서, 화폐량이 '가치'라는 이름으로 '노동시간'으로 환원된다는 것은 노동가치론의 기본적인 공리다. 따라서 자기를 재현하는 항과 재현되는 항은 '노동시간'이라는 하나의 동일한 양으로 환원된다. 요컨대 화폐형태의 도식에 내포된 재현적 메커니즘에서는, 3개의 항은 2개의 항으로 환원된다. 다시 말해 2항적이다. 거기에는 재현물(상품)과 재현되는 본질(가치=노동시간)만이 있는 것이다.

지금까지 우리는 화폐형태의 도식에 내포된 재현의 메커니즘에 대해서 살펴보았다. 그것은 표현적 관계와는 근본적으로 다른, 권력이 작동하고 그것이 다른 모든 것을 포섭·통합하며 통제하는 하나의 체제(régime)였다. 이러한 화폐형태 체제에서 화폐는 상품의 가치를 재현하는가? 우리는 이 질문에 대해 이미 명확하게 답한 바 있다. 즉 거기서 화폐는 상품의 가치를 재현하지 않는다. 차라리 반대로 말해야 한다. 상품의 가치가 화폐의 가치를 재현한다고. 물론 노동시간으로 환원되는 이론적 형식 안에서, 화폐는 노동시간을, 가치를 재현한다. 그러나 그것은 상품의 가치가 화폐의 가치를 재현하는 한에서다. 즉 그 경우에도 화폐가 상품의 가치를 재현하는 것이 아니라, 상품이 화폐를 재현함으로써 '가치'를 재현한다. 그렇다면 이 경우 상품은 '재현의 재현'인 셈이다.

따라서 이러한 체제의 내부에서 작동하는 '재현 자체'에 대해 우리는 근본적으로 다시 생각해야 한다. 적어도 화폐적 재현의 체제에서 재현은 권력의 중심으로서, 척도적 권력으로서 화폐가 재현되었고, 재현물은 그러한 권력의 장 안에 존재한다는 사실의 증명이었다. 다시 말해서 재현은 어떤 가치를 있는 그대로 표상하거나 다시-보여주는 것이 아니라, 권력의 거울에 비친 방식으로 다시-보여주는 것이며, 그것을 통해 권력의 벡터가 작용하는 통로라는 것이다. 정치적인 재현/대의(representation)가 민중의 의지를 그대로 재현하는 것이 아니라 반대로 지배자들의 의지가 민중의 이름으로 다시-나타나고, '여론'이란 이름으로 민중에 대해 실질적으로 행사되는 개념인 것과 마찬가지로.[*] 마치 근대의 법률이 선을 재현하는 것이 아니라 반대로 법에 정해진 것이 선이란 이름의 도덕을 이루고, 그것을 통해 우리 자신의 행위에 대해 유효하게 권력을 행사하는 것과 마찬가지로. 이에 대해서는 잠시 후에 다시 언급하게 될 것이다.

4. 화폐와 허무주의

1) 화폐와 허무주의

다양한 상품들을 하나의 단일한 등가물의 양으로 환원하는 화폐형태의 도식은 그토록 이질적이고 다양한 것들을 하나로 묶고 통합하는 화폐의 힘을 직접적으로 보여준다. 모든 생산물은 화폐와의 관계를 통해서만 상품세계 안으로 들어가며, 역으로 화폐는 그 상품들을 하나의 동질적인 세계로 통합한다. 어떠한 것도 자신의 가치를 표현하기 위해서는, 아니 어떤 생산물이 가치를 갖는 상품이 되기 위해서는 화폐와 등가관계를 취해야 한다. 이것을 통해서만 어떤 생산물도 상품이 된다는 점에서, **상품의 본질은 화폐다.**

요컨대 화폐는 생산물들에 가치라는 이름의 생존권을 부여하는 군주고, 자신의 가치 있음을 믿는 사물들에게 객관적 가치의 징표를 제공하는 심판관이다. 또한 그것은 금빛으로 빛나는 가치의 표상을 통해 사

---

[*] 이런 점에서 스미스 이래의 노동가치론은 홉스나 계약론 이래의 대의제 이론과 유사한 위상을 갖고 있는 것은 아닐까?

물들을 상품세계로 유인하는 유혹자고, 가치라는 창살로 사물들을 가두는 간수(看守)다. 화폐는 생산물에 상품성을 부여하고, 그것이 상품으로서 상품세계 안에 존재할 수 있게 해주는 외적인 초월자다. 정확하게 이런 의미에서 신학적 세계에서의 초월적인 신과 동형적인 위상학적 자리를 차지하고 있다. 화폐는 상품세계의 신이다. 화폐는 단순한 사물의 덩어리에 황금빛 가치의 숨을 불어넣어 상품으로 만드는, 상품세계의 창조주다. "이와 같이 사실상 화폐는 개별적인 것을 초월하는 고양된 지위를 나타내고, 그 지위의 전능성에 신앙을 부여해준다. 이 신앙은 지고의 원칙(신)에 대한 신앙과 유사한 것이다."[**]

초월자로서 화폐에 의해 상품의 가치가 정의되는 이 메커니즘은 자본주의에서 모든 가치를 **화폐적 가치로 동질화하는 메커니즘**이기도 하다. 다양하고 이질적인 생산물은 어떤 것도 화폐를 통해서만 자신의 가치를 획득한다. 반대로 화폐화될 수 없는 것은 자신의 가치를 인정받지 못한다. 화폐와 교환가능한 가치를 갖지 못한 것은 적어도 자본주의에서는 존재 이유(raison d'être)를 발견할 수 없다. 이런 생산물이 계속하여 생산되기를 기대하는 것은 자본주의적 관계 안에서는 불가능하다.

[**] 게오르크 짐멜, 『돈의 철학』, p. 304. 짐멜은 화폐와 유대인의 관계에서 신과 그들의 관계와 유사성을 발견한다. "유대인들이 화폐제도에 대해 특별한 적응성과 관심을 갖는 것은 분명히 그들의 '일신교적 훈련'과 연관되어 있었다. 수천 년 동안 유일한 지고의 존재를 앙망(仰望)하고 그 안에서 모든 개별적 관심의 목표점과 교차점을 발견했던 민족적 기질은 당연히 경제적인 영역에 몰두하는 데 적합했을 것이며, 특히 모든 목적계열의 총괄적인 통일점이요 공통점인 화폐적 가치에 부응했을 것이다"(같은 책, p. 304). 또한 금전문제에 대해 성직자들이 종종 보여주는 적대감 역시 유사한 관련이 있다고 본다. 그것은 "고도의 경제적 통일과 고도의 우주적 통일(신)이 심리상 유사하다고 하는 점으로 소급할 수 있으며, 또한 화폐적 관심과 종교적 관심이 대립할 위험성을 인식한 때문이었다. …… 교회법에서 이자가 배척받는 것은 화폐 일반에 대한 일반적 거부를 반영하는 것이다"(같은 책, pp. 304~305). 이에 대해서는 장 르 고프의 『돈과 구원』을 참조하라.

화폐로 환원될 수 없는 '가치', 그런 '가치'를 갖는 생산물은 점차 소멸의 길을 밟게 되고, 화폐로 변환가능한 가치만이 살아남게 된다. 가치를 인정받고자 하는 모든 것은 화폐적인 가치로 동질화된다.

화폐로 표상/대표되는 가치의 세계에는 오직 하나의 초월적 가치만이 있을 뿐이다. 요컨대 화폐형태가 지배하는 세계에서 유일한 가치는 오직 화폐일 뿐이다. 초월적 가치로서 화폐는 상품세계 안에 화폐화의 강박을 만들어낸다. 이제 상품이라고 불리고자 하는 모든 생산물들은, 비상품으로서 화폐를, 상품세계의 피안에 있는 저 초월적 가치인 화폐와 자신의 고유한 '가치'를 교환할 수 있기를 바라고 욕망한다. 각각의 생산물이 갖고 있는 고유한, 종종 사용가치라고 불리는 가치는 초월적 존재로서 화폐의 화려한 금빛 광채 앞에서 자신의 빛을 잃어버리고, 그 금빛 광채로 자신의 신체를 둘러싸고자 하게 된다.

화폐는 상품들이 욕망하는 오직 하나의 대상이요 욕망의 유일한 기표다. 라캉 식으로 말하면, 화폐는 상품들의 남근(phallus)이다. 화폐는 생산물의 질적인 '가치'(the valuable)들의 초월적 피안이고, 그것들이 언제나 도달하길 꿈꾸지만 결코 도달할 수 없는 상품들의 유토피아요 이데아다. 시간이 지나도 소모되지 않고, 경쟁자가 생겨도 감소하지 않는 가치의 피안이다. 그것의 건너편으로서 상품들의 이 차안적인 세계는, 언제나 피안에 도달하길 꿈꾸며 그 이상향과의 대비 속에서 자신의 현세적 가변성을 경멸하고 혐오하게 되는 불완전한 세계다.

상품세계와 화폐, 이 두 세계는 '같음'을 표시하는 등호를 통해 구별되지만 사실은 화폐가 선 땅은 어느 상품도 도달할 수 없는 피안의 세계다. 이 경우 등호는 언젠가 도달할 수 있지 않을까 하는 희망 속에서 끊임없이 화폐화를 꿈꾸고 화폐와 등치되길 꿈꾸는 상품들의 희망의 기호지만, 동시에 동일할 수 없는 것을 동일한 것처럼 표시하고 가닿을 수 없는 곳을 가닿을 수 있는 것처럼 표시하는 '환상'의 기표이기도 하다. 현세적이고 차안적인 것의 가치와 능력이 부정되고 피안의 초월적 가치와 능력이 찬양되는 이 이원적 세계 속에서, 우리는 니체가 서구의 오랜 전통 속에서 발견했던 허무주의(nihilism)를[17] 다시 발견한다. **화폐화될 수 없는 모든 가치의 부정으로서**, 피안의 초월적 가치에 대한 선망과 찬양으로서 부정적 허무주의를.

마치 서구의 질투심 많은 신이 그러하듯이, 화폐 또한 자신을 따르지 않는 모든 것에 죽음이라는 저주를 내린다. 화폐화되지 않는 어떤 질이나 성질, 특성은 이제 아무런 가치가 없으며, 따라서 존재 이유를 상실해간다. 예컨대 파종되는 씨앗들은 오직 화폐화될 수 있는 능력을 기준으로, 쉽게 말해 얼마나 돈이 되는가를 기준으로 선택되고 도태된다. 돈 되는 것은 신의 가호 아래 번성하게 되지만, 그렇지 못한 것은 대지로부터 쫓겨나 멸종의 길로 밀려간다. 그리하여 살아남는 품종은 마치 누가 일부러 시키기라도 한 것 이상으로 단일화되고 획일화된다. 국광이나 홍옥, 인도, 스타킹 같은 사과들은 모두 뿌리 뽑혀 사라지고 사과는 후지 하나로 단일화되어 간다. 품종을 보호하는 대학이나 연구실이 아니라면 그 '이상한' 사과들을 보는 것은 이미 거의 불가능해졌다. 화폐는 이처럼 '자연도태'라는 생물학적 진화의 법칙도 자신의 명령에 따라 '화폐도태'의 법칙으로 바꾸어 놓는다. 사물이나 과일만일까? 연구자들이 생산하는 지식 역시 화폐화되기 쉬운 것으로 수렴하며, 화폐화될 수 없는 어떤 것도 특별한 조건이 없으면 소멸의 길로 떠밀려가게 된다. 이런 도태의 법칙 속에서 지식이 과일과 달리 획일화와 단일화를 피할 수 있을 것이라고 누가 감히 단언할 수 있을 것인가? 이런 점에서 화폐적 허무주의는 돈 되는 것으로 모든 것을 단일화하는 획일화의 메커니즘을 작동시킨다.

생산을 둘러싼 사람들 간의 관계가 상품들 간의 관계로 변형되는 것이 상품관계의 특징이다. 결코 가치를 갖지 않는 '초월적인' 어떤 대상(화폐)을 통해서만 상품이 자신의 가치를 표현해야 한다는 사실을 두고 맑스는 '물신주의'라고 했다. 이는 화폐로 하여금 동질적인 가치공간을 형성하게 하는 권력을 부여하며, 동시에 거기서 벗어나는 모든 것을 제거할 능력을 부여하는 메커니즘이다. 이런 의미에서 물신주의는 화폐를 통해 작동하는 이러한 허무주의의 다른 이름이다.

2) 자본주의와 허무주의

이러한 화폐의 권력을 거스르지 못하는 한, 인간의 활동 역시 화폐가 지배하는 세계에서는 동일한 운명을 피할 수 없을 것이다. 잘 알다시피 자본주의는 인간들의 활동능력을 노동력으로 상품화한다. 즉 인간의 활동능력이, 결국은 활동이 화폐에 의해 만들어진 상품세계 속에 들어감으로써 자본주의는 시작된다. 이런 의미에서 자본주의에서 노동은 화폐와의 교환을 통해 가치화된 활동이고, 사물들을 가치화하는 데 이용되는 활동이다. 그것은 자본에 의해 구매된 활동이고 자본을 위해 잉여가치를 생산하는 활동이다.[*]

잘 알다시피 인간의 활동은 그 자체로 상품이 아니다. 그것을 상품화하기 위해선 전 사회적인 차원에서 대대적인 특별한 조치가 행해져

---

* 맑스는 이를 생산적 노동이라는 개념에 대한 스미스의 정의를 비판적으로 검토하는 가운데서 분명하게 한 바 있다(칼 맑스, 『잉여가치 학설사』 1권, p. 165 이하 참조).

야 한다. 그것은 생산자들에게서 생산수단이나 생존수단을 분리하고 박탈하는 것이다. 즉 생산할 수 있는 능력과 생산할 수 있는 조건을 분리시켜, 그 능력을 무력화시키는 것이다. 그래서 생산하기 위해선, 아니 생존하기 위해선 생산수단을 소유한 자들에게 자신의 능력을 팔아 그들의 의지대로 노동하게 되는 것이다. 하지만 또 하나 중요한 것은 생산수단이나 부가 화폐라는 표현형식을 빌려서 서로간에 얼마든지 변환가능하고 교환가능한 것으로 추상화되어야 한다는 것이다. 역시 상품이 아니었던 토지도 생산에 필요하다면 얼마든지 구매될 수 있어야 한다. 결국 생산이 가능하게 되는 것은 화폐라는 하나의 단일한 표현형식을 통해서 생산수단이나 부가 생산자와 결합됨으로써다. 즉 자본주의에서 생산의 배치는 노동력(A)과 생산수단(Pm)의 분리와 화폐(G)를 통한 결합으로 요약할 수 있다. 맑스는 하나의 간단한 도식으로 이를 정확하게 집약한 바 있다.

여기서 명료하게 확인할 수 있는 것은 생산 자체가 화폐를 매개로 해서만 가능하며, 화폐라는 표현형식을 자신의 존재조건으로 삼게 되었다는 것이다. 생산능력으로서 노동력을 생산의 조건인 생산수단과 분리함으로써 가능해지는 이러한 배치에 대해, 니체라면 무언가를 할 수 있는 능력으로부터 그것이 할 수 있게 해주는 조건을 박탈함으로써 그 능력을 무력화시키는 '부정의 권력의지'를 발견할 것이다.

이 부정의 권력의지는 단지 개인적인 생산적 능력을 무력화시키는 것으로는 만족하지 못한다. 그러한 무력화가 개인적인 것에 한정되는 한, 그 개인과 더불어 먹고 사는 공동체에 의해 그는 다시 생존을 유지할 수 있게 되기 때문이다. 근대 이전의 대부분의 사회가 이런 공동체에 의해 유지되었고, 생산 역시 이런 공동체에 의해 이루어지고 있었다는 것은 잘 알려진 사실이다. 따라서 자본주의가 작동시키는 부정의 권력의지는 이 공동체 자체를 무력화시키지 않고선 제대로 작동하지 못한다. 그것은 공동체의 파괴를 통해서만 유효하게 작동한다. 해체된 공동체의 구성원을 개인으로 분리하고 화폐를 통해 다시 통합함으로써만 자본주의적 생산은 작동하기 시작한다.

예를 들어 폴라니에 따르면, '노동' 하지 않으려는 아프리카 식민지의 흑인들을 '노동' 하게 하기 위해 식민주의자들은 빵나무를 베어버리거나 공유지를 매입 내지 몰수했다.[18] 즉 공동체 소유의 형식을 취하는 공유지를 제거함으로써 공동체를 실질적으로 무력화하여 각자가 자신의 노동력을 팔지 않고선 생존할 수 없는 조건을 만들었다. 공동체 안에서 먹고 살 수 있는 조건을 탈취당함으로써, 그들은 생존수단을 얻기 위해 그것을 살 수 있는 돈을 벌어야 했던 것이다.

이런 점에서 화폐는 노동이 가능한 지대를 구획함으로써 이전의 생산의 공동체 자리를 대신하는 셈이다. 그러나 그것은 기존의 모든 종류의 공동체, 다시 말해 노동력을 팔지 않아도 먹고 살 수 있게 해주는 생산의 형식을 파괴함으로써만 생산을 지배할 수 있는 것이란 점에서 모든 종류의 공동체에 반하는 것이다. 이런 이유에서 모든 공동체는 화폐적 거래와 교환을 배제하고 억압하려는 성향을 갖고 있었음을 이해하는 것은 아주 쉬운 일이다.

물론 화폐 역시 개별적인 생산자를 하나로 통합하여 생산하게 하는 형식이고, 사람과 사물을 하나로 묶어주는 형식이란 점에서, 그리고 그 구성원들 사이에 하나의 삶의 방식을 수립한다는 점에서 기존의 모든 공동체를 대신하는 또 하나의 '공동체'라고 말할지도 모른다. 더구나 그것은 이전의 공동체와 달리 모든 외부자들에 대해서도 열려 있는, 노동력을 팔 의사만 있다면 얼마든지 받아들이는 개방된 공동체가 아닌가! 그러나 그것은 화폐화될 수 있는 활동과 그럴 수 있는 사람만을 받아들이는 지극히 배타적인 '공동체'다. 화폐가 통치하고 통제하는 그 공동체 안에서 이제 다른 상품들과 마찬가지로 화폐화될 수 있는 활동만이 노동으로 정의되고 생산할 수 있는 능력으로 존재할 수 있게 된다. 반대로 화폐화할 수 없는 능력은 가치가 없는 능력, 무능력이 된다. 그것은 화폐가 지배하는 세계에선 허용되지 않는 무능력이다. 그것은 즉각적으로 그 '개방된 공동체'에서 축출되고 배제된다. 그리고 죽음으로, 소멸의 길로 밀려간다. 화폐가 지배하는 세계에 대해 '공동체'라는 말을 사용하려 한다면, 그것은 개인의 무능력을 보충하고 개인의 빈곤을 보완해주는 공동체가 아니라, 개인의 능력을 착취하지만 그것이 사라진다면 즉각적인 빈곤과 배제의 절단기를 작동시키는 잔혹한 공동체임을 잊지 말아야 할 것이다.

자본주의에서 부정의 권력의지는 단지 돈 안 되는 능력을 축출하는 배제의 형식으로만 작동하는 것은 아니다. 그것은 생산의 진행 자체 속에서 생산의 양상을 구성하는 방식으로 작동한다. 자본주의는 능동적인 힘으로서 생산적인 힘, 욕망을, 그것이 현재화할 수 있는 조건인 생산수단에서 분리하여 무력화시키는 것으로 시작한다. 그러나 그것은 단지 시작일 뿐이다. 생산능력을 구매함으로써 자신의 의지대로 사용할 수 있게 된 자본가는 이제 생산자의 직접적인 의지를, 생산적이고 긍정적인 의지를 자신의 의지(부정의 권력의지!)로 대체한다. 이제 생산자는 자신의 의지가 아니라 타인의 의지, 자본가의 의지에 의해 생산하고 활동해야 한다.

이로써 능동적 힘은 부정의 권력의지 아래 포섭되고, 그런 조건 아래서만 생산적 힘으로 행사된다. 아마도 니체라면 이를 '반동적 생성'이라고 불렀을 것이다.[19] 프롤레타리아트는 자신의 생산적 힘, 생성능력을, 생산조건 내지 화폐를 소유한 부르주아지의 의지와 목적에 제공함으로써 자본의 증식을 의미할 뿐인 반동적 생성에 봉사한다. 프롤레타리아트의 생산적 활동은 이제 자신의 지배자이고 자신의 적대자인 자본의 능력을 증식시키는 것에 봉사하게 된다. 그리고 그렇게 증식된 반동적 힘은 더욱더 강한 힘으로 생산자의 능동적 힘을 장악하고 지배한다. 맑스가 '생산 자체로부터의 소외'라고 부른 것이 능동적 힘이 부정의 권력의지에 장악되고 통제되는 상황을 표현하는 개념이었다면, '생산물로부터의 소외'는 그 결과 자신이 생산한 것이 반동적 힘의 증식으로 귀착되는 역설적인 과정을 표시하는 개념이었다고 해야 할 것이다.[20]

여기에 덧붙여 자본주의에서 작동하는 가치법칙이 정확하게 이런 화폐의 허무주의를 작동시키는 메커니즘임을 확인해두어야 한다. 경제학자들이 흔히 말하듯이 가치법칙이란 단지 가치대로 교환된다는 명제가 아니라, 주어진 상품들에 대해 화폐가 그 가치를 승인하는 메커니즘이고, 그러한 승인의 소급적 과정을, 상품의 생산이나 투자를 통제하고 규제하는 메커니즘이다. 다시 말해 가치법칙은 가치화(화폐화)될 수 있는 한에서만 노동이나 생산을 가능하게 하는 메커니즘이고, 모든 것이 화폐적 가치를 통해서만 존재할 수 있게 하는 메커니즘이며, 화폐가 지배하는 세계 속에서 어떤 활동들을 의미 있게, 혹은 의미 없게 만드는 메커니즘이다. 요컨대 가치법칙이란 화폐적 세계의 허무주의가 실제적으로 작동하는 메커니즘이다.

가치법칙을 통해 작동하는 화폐의 경제적 허무주의 메커니즘은 자본의 축적과정에서 다시 나타난다. 맑스가 명확히 정의했듯이 자본의 축적은 잉여가치의 자본으로의 전화다. 즉 잉여노동이 가치의 형태로 자본으로 포획되는 과정이 바로 축적과정이다. 따라서 축적이란 노동자의 현세적 활동이 화폐의 초월적 세계를 증식시키는 과정이고, 그에 따라 화폐적 가치의 독립성과 초월성이 증대되는 과정이며, 그런 만큼 현세적 활동이 위축되고 축소되는 과정이다. 노동자의 능력이 화폐의 권력으로, 자본의 권력으로 변환되는 과정이고, 그렇게 변환된 자본이 다시 노동자의 힘을 포획하여 증가되고 증식되는 과정이다.

자본의 축적과 더불어 가치법칙이 그 폭력적 면모를 확연하게 드러내는 과정을 맑스는 '공황'(Krise)이라고 부른다. 그는 한쪽에는 팔리지 않은 상품이 창고에 쌓여 있고, 그래서 그것을 파괴하거나 내다버리는 방식으로 처분하지만, 다른 한쪽에는 해고되어 먹을 것을 구하지 못하는 인민들이 집적되어 있는 고전적 형태의 공황처럼 자본주의의 모순과 참상을 잘 보여주는 것은 없다고 믿었다. 그것을 야기한 구체적 이유가 무엇이든 간에, 공황은 화폐에 대한 욕망에 추동되어 만들어졌지만 자신의 가치를 승인받지 못한 상품들의 가치가 실제적으로 무효화되는 과정(Entwertungsprozeß, 탈가치화과정)이고, 그에 따라 그 상품들의 가치가 잠식되는 과정이며, 그에 따라 화폐적 세계가 승인할 수 있는 크기에 의해 가치가 재평가되는 폭력적인 과정이다. 여기서 폭력은 결코 은유가 아니다. 탈가치화는 고전적인 사례들의 경우 실제로 상품들이 버려지고 파괴되는 방식으로 진행되었고, 다양한 조정의 기술이 사용되는 지금의 경우라면 개별 상품들의 가치가 잠식되고 감소되는 방식으로 진행되는 실제적 파괴의 과정이기 때문이다. 그것은 한마디로 말해 가치법칙이 생산활동 자체에 반작용하는 소급적인 과정이며, 그런 만큼 초월적인 화폐적 가치가 잠재적 가치의 세계에 관여하여 조정하고 통제하는 과정이다. 여기서 우리는 부정적 허무주의가 능동적인 방식으로, 그러나 **파괴와 탈가치화라는 부정적인 방식으로 생산의 세계에 개입하고 통제하는 메커니즘**을 발견할 수 있다.[*]

　　물론 자본의 축적과정이나 공황은 노동자들을 기계로 대체함으로써 그들을 생산과정의 외부로 내몰고 축출하는 과정이기도 하며, 그런 만큼 자본에 포섭되지 않은 외부를 확대해가는 과정이기도 하다. 비록 그 외부가 죽음과도 같은 궁핍이나 무능력과 너무도 가까이 근접해 있긴 하지만, 그 궁핍을 극복할 새로운 종류의 공동체, 새로운 종류의 집합적 신체를 구성할 수 있다면, 그리고 자본의 외부에 존재한다는 것이 무능력의 징표가 아니라 긍정적 능력이 부정의 권력의지에서 벗어나기 시작한 징표임을 확신할 수 있다면, 그리하여 그 외부를 오히려 적극적으로 만들어내고 자본의 외부에서 살아가는 긍정적 방법을 창안할 수 있다면, 그 외부는 오히려 자본의 지배에서 벗어난 새로운 삶이 구성되는 긍정의 공간이 될 수 있지 않을까?

3) 화폐와 사회

상품가치의 화폐형태 도식이 보여주듯이, 화폐는 다양한 상품들을 하나의 끈으로 묶는다. 질적인 면에서 각각의 상품이 갖는 이질적인 특징들은 화폐의 끈을 통해 하나의 질서로 묶인다. 즉 상품들의 세계는 화폐를 통해 고유한 질서를 획득하며, 이런 의미에서 화폐는 상품들의 세계를 동질적 공간으로 변환시킴으로써 질서를 만들어낸다. 화폐에 대한 욕망 속에서 생산물들이 상품이 되고, 그 화폐를 척도로 삼아 상품들의 가치가 측정되고 그 양에 따라 배열되는 정연한 질서를. 요컨대 상품들이 구성하는 세계를 하나의 질서로 묶고 통합하는 것은 '가치'나 '계약'이 아니라 화폐의 초월적 권력이다.

이러한 세계는 상품들이 자신의 가치를 화폐에 양도하고 그것을 통해 자신의 가치를 대의(代議)하는 세계다. 이러한 위임을 통해 화폐는 상품의 가치를 표상하고 대리하는 대표가 된다. 상품세계와 화폐의 관계는 그 설명의 논리에서나 작동의 논리에서나, 근대인과 근대국가의 관계와 정확하게 동형적이다. 알다시피 정치경제학은 상품세계에서 개별적 가치형태의 전개로는 극복될 수 없는 한계를 특정한 한 상품의 '선출'과 배제를 통해 극복한다는 소설과도 같은 내러티브를 통해 화폐의 탄생을 설명한다. 이러한 설명의 논리는 개별적인 의지들이 서로간에 대립하고 있는 자연상태 내지 전쟁상태를 피하기 위해 어떤 하나의 대표자에게 자신들의 의지를 위임하는 홉스나 계약론의 설명방식과 너무나도 유사하다.

이러한 화폐의 거래망이 공동체와 상응할 수 없다는 점은 이미 말한 바 있다. 공동체는 화폐를 거부하며 화폐가 개입된 교환을 차단하고자 한다. 그것은 공동체가 존속하기 위한 요건이다. 이런 이유에서 화폐는 공동체 내부에서 발생하지 않는다. 물론 상이나 벌, 채무, 조공이나 증여 등의 필요에 의해 사용된 지불수단으로서의 화폐가 있지는 했

---

* '유예된 소비'로서 저축에 대한 부르주아 경제학의 정의 역시 이러한 허무주의적 장(場) 안에 있다. 화폐적 축적을 위한, 소비의 무한한 연기로서, 소비에 대한 아니 사실은 생활에 대한 평가절하를 여기서 발견하는 것은 극히 쉬운 일이다.

지만,[*] 그것은 우리가 아는 화폐처럼 일반적 교환가능성을 갖지도 못했고, 다른 물건의 가치를 재는 척도가 되지도 못했다.

교환을 위한 수단으로서의 화폐조차[**] 공동체 사이에서, 공동체들 간의 교역을 위한 공간에서 발생했고, 공동체의 바깥에 있는 외부자들에 의해 취급되었다. 베버에 따르면 "일반적 교환수단으로서 화폐의 기능은 대외교역에서 시작된 것이다".[21] 여기서 교역은 무엇보다 우선 대외적인 증여였다. "두 나라 사이의 평화상태는 양국의 지배자 간에 항상 증여가 행해지는 것을 전제로 한다. 이것은 곧 상업적 성질을 가진 추장교역이며, 추장상업은 이로부터 발달하였다. 증여가 단절된다는 것은 전쟁을 의미했다."[22] 지불수단으로서의 화폐가 교환수단의 성격을 갖게 되는 것은 바로 이 지점에서다. 이로써 교환수단이라는 성격과 지불수단이라는 성격은 교착되고 공존하게 된다.

종종 자본주의의 발상지로 간주되는 중세도시의 경우에도, 그 도시의 상업과 부를 가능하게 했던 것은 다른 도시와의 대외교역이었다. 지불수단과 교환수단이라는 양면성이 교착된 상태의 화폐를 일반화된 교환수단으로 만든 것은 아마도 이들 도시의 상인들이었을 것이다. 그

---

[*] "화폐는 '국정적(國定的) 지급수단'과 일반적 '교환수단'의 역할을 해왔다. 역사적으로 보면 이 두 가지 기능 중 전자, 즉 국정적 지급수단의 기능이 더 오래된 것이었다. 이 단계에서 화폐는 교환되지 않는 화폐였다. 교환되지 않는 화폐란 무엇인가? 교환이 없는 경제에서도 화폐는 하나의 경제로부터 다른 경제로, 교환에 기초를 두지 않고 급부될 수도 있고 지급수단으로 필요할 수도 있음을 말한다. 예를 들면 조공이나 수장에게 보내는 증여물, 결혼시의 납폐(納幣), 신부 지참금, 살인벌금, 속죄금, 벌금 등은 전형적인 경우로, 지급수단으로 납입되는 것이다." (막스 베버, 『사회경제사』, p. 253)

[**] "화폐를 교환수단으로 정의하는 숙명적 과오는 인류학자들에 의해 부여되어 무(無)문자사회에까지도 적용되었다. …… 화폐에 대한 이러한 좁은 정의는 화폐의 본질에 관한 왜곡된 이미지를 낳았으며, 결국 비시장사회의 경제분석에서 극복하기 어려운 장애물이 되었다." (칼 폴라니, 『인간의 경제』 I, p. 153)

리고 그것은 유럽과 아시아를 연결하는 광범위한 상업적 교역망과 더불어 화폐의 교역망을 만들게 된다. 이러한 '화폐거래 네트워크'가 나중에 영토국가와 손을 잡거나 그것에 의해 포획되면서 영토국가 차원의 시장과 화폐가 발전하게 된다.

그 경우 화폐는 전쟁자금이나 궁정의 사치 등과 같은 국가적인 차원의 일에 사용되었고, 그것의 조달은 국가가 나중에 걷을 조세를 담보로 은행가나 상인에게 빌리는 방식으로 이루어졌다. 그리고 국가는 그 채무를 인민들에게 조세로 떠넘겼다. 그리고 조세를 화폐로 납부하게 함으로써 화폐가 하나의 국가 내부에서 일반화된 교환수단으로 자리잡게 된다. 화폐가 한 '사회'의 내부에서 일반화된 교환수단으로 자리잡게 된 것을 이런 과정을 통해서였다.[23] 이런 이유에서 우리는 화폐, 특히 어떤 사회 내부의 일반화된 교환수단으로서의 화폐는 개별적인 교역 내부에서 교환의 확대에 따라 자연발생적으로 발생한 게 아니라 국가적 조세를 통해서 자리잡게 되었다고 말할 수 있을 것이다. 이는 일반화된 교환수단인 화폐가 처음부터 조세라는 수탈과 포획을 위한 장치였음을 보여주는 것이기도 하다.

따라서 화폐가 상품세계에 대해 갖는 초월적 지위가 홉스가 이론화하고자 했던 소위 '절대주의' 체제에서 군주 내지 국가가 갖는 초월적 지위와 동형성을 갖는 것은 차라리 자연스런 것인지도 모른다. 따라서 우리는 시장적인 모델의 세계에서 화폐의 지위는 단순한 교환의 매개라는 상인의 위상이 아니라 인민들을 지배하고 그들에게 조세를 내라고 요구하는 군주의 지위와 훨씬 더 가깝다는 점을 잊어선 안 된다. 다시 말해 마치 각각의 개인들이 자유롭게 활동하며 판매하고 구매하는 것처럼 보이는 시장이라는 세계가, 사실은 화폐를 매개로 해서 만들어지고 유지되며 그 화폐의 권력을 통해서 작동하는 세계라는 것을 잊어선 안 된다.

스미스가 말하는 '보이지 않는 손'은 이러한 화폐의 초월적 위상과 통합적 기능을 전제하며, 그것이 만들어내는 질서의 다른 이름일 뿐이다. 즉 자동적인 조절의 메커니즘으로 나타나는 시장은, 초월적인 외부의 배제를 통해 가능한 게 아니라 반대로 그것의 개입을 전제로 해서 가능하다. 즉 이미 자동화된 메커니즘 안에 초월적인 제3항으로서, 통합 및 통제를 수행할 전제적 위치로서의 지위를 점유한 화폐의 항상적 개입을 통해 시장은 작동한다. 요컨대 시장이란 **화폐에 의해 자동화된 권력의 메커니즘**이다.

'레세 페르'(Laissez faire!)를 외치는 자유주의자의 호기(豪氣)는 계산과 효율성, 책임과 비용의 형식을 통해 항상-이미 작용하고 있는 화폐의 권력으로 인해 가능한 것이며, 결국은 화폐의 메커니즘, 화폐의 권력에 맡겨두라는 언명인 셈이다. 국가는 그러한 시장이 제대로 기능하도록 하게만 하면 된다는 말은, 그러한 화폐의 권력이 작동하도록 국가가 개입하고 보증해야 한다는 말이다. 이에 대해 이렇게 말해야 할지도 모르겠다. 화폐의 권력에 모든 것을 맡기는 것은 화폐를 위해서 국가가 개입하는 것만큼이나 화폐를 통해서 국가가 개입하는 것이라고.

5. 화폐와 욕망

요약하면, 일반적 가치형태와 화폐형태는 앞서 보았던 단순한 가치형태나 확대된 가치형태와 달리 표현적인 관계를 보여주기보다는 재현적인 양상으로 작동하는 하나의 메커니즘을 보여준다. 거기에서 일반적 등가물로, 아니 유일한 등가물로 존재하는 화폐는 상품세계에 대해 초월적인 위상을 갖고 있다. 그것은 상품세계를 하나로 통합하는 중심적인 권력이며, 모든 상품들이 자신의 항상적인 척도로 삼는다는 점에서 모든 곳에 존재하는 권력이다. 이러한 초월적 존재가 상품세계의 통합과 통일을 주관하는 한, 그 통일성은 근본적으로 다양성을 결여한 것, 획일적인 것으로 나타나게 된다. 그러한 획일성이 실제로 유효하게 작동하며, 가치화가 불가능하거나 가치화에 불리한 수많은 것들을 파괴하고 소거한다는 것을 우리는 '화폐가 작동시키는 현실적 허무주의화' 메커니즘이라고 파악한 셈이다. 여기서 허무주의란 피안적-초월적인 것에 대한 동경 속에서 차안적-현세적인 것을 부정하는 태도일 뿐 아니라, 현세적인 것들의 가치를 파괴하고 돈 안 되는 것들을 파괴하는 물리적 과정을 포함하기도 한다. 그것은 또한 사람들의 일상적 삶을 장악하고 포획하는 '존재방식'이라고 해도 좋을 것이다. 그것은 생산자나 소유자로서 상품세계에 참여하는 사람들의 욕망을 포섭하고 흡인하는 블랙홀의 이름이기도 하다.

따라서 화폐형태가 함축하는 문제는 루카치 말처럼 인간의 관계를 사물 간의 관계로 대체한다든지, 그 관계를 양화하고 계산가능성을 의미하는 합리성의 그물로 사로잡는다든지[24] 하는 것 이상의 근본적인 것이다. 루카치는 상품이나 화폐를 통해 사물화되는 양상을 "인간 특유의 활동, 인간 특유의 노동이 객체적인 어떤 것, 인간으로부터 독립되어, 인간에게 낯선 자기법칙성을 통해 인간을 지배하는 어떤 것으로서 인간에 대립되어 다가온다"고 말한다.[25] 주체적 활동성이 객체적 사물성으로 대체되는 현상에 대한 이 철학적 분노는 나름대로 이해할 수 있는 것이긴 하지만, 이 인간주의적 분노에 대해 어떤 의문을 피할 수 없다.

약간의 오해를 각오하고 단적으로 말하자면, 인간들의 관계가 '사물화' 되는 것이 왜 문제인가? 인간관계가 사물화되면 왜 안 되는가? 아마도 누구라도 그럴텐데, 거꾸로 사물들이 인간들의 관계 속에서 '인간화' 되는 것에 대해서라면, 인간의 수족이 되어 주체적 활동성을 부여받게 되는 것에 대해서라면 문제라고 느꼈을까? 그것이 사물의 입장에서 얼마나 끔찍한 것인지는, 동물과 인간의 관계를 생각해보면 쉽게 알수 있다. 개는 인간의 친구(아니 장난감이겠지!)로서 혹은 파수꾼으로서 인간관계 안에 들어오고, 소나 돼지는 고기를 제공할 존재로서 인간관계 안에 들어온다. 이들이 인간화된다는 것은 인간이라는 고귀하신 존재를 위해, 그 합목적적 존재를 위해 자신의 특정한 위치 —— 대개는 수단으로 개념화되는—— 를 할당받는 것이다. 그렇기에 인간은 좀더 사물화될 필요가 있는 게 아닐까? 사물을 인간화하는 것(그동안 인간은 얼마나 오랫동안 이렇게 해왔던가!)을 그만두고, 이젠 반대로 인간이 사물화되는 것이 더 필요한 게 아닐까? 사물화되어, 사물의 입장에서, 사물에 대해 인간에 대해 다른 방식으로 사고하는 게 필요한 게 아닐까? **'사물화된다' 는 말 자체만으로도 뭔가 끔찍한 일이 벌어지고 있다고 느끼는 인간중심주의적 감각**이야말로 우리가 버려야 할 어떤 것이다. 그것은 주체인 자기와 대상인 세계를 대립시키고, 그것을 인간과 대상적 사물의 대립으로 치환하여 표현하는, 근대적 주체의 자기중심주의의 한 형태에 지나지 않는다.

혹은 사물화됨으로써 주체적인 활동성을 잃고 수동적이고 정관적인 태도를 갖게 된 게 문제라고 말할지도 모른다. 그러나 정작 문제는 상품-화폐관계를 통해서 인간이 수동적이고 정관적인 태도를 갖게 된게 아니라, 화폐를 욕망하며 적극적으로 움직이고 활동하게 된 게 아닐까? 즉 상품–화폐 관계에 들어간 사람이라면 누구나 모든 것을 상품화하고 화폐로 바꾸고자 욕망하게 되는 게, 다시 말해 화폐화하기 위해 열심히 나무를 베고 사냥을 하고 상품을 만들어내게 되는 게 문제 아닐까? 모두가 화폐를 향한 욕망으로 미친 듯이 치달리게 되었다는 것이 문제가 아닐까? 이를 단지 자본가들에게만 해당된다고 말할 수 있을까? 이러한 태도를 어찌 사물과 같은 '수동성'이니 대상적인 정관이니 하는 말로 부를 수 있을까? '사물화'라는 말로 지적되는 수동성과 정관성, 그것은 사물이란 말에서 활동의 결여, 수동성의 이미지를 떠올리는 정관적인 철학자의 관념일 뿐이다.

좀더 정확하게 말하자면, 사실 인간들의 관계가 사물들의 관계로 표현되는 것은 상품이나 화폐의 경우에만 그런 것은 아니다. 가령 작곡을 한다는 것은 소리와 소리의 관계를 특정한 형식에 따라 구성하는 것이다. 거기에서도 주체인 인간이 대상인 소리와 관계하는 게 아니라 소리와 소리의 관계만이 존재하는 것이다. 그렇지만 우리는 잘 알고 있다. 그 소리와 소리의 관계 속에, 그 소리를 듣는 인간이, 혹은 동물이나 사물이 존재한다는 것을. 마찬가지로 우리는 지금까지 상품과 화폐의 관계를 표현하는 가치형태의 도식을 갖고 상품과 화폐의 관계, 심지어 상품의 욕망에 대해 말했지만, 그 관계 속에서 욕망하고 행동하는 인간이 존재한다는 것은 따로 말하지 않아도 잘 알 수 있는 것이다. 가령 맑스가 자본의 일반적 공식을 M–C–M´(M=화폐, C=상품)이라고 요약했을 때, 거기에는 인간의 그림자도 보이지 않지만, 사실 그것은 인간들의 관계, 그 관계 속에서 출현하는 인간의 욕망을 표현하는 공식이기도 하다. 인간의 관계는 '인간'이라는 항이 출현하여 어떤 대상과 관계맺을 때만 출현하는 게 아니다. 인간이라는 일반명사에 어떤 실체성을 부여하는 게 아니라면, 우리는 관계 속에서 인간이라는 항이 출현하는지 어떤지에 따로 신경쓰지 않아도 된다. 맑스 말대로 인간이란 사회적 관계의 집합이고, 따라서 주어진 관계마다 달라지는 규정성 속에 욕망하고 행동하는 존재이기 때문이다. 다시 말해 '사물들'의 관계로 서술된 것조차 대개는 인간관계를 규정하기 위해 선택된 것임을 잊어선 안 된다는 것이다.

그리고 이러한 이유에서 우리는 지금까지 우리가 상품과 화폐의 관계에 대해 서술한 것, 상품이나 화폐를 주어로 서술한 모든 것은 사실 그러한 상품세계 속에 존재하는, 상품-화폐의 관계 속에 존재하는 인간의 삶에 대한 것임을 다시 한번 상기시키고 싶다. 화폐에 대한 상품의 욕망, 그것은 상품을 생산하거나 소유한 인간이 갖게 되는 욕망이고, 그 관계 속에서 상품을 생산 내지 소유하는 한 어떤 인간도 피하기 힘든 욕망이다. 그러나 그것은 '인간'의 욕망은 아니다. 상품-화폐 관계로 인해 인간이 갖게 되는 욕망이란 점에서, 그리고 인간이 상품세계 속에 들어가는 한 누구나 갖게 되는 욕망이고, 반대로 거기서 벗어나는 한 벗어날 수 있는 욕망이란 점에서, 그것은 '인간'에 속한 욕망이 아니라 상품-화폐 관계에 속한 욕망, 상품의 욕망이라고 말해야 정확한 것이다. 자본가란 자본의 담지자(대리자)라는 맑스의 말은 정확하게 이를 뜻하는 말이다. 어떤 인간이든 자기증식이라는 자본관계 속에 들어가는 한, 자본의 욕망을 욕망하게 될 뿐이며, 자본의 욕망에 따라 행동하게 된다는 것이다.

이를 이해한다면 상품이나 화폐를 통해 사물화되고 대상화되는 사태에 대해 철학적으로 분노하는 것보다 더 중요한 것은, 상품세계 전체가 화폐를 욕망하게 되는 것처럼 상품세계 속에 사는 우리 자신 또한 화폐를 욕망하게 되고 오로지 화폐만을 욕망하게 된다는 현실적 사태를 인식하는 것임을 쉽게 이해할 수 있을 것이다. 그것이 실제의 우리 삶을 사로잡고 우리의 행동 하나하나를 규정하고 추동하는 힘이기 때문이다. 그것은 무엇을 하든 화폐로 바꾸고 싶어하고, 무엇을 하든 화폐로 대가를 받고 싶어하며, 가능하면 좀더 많은 화폐를 갖고 싶어하며, 소유한 화폐를 최대한 증식을 위해 사용하고 싶어하는 우리 자신의 실제적 욕망의 문제인 것이다.

자신의 모든 것을 화폐로 바꾸고 싶어하는 욕망을 야기하는 것, 혹은 이러한 욕망을 통해 유효화되고 작동하는 것, 화폐형태의 도식이 보여주고 있는 것은 바로 이러한 욕망의 배치다. 화폐형태가 작동시키는 허무주의는 이러한 배치의 다른 이름이기도 하다. 자본의 일반적 공식이 항상 증식을 꿈꾸는 자본의 욕망을 표현하고 그것을 작동시키는 배치의 다른 이름인 것처럼. 그러한 배치 안에 머물러 있는 한, 우리는 모두 다 부르주아다. 자신이 얼마나 많은 부를 소유하고 있든 상관없이. 왜냐하면 그것은 부르주아적 욕망에 의해 살고 행동하고 있음을 뜻하기 때문이고, 따라서 부르주아와 똑같이 사고하고 행동하게 마련이기 때문이다.

부를, 자본을 소유한 자만이 부르주아라고 생각하는 것은 너무도 순진한 경제주의적 몽상이다. 물론 자본을 소유한 자가 부르주아적으로 사고하고 행동하리라는 것은 틀림이 없을 거라고 해도 좋다. 그러나 실제로 중요한 것은 **자본을 소유한 것도 아니고 많은 돈을 가진 것도 아닌데도 불구하고, 심지어 가진 게 별로 없는 빈민인데도, 자본가에게 고용되어 착취당하는 노동자인데도, 어째서 그들은 화폐와 증식에 대해 부르주아와 동일한 욕망을 갖고 있으며, 부르주아와 동일한 방식으로 사고하고 행동하는**

것일까 하는 문제다. 아마도 이것이 흔히 맑스주의자들이 말하듯이 자본가들이 한줌도 되지 않는데도 불구하고 자본주의 사회가 건재한 이유 아닐까? 착취당하는 노동자나 재산 없는 빈민들이 자본주의의 비판자나 전복자가 아니라 그 지지자로 살아가고 행동하는 이유 아닐까? 이것이 그러한 욕망을 벗어나지 못하는 한, 그러한 욕망을 배태하고 작동시키는 배치에서 벗어나지 못하는 한, 노동자나 빈민도, 우리 자신도 부르주아일 뿐이라는 말의 의미다.

우리는 코뮨주의를 이러한 부르주아적 욕망의 배치, 항상 화폐를 동경하고 화폐화를 욕망하는 욕망의 배치에서 벗어나려는 전략으로 이해한다. 코뮨주의란 이런 욕망의 배치를 넘어선 사회에 대한 희망의 다른 이름이고, 그런 관계를 전복하고자 하는 욕망의 다른 이름이다. 모든 것을 화폐로 치환하려는 욕망에 대한 저항, 화폐화의 강박에 대한 저항, 모든 것을 가치에 따라 교환하고 가치법칙에 비추어 판단하려는 태도에 대한 저항 없이 코뮨주의는 불가능하다. 즉 코뮨주의는 **화폐적 허무주의를 작동시키는 욕망의 배치에 대한 저항**이고, **그것의 외부를 구성하려는 시도다.** 그리고 이런 의미에서 그것은 모든 것을 부정하는 초월적 가치, 초월적 권력에 대한 비판이요, 그것이 야기하는 허무주의의 초극으로서 다시 정의되어야 한다.

자신의 모든 것을 화폐화하려는 욕망이 아니라, 심지어 화폐마저도 반화폐적인 방식으로, 가치법칙에 반하는 방식으로 사용하려는 욕망이 작동하는 배치를 창안하는 것, 돈이 안 되는 것도 충분히 존속할 수 있는 관계를 구성하는 것, 경제적 가치와 무관하게 모든 사물들이 자신에게 주어진 삶을 충분히 지속할 수 있는 새로운 관계를 창출하는 것, 등가성을 평등으로 이해하고 등가성을 조건으로 해서만 교환하거나 소통하는 관계가 아니라 일부러라도 등가성의 원리를 깨면서 소통하고 상호적인 교환의 형식이 아니라 서로가 주고 받는 일방적인 증여의 방식으로 소통하는 관계를 확장하는 것, 그리하여 자기와 타인이 대립되고 자기의 이익과 타인의 이익이 대립되는 게 아니라 그것이 상호의존하며 상생하고 공존하는 세계를 욕망하는 것, 이러한 것들을 통해서 자본주의의 외부를, 화폐적 세계의 외부를 그 안에서조차 구성하는 것. 코뮌주의란 바로 이런 것을 뜻하는 것이어야 하지 않을까?

페르낭 레제(Fernand Léger), 「도시」(La Ville), 1919

도시-기계와 인간-기계 , 혹은 기계-인간과 기계-도시.

5

노동의 기계적 포섭과
기계적 잉여가치 개념에 관하여

1. 산업혁명과 노동

이미 우리는 맑스의 정치경제학 비판이 무엇보다도 우선 정치경제학의 주춧돌인 노동가치론에 대한 비판이라는 점을 주장한 바 있다.[1] 간단히 언급하자면, 노동가치론에 따르면 M-C-M´(M=화폐, C=상품)이라는 자본의 일반적 공식은 상품의 유통과정 안에서 증식의 원천을 발견해야 하지만, 등가교환에 관한 가치론의 공리는 상품의 교환으로 이루어지는 유통과정 안에 그러한 증식이 존재해선 안 됨을 뜻한다. 여기서 맑스는 자본의 일반적 공식이 갖는 이율배반을 찾아낸다. 이는 노동가치론의 공리계 안에서 결정불가능한 명제라는 점에서, 가치론의 공리계에 대한 비판이다.

이런 난점이 가장 극명하게 드러나는 것은 '노동의 가치'라는 개념이었다. 노동이 가치의 기원일 뿐 아니라 그 자체가 가치를 갖는다는 것을 함축하는 이 개념을 비판하는 가운데, 맑스는 노동이란 가치를 갖지 않음을 지적하면서 노동에 관한 새로운 정의를 찾아낸다. 알다시피 노동은 "노동력이라는 상품의 사용가치"란 정의가 그것이다. 이런 개념을 통해 정치경제학자들이 생각한 '노동의 가치'란 자본가 자신이 구매한 노동력을 사용하여 산출한 생산물의 가치라는 것이 분명해진다.

그런데 노동에 관한 이 정의는 노동 자체에 대한 새로운 사유를 함축하고 있는 것이었다. 노동이란 '인간의 합목적적 활동'이라는 헤겔식의 인간학적 정의를 끌어들이지 않더라도, 통상 노동이란 '노동자의 활동'으로 간주된다. 이는 매우 자연스럽고 상식적인 타당성을 갖는다. 노동과정이란 바로 그런 노동자의 활동과정을 뜻하며, 따라서 그 자체로는 가치증식과정과 구별되는 것으로 간주된다.

그렇지만 노동이 노동력이란 상품의 사용가치라는 정의는 이러한 통상적 노동 개념과 완전히 다른 종류의 정의라고 할 수 있다. 노동이 노동력의 사용가치라면, 노동과정이란 그것을 구매한 자본가가 노동력을 사용하는 과정을 의미한다. 이 경우 노동은 노동자의 활동일 뿐만 아니라 노동력을 사용하는 자본가의 활동이다.

노동에 대한 앞의 정의가 노동자 입장에서 상식적이고 '자연적인' 판단에 따른 것이라면, 맑스가 새로이 찾아낸 노동의 정의는 자본과의 관계에서 발생하는 '사회적인' 본질을 지적하는 것이다. 아마도 맑스라면 이렇게 말하고 싶었을지도 모른다. "활동은 활동이다. 특정한 관계속에서만 그것은 노동이 된다." 즉 자본주의라는 특정한 관계하에서 '노동자의 활동'은 '노동력 상품의 사용'(=노동)이 된다고.

서로 상반되는 이러한 정의는 어느 하나가 다른 하나를 배제하는 것이라기보다는, 노동이나 노동과정 자체에 함축된 적대성을 표현하는 것이라고 해야 한다. 자본가가 노동력 상품을 사용하고자 하지만, 그것은 노동을 하는 노동자의 활동을 통해서고, 반대로 **노동자의** 활동은 자본가에 고용된 한 **자본가의** 의지에 따라야 함을 의미하기 때문이다. 이런 의미에서 노동에 대한 이러한 정의는 자본주의에서는 **'노동' 자체가** 항상-이미 계급적 적대성을 내포하고 있음을, 다시 말해 노동과정 자체가 두 개의 적대적인 의미가 항상-이미 대립하는 계급투쟁 과정임을 의미한다. 이로 인해 자본가는 노동자의 '활동' 을 착취하고자 하지만, 동시에 '노동자' 의 활동이란 성격을 노동 자체에서 배제하고자 하는 이율배반적 욕망을 갖게 된다. 이러한 욕망은 노동자의 활동을 자본 자신이 장악하려는 양상으로 펼쳐지게 된다. 이를 맑스는 '자본에 의한 노동의 포섭' 이라고 명명했다. 노동은 자본에 포섭되는 정도만큼 자본의 일부(가변자본)가 된다. 그는 『자본』 I권에서 이러한 포섭의 역사적 양상을 보여준다.

자본주의의 전반기(前半期)에 자본은 노동력을 자신의 지휘 아래, 자신의 의지 아래 복속시키지만, "노동과정, 실제 생산과정의 현실적 방법에 처음부터 본질적인 변경이 일어나지는 않는다. 반대로 자본에 의한 노동과정의 포섭은 기존의 노동과정 ── 그 포섭 이전에 존재했던 과거의 다양한 생산과정과 여타 생산조건에 기초해서 형성되었던 ──에 기초해서 이루어"진다. 즉 자본은 노동과정을 포섭하지만, 주어진 노동방식에 따라 포섭할 수 있을 뿐이다. 자본은 자신의 의지에 따라 노동과정을 변경하려 하지만, 그것은 "이러한 포섭이 이루어진 뒤에 나타나는 점진적 결과로서만" 가능할 뿐이다.[2]

자본이 노동을 형식적으로 포섭한 조건에서 자본은 노동력의 구체적인 사용 양상을 장악하고 사용할 수 없으며 다만 노동의 결과물만을 자신의 소유로 영유할 수 있을 뿐이다. 이런 의미에서 자본에 의한 노동력의 사용은 형식적으로만 자본에 의해 장악되어 있을 뿐이다. 그래서 이러한 포섭을 자본에 의한 노동의 '형식적 포섭'이라고 부른다.[3] 이러한 조건에서 잉여가치의 생산은 단지 노동시간의 연장에 의해서만 발생할 수 있고, 그것에 의해서만 확장될 수 있다. 이처럼 노동시간의 절대적 길이를 연장함으로써 발생하는 잉여가치를 '절대적 잉여가치'라고 부른다.[4]

　여기서 자본과 노동자의 계급투쟁은 처음부터 시간을 둘러싼 투쟁의 양상을 취하게 된다. 대립과 적대는 노동력을 사용하는 시간 자체가 자본가와 노동자에게 동시에 속해 있다는 이율배반적 사태에 기인한다. 아마도 노동시간의 연장이 거의 유일한 착취방법이었던 시기에 그 대립의 처절함을 상상할지도 모른다. 그러나 사태는 결코 그렇지 않았다. 14세기부터 18세기 중엽까지, 다시 말해 산업혁명으로 인해 노동방식 자체가 근본적으로 바뀌기 이전까지 영국의 노동법규는 노동일을 강제로 연장하는 것을 주된 내용으로 하고 있었다. 이는 노동일의 제한과 축소를 목표로 하는 19세기 이래의 노동법들과 정반대 양상을 보여준다. 왜 그랬을까? 자본가의 욕망도 모자라 국가적 법률로 노동시간을 더 연장했던 것일까?

　그러나 이는 역으로 자본가가 법적 규제가 없이는 자신의 욕망을 노동자들에게 관철시킬 실질적 능력이 부족했다는 사실을 보여주는 것이다. 다시 말해 이 시기에 자본가들은 노동자들의 노동 자체를 자신의 뜻대로 장악하고 통제할 능력이 없었다. 노동은 노동력의 사용이지만 그것은 노동하는 노동자의 의지와 능력, 노동방법에 따른 것이었기에,

자본가는 '게으름'과 '태업' 혹은 자의적인 휴식과 중단 등에 대해 실질적으로 대응할 방법이 없었던 것이다. 게다가 일을 끝내는 시간조차 완전히 장악하지 못했다. 퇴근하지 못하게 잡아두는 것조차 쉽지 않았던 것이다. 톰슨(E. P. Thompson)은 18세기에 이르기까지 노동생활이 얼마나 '제멋대로'였는지를 보여준다. 이 시기 노동은 자본가가 부여한 과업을 각자가 알아서 완수하는 방식으로 행해졌는데, 노동자가 자신의 노동생활을 조절할 수 있었기 때문에 "사람들의 생활은 한바탕 일하고 한바탕 노는 것의 반복"이었다. 이 경우 화폐적 유인책도 별로 소용이 없었는데, 왜냐하면 사람들은 일을 해서 돈을 벌면 그것이 다 떨어질 때까지는 노동보다는 노는 데 더 관심을 갖고 있었기 때문이다. 노동자들의 하루나 주중 노동시간은 매우 불규칙했고, 관습적인 축제와 철야에서 벗어나지 못했다.[5]

따라서 "자본은 노동자의 불복종행위와 끊임없이 싸우지 않으면 안 되었고" 그렇기에 노동자의 규율 부재에 대한 자본가의 불평은 18세기 후반에 이르기까지 그치지 않는다.[6] 따라서 노동일을 강제로 연장하려는 노동법규들은 국가적 법을 이용해서라도 노동시간을 확보하려는, 자신만의 개별적인 힘으론 노동자들을 장악할 수 없었던 시기의 자본가들의 한계를 보여주는 것이다. 따라서 '노동의 형식적 포섭'이란 노동과의 계급투쟁에서 자본의 권력의 형식적 우위만을 보여줄 뿐이며, 절대적 잉여가치란 일차적으로 그런 상황의 다른 표현이다.

반면 19세기에 이르면서 사태는 근본적으로 달라진다. 산업혁명으로 인해 개별 노동에 고유한 기능이 기계로 이전되었고, 숙련은 해체되어 기계적인 동작의 집합이 되었다. 이로써 노동과정은 노동자 자신의 의지에 따른 활동에서 자본가에 의한 노동력의 사용으로 실질적으로 변환된다. 자본이 노동 자체를 실질적으로 장악하게 된 것이다. 알다시피 이를 맑스는 '자본에 의한 노동의 실질적 포섭'이라고 명명했다. 이제 자본가들은 기계의 운동을 장악함으로써 노동의 리듬을 실질적으로 장악할 수 있게 되었다.

그런데 아이러니한 것은 바로 이러한 조건이 성립되면서, 잉여가치의 중요한 형태가 절대적 잉여가치에서 상대적 잉여가치로 이전되었지만, 노동시간은 거꾸로 절대적 잉여가치가 지배적이던 시기보다 훨씬 더 연장되어 노동자의 생존 자체를 위협하는 수준으로까지 확대되었다는 것이다. 이는 자본이 노동력의 사용과정 자체를 실질적으로 장악함으로써 가능해진 것이다. 이러한 노동시간의 연장은 법적인 형식의 지원 없이 자본가 개개인에 의해 충분히 가능한 것이 되었다. 이는 계급투쟁으로서 노동 내지 노동과정 자체에서 자본가가 결정적인 우위를 점하게 되었음을 의미한다. 이제는 반대로 노동자들이 노동시간을 제한하기 위해 법의 힘을 빌리게 된다. 표준노동일의 제한을 위한 운동이 시작된다.

요컨대 산업혁명을 계기로 한 노동방식의 급격한 전환과 기계의 적극적 도입은 그 자체로 노동을 자본의 손아귀에 실질적으로 장악하고 포섭하는 결과를 낳았다. 이것이 기계의 도입을 통해 생산성 상승을 추구하는 소위 '내포적 생산'의 시작이다. 내포적 생산은 노동시간을 제한하는 노동자 투쟁에 대한 대응이 아니라, 반대로 **노동시간의 극한적 연장을 가능하게 했던 조건**이었다. 19세기에 진행된 노동시간 제한을 위한 투쟁이야말로 그에 대한 노동자계급의 저항이었던 것이다.

이는 이른바 '**산업혁명**'이 기계의 우연적인 발명에 따른 기술적 과정이 아니라, 처음부터 노동과정을 겨냥한, 노동과정을 장악한 숙련 자체를 겨냥한 **계급투쟁이었다는 것**을 보여준다. 가령 영국에서는 도제들의 수업기간을 7년으로 규정한 '도제법'이 있었는데, 이는 산업혁명 이후에야 비로소 철폐된다.[7] 요컨대 산업혁명에 따른 대공업의 시대에 이르러서야 비로소 자본은 노동자들의 노동시간 전체를, 노동력의 사용과정 자체를 자신의 것으로 만드는 데 성공했다는 것이다. 기계와 공장의 출현이, "아크라이트가 질서를 창조"하였던 것이다.[8]

맑스는 흔히 '숙련의 해체'라고 불리는 이러한 과정이 도제수업을 통해 전해지던 비기(秘技)가 탈코드화되는 과정일 뿐 아니라, 노동자의 활동이 기계론적(mechanic)이고 역학적(力學的)인 동작으로 변형되는 과정임을 보여준다.[9] 육체노동의 기계화와 동시에 진행된 이러한 육체노동의 역학적 탈코드화는 후일 테일러(F. Taylor)와 그의 제자 길브레스(F. Gilbreth)에 의해 극적인 형태로 이론화된다.

이러한 과정에서 우리는 **노동자의 활동을 노동자의 의지로부터, 간단히 말해 노동을 노동자로부터 분리하려는 경향**을 확인하게 된다. 노동자의 활동을 착취해야 하지만, 그것을 장악하기 위해 노동자로부터 그것을 분리하려는 경향, 이것이 바로 맑스가 실질적 포섭이라고 불렀던 과정의 중심에 자리잡고 있는 것이며, 노동 자체에 함축되어 있는 적대성이 펼쳐지는 중요한 양상인 것이다.

2. 기계화의 세 가지 계기

산업혁명 이후 노동을 노동자에게서 분리하여 자본가 자신의 손에 장악하려는 시도는 계속 진전되어왔다. 테일러와 길브레스에 의한 이른바 '과학적 관리'나 그에서 연원하는 인체공학의 발전은 이러한 시도의 핵심에 도달함으로써 그 본연의 전략을 드러낸 것인 동시에, 그러한 전략을 추상화하여 완성했다고도 말할 수 있을 것이다. 이를 '육체노동의 기계화'라고 부르자. 이는 다양한 육체적 동작을 역학적 수단을 통해 분석하여 표준화된 요소동작으로 분해하는 것이었다. 길브레스가 자신의 이름 철자를 거꾸로 써서 명명한 '서블릭'(therblig)은, 그 개념의 기원이 되었던 블록 쌓는 작업뿐만 아니라 다른 수많은 작업들을 구성하는 단위가 되었다.[10] 이는 육체노동의 일종의 '원소'라고 할 수 있는 것이었던 셈이다.

이로써 그들은 노동이 갖는 질적인 측면 ── 맑스가 구체적 유용노동이라고 불렀던 ── 을 추상하였고, 노동자 개인의 고유한 특이성을 제거하여 표준화함으로써 누구나, 또 어떤 노동에나 적용가능한 비개인적 동작으로 만들었다. 나아가 그것은 육체노동을 인간 아닌 기계 자체에 의해 수행될 수 있는 것으로 만들었다. 아니, 그것은 육체노동을 노동자보다 차라리 기계에 의해 정확하게 반복하여 수행될 수 있는 것으로 변형시켰다. 이런 점에서 육체노동의 기계화란 육체노동을 노동자로부터 분리하는 과정이었고, 육체노동을 기계로 대체하는 과정이기도 했다. 그것은 산업혁명 이래 시작된 일련의 과정의 한 끝이었음은 분명하다. 그것은 노동을 노동자에게서 분리하려는 다른 과정에 중요한 물리적 기초를 제공한 것이었음 또한 분명하다. 그렇지만 그 자체로 새로운 변환이 시작된 지점이라고 할 수는 없는 것이었다.

한편 1870년대경부터 미국의 도살장 등에서 사용되던 것을 포드가 전면적으로 채택하여 공장의 중심으로 끌어들인 어셈블리 라인은[11] 개별적인 육체노동의 기계화와 다른 차원에서 분할된 노동을 결합시키는 '결합노동의 기계화'를 위한 시도였다는 점에서, 테일러와 길브레스의 그것과는 구별되는 고유한 위상을 갖는다.[12] 분할된 노동을 연결하고 결합하는 수단을 기계화함으로써 자본가는 결합노동의 속도와 리듬을 장악할 수 있었고, 이를 통해 노동 전체의 리듬을 자신의 손아귀에 쥐게 된다. 컨베이어 벨트로 표상되는 이러한 장치를 통해 자본가는 물리적인 사물의 흐름을 통해 육체노동의 결합을 기계화할 수 있었다.

새로운 변화는 흔히들 지적하듯이 1970년대 들어와 현실적으로 본격화되기 시작했다. 이는 표면적으로는 일련의 복합적인 요소들로 이루어져 있어서, 어떤 경우에는 컴퓨터의 발전을 들기도 하고, 그것의 소재를 제공한 반도체 혁명 내지 극소전자기술 혁명을 들기도 하며, 그것의 이론적 지반을 제공한 인공두뇌학(cybernetics)을[13] 통해 이해하기도 하고, 그러한 '혁명'의 구체적 양상을 따라 '자동화'라는[14] 이름으로 부르기도 한다. 혹은 이와 약간 다른 측면에서 정보 혁명이나[15] 디지털 혁명이라고[16] 불리기도 한다.

기술적 기원을 따진다고 하면, 컴퓨터의 발달에 강조점을 두는 경우에는 배비지(Ch. Babbage)와 파스칼(B. Pascal)까지 거슬러 올라가기도 하고, 디지털의 수학적 형식을 강조하는 경우엔 폰 노이만(J. von Neumann)이나 불(G. Bool)로 거슬러 올라가기도 하며, 인공두뇌학을 강조하는 경우 위너(N. Wiener)로 거슬러가기도 하지만, 이러한 '혁명적' 기술이 현실적인 장비로 채택되어 생산과정에 본격적으로 도입된 것이 70년대 초라고 하는 데는 대체로 일치한다. 그리고 포드주의적 체제 아래서 노동자계급의 조직과 노동과정에 대한 영향력이 공장 규모의 성장과 비례하여 증가했다는 요인이, 물론 다른 여러 가지 요인과 더불어, 이러한 새로운 '산업혁명'을 현실화하도록 촉진시켰다는 것도 널리 지적되고 있는 사실이다.

우리는 이 '새로운 산업혁명'을 통해 육체노동에 이어서 인간의 다른 요소들을 기계화하려는 시도를 발견할 수 있다. 그렇지만 여기서 두 가지 상이한 요소를 구별하지 않으면 안 된다. 하나는 인공두뇌학과 극소전자기술이고, 다른 하나는 그것의 결합으로서 컴퓨터의 발전이다. 우리는 전자를 '정신노동의 기계화'라고 명명할 것이다. 후자는 '결합노동의 기계화'라고 명명할 수 있는 것인데, 이는 통상 '정보화'라고 불리는 과정으로 진행되지만 네트워크의 발전이라는 측면을 통해서 정신노동의 기계화와 개념적으로 좀더 뚜렷하게 구별될 수 있다.

1820년대 찰스 배비지는 현재 컴퓨터 기술의 기초가 되었던 컴퓨터 개념과 기본적인 구조를 설계했지만, 이것이 실제로 제작되었던 것은 제2차 세계대전 당시 암호 해독을 둘러싼 영국과 독일의 경쟁 속에서였다. 일찍이 '튜링-기계'(Turing-Machine)의 개념을 창안했던 수학자 튜링(A. Turing)은, 슈르비우스(A. Schrbius)가 발명했고 독일군이 발전시켜 사용했던 암호기계 에니그마(enigma)의 암호화 세팅을 찾아내는 과정에서 크립(crib), 루프(loop)라는 개념을 이용해 전기적으로 연결되어 작동하는 수학적 기계를 창안했다. 아그네스라는 이름으로 불린 이 기계는 수학적 문제를 기계적인 작동을 통해 풀었다는 점에서, 배비지의 구상을 구현한 최초의 컴퓨터였다.[17] 이와 별도로 독일인 토목기사 추제(K. Zuse)는 1941년, Z-3라는 이름의 프로그램 가능한 최초의 컴퓨터를 만들었다. 하지만 이는 양측 모두에게서 주목받지 못했고, 대신 1944년 하버드대학과 IBM이 만든 Mark-I이 최초의 범용(프로그램 가능한) 컴퓨터라는 명칭을 부여받았다(혹은 1946년의 에니악이 최초의 컴퓨터로 간주되기도 한다).

이후 컴퓨터의 발전은 트랜지스터와 집적회로의 발명, 그리고 마이크로 프로세서의 발전에 따라 가속적인 속도로 진행되었다. 1970년대 이래 이러한 가속적 성장은 18개월마다 하나의 집적회로(IC) 속에 들어가는 트랜지스터의 수가 두 배로 증가한다는 '무어의 법칙'으로 표현된다. 이미 개인용 컴퓨터가 없는 곳을 찾기 힘들 정도로 보급되었고, 신경망 컴퓨터나 양자 컴퓨터와 같이 새로운 개념의 컴퓨터가 만들어지고 있다.

알다시피 '인공지능'이란 개념이 사용되기 시작한 것은 이러한 컴퓨터의 발전과 결부되어 있다. 그 단어가 사용된 것은 1950년대 중반이고, 인공두뇌학이 발전하기 시작한 것도 그 무렵이지만, 튜링은 '튜링-기계' 개념을 창안했던 1930년대 중반에 이미 컴퓨터의 본질이 아주 단순한 이론적 기계를 모델로 한다고 주장했다. 즉 통상 '계산'이나 '연산'이라고 불리는 정신적 사고과정을 7가지의 기계적 연산으로* 환원할 수 있다는 것이다.

또한 튜링은 아무리 복잡한 문제라도 다른 기계로 계산할 수 있는 것은 튜링-기계로 풀 수 있음을 입증했다. 이는 튜링-기계로 풀 수 없는 문제는 다른 기계로도 풀 수 없음을 의미하는 것이기도 하다. 나아가 그는 컴퓨터의 연산과정과 인간 두뇌의 사고과정이 본질적으로 유사하다고 주장했다. 물론 이는 산술적이거나 논리적인 계산에 한정되는 것이지만, 적어도 그러한 영역에서는 "튜링-기계로 풀 수 없는 문제는 인간의 사고로도 풀 수 없다"는 명제를 제시했다.[18]

이를 입증하기라도 하듯, 1950년대 인공지능연구가인 뉴얼(A.

---

*7가지 연산은 다음과 같다. "테이프를 읽어라./ 테이프를 한 글자 왼쪽으로 옮겨라./ 테이프를 한 글자 오른쪽으로 옮겨라./ 테이프에 0을 써라./ 테이프에 1을 써라./ 다른 명령으로 넘어가라./ 멈추어라."(레이 커즈와일, 『21세기 호모 사피엔스』, p.423)

Newell)과 사이먼(H. Simon)은 재귀적 방법을 이용해 수학문제를 푸는 프로그램을 만들어냈고, 이는 러셀과 화이트헤드의 유명한 책『수학원리』(Pricipia Mathematica)에 나오는 중요한 정리들을 증명했을 뿐 아니라 이전에는 증명되지 않았던 정리 또한 독창적으로 증명했다.[19]

인공두뇌학이나 인공지능의 개념이 기계적인 장치를 통해 급속하게 발전할 수 있었던 것은 이러한 계산과정의 유사성 때문일 것이다. 이런 점에서 컴퓨터의 발전으로 통합되며 진행되었던 인공두뇌학과 마이크로 프로세서의 발전은 인간의 정신적 활동이, 적어도 그것이 수학적으로 변형될 수 있는 것이라면 기계화될 수 있음을 보여주었다고 할 수 있다. 다른 한편 센서기술의 발달은 인간의 감각적 지각이 수행하는 '종합활동'을 기계화할 수 있는 가능성을 현실화하였으며, 저장기술의 발달은 기억의 기능을, 그것도 아주 탁월한 정도로 대신할 수 있는 조건을 마련했다. 칸트가 감성(Sinnlichkeit)과 지성(Verstand) 및 이성(Vernunft)에서 발견했던 '선험적 종합능력'을 이제는 컴퓨터와 통합된 모든 기계들에서 발견해야 하게 된 것이다.

분명한 것은 이런 컴퓨터기술의 발전을 통해서 인간에게만 고유한 것으로 간주되던 정신활동 내지 정신노동이 기계화될 수 있게 되었다는 사실이다. 앞서 18세기의 산업혁명이 육체노동을 기계화하는 것이었다고 한다면, 이 새로운 종류의 '산업혁명'은 정신노동 내지 지식노동을 기계화하는 것이라고 해도 좋을 것이다. 이런 의미에서 앞서의 기계화가 육체노동의 역학적 탈코드화(mechanical decoding)였다면, 이러한 기계화는 정신노동을 인공두뇌학적으로 탈코드화(cybernetical decoding)한 것이었다고 말할 수 있지 않을까? 앞의 것이 육체노동과 기계적 작동의 변환 대체 가능성을 확보하는 것이었다면, 이번의 것은 정신노동과 기계적 작동의 변환 대체 가능성을 확보하기 위한 것이었다고 말할 수 있지 않을까? 튜링-기계는 이러한 탈코드화의 양상을 집약한 일종의 '추상기계'라고 할 수 있을 것이다.

다른 한편 이미 포드의 이름으로 표상되는 어셈블리 라인에서 시작되었던 결합노동의 기계화는 네트워크의 발전을 통해서 새로운 차원으로 확장되었다. 어셈블리 라인이 사물들의 물리적인 흐름을 기계화함으로써 결합노동을 기계화하는 것이었다면, 전기나 전파를 통해서 수행되는 전자기적 네트워크는 소리나 문자, 정보는 물론 전기적 신호로 변형가능한 모든 비물질적인 것의 흐름을 기계화함으로써 결합노동의 범위를 비물질적인 모든 것으로 확장했다.

이러한 전자기적인 전송형식의 네트워크는 소급해가자면 전화나 전신의 발명으로 다시 거슬러 올라가겠지만, 아마도 결합노동의 일반적 수단으로 사용된 것은 은행을 필두로 하여 사무자동화가 본격적으로 추진되었던 1970년대였다고 할 것이다. 물론 전화나 전신, 라디오나 TV처럼 전자기적인 전송수단이 이미 20세기 전반기부터 사용되기 시작했고 급속도로 발전했지만, 그것이 라디오나 TV, 팩스처럼 단지 일방적인 전송에 머무는 한 그것은 결합노동을 부분적으로 보조하는 수단은 될지언정 결합노동을 기계화하는 일반적인 수단이 될 수는 없었다. 또한 전화처럼 양방향성이 있는 경우에도 전송된 것이 전송된 순간 소멸된다면, 그것은 별도의 기록이나 입력 없이는 전달된 메시지나 정보를 직접 가공할 수 없다는 점에서 결합노동을 기계화했다고 하기엔 부족한 것이었다.

이런 점에서 네트워크가 일반적인 의미에서 결합노동의 기계화를 수행하기 위해서는 전송의 일방성을 극복해야 할 뿐 아니라, 전송된 것을 그대로 가공할 수 있는 기록형식이 필요하며, 나아가 글씨와 소리·그림 등과 같은 이질적인 형태의 재료를 모두 다 수용하여 전송할 수 있는 일반적 표현형식이 필요하다. 더불어 전송된 것을 망실하지 않고 저장할 수 있어야 하며, 전송된 것의 통합적인 일괄처리가 가능해야 한다. 알다시피 컴퓨터의 발전과 보급이 이러한 처리와 저장의 조건을 제공했고, 컴퓨터에서 처리하기 위한 탈코드화/재코드화의 형식으로서의 디지털은 이질적인 형태의 정보를 하나로 동질화하여 일괄처리할 수 있는 표현형식을 제공했다. 이런 의미에서 '네트워크의 디지털화'는 바로 결합노동의 일반적인 기계화를 가능하게 하는 조건이었다고 할 수 있을 것이다.

정신노동을 기계화하기 위한 인공두뇌학적 탈코드화는 논리적 추론이나 계산은 물론 음성정보나 시각정보 등을 이진수로 변환시켜야 한다. 이를 위해선 일단 연속적인 변화의 흐름(아날로그)을 짧은 길이로 절단하여야 하며, 절단된 각각의 부분을 일정한 파라메터를 따라 이진수로 코드화해야 한다. 이를 디지털화한다고 말한다. 가령 CD의 경우 음성정보를 초당 44,100번 절단하여, 절단된 각각의 소리를 음향학적 파라메터를 따라 이진수로 코드화한다.

이는 모든 정신적 프로세스가 빛의 유무로 치환가능한 0과 1 두 숫자의 집합으로 초코드화(overcoding)되는 것을 뜻하지만, 그것은 동시에 정신적인 영역의 모든 이질성이 동질적인 수로 변환되는 탈코드화(decoding)를 수반하는 것이기도 하다. 이는 상이한 질의 활동이 서로 교환되거나 섞일 수 있는, 반대로 분리되거나 치환될 수 있는 가능성을 함축하는 것이다. 다시 말해 디지털화에 의한 초코드화로 인해 상이한 질과 형식을 갖는 모든 비물질적 요소들은 이진수라는 동질적인 형식으로 변환되기에, 한꺼번에 일괄처리하고 통합적으로 관리할 수 있는 정보들로 변환된다.

따라서 디지털화된 정보는 전달된 것 그대로 다른 것들과 혼합되거나 변형되어 일괄처리 될 수 있으며, 따로 입력하거나 형태를 바꿀 필요 없이 그대로 사용될 수 있다. 즉 네트워크만 연결되어 있다면 멀리 떨어진 곳에서도 기계의 작동에 필요한 정보든, 기존의 입력된 사항을 변형시키는 정보든 직접 입력되고 변형되고 가공된다. 이로 인해 네트워크로 연결된 모든 지점이 결합된 활동이나 결합노동을 할 수 있게 되며, 분리된 지점에서 수행하는 활동이 네트워크가 존재한다는 조건만으로 직접적으로 결합될 수 있게 된다. 가령 다른 사람들이 연주하거나 녹음한 것을 샘플링하여 사용하거나, 아니면 주파수변조를 통해 변형시켜 사용하는 경우가 그렇다. 혹은 좀더 간단하고 통상적인 경우를 보자면, 인터넷으로 상품을 주문받는 경우, 주문받은 것을 다시 주문장에 쓸 필요가 없으며, 구매자가 입력한 것이 그 자체로 주문장이 된다.

1970년대 이래 디지털화와 결합된 네트워크가 결합노동을 기계화할 수 있는 일반적 수단으로 급속히 발전한다. 공장이나 사무실 등의 일정한 영역 안에서 비물질적 요소의 흐름을 전송하는 구내정보통신망(LAN)이나 공장과 창고, 영업소와 도매상, 소매상 등 자본의 순환과정 전체와 결부된 모든 지점들을 하나로 연결하여 생산과 소비, 판매와 구매, 영업과 관리 등의 제반 활동을 하나로 결합하는 부가가치통신망(VAN), 여기에 금융과 가정까지 연결하는 고도정보통신 시스템(INS) 등이 그것이다. 또한 컴퓨터 간 통신규약의 통합이 진전되었고, 1990년대 들어와 인터넷이 일반용으로 사용되기 시작하면서, 상이한 컴퓨터 네트워크 간 접속과 통신이 가능해졌다. 이로 인해 이제는 컴퓨터가 있는 곳이라면 지구상의 모든 지점이 다른 어떤 지점과도 연결하여 통신할 수 있는 조건이 현실화되었다.

이는 결합노동이 가능한 범위가 지구 전체로 확장되었다는 것을 의미하는 것이기도 하며, 결합노동의 외연이 예전과 달리 단지 분할된 업무간의 명시적인 연결이 아니라 소비자의 행위까지 포함하는 일상적인 영역으로까지 확장되었음을 의미하는 것이기도 하다. 이처럼 디지털화된 네트워크를 통한 결합노동의 기계화는 디지털화를 수반하는 정신노동의 기계화와 밀접하게 결부된 것이지만, 상이한 영역에 속한 활동을 결합하는 기계적 조건을 확보한 것이란 점에서 정신노동의 기계화와는 구별되는 계기를 갖는다. 그래서 이를 '정보화' 라는 이름 아래 양자를 뒤섞어 하나로 다루기보다는, '정신노동의 기계화' 와 구별하여 '결합노동의 기계화' 라는 이름으로 개념화할 것이다.

3. 자동화와 정보화

지금까지 살펴본 '육체노동의 기계화' 와 '정신노동의 기계화', '결합노동의 기계화' 는 인간의 노동을 기계화하는 세 가지 계기라고 말할 수 있을 것이다. 18세기 초에 시작된 새로운 기계의 발명에서 시작하여 18세기 말 이래 본격화된 산업혁명을 거쳐 테일러와 길브레스 혹은 포드체제에 이르기까지, '기계화' 는 무엇보다 우선 육체노동의 기계화와 그것의 결합에 국한되어 있었다. 반면 1930~40년대에 이론적으로 준비되기 시작하여 1970년대 들어와 현실적으로 급속하게 확산되기 시작한 다양한 명칭의 새로운 '산업혁명' 은 정신노동의 기계화와 결합노동의 기계화를 추진함으로써 인간의 노동을 기계화하기 위한 또 하나의 결정적인 문턱을 넘어섰다고 할 것이다. 1970년대 이래의 새로운 '산업 혁명'에 대해, 디지털이 그 두 가지 계기 모두에 공통된 표현형식을 제공했다는 점에서 기계적인 대공업의 발전으로 특징지어지는 '산업(공업)혁명'과 구별해 잠정적으로 '디지털 혁명'이라고 부를 수도 있을 것이다.

이러한 세 가지 계기의 구별 위에서 우리는 현재의 노동이 수행되는 새로운 양상을 포착하기 위해, 가장 빈번하게 언급되고 중요하다고 간주되는 '자동화'와 '정보화'에 대해, 대체 그것을 통해서 어떤 일이 일어나고 있는 것인지 좀더 면밀하게 검토할 필요가 있다.

노동을 기계화하는 세 가지 계기가 대개는 뒤섞여 진행되기 때문에, 자동화를 규명하려는 사람이나 정보화를 규명하려는 사람이나 그 각각을 세 가지 요소를 모두 포괄하는 넓은 개념으로 정의하는 경우가 많다. 그렇지만 자동화가 네트워크의 발전을 포함하는 경우가 많고, 정보화가 자동화를 수반하는 경우가 많다고 해도 양자는 분명 다른 사태를 겨냥한 개념이다. 가령 자동화의 사례로 언급되는 수치제어공작기계나 로봇은 정보적 성분을 포함하고 있다고 해도 "가공의 재료와 결과가 모두 정보"라는* 의미에서의 정보화만으로는 설명하기 곤란한 경우다. 반대로 자동화는 일차적으로 공장자동화를 지칭하며,** 그런 한에

---

* 카스텔(M. Castells)은 정보 혁명을 정의하는 핵심 기술이 '정보 가공'이라고 하는데, 이를 "가공의 원료와 결과가 모두 정보"(마뉴엘 카스텔, 『정보도시』, p. 31)인 것을 특징으로 한다고 한다. 그러나 수치제어공작기계처럼 가공과정에 정보적 성분이 사용되지만 원료와 결과는 물리적인 경우 이러한 개념에 부합하지 않는다. 이런 점에서 '정보의 가공'과 '정보적인 가공'은 구별될 필요가 있다.

** 사무자동화 또한 자동화의 중요한 하나의 영역이지만, 사무노동의 경우엔 그것이 이미 육체노동에서 분리되어 탈물화되어 있다는 점에서 육체노동의 기계화와 정신노동의 기계화의 접합보다는 정신노동의 기계화와 결합노동의 기계화에 더 가까이 있는 것으로 보인다.

서 네트워크의 발전을 포함하지만, 가령 인터넷을 이용하는 것 자체를 자동화라고 하지는 않는다.

약간의 위험을 무릅쓰고 도식화하여 구별하자면, 자동화가 일차적으로 앞서 말한 것 가운데 앞의 두 가지, 즉 육체노동의 기계화와 정신노동의 기계화를 접합함으로써 가능하게 된다면, 정보화는 일차적으로 뒤의 두 가지, 즉 정신노동의 기계화와 결합노동의 기계화를 접합함으로써 가능하게 된다고 할 수 있다.

자동화는 정보적 가공을 포함하지만, 일차적으로는 기계화된 동작에 피드백이나 재귀적 처리를 포함하는 일련의 사이버네틱 프로세스를 결합해 '노동자 없는 노동'을 기계로 수행하게 하는 것을 겨냥하고 있다. 여기서 자동화의 영역은 일차적으로 개별적인 노동을 대체하는 것이며, 직접적인 가공대상이나 그 결과는 모두 물리적인 재료들이다. 이 경우 수치제어기계를 사용하든 로봇을 사용하든 결합노동은 이전과 같이 컨베이어 벨트와 같은 물리적-기계적인 수단을 통해 이루어진다.

자동화란 노동을 노동자로부터 분리하려는 경향이 정신노동으로까지 확대된 것이다. 이로써 전통적인 관념에서 노동이나 '생산적 노동'이 수행하던 역할이 기계의 작동으로, 기계의 '노동력'의 사용으로 이전된다. 이제 노동은 노동자의 활동이라는 정의로부터 거의 벗어나서 자본가의 손에 전적으로 장악되고 포섭된다. 이런 의미에서 자동화는 노동자들의 육체적인 활동능력뿐만 아니라 정신적인 활동능력을 기계화함으로써 노동과정에서 노동자 자신을 분리하며, '노동자 없는 노동'이라는 자본가의 이율배반적 욕망을 '의지 없는 노동자'를 통해 실현하는 것처럼 보인다. 즉 자동화는 노동자로부터 그들의 지적·정신적 능력을 분리하여 노동자 없이 그 활동능력 자체를 착취하려는 자본의 전략적 배치 안에 있다. 요컨대 자동화란 탈노동화·탈인간화 형태로 진행되는 **활동능력 자체의 착취**를 함축하며, 활동능력 자체를 가치화하는 것이다.

따라서 산업혁명을 통해서 진행된 육체노동의 기계화가 자본에 의해 노동이 실질적으로 포섭되는 과정을 뜻하는 것이었다면, 육체적 및 정신적 활동능력 자체를 기계화함으로써 노동 없이도 활동능력 자체를 착취하는 이러한 양상은 자본에 의해 노동이 기계적으로 포섭되는 과정이라고 말할 수 있을 것이다. 이를 맑스의 전례를 따라 자본에 의한 '노동의 기계적 포섭'이라고 명명할 수 있지 않을까? 그리고 노동의 실질적 포섭을 통해 자본이 새로운 방식으로 착취하게 된 잉여가치를 '상대적 잉여가치'라고 한다면, 이처럼 노동의 기계적 포섭을 통해 자본이 새로이 착취하게 된 잉여가치를 '기계적 잉여가치'라고 명명할 수 있지 않을까? 단, 여기서 '기계적'이란 말이 생명과 기계, 인간과 기계의 이분법을 따라 펼쳐졌던 18~19세기의 기계론(mechanics)이 아니라, 인간과 기계의 경계가 모호해지고 인간과 생명의 이분법을 벗어나서 일반화된 기계주의(generalized machinism)의 관점에서[20] 사용되는 형용사(machinique)임을 단서로 달아두자.

정보화는 자동화와 달리 일단 비물질적인 대상을 비물질적인 방식으로 가공한다. 정보화되는 것은 그것이 애초에 물질적인 것이라도 탈물질화된다. 물론 그것은 오프라인에서의 물질의 이동이나 변환을 수반하는 경우가 많지만, 그것이 정보화의 전제조건은 아니며, 또 반드시 수반되어야 하는 것도 아니다. 정보화는 말 그대로 정보적 가공을 뜻하는 비물질적 과정이다. 따라서 자동화가 물질적인 것에서 시작하여 비물질적 프로세스를 통과하여 다시 물질적인 것으로 돌아간다면, 정보화는 물질적인 것의 표면에서 발생하며 비물질성의 영역에 머문다. 이런 점에서 자동화와 정보화는, 비록 스피노자 식의 구별과 정확하게 일치하는 건 아니지만 그의 어법을 빌려 말하자면, "속성을 달리 하는" 근본적으로 상이한 과정이라고 할 수 있다.

이미 말했듯이 정보화는 일차적으로 정신노동의 기계화와 결합노동의 기계화의 접합을 통해 정의된다. 그 두 가지 계기의 통합을 디지털이라는 공통된 표현형식(form of expression)이 담당하고 있었다면, 자동화는 운동에너지로 전환가능한 전자기적 에너지라는 공통된 질료(matter)를 통해 기계화된 육체노동과 기계화된 정신노동이라는 두 가지 계기를 통합한다는 점에서 다르다.

자동화가 육체노동과 정신노동의 기계적 도식을 통해 노동자의 활동능력 자체를 기계적으로 포섭하는 것이었다면, 정보화는 인간의 능력 자체를 개체로부터 탈영토화해서 포섭하려는 경향과는 관계가 없다. 그것은 오히려 노동자는 물론 다양한 사람들의 활동을 그 자체로 포착하여 가공할 수 있는 재료로 만들어 저장하고 일괄처리할 수 있는 형태로 변환시킨다. 노동자 내지 '인간'의 육체적이고 정신적인 활동능력 자체를 가치화하려는 자동화의 경우와 달리, 정보화를 통해 자본은 디지털화된 네트워크와의 '접속'을 수반하는 모든 활동을 가치화한다. 이럼으로써 자본은 굳이 **노동력을 구매하지 않고서도 모든 종류의 활동 자체를 착취할 수 있는 가능성**을 확보하고자 한다.

예를 들어 은행에서 창구의 직원들이 하던 노동은 기계 앞에서 우리 자신이 직접 수행해야 하는 '비노동'으로 대체되고, 그만큼 자본은 구매해야 할 노동력을 절약하게 된다. 돈을 출금하거나 입금하는 활동, 송금하는 활동이 노동이라는 형태를 취하지 않은 채 자본에게 착취당한다. 비슷하게, 주문하는 활동 자체가 직접 입력하는 행위를 통해서 주문장을 만들던 이전의 노동을 대체한다. 혹은 이전에 누군가가 만들어놓은 활동의 산물들, 가령 그림이나 디자인·음악·지식 등과 같은 것을 직접 재료로 삼아 가공하여 상품화하기도 한다. 나아가 시장에서의 구매활동이나, 인터넷 사이트를 접속하는 활동은 물론 구매하는 상품의 특성이나 형태, 구매하는 패턴조차 구매하는 즉시 자본의 생산전략이나 영업전략에 필요한 정보로 변환되어 '입력'된다. 이로써 자본은 대중의 소비활동의 패턴 자체나 대중들의 디자인 감각이나 취향을 이용/착취(exploitation)할 수 있게 된다.

이처럼 결합노동의 기계화가 정신노동의 기계화와 접함됨으로써 자본은 이제 상품의 생산 및 유통과 관련된 활동은 물론 상품과 무관한 사회적 활동 전체를 자신이 장악하고 있는 노동과정상의 결합노동의 일부로 만들어버리는 것이다. 이런 점에서 자동화가 노동자의 고용 없이 **인간의 노동능력 자체를** 이용/착취하는 것이라면, 정보화는 노동자의 고용 없이 **인간의 사회적 활동을** 이용/착취하는 것이다.

이런 의미에서 정보화는 비노동의 형태로 이루어지는 모든 종류의 사회적 활동을 기계적으로 포섭하는 것이라고 말할 수 있을 것이다. 이를 앞서의 명명방식을 따라 '사회적 활동의 기계적 포섭'이라고 부르자. 노동의 기계적 포섭을 통해 활동능력을 가치화함으로써 생산한 잉여가치를 기계적 잉여가치라고 했다면, 이제 '사회적 활동의 기계적 포섭'이 접속 자체를 결합노동의 일부로 만듦으로써, 사회적 활동 자체를 가치화함으로써 생산하고 착취하는 잉여가치를 '사회적 잉여가치'라고 부를 수 있을 것이다.

그러나 앞의 경우든 뒤의 경우든 노동자의 활동은 더이상 노동력–

상품으로 구매되지 않은 채 **기계적으로 포섭되어** 잉여가치를 생산하게 되었다는 점에서 공통점을 갖는다. 자동화에 의한 '노동의 기계적 포섭'이 활동능력의 가치화를 통해 노동자의 활동능력을 구매하지 않은 채 자본에 포섭하는 것이라면, 정보화에 의한 '활동의 기계적 포섭'은 사회적 활동을 노동력으로 구매하지 않은 채 직접 가치화하는 것이란 점에서 사회적 활동을 노동으로 포섭하는 것이다. 즉 그것은 정보화라는 기계적 과정을 통해 이루어지는 '노동의 기계적 포섭'의 다른 한 양상이라고 해도 좋을 것이다.

따라서 '사회적 잉여가치'란 정신노동 및 결합노동의 기계화에 의해 노동 없이 착취할 수 있는 잉여가치라는 점에서 '기계적 잉여가치'의 한 형태라고 해도 좋을 것이다. 마찬가지로 서로 속성을 달리하는 양상으로 진행되는 것이지만, 노동력의 고용 없이 노동을 착취하려는 자본의 공통된 전략을 표현하는 두 가지 형태의 '포섭'을 '기계적 포섭'이라는 하나의 이름으로 묶어서 불러도 좋을 것이다. 그것은 인간의 노동 없이 기계적인 과정에 의해 노동자의 활동과 활동능력을 자본이 포섭하는 두 가지 형태라고 할 수 있다.

4. 기계적 포섭의 결과들

앞서 보았듯이 자동화는 노동자의 육체적 및 정신적 노동을 기계화함으로써 '인간화된 기계'를 통해 이루어지고, 이 '인간화된 기계'는 생산과정 안에 자리잡고 있던 기계화된 인간들을 대체하고 축출한다. 생산과정이라고 불리는 변환의 과정(프로세스)이 그것을 처리하는 기계적 '프로세서'에게 자리를 넘겨준다. 물론 그러한 프로세스를 기획하고 프로그래밍하며 전체를 조정하고 통제하는 소수의 '기술자'들이 살아 남을 것이며, 그와 더불어 기계적 처리과정에 요구되는 표준화된 작업 들이, 그리고 자동화된 기계들을 유지하고 보수하며 부수적인 노동을 하는 단순노무자들이 또한 살아남을 것이다.

미국의 직종구조 발달에서 나타나는 새로운 경향에 대한 카스텔 (M. Castells)의 지적은 이런 의미에서 매우 시사적이다. 즉 "첨단기술 제조업과 고급 서비스 관련 직장들은 급성장률을 보이지만, 새로운 직 장 전체에서 단지 작은 비율과 전체 고용 합계에서 좀더 낮은 비중을 차지한다". 또 극소전자에 기초한 가공기술들이 집약적으로 침투한 제 조업이나 첨단기술의 제조업, 즉 자동화가 진전된 부문에서는 "한편으 로는 대부분 백인 남성들로 구성된 전문직·기술자·기능공들, 다른 한 편에서는 저기능 저보수의 직접 제조 직장들로서 일반적으로 여성과 소수인종들에 의해 유지되는 집단"의 양극적 직종구조가 자리잡는다. 한편 서비스 직장은 엄청나게 증가하지만, "이들 직장의 대부분은 건물 잡역부, 수납인, 비서, 웨이터, 일반 사무원 등 저기능 저보수 직종들" 이라고 한다.[21]

자동화가 진전되면 될수록 이런 경향은 더욱더 분명하게 될 것이 다. 노동자는 인간화된 기계에게 자리를 내줄 것이며, 생산과정의 주된 공정은 기계에 의해 처리될 것이다. 설계나 프로그래밍과 같은 작업을 포함하여 통상적인 지식노동이 점차 표준화되고 '탈숙련화되는' 양상 이나, 육체노동자는 물론 사무직노동자나 지식노동자의 점차 많은 수 가 일자리를 잃고 '퇴출'되는 과정이 과연 이와 무관한 것일까? 새로운 자유주의의 깃발 아래 생산의 효율성을 높이고 합리화하기 위해 진행 하는 '구조조정'이 사실은 거의 모든 영역에서 노동자를 대대적으로 내모는 퇴출의 형태로 진행되고 있다는 사실이 과연 이와 무관한 것일까? 이는 노동의 포섭이 농촌 인구의 거대한 부분을 노동자로 흡수하면서 진행되었던 산업혁명과 최근의 새로운 '산업혁명'이 근본적으로 다른 양상 가운데 하나일 것이다.

다른 한편 디지털화된 네트워크의 발전과 정보화의 진전은 생산의 전후에 있는 모든 활동, 나아가 각각의 자본이 수행하는 생산과정과 직접적으로 무관한 모든 활동을 생산과정의 일부로, 즉 정보처리과정으로 변환시킨다. 혹은 소비와 판매, 구매 행동 자체를 그러한 프로세서에 직접 입력하는 활동으로 변환시킨다. 그리고 그러한 프로세서에서 산출한 결과를 판매하거나 소비하는 활동이 이어지고, 그러한 활동은 다시 되먹임되어 새로운 과정의 생산을 시작하는 데 필요한 정보로 재입력된다. 새로운 상품을 기획하고 생산과정을 구성하는 소수의 '기획과 구상'의 활동조차 이러한 관점에서 본다면 기계적으로 진행되는 생산과정에 필요한 요소들을 입력하는 활동에 포함된다고 할 수 있을 것이다.

전체로서 본다면, '기계적 포섭'이란 생산의 중심적인 프로세스를 자동화된 기계가 차지하고 '인간'(노동자)은 그것을 그 기계적 프로세스의 입력과 출력을 담당하게 되는 이러한 변화를 의미하는 것이라고 할 수 있다. '인간'에 속한다고 생각되던 요소들이 기계의 일부가 되고 '인간'의 활동이 기계적 과정의 시작(입력)과 끝(출력)을 차지하게 되는 이러한 양상을 아마도 들뢰즈/가타리라면 '기계적 노예화'라고 불렀을 것이다.[*]

네트워크의 발전과 정보화의 진전은 이미 본 것처럼 이러한 입력과 출력의 지점들이 '공장'이라고 불리는 특정한 공간에서 탈영토화되어 사회 전체로 확장되며,[**] 생산과 비생산은 물론 대중들의 일상적 삶 전체로 확장되고 있음을 시사하는 것이다. 이는 그저 특정한 상품을 구매함으로서 대중의 취향이나 감각이 착취되는 과정만을, 혹은 다양한 경로로 상품에 대한 "정보를 얻는" 과정만을 포함하진 않는다. 그러한 구매와 소비에 필요한 정보를 얻는 교육과 훈련의 과정 전체가, 혹은 음악을 듣고 미술작품이 등장하는 화집을 뒤지며 스포츠 뉴스를 보는 과정 전체가 거대한 정보적 네트워크의 과정을 통해서 입력되고 착취되는 과정이 된다.[***] 아마도 네그리라면 이를 공장이 벽이라는 공간적 제한을 넘어 사회 전체로 확장되는 과정이라고 말했을 것이며, 사회 전체가 바로 잉여가치를 생산하는 공장이 되었다는 의미에서 '사회적 공장'이라고 불렀을 것이다. 또한 사회적 공장에서 노동하지 않은 채, 다시 말해 임금을 받지 않은 채 자신의 활동 자체를 착취당하는 모든 대중들을 '사회적 노동자'라고 말했을 것이다.[22]

---

* 질 들뢰즈/펠릭스 가타리, 『천의 고원』 2권, pp. 246~248 ; 이진경, 『노마디즘』 2권, pp. 566~571. 이는 노동자가 도구나 기계를 사용하면서 그 도구나 기계에 예속되는 '사회적 예속화'와 구별하여 사용하는 개념이다. 물론 그들은 기계적 노예화가 기계에 대한 인간의 예속이나 '소외'가 심화되었다는 식의 의미를 포함하는 것은 아니라는 단서를 달지만, 인간과 기계의 이분법으로 되돌아간다는 점에서, 그리고 인간이 기계를 사용하는가 아니면 기계의 구성요소(부품!)가 되는가를 통해 '예속화'와 '기계화'를 구별한다는 점에서 인간학적 함축이나 주체철학적 함축을 피하기 어렵다고 보인다.

** 카스텔은 생신의 중요한 기능은 특정한 지점으로 집중되면서 다른 모든 기능들은 그로부터 탈집중화된다는 사실을 미국의 경우를 들어 입증하고 있다(마뉴엘 카스텔, 『정보도시』, pp. 189, 220). 한편 네트워크의 발전과 정보화의 진전에 따라 자본은 생산영역을 탈영토화할 뿐 아니라 노동과정 자체를 해체하여 분산할 수 있게 된다. 작업시간 또한 단일한 연속성을 가져야 할 이유가 적어진다. 이는 분산된 노동력을 이용할 가능성을 확대하며, 그 결과 비정규직이나 파트타임 노동자 같은 불안정한 노동자를 급속하게 증가시킨다.

*** 일찍이 보드리야르는 2차대전 이후의 사회를 '소비의 사회'라고 개념화하면서, 그것을 소비가 의무가 된 사회, 소비가 학습되고 훈련되어야 하는 사회라고 말한 적이 있는데(장 보드리야르, 『소비의 사회 : 그 신화와 구조』, pp. 104, 106), 이는 이러한 '입력'과 '착취'가 의무가 되고 학습·훈련되어야 하게 된 사태를 보여주는 것이다.

5. 기계와 잉여가치

우리는 노동을 기계화하는 세 가지 계기에서 시작하여, '자동화'와 '정보화'라고 불리는 현상을 개념화하고자 했다. 우리는 자동화가 육체노동의 기계화와 정신노동의 기계화를 접합함으로써 노동자 혹은 인간의 활동능력 자체를 착취하는 것이란 점에서 '노동의 기계적 포섭'이라고 명명했고, 이러한 포섭의 결과 생산·착취되는 잉여가치를 '기계적 잉여가치'라고 명명했다. 이러한 잉여가치 착취의 요체는 노동력의 구매 없이 노동능력 자체를 이용/착취하는 것이라고 할 수 있을 것이다. 이와 구별하여 정보화는 정신노동의 기계화와 결합노동의 기계화가 디지털이라는 공통된 표현형식을 통해 접합함으로써 개별적으로 특정화되지 않은 노동자 내지 인간의 사회적 활동 및 그 결과를 착취하는 것이란 점에서 '활동의 기계적 포섭'이라고 명명했고, 이로써 생산·착취되는 잉여가치를 '사회적 잉여가치'라고 명명했다.

여기서 사회적 잉여가치는 정보화된 활동의 결과나 정보화하는 기계와 접속하는 활동 자체를 착취하는 것이란 점에서 비용의 지출 없이 인간의 사회적 활동을 착취하는 것임을, 그것을 통해 노동자 내지 인간을 착취하는 것임을 표현한다. 즉 사회적 잉여가치는 정신노동 및 결합노동의 기계화에 따른 결과지만 근본적으로 그런 활동을 수행한, 혹은 수행하는 사람 자신이 생산한 것이다. 이런 점에서 사회적 잉여가치는 네그리 말대로 '사회적 노동자'에 의해 생산된 것이고 그들의 활동이 착취당한 것이다.[*]

하지만 자동화와 결부된 '기계적 잉여가치'의 경우에는 조금 사정이 다르다. 이는 사회적 잉여가치와 달리 활동이나 활동의 결과를 착취하는 것이 아니라 활동능력 자체를 착취하는 것이기에, 노동자나 인간에 대한 착취의 형태로 진행되지 않으며, 반대로 노동자나 인간 없는 생산의 형태로 진행된다. 극한적인 형태의 자동화된 공장이란 노동자가 사라진 공장, 인간의 노동이 사라지고 기계가 스스로 상품을 생산하는 공장으로 표상된다. '노동의 종말'이란 관념이 정보화와 무관한 게 아님에도, 일차적으로는 자동화라는 현상의 짝으로 표상되는 것은 이런 이유에서다.

육체적이고 정신적인 노동능력의 기계화가 '인간적 능력의 기계화'라고 한다면, 그렇게 만들어지고 그렇게 하여 작동하는 기계는 '인간화된 기계'라고 할 수 있을 것이다. 자동화된 공장에서 자본은 직접적인 노동자가 아니라 이 '인간화된 기계'를 통해서 노동자 내지 인간의 노동능력을 착취한다. 이런 의미에서 기계적 잉여가치란 노동자가 아니라 기계가, '인간화된 기계'가 생산하는 것이라고 해야 하지 않을까? 기계적 잉여가치를 통해서 착취당하는 것은 직접적인 노동자가 아니라 기계화된 인간의 능력이란 점에서 '기계화된 인간'(사이보그!)이라고 해야 하지 않을까?

가령 한 상품을 생산하는 부문에서, 평균적인 가치구성이 다음과

---

* 강남훈은 '정보혁명' 이후에 잉여가치의 시배적 형태가 달라지고 있다고 주장한다(강남훈, 『정보혁명의 정치경제학』, pp. 22, 201~202). 여기서 그는 잉여가치의 지배적 형태가 특별잉여가치, 독점이윤, 지대 등으로 바뀌고 있다고 말하며, 나아가 지적 재산권 등과 같은 다양한 법적·제도적 조건으로 인해 특별잉여가치가 소멸되지 않고 지대화되고 있음을 지적하고 있다(같은 책, pp. 110~111). 그리고 "노동가치와 상관없이 발생하는 것으로 보이는 정보상품의 막대한 이윤"을 설명하는 한 범주로서 정보상품에서 지대를 창출하는 새로운 방법들을 보여주고 있다. 네트워크 효과와 브랜드 효과가 그것인데, 이는 모두 소비자의 주목(attention)을 통해 발생한다는 공통점을 갖는다(같은 책, pp. 107~108). 우리는 이것이 '소비자'의 접속 자체를, 혹은 사회적 활동을 착취하는 경제학적 '증거'로 이해한다.

같다고 하자(잉여가치율 $s' = 100\%$라고 하자).

$$4000c + 1000v + 1000m = 6000w$$

그런데 자동화된 기계를 채택하여, 기계를 관리하는 약간의 인건비를 남겨두고(그 경우에도 $s' = 100\%$라고 하자) 다음과 같이 상품을 생산하는 자본이 있다고 하자.

$$4800c + 200v + (1000+\alpha)m = (6000+\alpha)w$$

여기서 자본의 비용은 모두 5000인데, 동일 비용에 대해서 잉여가치가 동일하다면 자동화든 무어든 새로운 기술을 채택할 이유가 없다. 따라서 이윤 내지 잉여가치는 $1000+\alpha$ $(\alpha > 0)$가 되어야 한다. 아마도 이것이 특별잉여가치에 상응하는 추가적 이득이라고 할 수 있을 것이다. 그리고 그것을 공제한 잉여가치 $1000m$은 기계를 관리하거나 하는 데 드는 가변자본에 대응하는 전통적인 잉여가치 $200m$과 기계화를 통해서 획득한 잉여가치 $800m$으로 구성된다고 할 수 있다. 여기서 기계적 잉여가치는 $(800+\alpha)m$이 된다.

이런 식의 숫자예를 통해 말하고 싶은 것은 기계적 잉여가치가 단지 새로운 기술의 채택에 따른 초과이윤을 뜻하는 특별잉여가치(α)로 환원되지 않는다는 점이다. 그것은 새로운 기술 채택이 갖는 일반적 이득으로 환원되지 않는다. 그것은 인간화된 기계가 생산한 것이고, 기계화된 인간의 능력을 자본이 착취하는 것이다.

그러나 "기계가 잉여가치를 생산한다"는 이런 식의 주장이 거센 반발과 비판을 야기할 것임을 우리는 잘 안다. 혹자는 이를 사용가치와 가치를 구별하지 못한 채 사용가치의 생산이나 증가를 가치의 생산이나 증가로 혼동하는 것이라고 비판할 것이며, 혹자는 불변자본(기계)의 증가 형태로 나타나는 가치의 이전과 새로운 가치의 생산을 혼동하는 것이라고 비난할 것이다. 혹은 그것은 결국엔 이윤율 평균화를 통해 소멸될 특별잉여가치에 지나지 않는다고 말할 것이다. 혹은 기계제 생산과 상대적 잉여가치에 대한 맑스의 문장들을 인용하면서 기계에 의한 잉여가치의 생산이란, 사실은 노동생산력의 발전이 취하는 물화된 형식이라고 말할지도 모른다.

이런 비판의 논거는 크게 두 개의 관념으로 귀착된다. 하나는 가치와 사용가치의 구별이고, 다른 하나는 평균화라는 메커니즘이다. 전자는 사용가치와 가치는 다르며, 사용가치의 증가가 언제나 가치의 증가를 뜻하진 않는다는 것을 강조한다. 생산된 사용가치의 양이 증가했다고 해도 개별 상품의 가치가 감소하기 때문에, 결국은 인간의 전체적인 노동시간이 변하지 않았다면 가치량은 증가한 게 아니라는 것이다. 더불어 생산력의 발전이란 동일한 가치(노동시간)에 의해 좀더 많은 사용가치를 획득하게 되는 것을 뜻한다는 것으로 요약된다. 따라서 우리가 말하는 소위 '기계적 잉여가치'란 결국 새로운 기술이 전반적으로 평균화됨에 따라 소멸하게 될 일시적인 특별잉여가치에 불과하다고 할 것이다.

그렇다면 자동화된 공장에서 생산하는 상품이나 개개의 자동화된 기계가 생산하는 상품은 가치는 없고 사용가치만 있는(불변자본 비용은 남겠지만) 그런 상품일까? 자동화가 전면적으로 진행될 경우 우리는 마치 식물들이 생산하는 산소를 공짜로 사용하듯이, 저 '인간화된 기계'들이 생산하는 상품들을 (재료값만 지불하고) 공짜로 사용할 수 있다는 말일까? 이미 발빠른 사람들이 과장 섞어 예견하는, 노동이 사라진 자동화의 시대(자동화기술이 평균화된 시대)란 사용가치는 흘러 넘치지만 지불해야 할 가치나 잉여가치는 거의 없는 새로운 천국이라도 되는 것일까?* 자동화가 널리 확산된 시대에 자동화된 공장의 소유자인 자본가에 대해, 대부분의 자본가들이 생산되지도 않은 잉여가치를 착취하는 '비-정치경제학적' 관계를 상정하거나, 반대로 별다른 잉여가치 없이 사용가치를 생산하는 자비로운 존재로 살아가리라고 상상해야 하는 것일까?

기계의 사용에 의한 추가적 잉여가치의 생산이란 기계와 결부된 새로운 결합노동의 산물이며, 그런 의미에서 새로운 노동생산력의 산물이라고 하는 맑스의 말을 상기하라고 할지도 모른다. 그 말은 농촌의 방대한 인구를 도시로, 공장으로 끌어들여서 잉여가치를 생산했던 18세기 후반~19세기의 자본주의에 대해서라면 충분한 설득력을 가질 수 있을 것이다. 그 시기 기계란 육체노동의 기계화를 위한 것이었지만, 육체노동의 축출이나 대체가 아니라 단지 그것의 역학적 단순화를 통해, 그리고 대규모 기계와 공장을 통한 그것의 결합을 통해서 새로운 잉여가치를 창출했기 때문이다. 그러나 노동의 다른 측면들이 기계화되어 육체노동 자체를 대체해가고 있는 최근의 상황에 대해서, 그리하여 노동력을 대규모로 흡수하는 게 아니라 반대로 '노동의 종말'이란 예언이 심각하게 받아들여질 정도로 대대적으로 축출하면서 기계화된 생산이 진행되는 최근의 상황에 대해서, 과연 맑스라면 동일하게 말했을까?

---

* 이와 관련하여 이미 우리는 노동가치론의 입론에 따라 노동자의 투쟁을 통해 노동시간이 단축되어온 자본주의의 역사가 생산된 가치 총량이 감소되어온 역사라고 해야 하는지, 실업자의 비율이 증가함에 따라 생산된 가치의 총량이 감소한다고 해야 하는지, 그렇다면 과장 섞여 선언되는 20대 80의 사회에서 생산된 가치의 총량은 19세기의 20% 정도에 지나지 않으리라고 보아야 하는 것인지 질문한 바 있다(이 책 3장 「노동가치론과 맑스주의 : 노동가치론의 몇 가지 전제에 관하여」).

기계적 잉여가치에 대한 비판을 뒷받침하는 이러한 관념들은 사실 하나의 정치경제학적 공리로 소급된다. '인간의 노동만이 가치를 생산한다'는 인간학적 명제. 이는 인간이 노동하지 않고는, 다시 말해 자본가에게 자신의 노동력을 팔지 않고는 생산할 수 없었던 상황의 산물이다. 그러나 이미 본 것처럼 노동자의 활동(노동)을 노동자에게서 분리하려는 경향이 노동자 없는 활동, 노동자 없는 생산으로 귀착되고, 그에 따라 노동자 없이, 인간 없이 생산이 이루어지는 변화된 조건에서 과연 그 명제가 자연적 타당성을 유지할 수 있을까?

과연 우리는 이전에 노동자가 생산한 것을 대체할 수 있는, 그러나 노동자 없이 생산된 것의 '교환가치'를 부정할 수 있을까? 노동자가 생산하는 상품이 교환가치를 갖는 한 그것 역시 교환가치를 분명히 동일하게 가질 것이다. 물론 그 상품의 가치가 전체적으로 하락하겠지만, 적어도 그 상품을 생산하는 노동자가 존재하는 한, 자동화된 기계가 생산하는 상품 또한 양(陽)의 가치를 갖는다는 것은 분명하다. 즉 인간이 그 상품을 생산하는 한, 그것은 기계에 의해 생산되어도 그것과 동일한 가치를 갖는다. 따라서 '인간화된 기계'는 가치 내지 잉여가치를 생산한다.

그런데 극단적으로 생각해서, 만약 그 상품을 생산하는 노동자가 사라지고, 모든 것을 저 '인간화된 기계'가 생산하는 경우라면 어떨까? 자동화된 기계로 생산한 상품을 이윤 없이 '판매'하는 극단적인 상황——더이상 자본주의라고 부를 수 없는 상황!——을 가정하지 않는다면, 그 이윤의 크기가 얼마가 되든, 자동화된 기계가 생산한 것은 잉여가치를 포함해야 한다. 즉 자본주의적 관계라는 한계 안에 존재하는 한 자동화된 생산은 잉여가치의 생산을 포함한다. 이 경우 그 잉여가치가 그것을 생산한 저 '인간화된 기계'를 원천으로 한다는 것은 분명하다.

한걸음 더 나아가, 인간의 노동에 의한 생산이 없이 모두 자동화되었고, 거기다가 이윤이 0인 상황이 있을 수 있다고 가정해보자. 이 경우 우리는 스미스 식의 논법을 그대로 다시 사용할 수 있다. 자본이 생산하는 한, 이윤이 없다면 그 상품은 더이상 생산되지 않을 것이다. 그러나 여전히 그 상품에 대한 욕구가 있을 경우 그 상품은 다시 누군가에 의해 생산될 것이고, 상당한 정도의 가격에 거래될 것이다. 이를 재빨리 포착한 자본가는 다시 기계를 작동시켜 그 상품을 생산할 것이다. 그러면 공급이 늘어났기에 가격은 낮아지겠지만, 그 상품에 대한 욕구가 존재하는 한 분명히 양의 이윤을 남기는 점에서 가격이 결정될 수 있을 것이다. 즉 어떤 상품에 대한 수요 내지 욕구가 있는 한, 그것은 어떻게 생산되든 양의 이윤을 갖는다. 이것 역시 정치경제학에서 말하는 '균형가격'이고, 따라서 상품의 '가치'와 상응한다는 것은 잘 아는 바와 같다. 따라서 이런 극단적인 경우에도 자동화된 생산은 잉여가치의 생산을 의미하며, 이는 기계가 생산한 것이 분명하다.

기계적 잉여가치는 이처럼 기계로 소급되는 잉여가치고, 그런 의미에서 인간화된 기계가 생산한 잉여가치며, 인간의 능력을 기계화함으로써 착취할 수 있는 잉여가치다.[*] 이를 잉여가치 생산의 기계화라고 할 수도 있을 것이다. 다른 식으로 말하면, 기계적 잉여가치란 노동능력을 기계화함으로써, 노동력이라는 가변자본을 기계라는 불변자본의 일부로 전환시키는 것이며, 그럼으로써 노동능력을 '가변적인' 자본(자본에 포섭되었다가 다시 노동자에게로 돌아간다는 의미에서)이 아니라 '불변적인' 자본(변함 없이 언제나 자본이라는 의미에서)으로 전환시키는 것이라고 할 수도 있을 것이다.

요컨대 노동의 기계적 포섭은 노동자 내지 인간의 능력 자체를 기계화함으로써 잉여가치를 생산하고 착취한다. 기계가 생산하는 잉여가치, 그것은 자본이 기계를 이용하는 방식의 한 극한이고, 자본이 노동을 노동자에게서 분리하려는 전략의 궁극적 도달점이다. 이는 자본의 한계 안에서만 유효하지만, 그것은 가치나 잉여가치라는 개념이 자본의 한계 안에서만 유효하다는 것과 동일한 이유에서 그렇다. 그러나 인간만이 가치를 생산한다는 인간학적 관념, 근대적인 경제학의 공리는 이러한 사태를 직시하지 못하게 한다. 우리는 가치론의 공리계 안에서 자동화를 설명하려는 궁색한 논리들이 얼마나 빈번하게 반복되어 왔는지 잘 알고 있다. 새로운 사태 앞에서 이전의 이론과 그것의 공리를 지키고 유지·고수하려는, 문자 그대로 보수(保守!)적인 노력은 사실 여러 이론적 영역에서 또한 숱하게 보아왔던 것이기도 하다. 그렇지만 과연

＊만약 인간이 아닌 기계가 잉여가치를 생산한다는 관념이 당혹스럽다면, 노동만이 인간의 부의 유일한 원천이라는 라살레의 고타강령에 대한 맑스의 비판을 참조해도 좋을 것이다(칼 맑스, 「고타강령 비판」, 『마르크스 엥겔스 저작선』, p. 166 이하). 물론 맑스도 무심코 "부란 사용가치와 동일한 것"이라고 덧붙이긴 하지만, 이는 "고립된 노동은 사용가치를 창출해낼 수는 있다고 하더라도 부나 문화를 창조해낼 수는 없다"는 조금 뒤의 문장(같은 책, p. 168)과 정면으로 충돌한다. 알다시피 부란 사용가치를 포함하지만 사용가치와 동일한 것은 아니다. 가령 공기를 많이 갖고 있다고 해서 부를 갖고 있다고 하진 않는다. 경제학적 의미에서 부란 '희소성'이라는 근대적 관념을 수반한다. 희소성을 갖는 것은 모두 '교환가치'를 갖는다. 따라서 부란 사용가치뿐 아니라 (교환)가치를 갖는다. 부의 원천인 자연 역시 단순히 사용가치의 원천이라고 할 수는 없다. 그것은 분명 부 개념에 포함된 가치의 원천이다. 인간의 노동만이 가치를 생산한다는 저 경직된 인간학적 공리만 던져버린다면, 앞서와 같은 부 개념의 모순은 사라진다. 또, 지대를 다룬 『자본』의 한 부분에서 명시하듯이, 토지는 사용가치를 가질 뿐 아니라, 동일한 노동이 생산한 것에 다른 잉여가치를 추가하여 생산하게 한다(차액지대). 이 추가적 생산분은 비록 노동이 관여되긴 했지만, 토지나 자연이 생산한 것이다. 즉 지대는 노동과 더불어 자연이 생산한 가치를 표시한다. 이는 토지의 비옥도 이외의 '다른 조건이 동일하다면'이라는 가정을 통해서 '변수를 통제하는' 일종의 '분석' 내지 '실험'의 논법을 취하고 있음을 상기할 필요가 있다. 거기에 노동이 관여되어 있음은 분명하지만, 그것이 노동이 생산한 것을 뜻하진 않는다. 우리는 라살레에 대한 맑스의 비판을 이런 의미로 이해한다.

맑스적으로 사유하려는 사람이 그 변명과도 같은 궁색한 논리로 정치경제학을 수호하고 노동가치론을 고수할 이유가 있을까? 자신의 중요한 저작들에다. 그리고 가장 중요한 저작인 『자본』에다가도 자신의 작업이 '정치경제학의 수호를 위하여'가 아니라 '정치경제학 비판을 위하여' 하는 것임을 맑스가 명시했음을 잊지 않는다면 말이다.

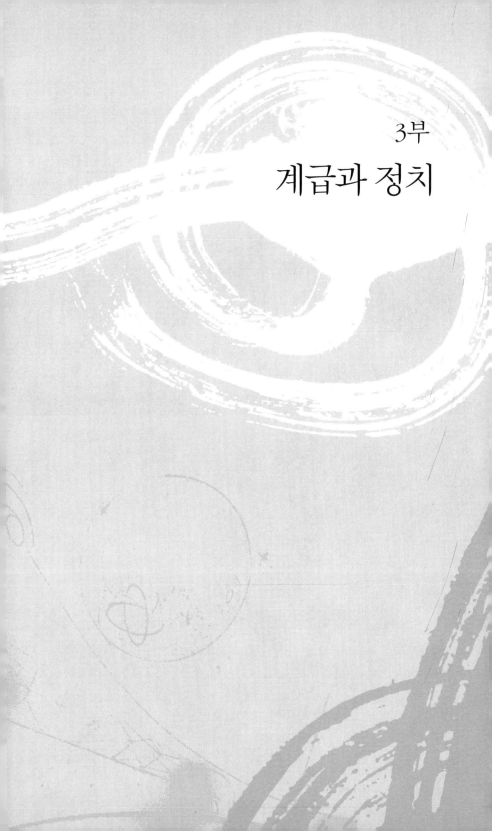

3부

계급과 정치

스페인 아빌라(Avila) 시의 외벽

자본주의의 보호대 혹은 장애물.

부르주아지는 자본주의적 계급인가?

1. 자본주의로의 두 가지 길?

『자본』은 자본주의 발생과 관련된 두 개의 상이한 역사적 서술을 포함하고 있다. 하나는 Ⅰ권의 마지막에 등장하는 소위 '본원적 축적'에 관한 유명한 장이고, 다른 하나는 『자본』 Ⅲ권에 등장하는 자본의 과거들에 대한 유명한 장들이다(20장 「상인자본의 역사적 고찰」; 36장 「전자본주의적 관계들」). 이 두 부분을 비교하면 기이한 역설이 드러난다. 왜냐하면 자본주의의 실질적 출발점이 되었던 소위 '본원적 축적'이란 국가적 폭력에 의한 끔찍한 횡탈로 진행된 반면, 자본에 의한 자본의 증식을 추구했던 대부자본이나 상인자본은 대체로 자본주의를 만들어내기보다는 차라리 그것을 가로막는 계기들을 갖고 있었음을 보여주기 때문이다. 자본주의는 자본의 운동을 통해서 탄생하는 게 아니란 것을, 그것은 차라리 자본주의의 통념에 반하는 끔찍한 폭력을 통해서 탄생하는 것임을 보여주려는 것일까?

적어도 분명한 것은 '자본'이라는 형태로 존재하는 부나, 자본의 증식을 위해 활동하는 자본가들이 존재한다고 해서, 그것이 자연발생적으로 자라나서 자본주의로 나아가는 건 아니라는 것을 맑스가 잘 알고 있었다는 사실이다. 가령 고리대자본의 경우 "상인자본과 나란히 독립적인 화폐재산을 형성"하고 "노동조건의 소유자를 몰락시킴으로써 〔자본주의에 필요한〕노동조건을 취득"[1]함에도 불구하고, "고리대는 주어진 생산방식을 착취하지만 생산방식을 창조하지 않으며 외부로부터 그것과 관련을 맺는다. 고리대는 끊임없이 반복하여 그 생산방식을 착취하기 위하여 그것을 직접적으로 유지하려고 한다. 그러므로 고리대는 보수적이며 그 생산방식을 더 비참하게 만들 뿐이다".[2]

상인자본 또한 마찬가지다. 그것은 "자본주의 이전의 생산양식에서 자본의 기능을 가장 잘 대표"하며 화폐자본을 집적하고 교환가치를 위한 생산을 자극한다는 점에서 "자본주의 생산양식의 발달을 위한 역사적 전제조건"[3]이지만, 그것의 "독립적 발달은 사회의 일반적인 경제적 발달과 반비례관계에 있다"[4]는 점에서, 다시 말해 사회의 경제적 미발달에 기인하는 초과이윤을 추구한다는 점에서 자본주의 생산양식의 발달을 저해한다. **자본주의에 반하는 자본들**, 바로 그것이 『자본』III권의 역사적 부분에서 맑스가 보여주고 있는 것이다.

알다시피 상인자본과 관련해서 맑스는 자본주의 생산양식과 관련된 '두 가지 길'을 구별한다. "하나의 길은 생산자가 상인 겸 자본가가 되어 농촌의 자연경제와 중세 도시의 길드에 구속된 수공업에 대항하는 것이다. 이것은 참으로 혁명적인 길이다. 다른 하나의 길은 상인이 생산을 직접적으로 장악하는 것이다. 이 후자가 역사적 이행에서 아무리 자주 나타나더라도 이는 그 자체로는 낡은 생산양식을 타도할 수 없고 오히려 낮은 생산양식을 자기 자신의 전제조건으로 보존하고 유지한다."[5] 즉 상인자본은 그들이 직접 직인들을 고용하여 생산하는 경우에조차도 그것은 "어디에서나 진정한 자본주의적 생산양식의 진보를 **방해**하며 따라서 〔그들이 직인을 고용해서 생산하는 방식은〕 자본주의적 생산양식의 발달에 따라 소멸하게 된다. 이러한 방식은 생산양식을 변혁함이 없이 다만 직접적 생산자들의 상태를 악화시킬 따름이며, 그들을 자본에 직접적으로 종속되어 있는 노동자들보다도 나쁜 조건하에 있는 단순한 임금노동자와 프롤레타리아로 전환시키고 그들의 잉여노동을 낡은 생산양식의 기초 위에서 취득한다."[6]

여기서 말하는 '두 가지 길'을 자본주의로 가는 두 가지 길이라고 말할 수 있을까? 흔히들 말하듯이 '자본주의로의 이행의 두 가지 길'이라고 말할 수 있을까? 차라리 자본주의로 이행할 수 있는 길과 그것을 가로막는 길이란 의미에서 두 가지 길이라고 해야 정확하지 않을까? 앞의 인용문에서 두번째 길은 자본주의로 가지 않는 길이지 자본주의로 가는 길이 아니기 때문이다. 그렇다면 이 '두 가지 길'을 자본주의로의 이행과 관련시키면서 맑스가 말하고자 했던 것은 무엇이었을까? 여기서 중요한 것은 차라리 상인자본처럼 근대적 자본의 직접적 선행형태로 보이는 것조차 자본주의로 이행의 계기를 갖는 게 아니라 반대로 그것을 가로막는 계기로 작동한다는 것을 보여주는 것이 아니었을까? 따라서 그 두 가지 길이란 상인자본 같은 자본의 선행형태들이 포함하고 있는 두 가지 길, 두 가지 방향의 벡터를 보여주는 것이라고 해야 더 적절할 것 같다.

이러한 두 가지 길의 개념이 1950년대에 벌어진 '자본주의 이행논쟁'에서 중심축이 되었다는 것은 잘 알려져 있다. 돕(M. Dobb)은 바로 이 두 가지 길의 개념에 기초하여 자본주의의 발생을 상인자본에 결부시켰던 당시 역사학의 통념을 비판하면서, 반대로 생산자가 상인이 되는 이른바 '아래로부터의 길'을 통해서 자본주의가 어떻게 발생하고 발전했는가를 제시하려고 했다.

> 먼저 첫째로 이 시기의 대부분의 상업, 특히 외국무역은 어떤 정치적 특권의 이용이나 또는 거의 공공연한 약탈로 이루어졌다. 둘째로 상인계급은 조합의 형태로 모이자 곧 독점력을 획득했고, 이 독점력은 경쟁으로부터 자신들의 계층을 방어하고 생산자와 소비자가 거래할 때 교환조건을 자신들에게 유리하게 바꾸는 데 공헌했다. …… 후자는 '상업에 의한 착취'라고 해도 좋은 것으로서, 이것에 의해 도시의 수공업자나 농촌의 생산농민을 희생시켜서 잉여가 상인자본의 수중으로 들어갔다.[7]

이런 이유에서 "상인자본은 대체로 구질서의 기생충으로 그쳐버리고, 청년기가 지나면 상인자본의 의식적 역할은 혁명적이 아니라 보수적으로 된다"[8]고 함으로써 맑스의 입론을 이어간다. 더불어 15~16세기 이른바 자치도시에서 상인자본이 생산에 관심을 가져서 생산자가 되거나 생산자조합을 통제함으로써 생산의 통제력을 장악하는 경우가 있지만, 이는 17세기 이후 수공업자가 상인화되는 경우와 대비된다.[9] 여기서 돕이 보기에 중요한 것은 상인자본에 대해 생산자가 종속적인가 아니면 독립적인가 하는 것이다. 이러한 독립성의 기반을 그는 생산자가 "토지를 소유"하는 것에서 발견한다.[10]*

반면 돕과 대립되는 입장을 대표했던 스위지(P. Sweezy)는 "봉건제 붕괴의 근본 원인이 상업의 발달에 따른 것이라는 일반적으로 받아들여지는 이론"을 확장한다.[11] 이는 봉건제와 자본주의의 대립을 '사용을 위한 생산'과 '시장을 위한 생산'으로 정의한다는 점에서[12] 자본주의 자체를 '상업경제'의 확장된 형태로 간주하는 그의 정의 자체에서 기인하는 것이다. 이에 따르면 원격지 교역에 따른 영주들의 사치품 수요 증대, 그를 위한 화폐에 대한 욕구 및 과도한 착취가 봉건제 위기를 야기한 원인이다. 즉 봉건제의 붕괴는 자립적으로 성장한 소생산자에 기인하는 것이 아니라 봉건제에 속한다고는 할 수 없는 원격지 교역에 기인한다는 것이다. 이는 '두 가지 길'의 개념이 논쟁의 중심에 있다는 것을 다시 확인해준다.

먼저 말해두어야 할 것은 상품경제가 자본주의는 아니며, 상인자본은 자본주의 이전에도 분명히 존재하고 있었다는 점이다.** 다시 말해 자본주의는 상품경제로 환원되지 않는다는 것이다. 이는 국제적인 주목을 받았던 그 논쟁 이후 어느 정도 '일반적으로 받아들여지고 있는' 견해가 되었고, 이는 적어도 맑스의 자본주의 개념에 대해 알고 있다면 굳이 다시 논란을 벌일 이유가 없는 것으로 보인다.

그러나 조금 전에 말했듯이 '두 가지 길'이 자본주의로 가는 두 가

---

* 그래서 나중에 다카하시(高橋幸八郎)는 돕의 중요한 논지의 하나가 "자본주의가 소생산양식에서 성장하였고, 그것이 독립하여 자체 내부로부터 사회분화를 발전시켰다는 점", 다시 말해 소생산의 내부적 분해를 통해 자본주의가 발생했다는 점이었음을 지적하고 있다 (다카하시, 「돕 - 스위지 논쟁에 부쳐」, 『자본주의 이행논쟁』, p.157).

** "나는 경제사의 각 시대마다 독특하고 개별적인 자본가 집단이 있었다고 믿는다"는 피렌 (H. Pierenne)의 말은 이런 맥락에서 이해할 수 있을 것이다(이매뉴얼 월러스틴, 『근대 세계체제』 I, pp.194~195의 각주 209에서 재인용). 물론 피렌이 사용하는 자본가라는 말이 화폐자본을 집적해서 소유하고 있는 사람을 지칭하는 개념이며, 따라서 교환경제 내지 상인자본에 가까운 것임을 염두에 둔다면 말이다.

지 길이 아니라고 했을 때, 그것은 상인자본의 존재 자체가 자본주의로 나아갈 수도 있고 그것을 저지할 수도 있음을 지적하는 것이라고 했을 때, 두 가지 길은 역사에 그대로 '적용'할 수 있는 '이행의 두 가지 유형' 같은 것이 아님은 분명하다. 오히려 그것은 자본과 자본주의 사이에 손쉬운 화살표를 긋는 통념에 대해 경종을 울리면서, 그 양자 사이의 관계에 대해 숙고할 것을 요청하고 있는 게 아닐까?

하지만 여기서 필요한 것은 두 가지 길에 대한 그의 논의에 대해 문헌학적으로 접근하기보다는 그러한 문제의식을 바탕으로 자본주의로의 이행에 대해 근본적인 방식으로 다시 사유하는 것이다. 우리의 관심사는 두 가지 길에 대한 개념이 맑스가 애초에 제시한 것보다, 그리고 돕이 발전시킨 것보다 훨씬 중요하고 큰 스케일을 갖는다는 점이다. 그것은 상인자본을 다루는 장에서 상인자본과 생산자 간의 관계를 다루면서 제시된 것이지만, 자본주의의 발생 내지 근대적인 자본가계급의 발생이 상인자본이나 생산자라는 두 요소의 순위를 바꾸어 배열함으로써 설명될 수 있는 건 아니기 때문이다. 그것은 차라리 **생산과 시장의 관계**에 관한 것이고, **생산과 시장의 관계를 형성하는 상이한 방식**에 관한 것이며, 이런 점에서 이미 브로델이 보여준 것처럼[13] 짧게는 16세기까지, 길게는 18세기 중반까지 지속된 도시경제의 지배와, 오랜 잠복기를 거쳐 18세기에 힘을 가시화하기 시작한 영토국가의 전국 시장 간의 관계에 관한 것이다. 그런데 두 가지 길의 개념을 이처럼 다른 지반 위에서 검토할 경우, 자본주의와 부르주아지는 물론 절대주의와 '부르주아 혁명'에 대한 관념에 대해 근본적으로 다시 생각해야 한다는 것이 분명해질 것이다.

2. 도시와 자본주의

도발적인 것으로 보이는 하나의 질문으로 시작하자. "부르주아지는 정말 자본주의적 계급인가?" 하지만 어느 시대에나 부르주아지가 있었다는 피렌 식의 명제로 돌아가지 않기 위해 부르주아지가 누구인가를 좀 더 분명하게 해보자. 부르주아지(bourgeoisie)는 알다시피 '도시'를 뜻하는 부르(bourg)에서 나온 말이다. '도시에 거주하는 사람', '도시의 시민'이란 뜻이다. 서양 중세의 도시는 다른 지역이나 다른 시대의 그것과 다른 고유함을 갖는다. 그것은 영주가 지배하는 세계에서 도망친 자들로 시작하여 그들에 대한 항거와 봉기를 통해 그로부터 독립성을 획득한 '자치도시'(Commune)였다. "도시의 공기는 자유를 만든다"는 유명한 격언에는 이러한 역사가 새겨져 있다.

농촌코뮨 또한 있었지만, 대다수 코뮨은 도시코뮨이었고, 거기에 사는 사람들은 수공업이나 상업으로 생계를 이어갔다. 그런데 동방과의 교역으로 인해 상업, 특히 원격지 교역이 발달하면서 도시의 부는 급속히 팽창했고, 도시의 상인들 또한 그 부와 권력을 확장해갔다. 이러한 부의 확장이 특히 두드러졌던 곳은 동방과 가까웠던 이탈리아 북부 토스카나 지방, 혹은 서유럽에서 러시아 노브고르드까지 이어졌던 북부 독일의 한자동맹 도시들, 안트워프와 암스테르담 등이었다.

이러한 도시나 도시동맹체들의 발전은 일차적으로 상업의 발전을, 그리고 그에 따른 화폐자본의 축적을 의미한다. 그리고 그 발전의 끝에서 초기 자본주의 세계경제의 패권을 잡았던 네덜란드 내지 암스테르담의 중개무역 내지 '상업자본주의'를 발견할 수 있다. 이런 이유에서 도시의 발달은 자본주의의 발달로 이어지며, 적어도 자본주의의 '싹'

(맹아!)이 전면적으로 전개되어 세계경제로까지 발전하였다고들 말한다. 그리고 도시에 살며, 그 도시를 지배하던 도시인들, 다시 말해 부르주아지가 그러한 자본주의를 만들어낸 계급이라고 하는 관념 또한 이와 나란히 이어진다. 도시인을 뜻하는 부르주아지가 바로 자본가계급과 동일한 단어로 사용되게 된 것은 이러한 맥락에서 유래한다.

그러나 이미 우리는 도시의 힘이었던 상인자본이, 다시 말해 상업적 부르주아지가 자본주의 발전의 전제조건을 형성했음에도 불구하고 대개는 길드(guild)라는 동업조합으로 표상되는 특권들을 통해서 자본주의 발전을 방해하고 저지했음을 알고 있다. 왜냐하면 "상인자본에게 황금의 기회를 제공한 것은 바로 시장의 미발달(未發達)"이었고,[14] 자신들이 교역을 독점함으로써 발생하는 초과이윤이었으며, 그렇기 때문에 교역 내지 상업이 도시 외부로 확장되는 것을, 도시 외부에서 시장이 발전하는 것을 극력 저지하려 하였기 때문이다. 이를 위하여 그들은 시장세와 통행세 등 각종 세금을 부과하는 것은 물론, 거래 자체를 통제하는 권리를 갖고 있었고, 거래되는 상품의 가격에 대한 통제권을 행사했으며,* 외부인이 주변의 농촌과 직접 거래하는 것을 엄격하게 금지했고, 도시의 상인이나 수공업자 간 경쟁을 길드를 통해 강력하게 규제했다.[15] 이는 네덜란드처럼 국가적 교역의 형태를 취했을 때조차 크게 다르지 않았다. 그래서 맑스는 이들 '중개무역'에 대해 이렇게 말한다.

> 상업자본의 독립적 발달이 자본주의적 생산의 발달 수준에 반비례한다는 법칙은 베네치아 인, 제노바 인, 네덜란드 인 등등에 의해 수행된 중개무역의 역사에서 가장 잘 나타나고 있는데, 중개무역의 경우에는 주요한 이익이 자국 생산물 수출에 의해 얻어진 게 아니라 상업적으로(그

리고 경제일반에서) 미발달한 공동체들 사이에서 생산물 교환을 매개함으로써, 그리고 쌍방의 생산국들을 수탈함으로써 얻어진 것이다.[16]

정확하게 이런 의미에서 들뢰즈와 가타리는 "도시는 자본주의를 예견했지만 항상 **그것을 저지하고 방해하는 방식으로만 예견**했다"고 말한다.[17] 따라서 도시는 자본주의의 발생과 발전에 필요한 상업의 발전을 야기했고, 자본주의에 필요한 화폐자본을 축적했으며, 거대한 자산계급을 형성했지만, 결코 자본주의를 만들어내지 못했고, 반대로 자본주의의 발달을 극력 저지하고 시장의 확산을 가로막았던 것이다. 국제교역이나 도시의 시장이 지방의 국지적인 시장과 이어지지 못하게 막았고,** 이로 인해 지방적인 시장조차 거의 발전하지 못한다. "실제로 이것이 의미하는 바는 자본주의적인 도매상인 측의 전국시장 혹은 국내시장 형성 압력에 대해 도시가 가능한 모든 방해수단을 동원했다는 것이다. 비경쟁적인 국지교역과 도시들 사이의 비경쟁적인 원격지 교역의 원리를 유지함으로써 시민〔부르주아지!〕은 온갖 수단을 동원하여 농촌이 교역권 내로 들어오지 못하게 막고 국내 도시들 간의 무차별적인 교역을 방해했던 것이다."[18]***

그렇다면 '도시의 시민'이란 의미에서 부르주아지는, 혹은 '도시

---

* 특히 곡물가격의 상한을 제한하고 도시 상품의 하한을 제한하여 농촌을 착취했다. 이는 도시와 농촌 간의 적대가 발생했던 가장 큰 이유 중 하나였다. 이에 대해서는 크로포트킨(P. Kropotkin)의 『상호부조론』 pp. 187~188을 참조하라.
** "국지교역이 수출교역으로부터 점점 더 엄격하게 분리되었던 것은 유동적인 자본이 도시의 여러 제도들을 해체시킬지도 모른다는 위협에 대한 도시 측의 반발〔때문〕이었다." (칼 폴라니, 『거대한 변환』, p.87)
*** 맑스가 '두 가지 길'이라고 말하면서 상인자본이 주도하는 경우 그들이 자본주의의 진보를 가로막는 장애물이 되리라고 말했던 것은 정확하게 이를 지적하는 것이다.

부르주아지'는 자본주의적 계급이라고 말할 수 있을까? 그들은 자본주의를 예견했지만 그것을 방해하고 저지하는 방식으로만 예견했다는 점에서, 혹은 자본주의의 '맹아'를 배태하고 있었지만 그 싹이 발아하여 성장하는 것을 끊임없이 가로막고 저지하는 방식으로만 배태하고 있었다는 점에서, 자본주의적 계급이 아니라고 말해야 하지 않을까?* 다시 말해 상인이든 생산자든, 부르주아지는 자본주의적 시장이나 생산을 오직 도시라는 특권적 영토 안에만 제한함으로써, 자본주의의 확산과 발전을 저지하고 방해했다는 점에서, '도시적 길'은 자본주의 이행의 길이었다기보다는 그것을 도시 안에 가둠으로써 그것을 저지하고 가로막은 길이었다고 해야 하지 않을까?

　　여기서 '두 가지 길'을 글자 그대로 받아들이는 사람이라면, 도시의 상업부르주아지와 구별하여 수공업자나 매뉴팩처러 등의 생산자 부르주아지를 보라고 할지도 모르겠다. 그러나 그런 입장에 가까이 있다고 보이는 돕의 저서에서도, 수공업자조합이 상업부르주아의 손에 장악되는 식으로, 수공업자가 상인에게 완전히 종속되는 경우나 아니면

---

* 약간 다른 맥락에서지만 말년의 알튀세르 또한 유사한 문제를 제기한다. "그 미래를 보면 자본가적이지만 모든 자본주의에 훨씬 앞서 봉건제 아래에서 형성된 이 이상한 계급인 부르주아지란 대체 무엇인가" 하는 문제를 통해서, 그는 "부르주아지가 봉건제의 대립물이기는커녕 그것의 마무리이자 정점, 최고형태, 말하자면 완성"이었을 가능성을 열어둔다. 그리고 바로 이러한 이유에서 그는 "맑스에게는 이른바 상인적 생산양식에 대한 만족할 만한 이론이 없으며, 상업(및 금융) 자본주의에 대한 만족할 만한 이론은 더더욱 없다. 맑스에게는 부르주아지에 관한 만족할 만한 이론이 없다"고 말한다(루이 알튀세르, 「마주침의 유물론」, 『철학과 맑스주의』, p. 90). 그러나 부르주아지가 자본주의적 계급이 아니라는 사실이 부르주아지가 봉건적 계급임을 뜻하진 않으며, 비록 맑스가 이에 관한 '만족할 만한 이론'을 제시하진 못했다고 해도, 그것을 사유할 수 있는 훌륭한 단서를 제공했다는 것은 분명하다. 자본주의를 예견하며 저지했다는 들뢰즈/가타리의 명제는 상인자본이 자본으로서 자신의 외연을 확장하면서도 또한 그를 위해 자본주의 발전을 저지한다는 맑스의 명제를 좀더 밀고 나간 것임이 분명하다. 이는 부르주아지와 자본주의에 대한 이론의 훌륭한 출발점이다.

수공업자 자신이 상인귀족화되는 경우가 많았음을 보여준다.[19] "도시 사회에서 특권회사만큼 높지 않은 지위에 있던 사람들도 이 배타적인 정책을 모방했다. 도제제도의 규제를 통하여 수공업조합은 항상 가입에 대하여 상당히 엄격한 통제를 가했다. 14, 15세기에는 조합원을 제한하기 위해 수공업조합 가입금이 높아지는 경향이 도처에서 나타났다. …… 이 배타적인 경향은 현저하게 확대되었고 대륙의 대도시에서는 잉글랜드에 비해 더욱 뚜렷"했다.[20] 또한 "수공업자가 상인적 요소에 종속되어 가는 일반적 동향은 런던의 12개 대특권조합의 발전 속에서 가장 분명한 증거를 볼 수 있다".[21]**

따라서 도시의 시민인 부르주아지가 자본주의의 모태가 되지 못했다는 것은 단지 상업부르주아지에 국한된 것이 아니라 생산자 출신의 부르주아지에 대해서도 동일하게 해당된다고 말해야 한다. 따라서 **도시의 시민이란 의미에서 부르주아지는 자본주의적 계급이 아니라고** 말해야 하며, **자본주의는 도시에서 탄생하지 않았다고** 말해야 한다.

3. 자본주의와 영토국가

그렇다면 자본주의는 어디서 탄생했는가? 이미 우리는 상인적인 요소가 아무리 발전한다 해도, 심지어 세계경제적 규모의 교역을 발전시켰

** 아마도 이것이 돕으로 하여금 수공업자의 상인화보다는 차라리 자기 토지를 가진 독립적인 소생산자에 주목하게 한 요인처럼 보인다. 그러나 그것이 자본주의 발전의 새로운 중심이 되었다는 것을 증명하는 것은 소생산에서 자본주의를 추론하는 것만큼이나 부적절한 결론에 이르게 할 수 있다. 서양의 자치도시에서 생산자가 상인으로 가는 길을 직접적인 형태로 발견하는 것은 어려운 일은 아니지만, 그러한 개념 자체의 맥락과 정반대되는 곳으로 우리를 인도할 가능성이 크다.

다고 해도 그 자체론 자본주의는 물론 시장의 일반적 확장조차 저해한다는 것을 보았다. 그렇다면 돕이 예상한 것처럼 토지를 갖는 독립적인 생산자들의 소상품생산은 자본주의 모태가 될 수 있을까? 다시 말해 소생산자는 자본가계급이 될 수 있을까?

그러나 소생산자의 독립성은 상인들에 대한 독립성일 뿐만 아니라 상품 자체에 대한 독립성이기도 하다. 그들은 그 독립성으로 인해 시장에 크게 의존하지 않으며, 또한 상품시장의 흐름을 형성하는 구매력을 형성하지도 않는다. 또 소생산자가 만들어내는 시장은, 바로 그들의 '독립성'으로 인하여 자신이 소비하고 남은 여분(餘分)을 교환하는 지극히 제한된 시장일 뿐이다. 나아가 상품화된 시장이 소생산자들의 농촌 세계에까지 깊숙이 침투하기 전은 물론 그후에도 시장에 대해 '독립성'을 가지며, 따라서 시장에 잘 편입되지 않는다.

따라서 소생산은 자본주의 생산양식의 조건인 노동력 상품의 시장은 물론이고, 단순한 상품의 시장 역시 대규모로는 만들어낼 수 없다. 소생산자가 분해되어 자본가가 된다는 것은, 이미 그들이 자본주의적 시장, 자본주의적 생산양식에 포섭되었을 때만 가능한 일이다. 다시 말해 소생산자가 자본가가 되는 것은 '이미' 자본주의의 존재를 전제한다. 소상품생산 자체만으로는 결코 자본주의가 발생할 수 없다. 요컨대 상인이 자본주의화를 예견하면서 저지한다면, 소생산은 자본주의화를 밀고 나가기에는 자본주의와 너무도 '독립적'이다. 그래서 맑스는 자본주의의 출발점을 이루는 이른바 '본원적 축적'은, 돕의 생각과 반대로 소상품생산의 대대적인 파괴를 수반한다고 썼던 것이다. 따라서 소생산 또한 그 자체만으로는 자본주의를 창조할 수 없다는 점은 매우 명확하다.[*]

물론 소생산이 상품시장과 결합하여 새로운 자본가층을 형성하는 것도 불가능하다고는 말할 수 없다. 그러나 이를 위해서는 상품시장이 도시의 방해, '부르주아지'의 저지를 뚫고 농촌에까지 확장되어 지방적인 차원에서 시장이 활성화되어야 한다. 그 경우에 소생산자는 교환을 위해 생산하게 되거나 적어도 잉여생산물을 시장에 들고 나오게 될 것이다. 이는 또한 지방시장의 확장, 농촌으로의 상품시장의 확산을 야기할 것이다. 소생산자가 새로운 생산양식의 모태가 될 수 있다면, 바로 이러한 의미에서일 것이다. "생산자가 상인이 된다"고 하는, 이행의 첫 번째 길이라고 하는 맑스의 말은 아마도 이런 경우를 지칭하는 것은 아닐까?

결국 중요한 것은 소생산자가 상인이 되기 위해서는 상업적 헤게모니를 장악한 도시의 통제를 넘어서 시장이 농촌으로 확장되어야 하고 지방으로, 전국으로 확장되어야 한다는 사실이다. 이는 도시 상인도 할 수 없는 일이지만, 그와는 다른 이유에서 소생산자로서도 결코 수행할 수 없는 일이었다. 그런데 두 가지 길 가운데 첫번째 길이 유의미하기 위해서 필요한 조건이 바로 이것이었다. 이미 우리는 맑스가 『자본』 I권의 소위 '본원적 축적'에 관한 장에서, 본원적 축적의 한 계기로서 국내시장의 창출에 대해서 언급한 것을 본 바 있는데, 그것의 중요성은 정확하게 이런 맥락에서만 충분히 이해될 수 있을 것이다.

반면 상인이 생산자가 되는 것은, 가령 전대제에서 그렇듯이 상인

---

* 물론 분해된 일부는 자본가로 상승하겠지만, 알다시피 그런 경우는 양적으로 소수일 뿐 아니라, 많은 경우 소생산 외부의 힘에 의해 몰락이 발생하기에 몰락은 전반적이다. 가령 영국의 독립자영농인 요맨층이나 독립소생산자층은 18세기 중반 내지 후반경에 이르면 거의 완전히 몰락하여 소멸된다(폴 망투, 『산업혁명사』(상), pp.156~161). 망투는 이를 산업혁명 때문이라고 본다(같은 책, p.163).

이 직접 수공업자나 노동자를 고용하여 생산으로까지 자신의 영역을 확장하는 것이다. 이 또한 자본주의적 관계를 만들어내는 것은 분명하지만, 이 경우에도 그는 상인자본으로서의 독점적 특권을 유지하기 위해 도시 내부의, 혹은 도시를 잇는 기존 교역의 경로에 판매를 국한할 것이며, 다른 지역으로의 시장의 확장을 저지할 것이다(이는 실제로 도시에서 일어났던 일이기도 하다). 따라서 이 '길'에서 자본주의는, 이미 충분히 제약된 경로에 갇힌 도시의 교역이 발전한다고 가능한 것이 아니며, 그들이 소생산을 포섭한다고 해서 가능한 것도 아니다. 이 길이 첫번째 길과 달리 보수적이고 가능성이 더 적다고 맑스가 말한 것은 바로 이런 의미에서다.

자본주의로 가는 길이 이 두 가지뿐이라면, 현실적으로 가능성이 있는 것은 분명히 첫번째 길이다. 그런데 지금 본 것처럼 문제는 단지 생산자와 상인이 결합되는 추상적 가능성의 유형이 아니라, 전국적 규모에서 혹은 적어도 지방적인 수준에서라도 생산과 시장이 결합되는 현실적 조건이다. 다시 말해 도시 부르주아지의 제약을 넘어서 농촌으로까지 확장된 지방적인 시장이나 전국적인 시장을 형성함으로써 소생산자를 포함한 다양한 생산자가 시장과의 관계 속에서 생산할 수 있게 되는 것이 어떻게 가능한가 하는 것이 문제다. 도시의 특권에 반하여, 혹은 도시 부르주아지의 이해에 반하여 전국적인 시장을 창출하는 것은 불가능할까? 가능하다면 누가 어디서 그것을 수행할 수 있을까? 이는 바로 생산과 시장이 결합되는, '도시적 길'과 다른 길이 어떻게 가능할까 하는 문제이기도 하다. 두 가지 길의 문제가 생산과 시장이 결합되는 두 가지 상이한 방식(way, 길)의 문제라는 것은 바로 이런 의미에서다.

다시 묻자. 도시적 독점의 틀을 넘어서 생산자를 상품생산자로 변환시킬 수 있는 지방적 내지 전국적 시장은 대체 어떻게 가능했을까? 여기서 우리는 도시동맹체나 도시국가와 대비되는 영토적 국가의 존재를, 혹은 그것을 가능하게 했던 절대주의(절대왕정)에 주목해야 한다. **도시의 특권과 도시적 교역의 제약을 넘어서 국가적 영토 안에 그것을 통합하고, 봉건적 귀족의 영토와 권력을 넘어서 절대군주의 단일한 권력 아래 그것을 통합하고, 영토 내부의 흩어진 지역들을 잇는 도로망을 건설함으로써 국지적 시장을 지방적인 시장으로, 나아가 전국적인 시장으로 통합하는 것.** 이는 바로 절대주의 국가의 가장 중심적인 과제에 속한다. 이런 의미에서 절대주의 국가는 자국 외부의 영토만 정복했던 게 아니라 "내부도 정복했던 것이다. 이 두 과정은 동시적일 수밖에 없었다. 다른 국가들과 경쟁해야 했던 영토국가들은 자기 안의 자원들을 최대한 동원해야 했기 때문에 봉건적 고립주의나 도시들의 배타주의를 허물지 않을 수 없었던 것이다".[22]

이러한 국가적 통합의 과정을 통해서 영토국가 내부에 존재하던 상인층이 국가적 체제에 통합되고 포섭되는 것은 피할 수 없었다. "대외교역에 종사하는 상인이나 은행가들에게 영토국가의 성장은 매우 위협적인 것이었다. 영토국가들의 전쟁으로 무역루트가 불안정해졌고, 상업과 금융망은 그것을 포획하려는 영토국가의 시도 때문에 많이 파괴되었다. 국가는 자국 상인들을 보호하는 조치를 취했고, 대외상인이나 은행가들에게 부여했던 혜택을 대부분 취소했다."[23] 영토국가와 도시 간의 대립이 본격화되기 시작한 셈이다.

그러나 영토국가와는 독립적인 화폐 네트워크를 가지고 있던 도시의 은행가나 상인들 가운데 일부는 발빠르게 영토국가와의 동맹을 통해서 영토국가의 권력을 이용하기도 한다. 가령 제노바 상인들은 스페인 국왕에게 금융지원을 해주면서 그들의 권력을 활용하여 유럽의 화폐질서를 자신들에게 유리하게 재편하고자 했으며, 암스테르담 은행가들은 자국 네덜란드 국가와 손을 잡고 유럽 경제에 대한 헤게모니를 강화하고자 했다. 이러한 과정을 통해서 도시들 간 은행의 연결망과 다른 영토국가적 은행이 새로이 경제질서의 내부에 자리잡게 된다. 이렇게 도시의 상인이나 은행가들이 갖고 있던 권력은 왕과 지배층이 갖고 있는 국가적 특권에 통합되면서 그것으로 대체되고, 도시적 독점은 국가적 독점으로 전환된다. 이 경우 독점적 특권이 작용하는 경계는 이제 도시와 비도시 사이에서, 동맹한 도시의 경계에서, 국가적 영토로 이전된다.*

그러나 이러한 영토적 내지 (영토)국가적 통합은 도시의 힘과 권력이 강성한 경우에는 거의 불가능했다. 절대주의 국가가 유럽에서 도시의 힘이 취약한 지대였던 서유럽, 스페인, 영국, 프랑스 등지에서 가장 먼저, 그리고 가장 강력하게 발전했던 것은 우연이 아니었다. 아니, 역으로 말해야 할지도 모른다. 절대주의 국가가 발전하고 있었던 곳에서는 도시들의 힘이 그다지 강하게 발전할 수 없었다고. "앵글로-색슨의 전통을 따랐던 도시들은 처음부터 왕령지의 일부분이었고, 따라서 대륙의 코뮌들이 지니는 정치적 자율성을 갖지 못한 채 상업적인 특권만을 누리고 있었다. 이들 도시는 중세에 이러한 종속적 지위를 거부할 만큼 충분히 강력하지도 않았으며 또 수적으로 많지도 않았다."[24] 반면 도시의 힘이 매우 강력했던 북부 독일이나 북부 이탈리아에서 영토국

---

* 이러한 과정에 대해서는 고병권, 『화폐, 마법의 사중주』, pp. 78~100을 참조하라.

가의 형성 —— 이른바 '민족적 통일' —— 은 19세기 후반에 가서야 비로소 이루어졌던 것 또한 이와 정확히 동일한 이유에서 설명할 수 있을 것이다.

그러나 영토국가는 단지 17~18세기에, 도시가 취약한 곳에서 운 좋게 갑자기 출현한 것은 아니었다. 브로델은 그것이 15세기 이래 장기적으로 성장해왔다고 말한다.[25] 그것은 18세기에 이르면, 유럽 내지 세계경제의 헤게모니까지 장악하게 되지만, 그렇게 느리게 성장한 것은 도시에 비해 훨씬 광대한 영토 안에서 정치적·경제적인 통합능력을 형성해야 했기 때문이다. 여기서 전국적 시장과 농업 경제가 매우 중요한 문제가 된다. 전국적 시장을 위해서뿐만 아니라 절대주의 국가에 필요한 조세수입을 위해서도 "국가가 효율적으로 농민들에게 접근해갈 수 있어야 하고, 또 농민들로선 자급자족 상태를 벗어나서 잉여를 생산하여 시장에 판매함으로써 도시를 먹여 살려야 했다. 형성 중인 영토국가는 세계의 대시장들을 즉각적으로 장악하려고 나서기에는 너무나도 할 일이 많았던 것이다".[26]

여기서 전국적 시장이 영토국가의 발전과 긴밀한 연관을 갖는다는 점이 드러난다. "전국시장이 완수되려면 농업·상업·수송업·공업 사이에, 또 수요와 공급 사이에 균형이 이루어져야 하지만 그것은 쉬운 일이 아니다. 그런데 영국이 마침내 이런 균형에 도달하자 네덜란드로서는 도저히 감당할 수 없을 정도의 경쟁자가 되었다."[27] 나아가 브로델은 네덜란드에서 상업자본주의의 발달에도 불구하고 상업혁명이 산업혁명으로 이어지지 못한 것은 "아마도 진정한 전국시장을 갖지 못했기 때문"이었을 것이라고 한다.[28]

요컨대 전국적 시장이란 것은 상품생산과 교역을 도시로부터 탈영토화(deterritorialization)하여 영토국가적인 경계의 안으로 재영토화(reterritorialization)하는 방식으로 형성되었고, 이로써 농촌의 소생산과 도시의 상업 및 수공업이 서로간에 연결되어, 서로가 필요로 하는 것을 상품형태의 교환을 통해 구할 수 있는 실질적 조건이 마련되었던 것이다.

4. 자본주의와 절대주의

절대주의 왕정의 관료들에 의해 시행되었던 중상주의는 정확하게 **전국적 시장의 창출과 영토국가적 통합**을 목적으로 하고 있었다. 그것은 먼저 상업의 발전을 주장하고 국가적 영토를 경계로 하는 강력한 보호무역주의를 주장하지만, 단지 그것만은 아니었다. "중상주의는 의심할 바 없이 국가적 영토 내에 있는 교역에 대한 지방주의적 장벽들을 폐지할 것을 요구하였으며, 상품생산을 위한 통일된 국내시장을 창출하려고 노력"[29]하였다.* 그것을 통해 "절대주의 국가는 교역에 대한 많은 국내적 장벽을 철폐하였으며, 외국의 경쟁자들에 대해서는 대외관세 장벽을 쌓았다".[30]

　그 결과 중상주의는 "두 가지 유형의 비경쟁적 상업을 가로막던 장애를 제거함으로써 국지적 교역과 자치도시 교역의 케케묵은 텃세를 깨부수어 도시간, 지방간의 구별뿐만 아니라 도시와 농촌의 구별도 점차 무시하는 전국시장으로의 길을 열었다".**

---

* 물론 앤더슨(P. Anderson)은 절대주의의 봉건적 본질을 확신하기에, 이러한 사실이 뜻하는 바가 무엇인지를 이해하지 못한다. 반면 그런 입장을 가진 사람조차 하는 발언이기에 이런 인용문은 더 의미심장하다.

이런 의미에서 "절대주의는 정확하게 국가의 번영과 경제의 강성이라는 공동이익을 위해 정치적 국가가 경제의 운용에 일관성 있게 개입하는 이론"이었다.[31] 즉 한마디로 말해 중상주의는 절대주의 국가의 통치술이었다. "중상주의의 치국술에는 대외정치상 지배력 획득을 위한 전 국토의 자원정비가 하나의 과제였다. 국내 정치에서는 봉건적, 자치도시적 배타주의로 분열되어 있던 여러 지역들을 통합하는 것이 불가결한 조건이었다."[32]

이는 도시와 영토적 국가의 대비 속에서 이해할 때 그 의미가 분명하게 드러난다. 브로델은 "중상주의란 경제활동의 지도권을 〔도시〕코뮌으로부터 〔영토〕국가로 이전하는 것"이라는 로스크러그(L. Rothkrug)의 정의를 "도시와 '주'로부터 국가로 이전하는 것"이라고 바꾼다.[33] 혹은 루빈(I. Rubin)처럼 중상주의란 "국가와 상업부르주아지의 동맹"이라고 말한다면,[34] 이때 말하는 상업부르주아지란 단순히 '상인자본가'라고 불리는 도시의 상인들이 아니라 **영토국가의 지배계급**으로 상승한 상업부르주아지, 혹은 영토국가와 동맹을 맺거나 그에 포섭된 상인자본가계급이라는 점을 추가해두어야 할 것이다. 따라서 중상주의란 단지 '상인자본의 경제학'이 아니라 영토국가의 통치술이고, 절대주의 국가 통치술의 주요한 형식이라고 말할 수 있을 것이다.

따라서 우리는 절대주의를 "공납제의 광범위한 형태변화를 통해 농민대중이 획득한 이익들을 무시할 뿐만 아니라 이를 거슬러 농민대중을 그들의 전통적인 사회적 지위에 되묶어 두려고 계획된 '재편성되

** 칼 폴라니, 『거대한 변환』, p.88. 폴라니 역시 중상주의를 '상업혁명'과 연결시키지만, 이는 브로델의 용어와는 반대되는 의미에서다. 즉 그가 말하는 상업혁명은 "보다 광범위한 농업지대의 후진국민들을 공업과 교역 쪽으로 조직해낸 것"을 말한다(같은 책, p.88).

고 재충전된 봉건적 지배기구' "[35]라고 한 앤더슨 식의 정의에 대해 쉽게 웃어넘길 수 있다. 그는 절대주의 국가를 "귀족계급과 부르주아지의 중재자"나 "귀족에 대항해 태동하는 부르주아지의 도구"라고 하는, 맑스나 엥겔스가 피력한 것과 유사한 견해를 비판하며 절대주의의 봉건적 본질을 강조하지만, 이는 서구의 '부르주아 혁명'이 부르주아적인 본질을 갖는다는 통상적 관념을 분명히 확인하기 위해서, 그 혁명이 타도한 권력은 봉건적 본질을 가져야 한다고 역(逆)추론한 것에 지나지 않는다.*

반면 우리는 지금까지 살펴본 것을 요약해서 이렇게 말해야 할 듯하다. 자본주의를 향한 '아래로부터의 길'이 유효화되기 위한 조건이 전국적 시장이었다면, 그리하여 생산자가 상품생산을 위해 생산하는 '상인'이 되기 위한 조건이 전국적 시장의 형성이었다면, 이는 **단일한 중심으로 통합된 영토적 국가를 통해서** 가능한 것이었고, 바로 그것이 절대주의가 직접적인 목표로 하고 있었던 것이었다고. **자본주의는 나중에 '국민국가'라고 불리는 그런 영토적 국가를 통해서 비로소 사회적인 범주로서 존재할 수 있게 되었으며,** 따라서 자본에는 국경이 없을지 모르지만 자본주의에는 국경이 있다고. 아니, 자본주의는, 그것이 비록 식민지의 착취와 수탈, 세계경제의 발전을 실존의 조건으로 하며, 그것을 통해 발전한다고 하더라도, 영토국가를 통해 형성된 국경을 통해 존재할 수 있었고, 국경을 단위로 작동하고 '발전'한다고. 그런 점에서 절대주의의 '계급적 본질'은 자본주의와 상응하며, 전국적인 영역에서 자본주의

---

* "절대주의 국가를 부르주아적 내지 준부르주아적인 것으로 규정함으로써 나오는 논리적인 결과는 서구의 부르주아 혁명들 자체의 성격과 실제를 부인하는 것이 되리라……"(페리 앤더슨, 『절대주의 국가의 역사』, p.21)

를 형성하는 데 이해관계를 갖는 '영토국가적 부르주아지'와 상응한다고.** 자본주의의 지배가 유럽에서 확연하게 되었던 18세기 후반에서 19세기에 이르러 '민족주의'(국민주의)가 지배적인 '이데올로기'로 부상했던 것은 이와 무관하지 않다고.

　덧붙일 것은 이처럼 자본주의가 국민적인/전국적인 영토국가를 통해 발생·발전할 수 있었다면, 자본주의는 그리고 그것을 밀고 나간 '국민적 부르주아지'는 국가를 통한 시장의 통합과 영토적 통합을 위해, 그것을 수행할 수 있는 강력하게 집중화된 권력을, 바로 절대주의 내지 절대군주를 필요로 했다는 점이다. 그래서 그들은 만약 그런 군주가 없다면 억지로 찾아내서라도 만들어야 했다. 메이지유신(明治維新)의 주역들이 천황을 살려내 전국적인 '순회'의 스펙터클을 연출했던 일본의 경우가 바로 적절한 예가 될 것이다. '부르주아 혁명'을 통해서 나폴레옹이 다시 강력한 권력을 갖는 '황제'가 될 수 있었던 것이 이와 무관하다고 말할 수 있을까? 심지어 나폴레옹 3세마저 이와 무관하다고 말할 수 있을까? 그렇다면 '부르주아 혁명'이나 '근대', '자본주의'라는 단어에서 오직 '자유'와 '평등', '의회'와 '민주주의'만을 떠올리는 놀라운 정치적 순진성으로는 근대도, 자본주의도, '부르주아 혁명'도 결코 이해하지 못할 거라는 생각이 그저 턱없는 억측일 뿐이라고 비난할 수 있을까?

** 맑스는 절대주의 국가들이 부르주아적 행정기구였음을 반복해서 강조한다. "절대왕정 아래서 관료제는 부르주아지의 계급지배를 분배하는 수단일 따름이다."(Karl Marx, "The 18th Brumaire of Louis Bonaparte," *Selected Works*, p. 171) "어디에나 빠짐없이 존재하는 상비군, 경찰, 관료, 사법기구 등의 기관들을 가진 중앙집권화된 국가권력은 봉건제에 대한 중간계급의 투쟁에 필요한 강력한 무기로서 태동하는 중간계급 사회에 봉사하였던 절대왕정 시대에 출현하였다."(Karl Marx, "Civil War in France," *Selected Works*, p. 289)

5. 누가 부르주아지가 되었나?

도시의 시민을 뜻하는 부르주아지는 자본주의적인 계급이 아니었으며, 절대주의라는 형태로 실현된 영토국가의 전국적 시장을 통해서만 자본주의는 탄생할 수 있었다고 할 때, 다시 제기되는 문제가 있다. "그렇다면 대체 자본주의적 계급으로서 부르주아지는 어떻게 형성된 것인가?" 이에 대한 대답은 이미 반쯤은 드러났다고 생각한다. 그것은 정치적·영토적 통일성, 경제적·시장적 통일성의 형성에 주력했던 국가를 통해서다. 하지만 이를 좀더 분명하게 하려면 다시 '본원적 축적'에 대한 맑스의 서술로 돌아갈 필요가 있다. 그것이야말로 글자 그대로 자본주의의 발생지요 출발점이 되었던 결정적 사건이기 때문이다.

앞서 본 것처럼 맑스는 본원적 축적을 구성하는 세 가지 계기에 대해서 명확하게 서술한 바 있다. 첫째, 직접생산자에게서 생산수단을 분리함으로써 이루어진 프롤레타리아의 창출, 둘째, 산업자본을 위한 국내시장의 조성, 셋째, 국가장치를 이용한 본원적 축적이 그것이다. 첫번째 계기가 자본주의적 생산관계의 전제를 이루는 '자유로운' 임노동자의 창출과 결부되어 있다면, 두번째 계기는 방금 위에서 본 것처럼 자본주의가 도시의 성벽을 넘어서 발전하기 위한 발생적 조건을 형성한다. 세번째 계기는, 이제 보려는 것처럼, 우리가 지금 자본가계급 내지 통상 '부르주아지'라고 부르는 자본주의 사회의 지배계급이 어떻게 형성되었는가를 해명하기 위한 단서를 제공한다.

이를 위해 다시 한번 강조해야 할 것은 소생산자의 분해를 통해서 한편은 자본가로 성장하고 양적으로 대다수인 다른 한편은 노동자가 되었다는 식의 내적 발전의 도식이 순전한 '신화'라는 사실이다. 이미 말한 것처럼 소생산은 너무도 독립적이고 안정적이어서 그 자체만으로는 그런 분해의 길을 가기 힘들다. 소생산의 분해는 이미 대규모 자본을 집적한 자본가와 상업의 발전, 그것이 농촌지역으로 침투하여 소생산을 장악하는 것을 통해서만 가능하다. 따라서 소생산의 분해는 이미 국내시장의 형성을, 그리고 그것을 통해 이미 충분히 성장한 자본가계급을 전제로 한다. 따라서 자본주의적 계급으로서 자본가계급은 이미 그 이전에 존재하지 않으면 안 된다. 따라서 다시 물어야 한다. 대체 누가 어떻게 해서 자본가계급으로 성장할 수 있었던 것일까?

이 질문을 이렇게 돌려서 던져보면 어떨까? 인클로저나 교회재산의 몰수, 공유지 횡령 등을 비롯하여 이른바 '본원적 축적'을 구성하는 일련의 사건들을 통해 거대한 '본원적 자본'을 형성한 사람들은 어떤 계급인가? 그들은 그렇게 축적한 자본으로 무엇을 했을까?

'본원적 축적'이 '본원적 자본'의 형성이란 개념과 무관하지 않은 한, 그렇게 거대한 재산을 집적한 사람들은 무엇보다 우선 자본가계급이 되었다고 생각해야 하지 않을까? 그러나 이렇게 생각하기가 그리 쉽지만은 안다. 그들은 지주나 귀족이었고, 따라서 봉건적 본질을 갖는 계급이라고 생각되기 때문이다. 그들을 대체 어떻게 자본주의적 계급과 동일하다고 말할 것인가?

그러나 만약 그렇다면, 그들이 이른바 '본원적 자본'을 형성한 '본원적 축적' 역시 자본주의의 출발점이라고 해선 안 되는 게 아닐까? 그렇다면 '본원적 축적'을 통해 자본주의가 모든 구멍에서 피와 오물을 흘리며 태어났다는 맑스의 분석 역시 잘못된 것이라고 말해야 하는 게 아닐까?

그들이 전쟁이나 사치보다는 화폐에 눈이 멀어 자신의 영지를 거대한 목장으로 바꾸어버린 '새로운 귀족'임과, 농민들의 고혈을 착취하다가 결국 그들을 내쫓고 양을 키우고 곡물을 경작하던 대지주였음은 분명한 사실이다. 그들은 봉건적 출신성분을 갖는 귀족이나 지주이기에 자본가가 될 수 없다고 해야 할까? 아니면 반대로 귀족들은 돈벌이에 나서기엔 너무 고귀해서 자본가가 될 수 없다고 생각해야 하는 것일까? 지주들은 그저 주는 지대나 받고 나태하게 사는 사람들이어서 적극적인 돈벌이에 나설 수 없다고 생각해야 하는 것일까? 그것은 자본가계급이란 말에서 제조업 내지 공업에 종사하는 사람을 떠올리거나 아니면 봉건적 특권과 대비되는 근대적 민주주의나 근면 절약하는 '합리적 생활방식'을 떠올리는, 자본주의의 진보성을 과장하는 순진한 교과서적 표상의 산물이 아닐까?

가령 돕은 16세기에 도시상인의 대규모 자본이 토지의 매입에 투자되었으며, 이는 대개 투기적인 목적이나 지대 수취를 위한 것이었다고 하면서도, "자본이 토지의 개량에 투하되고 영지가 자본주의적 농장으로 임노동에 의해 경작되는 경우도 반드시 이례적인 것은 아니었다"고 말한다. 이는 특히 토지가 목장으로 사용되는 경우가 그랬는데, "이 당시 많은 자산가가 이윤이 큰 양모무역을 목적으로 대규모적인 목양 경영자가 되었다. 이들 가운데는 15세기의 경제적 곤경을 타개하기 위해 직영지를 개량하기도 하고, 공동보유지에 울타리를 치기도 했던 옛 소지주들도 섞여 있었다".[36]

영국의 경우 적어도 17세기 말에 이르면 사태는 더욱 진전된다. 스스로 귀족이기도 한 이들 지주들은 새로운 경작방법들을 자신의 영지에서 실험하고 있었다. "명예혁명 이래 잉글랜드의 귀족계급은 부를 늘리려는 욕구에 사로잡혀 있었다. 금융과 무역에 종사하는 중간계급이 그들의 질투를 일으켰던 것이다. 그들은 자존심과 탐욕이 뒤섞인 야릇한 감정을 품은 채 '자본가들'(moneyed men)을 증오했지만 〔동시에〕 자본가들의 가족과 결혼관계를 맺음으로써 그들의 부를 이용하려고 애썼다."[37]

이것이 지주인 귀족들로 하여금 새로운 소득의 원천을 찾아나서게 하는 한편, 이미 수중에 있는 거대한 영지를 이용해 소득을 증식시키는 데 적극적 관심을 갖게 했다. 여기서 가장 유명한 사례를 만든 사람은 타운젠드 자작이었다. 국무대신과 추밀원 의장까지 지낸 그는 1730년 공직에서 은퇴한 후 노포크의 영지로 물러나 농업가로의 삶을 시작했다. 토지의 개량과 효율적인 윤작, 소와 양의 사육 등에 전념하여 크고 확실한 이윤을 얻었다. 그것은 가장 가난하고 불모적이었던 지역을 잉글랜드에서 가장 번성한 지역의 하나로 만들었다. 처음에는 비웃던 이웃의 귀족이나 지주들이 그를 본받아 적극적인 농업자본가로 나서기 시작했고, 그 결과 30년 뒤 노포크의 땅값은 3배로 상승했다.

비슷한 시기에 로킹검 후작, 베드포드 공작, 에그러몬트 경 등등의 귀족들 역시 똑같은 역할을 했으며, 그 결과 "이런 방식은 보편적인 것이 되었고, 모든 귀족은 자신의 영지에서 몸소 농업경영을 지휘하고 있다고 자랑했다. 대규모의 내란에서 싸운 17세기의 기사에 뒤이어 신사농업가(gentleman farmer)가 나타난 것이다. 1760년경에 소수의 귀족이 준 충동은 전국으로 확대되었다. 그것은 당시 사방에서 착수된 대규모 공공사업, 즉 도로건설, 운하건설, 늪지 간척에 의해 촉진되었다. 새로운 사회계급인 대차지농계급이 나타난 것은 바로 이때였다. 그들에게 경작은 곧 투자였다. 그리고 그들은 상인이 업무관리에 쏟아넣는 것과 똑같은 기업정신과 세심한 주의를 경작에 쏟아넣었다."[38] 영국에서

19세기에 이르기까지 대지주계급의 영향력이 유난히 강력하게 유지되었던 것은 이러한 사태와 무관하지 않을 것이다.

한편 17세기에 대규모 자본의 제철업에 투자했던 것 또한 많은 부를 소유하고 있던 지주-귀족들이었다. "훨씬 이전에도 제철공장의 설비는 지주 이외의 사람은 할 수 없을 만큼 큰 자본을 필요로 했다. …… 서부지방에 있는 이들 용광로의 대부분은 지주나 젠틀맨에 의해 출자된 것 같다."[39] 또한 도시적 독점을 대체한 국가적 독점으로 인해, 17세기 영국의 "공장은 주로 귀족적 이권 소유자에게 장악되었고, 그들의 기업은 국왕으로부터의 특권수여에 의해 보호받았다".[40] 그로 인해 핀제조업자, 펠트 제조업자, 견직업자 등 비천한 신분 출신의 제조업자들은 특허를 얻기 위해 궁정에 있는 젠틀맨층의 세력에 의존해야 했고, 제조업조합에 부여된 대부분의 독점은 재력과 세력을 겸비한 젠틀맨층의 발기인에 장악되었다고 한다.[41] 이는 이미 젠틀맨이라고 불리는 귀족 출신의 특권층이 제조업의 근간을 장악하고 있음을 시사한다.

무역 또한 마찬가지여서, "왕국의 전체 무역의 대부분은 기껏해야 200인의 수중에서 놀아나고, 그밖의 사람들은 하찮은 사업에 종사하고 보잘 것 없는 이익을 얻는 데 지나지 않는다"는 비난이 스튜어트 시대에 이미 반독점법(1601, 1604)을 위한 청원에서 제시되고 있다. 이는 나중에 '혁명'을 야기했던 자본가들의 대립의 원천이 되었던 것인데, 가령 그 법안에서는 "상품을 소수의 손에만 제한하는 것은 잉글랜드 신민의 **천부의 권리와 자유**에 반하는 것이다"라고 명시함으로써[42] 천부의 권리와 자유를 내건 '혁명'의 이념이 실질적으로 뜻하는 것이 무엇이었던가를 다시 생각하게 해준다.

이상의 예들은 영국에서는 젠틀맨이라고 불리던 귀족 출신의 대지주들이 16세기 이래 소위 '본원적 축적'을 통해 자본가계급으로 성장하고 있음을 분명하게 보여준다. 여기서 그들이 귀족이라는 사실은, 다시 말해 왕의 권한에 속하던 국가적 독점의 특권들에 가장 먼저 가장 쉽게 접근할 수 있었던 계급이었다는 사실은, 이들이 자본가가 될 수 없는 이유가 아니라 정반대로 이들이야말로 가장 쉽게 자본가가 될 수 있는 유리한 조건을 갖고 있음을 의미하는 것이다. 이는 프랑스도 비슷했던 것으로 보인다. 가령 퓌레(F. Furet)는 프랑스 혁명 이전에 이미 "자본주의가 농촌의 영주층에 침투해 들어갔으며, 공업에 관한 한 아주 상당한 정도가 귀족들 자신의 노력을 통해서 이루어졌다는 것을 우리가 알고" 있다고 말하고 있다.[43]

반대로 상인이나 무역업자들처럼 국가적 독점권을 할당받거나 국가의 허가와 원조를 필요로 했던 층은 말할 것도 없고, 제조업자들 또한, 이미 본 것처럼 영토국가 자체의 성격과 밀접히 결부된 국가적 독점에 접근해야 했다. 이를 위해 자신들의 조합에 젠틀맨을 끌어들이고 그들의 힘을 빌리고자 했지만, 이는 그들에게 조합 자체의 중요한 이권을 내주는 결과가 되기도 했다. 이러한 조건에서 제조업자나 상인이나, 자본가들은 어떤 식으로든 귀족의 일부가 되거나 국가권력 안에 들어가려 했고, 이를 위해 자신들이 번 돈을 사용해서 매수하고 매직(賣職)하는 방법을 사용했다. 이는 '전국적 사업'과 전쟁 등으로 인해 많은 돈을 필요로 했던 절대주의 국가의 중요한 재원 가운데 하나였고, '부르주아'들에게 관직을 파는 것은 절대주의 국가의 일상사가 되었다. "관직 보유와 작위 수여, 중앙집권화된 행정을 통해서 국가는 시민사회 전체를 삼키고 있었다. 즉 부르주아지의 부는 모두 작위 수여에 대한 대가로 국고로 들어갔다."[44]

따라서 지주나 귀족과 자본가를 그 출신성분이 다르다는 이유로 본질적으로 다른 계급으로 구별하는 것은 부적절하다. 자본가들이 도시 체제 안에서 하나의 계급으로 통합되어 간다면(누가 헤게모니를 갖는가의 문제는 여기서 매우 부차적이다), 지주나 귀족들은 절대왕정의 영토국가 안에서 국가적 독점을 축으로 하나의 계급으로 통합되어 간다. 즉 "성공한 부르주아지는 끊임없이 지주와 귀족이 되어가고 있었으며, 그리하여 30년 뒤에는〔한 세대가 지나면〕이 둘 사이의 구분선을 긋는다는 것이 어렵게 되었다. R. H. 토니는 그 과정이 16세기에 가속화되기는 했지만 그것을 하나의 **정상적 과정**으로 보고 있다."[45]

바로 이들이 16세기 내지 17세기 이래 영토적 국가를 통해 형성된 자본주의 세계의 새로운 지배계급이 된다. 한편에선 귀족과 지주가 영지를 중심으로 하여 자신이 축적한 '본원적 자본'을 기초로 국가적 독점이 제공하는 특권을 이용해 자산가로, 자본가로 되어가고, 다른 한편에선 부를 축적한 자본가들이 그 부를 이용해 국가 권력으로, 혹은 귀족으로 되어가는 이러한 과정을 통해서, 이들은 자본주의 세계의 새로운 지배계급이 되었던 것이다. 18세기에 이르면 상이한 출발점을 갖는 두 가지 '계급'이 이렇게 하나의 계급으로 수렴되는 양상은 확실한 것이 된다. "18세기에 경제적인 역할에서 귀족과 부르주아지 간의 차이가 상대적으로 좀더 작아졌다는 것은 사실이다. 양자는 모두 '혼합계급들'이었고, 대부분의 영주들은 스스로를 자본주의적 지주로 변형시키고 있었다."[46]

물론 로뱅(R. Robin)에게서 연유하는 '혼합계급'이라는 말은 섞인 계급의 출신의 이질성을 지적하는 단어이지만, 동시에 상이한 계급들이 하나의 범주로 뒤섞이는 현상을 지적하는 단어이기도 하다.* 여기서 자본주의 체제의 지배계급인 자본가는 그들의 출신성분에 의해 정의되는 범주가 아니라, 그들이 무엇을 하는가에 의해 정의되는 범주라는 점을 다시 강조할 필요가 있을까? "세계경제는 일단 그것이 자본주의적인 것이라면, 설령 그것이 외형상 유사하더라도, 반드시 자본주의 체제의 지배원리라는 견지에서 재규정된다"는[47] 말만큼이나, 자본주의 내지 자본가계급이라는 개념이 상이한 계급들이 혼합된 그 범주를 이미 충분히 자본의 위력을 알고 있고, 이미 충분히 돈의 유혹에 길든 사람들을 하나로 묶어주는 원리가 될 수 있다는 것을 굳이 길게 말할 필요가 있을까?

6. 국가와 부르주아지

우리는 이른바 '본원적 축적'의 요체는 바로 국가적 폭력을 이용한 대대적인 수탈인 동시에 국가적 독점을 이용한 대규모 '본원적 자본'의 집적이었음을 보았다. 초기의 인클로저에서 봉건 영주와 지주들은 왕이 제정한 반-인클로저법을 거슬러 농민들의 토지를 약탈하고 그들을 토지 밖으로 추방했지만, 그에 이은 다양한 종류의 토지 약탈은 대부분 의회를 통해서 직접 이루어지거나 국가적 폭력을 수반하면서 진행되었다. 또한 부랑을 금지하는 다양한 유혈입법이나 그들을 가두는 거대한 수용소, 그리고 전국적인 영토적 통합을 달성하고 전국적 시장을 창출하려는 시도, 그리고 국채제도나 공채제도, 조세제도와 보호주의 등은

---

* 그래서 로뱅은 이들을 '구체제 부르주아지'라는 하나의 개념으로 다시 묶는다(프랑수아 퓌레, 『프랑스 혁명의 해부』, p.182).

물론 저 끔찍한 식민주의도 한결같이 국가적 폭력을 통해, 국가장치를 통해 이루어진 것이었다. 또한 그에 따른 대규모 토지의 집적과 공유지 수탈, 교회재산 몰수, 식민지 착취 등이 이른바 '본원적 자본'의 축을 이루는 것이었다.

이런 의미에서 본원적 축적이란 명확하게 자본주의 체제의 출발점을 형성하는 거대하고 지속적인 사건들의 계열이다. 자본주의는 그것을 통해 탄생했고, 자본가계급은 그것을 통해 형성되었다. 국가권력과 국가적 독점은 그 과정 전체에 걸쳐 중심적인 추동력을 제공했을 뿐 아니라 상이한 출신의 '계급'들이 접근하고 뒤섞여 나중에 자본가계급 내지 '부르주아지'라고 불리게 될 하나의 '혼합된' 계급으로 재탄생하는 데 결정적인 역할을 했다. 따라서 우리는 "자본주의적인 의미에서 부르주아지는 어떻게 탄생했는가"라는 질문에 이렇게 답해야 한다. 그것은 국가를 통해서 탄생했다고.

그러나 아마도 눈치 없는 사람들은 다시 '원칙적인' 문제를 제기할지도 모른다. "대체 누가 그 국가를 이용했고, 대체 누가 그 국가를 장악했던가? 국가를 장악하고 이용한 그 '누구'는 국가장치의 그러한 장악과 이용에 앞서 존재해야 하지 않는가?" 물론 그 '누구'란 바로 자신의 이익을 위해 국가를 이용한 자본가계급이라는 대답을 위해 질문한 것이다.

하지만 자본가계급이 이렇게 이미 존재한다면, 그들은 또 다른 '본원적 축적'의 계기를 갖고 있어야 한다. 자본가계급의 본원적 자본을 형성한 다른 역사를 뒤져야 한다. 그리고 그에 따르면 맑스는 정작 중요한 것을 놓친 셈이다. 그러나 우리는 그 '본원적 축적'의 계기를 상업이나 고리대자본, 혹은 도시의 부르주아지로 찾아 올라가려는 신학적 소급이 역사적으로도 결코 성공할 수 없다는 것을 이미 안다. 도시는 분명 교역의 산물이지만 자본주의를 만들어내지 못했으며, 반대로 그 것을 방해했다는 것을 이미 보았기 때문이다.

차라리 이렇게 다시 묻자. 국가는 반드시 이미 존재하는 어떤 하나 의 계급에 의해 사용되고 장악되는가? 반대로 심지어 하나의 시기에조 차 **이질적인 계급이나 신분들이 그것을 이용하여 축재하면서 그것을 통해 하나의 계급으로 통합되고 동질화된다**고 생각해선 안 되는 것일까?

본원적 축적에 관한 맑스의 연구는 봉건적 영주와 대토지 소유자 들, 크고 작은 지주들, 상인이나 고리대자본, 식민주의적 약탈자, 노예 상인, 매뉴팩처 경영자 등등처럼 극도로 다양하고 이질적인 '계급'들이 국가장치를 이용한 저 끔찍한 축적과정을 통해서 자본가계급이라고 불 리는 하나의 동질적인 계급이 되었다는 것을 보여주고 있는 것은 아닐 까? 다양한 출신을 갖는 '부르주아'들이 모여 자신의 이해를 위한 국가 적-법적 형식을 만들고자 하며, 서로 충돌하고 대립하는 그러한 이해 들을 타협하고 조정하는 의회가 부르주아의 국가체제에서 중요하다면, 바로 이런 이유에서가 아닐까? 이전에는 결국 '혁명'이라고 불리는 투 쟁으로 귀착되었던, 이미 국가적 특권을 획득한 부르주아지와 그렇지 못한 부르주아지 간의 대립을 완화하고 조정하여 하나의 계급적 통합 성을 유지하는 것.

우리는 그 탄생기에서나 아니면 '정상적인' 시기에서나 국가야말 로 다양한 출신을 갖는 부르주아적 층들을 하나의 계급으로 묶고 그것 에 동질성을 부여하는 장치라고 말해야 한다. 이미 우리는 본원적 축적 과정에서 봉건영주, 지주, 상인, 제조업자, 수공업자, 대규모 차지농 등 의 이질적인 층들이 국가권력이라는 축으로 모여들고 그것을 통해서 하나의 계급이 된다는 것을 충분히 보지 않았던가? 따라서 이렇게 말해야 한다. **국가를 통해서만 부르주아지는 하나의 동질적 계급이 된다고.** 반대로 영토국가적 통합성이 없는 상태에서 도시의 발전이나 상업의 발전은 자본주의와 무관한 도시만을, 상업부르주아지만을 만들어낼 뿐이라는 것을 충분히 보지 않았던가? 따라서 이렇게 말해야 한다. **국가를 통해서만 부르주아지는 자본주의적 계급이 된다고.**

그렇다면 국가 없는 부르주아지는 자본주의적 부르주아지가 아니라고 말해도 좋지 않을까? "국가는 부르주아지의 집행위원회다"라는 「공산당 선언」의 유명한 명제는 바로 이런 의미로 해석되어야 하는 것은 아닐까? 국가라는 집행위원회가 없다면, (자본주의적인 의미에서) 부르주아지도 없는 것이라고. 그런 만큼 국가는 부르주아지의 유기적 구성부분이라고. 부르주아지는 국경을 갖는다는 의미뿐만 아니라 국가장치를 통해서 하나의 계급으로 성립된다는 의미에서 모두 국가 부르주아지라고.

"국경이 없는" 자본의 시대에 오히려 국민국가 형태의 국가가 지배적이게 되었고 진보를 의미하는 것으로 간주되었다는 역설적 사태는, '민족' 내지 '국민'이라는 범주가 사람들을 통합하는 지배적 개념이 되었고[*] 민족주의라는 이념이 사람들의 삶을 좌우하고 있는 19세기 이래의 저 역설적인 현상은[48] 바로 이러한 맥락에서만 비로소 이해할 수 있는 게 아닐까? 19세기에 이르러 국가를 통해 정의되는 하나의 동질적 범주로서 '국민'이라는 개념이 등장했다는 사실, 부르주아지가 스

---

[*] 이탈리아가 통일된 '국민국가'를 이룬 1860년에 다젤리오는 이렇게 말했다. "우리는 이탈리아를 만들었다. 이제 우리는 이탈리아인을 만들지 않으면 안 된다."(에릭 홉스봄, 『자본의 시대』, p. 137).

스로를 '국민파' 니 '애국파' 니 하는 명칭으로 자신의 진보성을 표현하고자 했던 사실,[49] 그리고 도시의 힘이 강력했기에 영토국가적 통합을 이루지 못했던 독일이나 이탈리아의 부르주아지가 뒤늦은 19세기에 새삼 '민족적 통일' 이란 기치 아래 '민족국가' 를 만들기 위한 '운동' 을 시작했다는 것 또한 이러한 사실과 무관하지 않을 것이다.

피터 정(Peter Chung) 외, 『애니매트릭스』(The Animatrix) 중에서, 2003

탈인간화된 계급투쟁?

7

계급과 비-계급의 계급투쟁 :
코뮨주의 정치학을 위하여

계급이란 생산수단 소유관계에 의해 규정되는 인간관계다. 그것은 그 관계 안에서 차지하고 있는 어떤 지위를 공유하는 사람들의 집단을 지칭하기도 한다. 이러한 집단을 분류하기 위해 다양한 요인들이 사용되는데, 이에 대해 레닌은 세세한 요인들을 거론하여 정의한 바 있다.

> 계급이란 역사적으로 규정된 사회적 생산체제 속에서 차지하는 지위; 생산수단에 대한 (대부분의 경우 법률에 의해 확인되고 성분화된) 관계, 노동의 사회적 조직 속에서의 역할; 그 결과 나타나는, 그들이 자유롭게 처분할 수 있는 사회적 몫의 크기 및 그것의 상이한 획득방법을 갖는 사람들의 커다란 집단이다. 계급은 일정한 사회경제체계 내에서 차지하는 그들의 지위 차이로 인해 어느 한편이 다른 한편의 노동을 영유할 수 있게 되는 사람들의 집단이다.[1]

알다시피 봉건사회의 경우에는 영주와 농노가, 자본주의·사회주의 경우에는 부르주아지와 프롤레타리아트가 서로 적대하는 기본적인 계급이다. 여기서 우리의 관심사는 자본주의 사회의 계급이 부르주아지와 프롤레타리아트 두 개의 계급으로 분할되는지, 아니면 여기에 지주나 프티부르주아지를 더한 세 개의 계급으로 분할되는지 하는 것이 아니다. 또 일정한 직업의 사람에게 특정한 계급적 지위를 할당하기 위한 분류적 기준도 관심사가 아니며, 생산적 계급과 비생산적 계급에 대한 오랜 논쟁을 반복하는 것도 아니다. 차라리 그보다는 계급관계란 기본적으로 두 개의 적대적인 계급의 대립으로 규정된다는 변증법적 계급관념, 따라서 한 사회의 이런저런 관계들은 항상 그 적대적인 계급의 투쟁으로 귀착된다는 환원론적 계급관념에 대해 질문하려는 것이다.

이러한 질문을 위해 아주 다른 방향에서 던져진 또 하나의 명제를 참조하려고 한다. 즉『안티-오이디푸스』에서 들뢰즈와 가타리는 부르주아지와 프롤레타리아트에 대해, 혹은 계급의 개념에 대해 다음과 같은, 저으기 당혹스런 명제를 제출한 바 있다. "자본의 공리계라는 관점에서 자본주의 사회에는 부르주아지라는 오직 하나의 계급만이 존재한다; 프롤레타리아트는 부르주아지와 대립하는 하나의 계급이 아니라 비-계급이다."[2] 이는 부르주아지와 프롤레타리아트라는 두 계급의 대립 내지 모순에 의해 자본주의의 작동 메커니즘을 이해하는 기존의 맑스주의적 통념에 전적으로 반하는 명제다. 적대 내지 대립을 통해 규정되는 계급이란 개념 자체에도 반하는 듯이 보이는 주장이다. 우리는 일단 이 명제를 맑스주의자들에 의해 제출된 명제로 간주하며, 따라서 맑스주의적 관점에서 이해하고자 할 것이다. 그 경우 이 명제는 생각보다 황당한 주장은 아니란 것을 이해할 수 있을 것이다.

그럼에도 불구하고 적지 않은 문제가 남는 것 역시 사실이다. 즉 프롤레타리아트가 비-계급이라고 말한다고 해도, 실제로 하나의 계급으로서 조직되고 실존하고 있는 것을 과연 부정할 수 있는가? 또 자본주의에는 하나의 계급밖에 존재하지 않는다면, 자본주의 사회에는 계급투쟁이 존재하지 않는다는 말인가? 즉 그것은 계급투쟁이라는, 맑스주의의 결정적인 개념을 부정하는 것이 아닌가? 나아가 프롤레타리아트가 비-계급임을 강조하는 것은 노동자 대중을 하나의 계급으로 묶어 세우는 계급적 정치학을 부정하는 것이 아닌가? 그렇다면 프롤레타리아트의 정치학은 대체 어떻게 가능한가? 그것은 맑스주의에서 정치학 자체를 부정하는 것을 의미하는 것은 아닌가?

『안티-오이디푸스』에서 제시된 앞서의 명제들은 이런 문제들을 충분히 개진하고 있지 않으며, 이 명제들은 이후의 어떤 저작에서도 다시 다루어지지 않는다. 따라서 여기서 우리가 던지려는 질문은 그들에 의해 진지하게 다루어진 바 없다. 사실 그들이 어떻게 말했는가, 혹은 말할 것인가를 확인하는 게 중요한 것은 아니다. 하지만 우리는 맑스주의 계급이론이나 정치학과 관련해서 그들이 표창처럼 던져놓은 저 몇 개의 명제들이 중요하다고 생각하기에, 그러한 관점에서 위에서 던져진 몇 개의 질문들을 좀더 강하게 다시 던지고, 그것들을 계급과 정치에 대한 맑스적 사유를 좀더 밀고 나가기 위해 사용하고자 할 것이다.

1. 신분에서 계급으로

알다시피 근대 이전의 사회는 신분사회였다. 신분사회에서 "개개인은 생득적인 재능이나 기능, 혹은 자의나 우연에 따라서 신분에 배속된다".[3] 이는 통상 사회 전체를 하나의 유기적 전체로 지층화하면서, 각 개인에게 유기체 안에서 필요한 어떤 역할이나 기능을 할당하는 방법이다. 사회를 하나의 유기체로 지층화하면서 사용되는 가장 흔하고 일반적인 방법은 유비(analogy)인데, 통상 사회라는 유기체를 인간이라는 유기체에 유비하는 방식으로 이루어진다. 그래서 가령 머리의 역할을 담당하는 신분(성직자), 팔과 손의 역할을 하는 신분(전사, 기사), 몸의 역할을 하는 신분(평민), 다리와 발의 역할을 하는 신분(농노나 노비, 노예)이 등장한다. 카스트 역시 이와 동일한 원리에 따라 역할과 기능을 분배하고 할당한다(브라만, 크샤트리아, 바이샤, 수드라).

개인들을 할당하는 것은 이러한 신체적 유비에 따라 '피와 혈통'을 원리로 하여 이루어진다. 즉 신분은 타고나는 것이며, 피는 속일 수 없는 것이다. 사회에 유기체의 이미지를 부여하는 것이 유비라면, 이는 그 자체만으로는 동일시를 거부하는 저항의 움직임에 무력한 것일 수밖에 없다. 이러한 유기체를 실질적으로 유지하기 위해서는 법적 코드화와 그것을 유지하는 정치적 권력의 강제력, 그리고 그런 유비적 유기체에 대한 동일시를 야기하는 표상체계(이데올로기) 등이 사용된다.

근대사회는 이러한 신분적 코드의 체계에서 벗어나는 흐름과 더불어 탄생했다. 예를 들어 시장과 화폐는 신분적 코드의 외부에서 탈코드화된 부의 흐름을 형성하고, 신분적 코드에서 벗어난 교환의 형식을 만들어낸다. 탈코드화된 부의 흐름, 기존의 신분체계에서 벗어난 교환의 형식은 태생적인 차이에 의해 규정되어 있는 차별을 넘어서 인간의 욕망을 등가화한다(홉스, 헤겔). 귀족과 평민이 '인간'이라는 하나의 개념으로 묶일 수 있는 것은 시장에서 가장 먼저 성립한 이러한 등가화를 통해 가능한 것이었다(홉스나 계약론의 시장적 성격!).

이에 따라 사회는 등가적인 욕망을 갖는 개인들로 분할된다. 이러한 개인들의 집합체를 19세기 사람들은 '시민사회'라고 명명했는데, 헤겔은 이러한 시민사회를 '원자론의 체계'라고 이해한다. 왜냐하면 사회는 유기적인 통일성을 상실하고 개개인의 특수한(보편성을 상실한) 자기존립적 의식들의 집합이 되기 때문이다('인륜성의 상실').[4] 여기서 홉스는 근대 사회사상 전반의 출발점을 제공하는 질문을 던진다. "사회는 대체 어떻게 가능한가?" 이는 사회라는 유기체의 탈지층화 혹은 신분의 탈코드화에 대해 어떻게 사회가 하나의 질서를 갖는 집합체로서 성립할 수 있는가 하는 질문이고, 재지층화하기 위한 질문이다. 스미스의 '보이지 않는 손'은 이에 대한 다양한 대답 가운데 하나로 이해할 수 있다. 그런데 스미스의 대답은 '보이지 않는 손'이라는 가치법칙이 신분적인 코드를 대신하여 사람들을 움직이고 통합하는 보편원리가 되었음을 보여준다.

이를 맑스는 정치적 신분이 사적 신분으로 전환되었다고 표현한다. 사적 신분은 시민사회의 직접적·본질적·구체적 입장이다. 이런 의미에서 시민사회의 "사적 신분은 정치적 의미와 활동에 대한 대립물, 정치적 성격의 박탈을 표현한다".[5] 이러한 사적 신분을 맑스는 '정치적 신분'과 대비하여 '사회적 신분'이라는 말로도 표현한다. 어느 경우든 정치적 권력에 의해 유지되던 신분적 코드에서 탈코드화된 새로운 종류의 '신분', 결국은 신분이기를 그친 신분을 표현하기 위한 말이다.

〔중세의〕 정치적 신분들에서 사회적 신분들로의 본격적 전화(轉化)는 절대군주제 아래에서 일어났다. …… 프랑스 혁명이 이러한 전화를 완성시켰다. 바꿔 말하면 프랑스 혁명은 시민사회의 신분구별들을 단지

사회적 구별들로, 즉 정치생활에서는 중요하지 않는 사적 생활의 구별들로 만들어버렸다. 정치생활과 시민사회의 분리가 이것에 의해 완성되었다.[6]

시민사회는 입법권의 의회적 요소에서 '정치적 의미와 활동'을 획득한다. 이를 '정치적 신분'이란 말로 재차 표현하지만, 이는 이전의 '정치적 신분'과는 아주 다른 의미를 띤다. 가령 "중세의 신분들은 입법활동에 참여하였기에 정치적-신분적인 것으로 되었던 게 아니라 그들이 정치적-신분적이었기에 부분적으로 입법활동에 참여"하였다면,[7] 근대의 정치적 신분은 그와 반대가 된다.

한편 정치적 활동에 참여하지 못한 채, 혹은 참여 여부와 무관하게 근대의 사회적 신분 내지 사적 신분은 스미스가 말한 것처럼 '보이지 않는 손'에 의해, 다시 말해 시장으로 표상되는 경제법칙에 따라 움직인다. 이는 정치적 활동에 참여하는가와 무관하게 가치법칙이 작동하는 영역에서 그에 따라 움직이는 모든 사람들에게 적용된다. 이제 정치적 권력이 아니라 가치법칙이, 경제적 권력이 그들의 행동을 규정하는 요인이 된다. 경제학적 공리, 혹은 자본주의적 공리들이 그들의 행동과 사고를 규정하는 직접적 요인이 된다. **이러한 공리에 따라 움직이는 사람들의 집단을**, 이전의 '신분'과 구별하여 '계급'이라고 명명한다.

결국 중세에서 근대로의 변화는 정치적 국가와 시민사회의 분리라고도 말할 수 있고 정치적 신분에서 사적 신분으로의 변화라고도 말할 수 있지만, '신분'이란 말의 의미 변화를 고려하여 그것을 다른 말로 대체하면 '신분'에서 '계급'으로의 변화라고 요약할 수 있을 것이다. 이러한 변화에서 사람들의 삶과 활동, 그리고 의식을 규정하는 직접적인 요인은 정치적 권력에서 경제적 공리·자본주의적 공리들로 대체된다. 자본주의는 신분이라는 코드의 체계를 탈코드화하지만, 그것을 다른 종류의 신분적 코드로 대체하는 것이 아니라 신분 없이 경제학적 공리들에 의해 움직이는 공리계로 변환시킨다.

2. 자본주의 공리계와 계급

공리계를 구성하는 공리들은 흐름을 규제하는 규칙이란 점에서 분명 일종의 코드임에 분명하다. 그러나 공리란 수학의 공리들이 그렇듯이 적용되는 것과 그렇지 않은 것을 구별하지 않으며, 모든 것의 통분불가능성을 넘어서 보편적으로 적용되어야 할 단일한 추상적 규칙이란 점에서 코드와 다르다. 즉 공리계란 가령 모든 활동을 통분가능하고 비교가능한 단일한 추상적 흐름으로 통접(統接)할 수 있을 때 비로소 성립된다. 따라서 그것은 모든 코드를 해체하는 탈코드화를 전제한다. 또한 공리계의 공리들은 코드들과 달리 생산이나 활동 등의 이득을 낳는 모든 것에 직접적인 관계를 수립한다. 나아가 코드들이 대개는 비인격적인 것조차 인격적 유비를 통해서 규정하는 데 반해, 공리들은 인격적인 것조차 비인격적 보편성의 형식 아래 포섭한다.

    이러한 형식이 가장 잘 드러나는 것은 자본주의에서 법적 형식이다. 자본주의 이전에 법은 통상 주관적이고 범례적인(topique) 것이었다.[8] 다시 말해 보편성과 객관성의 형식을 취하는 근대적 법과 달리 인격적인 의존관계에 기초하기 때문에 '누구인가'에 따라 다른 양상의 규칙들이 분배되기 마련이고(즉 '코드화'에 상응한다), 그에 따라 이런 국가의 법은 '주관적'이라고 할 수 있다. 여기선 다른 경우들에 적용하는 데 일종의 '기준' 역할을 하는 대표적인 사례들이 법적 보편성을 대신하기에 '상례적' 이라고 할 수 있다.

반면 자본주의에 이르면 법은 이제 원칙적으로는 모든 경우에 해당되며 모든 사람들에 대해 동일하게 적용되는 보편적 형식을 향해 나아가게 된다. 근대적 법은 로마의 상례적인 법과 달리 공리적인 형식을 취하게 된다. 법이 관련된 사항들 전체에 동등하고 동일하게 적용되는 최소한의 보편규칙이고, 개별적인 경우들이 그것에 기초해야 하는 그런 최상위규칙이란 의미에서 '공리적' 이란 것이다. 하위법은 상위법에 따라야 하고, 그 상위법은 가령 민법의 경우 일물일권주의(一物一權主義)를 비롯한 몇 가지 규칙을 통해 구성된다. 이런 식으로 법은 하나의 공리적 질서에 따라 만들어지고 배열된다. 근대 법의 기원으로 간주되는 프랑스 민법이 대표적인 경우일 것이다. 더불어 공리적 법은 피지배계급에 대한 명령문 형식이 아니라 객관적이고 서술적인 문장으로 쓰여지고, 완벽하고 포화된 합리적 체계를 형성하는 듯이 가장되며, 새로운 공리들이 추가될 수 있는 방식으로 만들어진다.[9]

이러한 자본주의 공리계에는 그 공리들을 따르는 오직 하나의 계급만이 존재한다.[10] 즉 가치법칙의 보이지 않는 손에 의해 장악되어 있는 계급, 시장의 법칙을 유일한 행동원리로 삼는 계급, 그러한 가치법칙을 자신의 행동 법칙으로 삼고, 그것이 함축하는 경제적 욕망을 자신의 욕망으로 삼는 하나의 계급. 이를 우리는 부르주아지라고 부른다. "엄밀한 의미에서 부르주아지는 역사상 유일한 계급이었다. 그 이전에는 아직 진정한 계급이 아니었던 카스트들, 서열들, 신분들이 있었을 뿐이다."[11]

이런 의미에서 자본주의 공리계 안에서는 지배계급과 피지배계급이 존재하는 것이 아니라 오직 하나의 피지배계급, 오직 하나의 노예계급만이 존재할 뿐이다. "거기에는 이제 더이상 주인이 없고 다만 노예들이 다른 노예들에게 명령을 내리고 있다. …… 부르주아지는 가장 천한 노예보다도 더 천한 노예요, 굶주린 기계의 마름이며, 자본을 재생산하는 짐승이고 무한한 부채의 내면화다. …… '나 또한 노예다' ─ 이것이 주인이 하는 새로운 말이다."[12] 따라서 이렇게 말해도 좋을 것이다. 부르주아지란 일반화된 노예계급이다.

맑스가 '자본가란 자본의 담지자'라고 불렀던 것과 정확하게 대응하는 이러한 양상은 부르주아지가 부를 지배하는 계급이 아니라 증식을 목표로 하는 자본의 논리에 지배되는 계급, 자본의 공리에 복종하는 노예계급이라는 것을 보여준다. 공리계의 공리에 복종하는 계급, 자본주의 공리계는 오직 이런 하나의 계급만을 요구하며 그런 하나의 계급만을 생산한다는 것이다.

이런 점에서 부르주아지는 '보편적 계급'이며 그들의 법이 잘 보여주듯이 보편주의를 추구한다. 왜냐하면 그것이 하나의 단일한 계급이라는 점에서뿐만 아니라, 그들의 사고와 행동을 정의하는 것이 자본주의적 공리라는 보편적 '원리'이기 때문이다. 칸트가 실천이성의 원리를 "자신의 의지의 준칙이 항상 보편타당한 입법원칙이 되도록 행동하라"고 요구했을 때, 그가 보편성의 윤리학을 통해 정확하게 보여준 것이 바로 이것이다. 시민사회는 이해의 개별성, 그 특수성에 의해 원자론적으로 분열되어 있지만, 각각의 개별적 의지, 개별적 욕망을 규제하고 통제하는 법칙은 정확하게 하나의 공리적 보편성을 갖는 단일한 것이다. '보이지 않는 손'이 그 개별적 의지의 머리 위에서 줄을 움직이고 있는 것이다.

신분은 정의상 상이한 역할과 기능을 수행하는, 유기체의 상이한 부분들의 공존을 전제한다. 그 위치와 역할에 따라 성직자와 전사(기사)만이 아니라 생산자와 노비 등과 같은 상이한 신분이 공존해야 한다. 헤겔적인 어법으로 통치자가 '보편적 신분'이라고 할 때에도, 그것은 신분이 갖는 어떤 단일한 통일성이란 의미에서 보편성이 아니라, 한 사회의 국지적이고 부분적인 역할을 넘어서 **전체를 고려하는 역할이란 점에서** '보편성'을 의미할 뿐이다. 그러나 계급은 그런 상이한 '신분'들을 갖지 않는다. 오직 하나의 보편적이고 공리적인 규칙에 따르는 오직 하나의 계급이 있을 뿐이다. 상이한 계급 사이의 차별은 '탈코드화'를 통해 정의되는 계급의 개념에는 원리적으로 있을 수 없다. 물론 계급 안에서 기능의 차이나 역할의 차이, 지위의 차이는 있을 수 있지만, 그것은 계급 **안에** 존재하는 차이지 상이한 계급을 구성하는 그런 차이가 아니다.

이런 점에서 계급은 오직 하나 존재하며, 그 계급의 보편성은 **누구에게나 동일하게 적용되는** 정의의 보편성이다. 예를 들어 흔히 말하듯이 자본가에게 고용된 관리자는 피고용자이지만 기능상 자본의 기능을 수행하는 존재란 점에서 '기능적 자본가'고 부르주아지의 일부다. 소득수준의 차이나 직업의 차이는 이 경우 또 다른 계급을 구성하는 이유가 전혀 되지 않는다.

그런데 우리는 여기서 좀더 밀고 나아가야 한다. 자본가가 자본의 담지자·대리자이고, 관리자가 자본가의 대리자란 점에서 자본가계급의 일부라면, 자본가에 고용되어 자본의 의지대로 노동하는 노동자는 어떤가? 그 역시 자본에 포섭되어 자본의 의지에 따라 노동하는 한에서는 자본의 의지를 대행하는 자본가의 대리자 아닌가? 즉 그런 조건에서 노동자는 '가변자본'이고 따라서 자본의 일부다. 자본에 포섭된 노동자, 그들은 자본가계급에 포섭된 존재고, 부르주아계급에 포섭되어 가치법칙에 따르게 된 존재다.

　　반드시 자본에 고용된 것은 아니라고 해도, 부르주아지와 마찬가지로 가치법칙이나 가치증식의 공리를 삶의 척도로 삼고 그에 따라 행동하는 사람이라면 모두 자본의 저 보편적인(!) 공리에 복속된 단일한 계급에 속해 있는 것이라고 해야 한다. 여기서도 소득수준이나 직업 등은 어떤 근본적 차이를 만들어내지 않는다. 즉 아무리 가난한 사람이라도 그러한 공리에 복속되어 행동한다면, 그런 한에서 그는 부르주아지라는 단일한 보편적 계급에 속한다는 것이다. 요컨대 자본의 공리에 따라 그것에 복속되어 산다면, 그가 어디서 무엇을 하든 그는 부르주아지라는 하나의 단일한 계급에 속한다는 것이다. 여기서 보편성은 모든 사람에게 적용가능한 외연적 규정임이 분명하다. 이것이 '보편적 계급'이라는 말이 갖는 또 다른 함축이다.

3. 부르주아지: 보편적 계급

부르주아지가 된다는 것은 이처럼 어느 누구에게나 적용될 수 있는 어떤 규정성 ── 자본의 공리계, 혹은 가치법칙의 공리계에 속하는 ── 을 획득하는 것을 의미한다. 뒤집어 말하면 자본이나 가치법칙의 공리에 복종하는 순간 부르주아지가 되는 것과 마찬가지로, 자본가에게 요구되는 어떤 규정성을 획득하면 누구나 부르주아지가 된다. 한마디로 말해 "자본의 담지자(대리인)"가 되는 것. 부르주아지가 계급으로서 형성되어 간 역사적 과정은 이를 잘 보여준다.

부르주아지를 단순하게 지주나 귀족들과 다른 출신의 어떤 집단으로 상정하는 통념, 그리하여 근대적 합리성과 진보성을 표상하는 그런 신화적 통념에서 벗어나서 본다면, 부르주아지는 다양한 출신의 사람들이 부의 증식을 위해 자신의 재산을 이용하여 생산 내지 경영에 참여하는 아주 다양한 경로를 통해서 만들어진다. 먼저 상업을 통해 형성한 자본을 갖고 전대제적 방식으로 상품을 생산하던 도시의 상인들, 무역 내지 상업으로 번 돈으로 토지를 매입하고 임노동을 고용하여 자본주의적 농장으로 경영하던 도시상인들, 자신의 소유지에 덧붙여 토지를 임대하여 경작지를 늘려가면서 점차 부를 늘려간 고전적인 독립적 소농들, 매뉴팩처 경영에서 시작하여 임노동을 고용하면서 점차 그 규모를 확장해간 고전적 제조업자들이 있다.

그러나 그것이 다는 아니다. 이른바 '본원적 축적' 과정의 주역으로 등장하는 구시대의 지배층들 역시 발빠르게 대응하면서 급속히 부를 증식해간 사람들은 부르주아가 되었다. 화폐에 눈이 멀어서 농민들을 내쫓고 자신의 영지를 대규모 목장으로, 혹은 농장으로 바꾸어버린 귀족들, 농민들의 고혈을 착취하다 결국은 그들을 내쫓고 양을 키우고 곡물을 경작한 대지주들, 교회재산이나 공유지를 횡령하여 그런 농장을 만든 사람들 등등.

명예혁명 이래 잉글랜드의 귀족계급은 부를 늘리려는 욕구에 사로잡혀 있었다. 금융과 무역에 종사하는 중간계급이 그들의 질투를 일으켰던 것이다. 그들은 자존심과 탐욕이 뒤섞인 야릇한 감정을 품은 채 '자본가들'(moneyed men)을 증오했지만 자본가들의 가족과 결혼관계를 맺음으로써 그들의 부를 이용하려고 애썼다.[13]

영국의 경우 타운젠드 자작처럼 거대한 영지를 이용해 농업경영을 하여 부를 증식시키는 사람들이 17세기 말 이래 급속히 늘어났다. "이런 방식은 보편적인 것이 되었고, 모든 귀족은 자신의 영지에서 몸소 농업경영을 지휘하고 있다고 자랑했다. …… 대규모의 내란에서 싸운 17세기의 기사에 뒤이어 신사농업가(gentleman farmer)가 나타난 것이다. 1760년경에 소수의 귀족이 준 충동은 전국으로 확대되었다. 그것은 당시 사방에서 착수된 대규모 공공사업, 즉 도로건설, 운하건설, 늪지간척에 의해 촉진되었다. 새로운 사회계급인 대차지농계급이 나타난 것은 바로 이때였다. 그들에게 경작은 곧 투자였다. 그리고 그들은 상인이 업무관리에 쏟아넣는 것과 똑같은 기업정신과 세심한 주의를 경작에 쏟아넣었다."[14]

이처럼 부르주아지가 된다는 것은 그 출신이나 규모와 무관하게 영지나 토지 혹은 다른 재산을 이용해서 재산을 증식하고 화폐를 이용하여 화폐를 증식시키는 활동을 하는 것을 의미한다. 지금은 공리적 보편성을 갖게 된 그 규정성을 획득하는 것에 의해, 그 규정성에 부합하는 순간 누구든 부르주아지가 되고, 그의 과거는 눈부신 화폐의 빛 아래 지워지고 사라지며 하나의 동일한 계급으로, 보편적인 계급으로 동질화된다.

그런데 이렇게 부르주아지가 되기 위해서는, 혹은 부르주아지로서 성공하기 위해서는 국가가 제공하는 이권이나 특권에 접근할 수 있어야 했고, 그런 점에서 또 다른 의미의 '정치적 신분'이 되거나 거기에 줄을 대야 했다. 가령 17세기 영국의 "공장은 주로 귀족적 이권 소유자에게 장악되었고, 그들의 기업은 국왕으로부터의 특권수여에 의해 보호받았다".[15] 그로 인해 핀 제조업자, 펠트 제조업자, 견직업자 등 비천한 신분 출신의 제조업자들은 특허를 얻기 위해 궁정에 있는 젠틀맨층 세력에 의존해야 했고, 제조업조합에 부여된 대부분의 독점은 재력과 세력을 겸비한 젠틀맨층의 발기인에 장악되었다고 한다.[16]

반대로 상인들이나 무역업자들처럼 국가적 독점권을 할당받거나 국가의 허가와 원조를 필요로 했던 층은 말할 것도 없고, 제조업자들 또한 이미 본 것처럼 영토국가 자체의 성격과 밀접히 결부된 국가적 독점에 접근해야 했다. 이를 위해 자신들의 조합에 젠틀맨층을 끌어들이고 그들의 힘을 빌리고자 했지만, 이는 그들에게 조합 자체의 중요한 이권을 내주는 결과가 되기도 했다. 이러한 조건에서 제조업자나 상인이나, 자본가들은 어떤 식으로든 귀족의 일부가 되거나 국가권력 안에 들어가려 했고, 이를 위해 자신들이 번 돈을 사용해서 매수하고 매직(賣職)하는 방법을 사용했다. 이는 '전국적 사업'과 전쟁 등으로 인해 많은 돈을 필요로 했던 절대주의 국가의 중요한 재원 가운데 하나였고, '부르주아'들에게 관직을 파는 것은 절대주의 국가의 일상사가 되었다. "관직보유와 작위수여, 중앙집권화된 행정을 통해서 국가는 시민사회 전체를 삼키고 있었다. 즉 부르주아지의 부는 모두 작위수여에 대한 대가로 국고로 들어갔다."[17]

이런 점에서 부르주아지의 보편성은 누구에게나 적용가능한 규정이란 의미를 넘어서, 자신의 개별적 내지 특수적 이해를 국가를 통해 '보편적 이익'으로 변환시키는 능력을 요구했던 셈이다. 그렇게 될 경우 이제는, 19세기 영국 의회의 수많은 인클로저법들이 보여주듯이, 공유지를 사적인 토지로 무단점취하는 것조차 충분히 가능해지고 보편적 이익의 표상 아래 정당화된다. 이런 점에서 통치권을 행사하는 '정치적 신분'은 중세와는 다른 의미에서 '보편적 신분'임이 분명하다.

4. 프롤레타리아트: 비-계급

1) 비-계급으로서 프롤레타리아트

그렇다면 자본주의 사회, 혹은 근대 사회에는 오직 부르주아지만이 존재하는가? 그러나 자본주의 사회에 부르주아지라는 하나의 계급만 존재한다는 것이 그 세계에 부르주아만 존재함을 뜻하는 건 아니다. 왜냐하면 부르주아계급에 속하지 않는, 다시 말해 '계급'에 속하지 않는 사람들이 다양하게 존재하기 때문이다. 자본의 공리 혹은 부르주아지를 구성하는 가치법칙의 공리에 따르지 않는 사람들, 복속되어야 할 부르주아를 갖지 않는 사람들, 혹은 고용되었지만 그들의 의지에서 벗어나는 사람들 ……. 이들 모두는 부르주아지와 동일한 외연을 갖는 저 보편적 계급에 속하지 않는다. 즉 이들은 단일한 계급적 규정성을 갖지 않는다는 점에서 '비-계급'에 속한다고 해야 한다. 무산자를 뜻하는 '프롤레타리아트'는 바로 이런 '비-계급'을 표시하는 개념이다.

맑스에 따르면 자본주의는 부르주아지만으로 시작되지 못한다. 자본의 '본원적 축적'에 대한 부분에서 맑스는 '사전에 축적된 본원적 자본'의 신화를 해체하면서, '본원적 축적과정'이란 무엇보다도 생산수단으로부터 생산자를 분리하여 프롤레타리아트로 만드는 과정이었다고 비판한다.[18] 그것은 기존의 신분적인 규정이나 경제적인 규정을 상실하여 비-신분이 되는 과정이다. 그러나 그것은 자본의 공리나 부르주아지를 정의해주는 어떤 규정성도 획득하지 못한 상태다. 따라서 프롤레타리아트란 이처럼 토지로부터 분리됨으로써 부랑자가 되어 사회를 떠돌거나, 걸식하는 거지가 되거나, 날품을 팔며 하루하루 생계를 잇는 다양하고 이질적인 사람들을 통칭하는 개념이다. 즉 프롤레타리아트는 하나의 적극적 규정에 의해 '계급'으로 정의될 수 있는 그런 개념이 아니다.

이런 점에서 프롤레타리아트는 '비-신분'인 만큼이나 정확하게 '비-계급'이다. 그것은 하나의 계급이 지배하는 사회, 오직 하나의 계급만이 존재하는 사회에서 그 계급의 외부에 존재하는 모든 조건과 활동을 포함한다. 이런 의미에서 그것은 부르주아지와 더불어 존재하는, 부르주아계급의 외부다. 자본주의적 계급으로서 부르주아지는 처음부터 계급으로 탄생하여 계급으로서 존속하지만, 프롤레타리아트는 처음부터 비-계급으로서 탄생하며 비-계급으로서 존속한다.

맑스에게서 프롤레타리아트란 개념은 경제학적으로 정의된 개념도, 자본의 운동에 대한 경제학적 분석을 통해 탄생한 개념도 아니다. 이 단어는 토지를 갖지 못한 로마 시대의 최하층 자유민을 지칭하던 말 'proletari'에서 연원한 것으로, 맑스가 경제학에 대한 연구를 시작하기 이전 저작인 「헤겔 법철학 비판 서문」(1843)에서 처음 사용된다.* 여기서 맑스는 이 개념을 정확하게 계급이 아닌 '계급'이란 의미에서 '비-계급'으로 규정한다. "철저하게 속박되어 있는 한 계급, 시민사회의 계급이면서도 **시민사회의 어떤 계급도 아닌** 한 계급, 모든 신분들의 해체를 추구하는 한 신분"이[19] 바로 프롤레타리아트라는 것이다.

이들은 기존의 사회적 규정성의 해체를 통해, 혹은 사회적 관계·사회적 지위의 해체를 통해서 만들어진다. 즉 그들은 "사회적 궁핍에 의해 기계적으로 몰락한 사람들이 아니라[즉 주어진 규정 안에서 궁핍으로 몰락한 사람들이 아니라] 사회의 급격한 해체[즉 사회적 규정성의 급

---

* 이보다 약간 앞서 쓰여진 저작인 「헤겔 국법론 비판」에는 이 단어가 등장하지 않는다.

격한 해체]를 통해 특히 중간계층의 해체로부터 출현한 사람들"이다.[20]

비-계급이며 비-신분인 이 '계급'은 고유한 '보편성'을 갖지만 그것은 보편적인 적용범위를 갖는 **어떤 특정한 규정에 의한 것이 아니라** 그에 속한 사람들이 모두 부르주아계급에 의해 가해지는 고통을 겪고 있다는 점에서만, 그리고 그 고통이 부르주아지의 계급적 보편성만큼이나 보편적이란 점에서만 그럴 뿐이다. 그것은 "자신의 보편적 고통에 의해서만 보편적 성격을 소유하고 있으며 어떤 특정한 부당성이 아니라 부당성 그 자체가 자신에게 자행되기 때문에 어떤 특수한 권리도 요구하지 못하는 한 영역"이다.[21]

따라서 프롤레타리아트는 특정한 요구, 특정한 이해관계를 갖는 계급이 아니지만, 어떤 의미에서도 '보편적 계급'이 아니다. 계급 자체의 해소를 제외하곤 어떤 보편적 요구, 보편적 이해관계를 갖는 계급이 아니기 때문이다. 보편적 고통이 보편적 규정성을 부여할 수 없는 고통의 보편성일 뿐이란 점에서 결코 하나의 보편성일 수 없듯이, 계급 자체의 해소 역시 어떤 하나의 규정성을 부과할 수 없는 것이란 점에서 하나의 보편성이 아니다. 물론 근대의 모든 계급화나 계급적 층화, 계급적 집단화가 특정한 하나의 규정성을 갖지 않는 이들 '비-계급'에 기초하고 있다는 점에서 이들은 근대 사회의 '토대'임이 분명하지만,** 그것은 규정의 보편적 부재로 인해 그런 것이지 어떤 보편적 규정으로 인해 그런 것이 아니다.

아마도 들뢰즈/가타리라면 이런 점에서 프롤레타리아트란 계급화

** "무소유성 및 직접적 노동의 신분, 구체적 노동의 신분은 시민사회의 한 신분을 형성한다기보다는 오히려 그 토대를 형성하고, 시민사회의 여러 단체들은 거기에 근거를 두고서 활동한다."(칼 맑스, 「헤겔 국법론 비판」, 『헤겔 법철학 비판』, p.118)

의 '기관 없는 신체'라고 말할지도 모르겠다. 누구든 사전에 정해진 신분적 혈통이나 계급적 신체 없이 태어난다는 의미에서, 그리고 누구든 조건만 갖추면 부르주아지라는 계급에 들어갈 수 있지만 그것을 상실하면 즉시 비-계급으로서 프롤레타리아트가 된다는 의미에서, 계급적 지층화가 그 위에서 발생하는 바탕이고 계급적 지층화의 질료란 의미에서.

물론 이 개념은 이후 '임노동자계급'을 지칭하는 말로 사용되지만, 그 경우에도 분석의 맥락은 노동자계급 내지 임노동자계급이 자본의 운동과 관련된 경제적 관계를 서술하는 경우에 주로 사용된다면, 프롤레타리아트는 정치적인 관점에서 혁명이나 운동에 대해 말하는 경우에 주로 사용된다. 이런 이유에서 가장 중요한 경제학적 저작인『자본』에 '노동자계급'이란 말은 빈번히 등장하지만 프롤레타리아트라는 말은 별로 등장하지 않는다. 발리바르(E. Balibar)가 조사한 바에 따르면 볼프에게 바친 헌사나 노동일과 공장감독관 보고서에 관한 장에서 한두 번 등장하는 것을 제외하면 '인구법칙'에 관한 장과 '본원적 축적'에 관한 장에서만 출현할 뿐이다.[22]『자본』에서 프롤레타리아트 개념의 이러한 부재에 대해 언급하면서 발리바르는 "본질적으로『자본』은 '프롤레타리아트'가 아니라 '노동자계급'(Arbeiterklasse)을 취급"하는[23] 책이라고 말한다.

『자본』에서 프롤레타리아트 개념이 출현하는 곳이 인구법칙과 본원적 축적을 다루고 있는 부분이라는 점은 '비-계급'이라는 개념과 관련해서 아주 의미심장하다. 그 부분은 모두 자본에 의해 고용되어 사용되는, 다시 말해 자본의 적극적 규정 아래 포섭되어 자본의 의지를 실행하고 있는 '노동자'로 서술되는 부분이 아니라, 반대로 노동자든 그 이전의 생산자든 어떤 특정한 규정성을 상실하여 '비-계급'이 되는 과정을 다루는 부분이기 때문이다. 본원적 축적과정에서 프롤레타리아트란 어떤 특정한 신분이나 계급적 규정을 상실하여 비-신분 내지 비-계급이 된 존재란 점은 이미 언급했다. 인구법칙을 다룬 부분은, 자본의 축적에 따라 노동자가 기계 등의 불변자본에 의해 대체되어 가변자본으로서의 규정성을 상실하여 실업자가 되는 것을 다루고 있는 부분이다. 이를 달리 표현하면 가변자본으로서 자본의 규정, 자본가의 계급적 의지 아래 포섭되어 있던 노동자가, 그 규정을 상실하여 실업자라는 '비-계급'이 되는 과정이라고 할 수 있을 것이다.

물론 그들은 '산업예비군'으로서 자본과 다른 종류의 관계를 맺게 되며, 개인으로서 노동자는 가변자본으로서의 규정성과 그 규정성의 상실인 실업자 사이에 있다. 즉 그는 노동자인 경우에도 실업화의 압력에 항상 긴박되어 있다. 이 압력이 노동자를 자본의 의지 아래 철저히 동여매고, 그로 하여금 자본의 욕망을 자신의 욕망으로 동일시하도록 만든다는 점은[24] 잘 아는 바와 같다.

그렇다면 반대로 취업을 하든 그렇지 않든 간에 자본의 욕망에서 벗어난 욕망, 자본의 규정에서 벗어난 자리, 혹은 자본에 의해 축출되어 계급적 규정성을 상실한 자리 등을 잇는 하나의 영역이 그려질 수 있을 것이다. 그것은 자본에 의해 계급화되는 경로와 반대로 계급적 규정성을 상실하여 '비-계급'이 되는 경로를 표시한다. 이러한 경로를 서술하면서 맑스 자신이 『자본』의 다른 부분과 확연히 다르게 '프롤레타리아트'란 개념을 빈번하게 사용한다는 사실은 이런 관점에서 지극히 의미심장한 것으로 보인다.

요컨대 부르주아지가 된다는 것이 출신이나 방법이 무엇이든 어떤 보편적 규정성을 **획득**하는 것에 의해, 그 규정성에 동일화되는 것에 의해 이루어진다면, 프롤레타리아트가 된다는 것은 그와 반대로 출신이나 방법이 무엇이든 기존의 지위를 유지하던 규정성을 **상실**하는 것에 의해 이루어진다. 이는 본원적 축적과정에서 생산수단의 탈취에 의한 것이든, 아니면 자본의 축적에 따른 노동자의 축출(자본으로부터의 축출, 혹은 부르주아지로부터의 축출!)에 의한 것이든 마찬가지다. 이는 프롤레타리아트가 '비-계급'이라는 말의 또 다른 의미다.

2) 프롤레타리아트와 소수자

특정한 적극적 규정이나 요건을 전제하지 않으며 단지 기존의 신분이나 계급적 규정의 상실만으로 충분히 귀속될 수 있다는 점에서, 프롤레타리아트는 극히 다양하고 이질적인 '기원'이나 경로, 형태를 갖는 사람들의 집합이다. 프롤레타리아트를 구성하는 요소들의 이러한 이질성은 프롤레타리아트라는 하나의 개념으로 묶이는 경우에도 사라지지 않는다. 왜냐하면 부르주아지와 달리 프롤레타리아트에게는 성원이나 요소들을 하나로 통일하거나 동질화하는 어떤 단일한 규정이 있을 수 없기 때문이다. 그것은 이질성이 동질화되거나 축소되지 않으며 오히려 그 안에서 만나고 뒤섞이며 혼합되고 변이되는 장이다. 이는 프롤레타리아트를, 심지어 그것이 그 안에 들어오는 누구에게나 적용되는 '개념'이라고 하더라도, 결코 '보편적 계급'이라고 할 수 없는 하나의 이유다.

　　부르주아지가 주어진 규정의 획득에 의해 정의된다는 점에서 다수적/주류적(major) 집단이요 다수자(majority)라면, 프롤레타리아트는 규정의 부재, 척도의 부재, 혹은 수많은 이질적 규정의 혼합으로 특징지어지는 존재란 점에서 소수적(minor) 집단이요 소수자(minority)다. 다수자란 어떤 사회에서 지배적인 척도를 점유한 자들이고, 그것의 지배적인 규정에 따라 사는 자들이다. 반면 소수자란 그 척도에서 벗어난 자들, 척도의 규정과 지배에서 배제되거나 벗어난 자들이다.[25] 정확하게 이런 의미에서 프롤레타리아트는 근대 사회에서 부르주아지가 산출하는 모든 소수자들의 집합이다.

다수자와 소수자가 수에 따라 정해지는 것이 아니란 것을 다시 말할 필요가 있을까? 가부장적 사회에서 남성은 다수고 여성은 소수자지만, 여성이 수가 적어서 소수인 것은 아니다. 다수자가 수적 다수를 형성하는 경우에도, 그것은 다수자가 지배적인 척도를 장악하고 있기에 수가 많을 수 있는 것이지 수가 많아서 다수자가 된 것은 아니다. 이런 점에서 부르주아들이 민주주의를 '다수에 의한 지배'라고 규정할 때, 그것은 정확하게 이를 함축한다. 헤겔이 국가적 정치에 대해 말하면서 보편적 업무와 개개인을 대립시키고 보편성을 실현하는 대표자를 통한 정치와 만인이 개개인으로 참여하는 정치를 대립시킬 때, 그것은 본질의 대립이 아니라 수의 대립이란 것을 지적하는 맑스는 다수성의 문제에 관해 아주 정확한 지점을 포착하고 있는 것이다. 문제는 수의 대립이 아니라, 수의 대립조차 만들어내는 본질의 대립인 것이다. 맑스는 그 '본질의 대립'을 아주 다른 선에 따라 구획한다. 그것은 "개개인이 만인으로서 입법권에 참여하거나, 아니면 개개인이 소수로서, 즉 비-만인으로서 입법권에 참여하거나"의 대립이다.[26] 전자가 보편성의 형식으로 어떤 척도를 '만인'에 부합하는 것인 양 제시한다면, 후자는 만인이 아니란 점에서 비-보편성이고 비-척도이며, '소수성'을 의미한다. 즉 이 대립은 보편성의 형태를 취하는 다수성(majority)과 비-만인의 형태로 드러나는 소수성(minority)의 대립인 것이다.

부르주아지는 그 속에 들어오는 사람들을 하나의 규정('자본의 담지자')으로 동일화하고 그 규정을 통해 계급적 경계를 통합하고 유지하지만, 프롤레타리아트는 그 안에 들어오는 사람들의 이질성과 차이로 들끓고 있으며 부르주아지의 규정, 계급의 규정을 제외한 모든 이질성에 대해 열려 있다. 즉 계급인 부르주아지는 닫힌 경계를 갖지만 비-계급인 프롤레타리아트는 부르주아지가 만들고 유지하는 것을 제외하고는 어떤 닫힌 경계를 갖지 않는다.

이런 의미에서 '비-계급'으로서 프롤레타리아트는 하나의 거대한 '계급'이라기보다는 차라리 이질적인 성분들의 흐름으로서 '대중'이라고 해야 한다. 계급적 제한에서 벗어난 다양한 집단들이 모이고 움직이며 만들어내는 흐름, 정해진 규정이 없기에 미리 흘러갈 정해진 방향도 없으며, 길이 난 대로 흘러가지만 샛길로 빠지거나 패인 둑을 흘러넘치면서 새로운 길을 만드는 흐름.

이러한 관점에서 우리는 '프롤레타리아화'한다는 것이 무엇인지 정의해야 한다. 먼저 '객관적인' 측면에서라면 그것은 이미 말한 것처럼 계급이나 신분적 규정성을 상실하여 비-계급이 되는 것을 뜻한다. 그러나 적극적인 의미에서, 혹은 이렇게 말해도 좋다면 '주체적인' 측면에서 그것은 자본주의 사회의 보편적 척도, 보편적 계급이 되어 공리계의 요구에 복속되는 길을 벗어나서 그와는 다른 삶의 방식, 그와는 다른 종류의 가치, 다른 종류의 세계를 창안하는 것이다. 그러나 프롤레타리아트가 하나의 규정에 의해 정의되는 계급이 아니란 점에서 '프롤레타리아화'(devenir-proletariat)는 사람들이 동일화해야 할 어떤 규정이나 모델을 갖지 않으며, 구성원을 일치시켜야 할 특정한 척도나 형태를 갖지 않는다. 즉 '즉자적 존재'에 상응하는 '대자적 의식'을 갖지 않는다. 그것은 차라리 프롤레타리아트라는 장을 가득 채우고 있는 이질적인 요소들이 만나고 결합하여 새로운 삶, 새로운 가치를 창안하고 생성하는 것이다. 노동자가 되는 것이 자본에 포섭되는 것이라면, 프롤레타리아가 되는 것은 자본의 포섭에서 벗어나 새로운 종류의 삶을 구성하는 것이다.

이런 점에서 정말 노동자도, 아니 무엇보다 우선 노동자야말로 프롤레타리아가 되어야(devenir-proletariat) 한다. 자본에 포섭되어 노동하는 존재, 가변자본의 형태로 '계급'에 포섭된 존재에서, 자본의 척도를 벗어나고 계급적 안정성의 부르주아적 환상에서 벗어나, 자본의 지배, 자본의 포섭에 대항하는 비-계급화 내지 반-계급화의 선을 그려야 한다. 나아가 프롤레타리아 역시 프롤레타리아-되기를 해야 한다. 단순한 비-계급적 상태에 머문 존재로서 프롤레타리아가 아니라, 그리고 그 상태에서 자본의 손길을 기다리며 다시 계급적 자리를 꿈꾸는 '열등한 계급' 내지 '버림받은 계급'이 아니라, 자본의 요구를 자신의 욕망으로 삼길 거부하고 자본의 시선으로 자신을 보길 거부하며 새로운 삶의 방식, 새로운 활동방식을 창안하는 프롤레타리아가 되어야 한다.

5. 계급과 비-계급의 계급투쟁

1) 프롤레타리아트와 노동자계급

지금까지 우리는 프롤레타리아트가 어떠한 계급적 규정에 의해 하나의 동일성을 부여할 수 없는 존재임을 보았다. 그렇지만 프롤레타리아트 역시 하나의 정의를 갖지 않는가? 가령 말 그대로 '무산자'로서 프롤레타리아트를 정의하려 한다면 "생산수단을 갖지 않은 사람들의 집합"과 같은 식으로 정의해야 하지 않는가? 그렇다면 그것은 하나의 계급적 규정성을 갖는 것이 아닌가? 그러나 '생산수단을 갖지 않은 사람들'이란 '~이 없다' 내지 '~이 아니다'라는 부정적 규정성만을 가질 뿐이며, 따라서 그에 속한 사람들의 행동을 규정하는 어떤 동질성이나 동일성을 제공할 수 없다. 계급이 되는 조건(생산수단의 소유)에 대한 부정적 규정은 계급이 아니란 것을 의미하지 또 다른 종류의 계급을 의미하지 않는다는 것이다.

이와 달리 노동자계급은 하나의 적극적인 규정을 갖는다. 가령 '임금을 받고 노동하는 사람들의 집합', 혹은 '자본에 의해 고용되어 노동하는 사람들의 집합'이라고 한다면, 그것은 거기에 속한 성원들의 행동을 규정하는 하나의 적극적 규정을 갖는 것이다. 이 규정에 따르면 노동자는 일단 자본가에게 임금을 받는 조건으로 자본가의 의지에 따라 노동해야 하는 사람들이다. 다시 말해 그들은 노동과정 안에서 자본가 의지의 집행자고 그 의지의 담지자(Träger)다. 노동이 노동력 상품의 사용가치인 한, 노동은 자본가계급의 처분권 안에, 다시 말해 자본의 규정성 안에 있다. 자본에 포섭된 한에서 노동자들은 자본가계급의 의지 아래, 자본의 규정성 아래 있다. 즉 노동자는 부르주아지라는 하나의 계급에 '포섭'된 존재다. 노동자계급이 하나의 '계급'인 것은 부르주아지라는 계급에 포섭된 한에서고, 부르주아지라는 하나의 계급 안에서다.

따라서 프롤레타리아트는 노동자계급이 아니다. 가령 실업자는 '노동자'가 아니지만 프롤레타리아트에 속하고, 비정규직 노동자나 파트타임 노동자는 부분적으로만 노동자에 속하지만 전적으로 프롤레타리아트에 속한다. 이는 노동자계급이 되는 것과 프롤레타리아트가 되는 것이 근본적으로 다른 본질을 갖는다는 것을 시사한다.

노동자들은 노동자로서 하나의 이해관계를 갖고 스스로를 하나의 계급적 집단으로 구성하고자 한다. 작업장 내지 공장에서 노동자들은 노동조합을 통해서 하나의 계급적 존재로 구성되고, 업종별·산업별 등등의 조건에 따라 그 조합들이 결합하여 점차 거대한 하나의 계급적 위상을 확보한다. 그리고 그들의 이익을 위하여, 좀더 많은 임금을 받기 위하여 투쟁한다. 그 투쟁의 궁극적 지점은 경제적인 착취가 사라지는 지점, 다시 말해 노동력−상품을 제값을 받고 파는 것이다. 이는 가치법칙에 따라, 가치의 공리에 따라 자신의 능력을 팔고자 하는 것이란 점에서 정확하게 자본의 공리계 안에 있다. 즉 계급이라는 규정 아래, 정확하게 말해 부르주아지라는 하나의 계급적 규정 아래 있다.

물론 이는 이윤 내지 잉여가치를 착취하기 위해서만 그들을 고용하는 자본가계급의 이해관계와 충돌한다. 이 때문에 자본가계급은 노동자들의 '계급화'를 저지하고자 한다. 그럼에도 불구하고 그것만으로는 상품의 가치를 제값대로 받고 팔려는 가치법칙의 공리, 자본주의의 공리에서 벗어난 것이 아니라, 그 공리에 따를 것을 요구하는 것이다. 노동조합이 자본주의적인 조직이며, 경제투쟁(임금투쟁)은 하면 할수록 노동자를 **자본주의적인 존재로** 만든다는 엥겔스나 레닌의 말은 정확하게 이를 지적한다.

그것은 계급해소를 위한 투쟁이 아니라 계급적 규정의 완성을 위한 투쟁이다. 그것은 소수적 지위, 혹은 약자의 지위에서 벗어나 다수적 지위를 획득하기 위한 투쟁이고, 자본주의 사회의 주류적 지위를 획득하기 위한 투쟁이지, 계급적 다수성에서 벗어나는 투쟁도, 자본주의 사회의 보편적 척도를 해체하는 투쟁도 아니다. 선진 자본주의에서 노동운동이 도달한 지점은 정확하게 그것을 보여준다. 아마 한국에서 노동운동도 지금 그 문턱을 넘고 있는 것은 아닐까?

반면 프롤레타리아트가 되는 것은 앞서 말했듯이 자본과 대응하는 하나의 계급을 구성하는 것이 아니라 자본가계급의 척도에서 벗어나는 새로운 변이와 창조의 선을 그리는 것이다. 자본의 공리 혹은 가치법칙의 공리에서 벗어나는 '자본의 외부'를 창안하고, 다양한 비-계급적 지대를 연결하는 접속의 선을 그리는 것, 노동력을 제값 받고 파는 것이 아니라 자신의 능력을 상품화하지 않는 것, 자본의 의지에 포섭된 '노동'이 아니라 거기서 벗어난 자유로운 '활동'의 영역을 만들고 늘려가는 것, 좀더 많은 임금이 아니라 임금 없이 살 수 있는 새로운 관계를 구성하는 것 등등. 이런 점에서 이런 활동은 하나의 단일한 규정을 갖는 집합체로 통합하고 동질화할 수 없는 것이다. 즉 프롤레타리아트화는 단일한 계급적 단일체를 구성하는 것이 아니라 그러한 계급 자체의 해소를 향해 나아간다. 계급적 규정의 완성이 아니라 그것의 해소를 향해. 계급화가 아니라 비-계급화를 향해. 계급에 의한 해방이 아니라 계급으로부터의 해방을 향해.

프롤레타리아트가 "사회의 다른 모든 영역을 해방시키지 않고는 해방될 수 없는 존재"임을 강조하면서 그것에 진정한 '보편적 계급'의 위상을 부여하는 것(루카치)과 그것이 계급 자체의 해소를 추구하는 존재란 점에서 비-계급이라는 것을 강조하는 것 사이에서도 마찬가지의 근본적인 차이를 확인할 수 있다. 물론 계급 자체의 해소를 추구한다는 점을 루카치가 부정하는 것은 아니지만, 그것은 프롤레타리아트가 진정한 보편성을 갖는 계급이기 때문이 아니라, 그 자신이 처음부터 비-

계급**이기 때문**이라는 것을 강조해야 한다. "프롤레타리아트에 대해 말하자면, 일단 자신의 개념에 합치하게 되면 그것은 더이상 계급이 아니다(계급이 아니라 대중이다)."[27] 이를 맑스는 비–계급이라는 프롤레타리아트 자체의 '현존재의 비밀'에 따른 것이라고 말한다.

> 프롤레타리아트가 기존 세계질서의 해체를 고지한다면, 그것은 단지 프롤레타리아트가 [비–계급이라는] **자기 자신의 현존재의 비밀을 표명하는 것일 뿐이다.** 왜냐하면 프롤레타리아트는 이 기존 지배질서의 사실적 해체이기 때문이다. 프롤레타리아트가 사유재산의 부정을 요구한다면, …… [그것은] 이미 사회의 부정적 원리로서 구체화되었던 것을 사회의 원리로 고양시키고 있는 것일 뿐이다."[28]

2) 계급과 비-계급의 계급투쟁

그렇다면 계급투쟁은 무엇인가? 그것은 적대적인 두 계급의 투쟁이 아닌가? 적대적인 두 계급 없이, 오직 하나의 계급만이 존재한다면서 계급투쟁에 대해 말할 수 있는가? 계급투쟁이란 개념이 무효화되었음을 주장하려는 것인가?

간략히 먼저 말해둘 것은, 우선 계급이란 개념이 하나라고 말하는 것이 계급이란 개념이 관계적 개념임을 잊는 것을 뜻하진 않는다는 점, 다만 계급을 이항적인 관계 속에서 포착하려는 통상적 시도에서 벗어나는 것이란 점이다. '가치'라는 개념이 하나의 항으로 표시되는 개념이지만 관계적 개념이듯이, 하나의 계급 역시 관계적 개념이다. 자본과 생산수단, 생산자의 관계 속에서 성립되는 관계적 개념이다.

계급투쟁에 대해 말하기 전에 우리는 차이와 대립, 혹은 차이와 적대에 대해 말해야 한다. 즉 처음부터 이항적인 적대적 범주로 구성되는 관계도 있지만, 오직 그런 경우만 있는 것은 아니다. 일차적으로 존재하는 차이가 특정한 조건 속에서 대립과 적대로 변환되는 경우가 빈번하게 존재한다. 가령 문명과 미개의 대립은 사실 상이한 문화, 상이한 삶의 방식이, 문명이란 이름으로 특권화된 하나의 문화를 통해서, 그것이 자신 아닌 모든 것을 자신의 대립물로 만들고 그것에 대해 권력을 행사하기 시작하면서 대립과 적대로 변환되지 않았던가?

부르주아지의 계급투쟁은 무엇보다 먼저 생산적인 능력을 생산의 조건(생산수단)으로부터 분리하여 상품화하려는 순간에 시작된다. 생산적인 능력은 노동력이란 상품이 되고, 생산자의 활동은 자본이 구매한 상품의 '사용가치'('노동'!)가 된다. 다양한 종류의 활동, 그것이 갖는 차이와 특이성은 자본에 의해 구매되는 순간 자본의 소유물인 상품의 사용가치가 되어 자본가의 의지 아래 복속된다. 그러나 노동력이 노동자의 신체적 능력을 의미하는 한, 노동은 노동자 자신의 활동에서 분리될 수 없다. 즉 그것은 여전히 노동자의 의지 아래 움직이는 노동자 자신의 활동인 것이다. 노동력의 상품화를 통해서 작동하기 시작하는 자본의 공리는 이로써 두 개의 상이한(different) 의지 아래 노동자의 활동을 인도한다. 적대의 가능성, 혹은 잠재적 적대관계가 발생하는 것이다.[*] 소위 '본원적 축적'이 이러한 관계의 발생지점이란 것은 다시 말하지 않아도 좋을 것이다.

자본가가 노동력 상품을 구매하여 사용하는 것이 '가치증식'이라

---

[*] 이런 의미에서 우리는 '노동력 상품의 사용가치'로서 '노동'이란 개념 자체가 노동력 사용을 둘러싼 계급투쟁을 항상-이미 함축하고 있음을 강조한 바 있다(이진경, 『자본을 넘어선 자본』, p.159 이하 참조).

는 자본의 공리를 유일한 목표로 하는 한, 그와 다른 모든 종류의 의지는 자본의 단일한 의지, 그 보편적 의지와 대립된 것, 적대적인 것으로 포착된다. 더불어 그 대립되는 의지가 이윤과 임금의 상충되는 양적 관계 속에서 포착될 때, 그것은 아주 단순한 제로섬 게임의 적대로 포착된다(소위 '절대적 잉여가치'의 개념). 이런 적대 속에서 투쟁이 시작되고 진행된다. 이는 알다시피 임금과 이윤의 대립, 지불노동과 부불노동의 '적대'를 뜻하지만, 그것은 본질적으로 자본에 의해 상품으로 포섭된 범위 안에서, 부르주아지의 척도 아래서 진행되는 것이란 점에서 하나의 계급 안에서 두 개의 계급적 집단이 벌이는 계급투쟁이다.

그러나 수많은 사람들이 지적하듯이, 본질적인 것은 동일한 척도와 공리 아래 자본가와 노동자가 싸우는 이러한 '투쟁'이 아니라, 계급적 규정 자체를 둘러싼 투쟁, 다시 말해 계급의 경계선 자체에서 발생하는 투쟁이다. 그것은 심지어 부르주아지가 프롤레타리아트를 겨냥하여 펼치는 공세의 경우에도 다르지 않다. 이른바 '본원적 축적'이나 '자본주의적 인구법칙'에서 보여주듯이, 부르주아지의 계급투쟁은 일차적으로 비-계급에 대한 계급투쟁이었고, 비-계급화를 무기로 "헤파이토스의 쐐기보다 강한 힘으로 노동자를 자신의 의지 아래 철저하게 복속시키는" 투쟁이었다. 이런 의미에서 부르주아지의 계급투쟁은 계급과 비-계급의 경계에서 발생하고 발전한다고 해야 한다. 부르주아지의 이러한 계급투쟁을 통해서 생산을 둘러싼 다양한 차이는 계급의 경계선에 의해 구획되는 단일한 대립으로 환원된다.

비-계급인 프롤레타리아트도 계급투쟁을 하는가? 반복되지만, 프롤레타리아트는 다양한 종류의 생산과 활동을 하던 사람들이 부르주아지에 의해 계급적 경계의 외부로 배제됨으로써, 비-계급 속으로 축출됨으로써 만들어진다. 따라서 프롤레타리아트는 그 자체가 부르주아지에 의한 계급투쟁의 산물로 탄생된다. 그렇지만 그 존재 자체가 그런 식으로 만들어진다고 해서 프롤레타리아트가 언제나 부르주아지의 대립물이 되어 그들을 상대해야 하는 것도, 수동적이고 반작용적으로 대응해야 하는 것도 아니다. 오히려 그것은 비-계급이기에 계급적 포섭, 계급적 지배와 무관한 새로운 삶의 방식, 새로운 생산의 장을 창출할 수 있다. 그리고 비-계급이기에 계급을 상대하지 않는 비-계급적 활동의 장을 창안할 수 있다. 코뮨주의 등으로 명명되는, 자본이나 가치의 공리계에서 벗어난 새로운 관계를 구성하는 활동들, 혹은 이질적인 활동이 접속되고 횡단적인 선을 그리면서 만들어지는 다양한 소수화의 전략들이 그것이다.

그러나 또한 좀더 근본적인 차원에서 프롤레타리아트는 계급 자체의 해소를 추구하는 거대한 흐름, 거대한 운동을 만들어낸다. 자본주의 자체를, 생산양식으로서 자본주의를 전복하려는 모든 운동, 사회 전체적 차원에서 부르주아지를, 계급 자체를 제거하려는 거대한 운동. 이러한 운동은 이런저런 사람들을 부르주아지라는 하나의 계급으로 통합하는 물질적 장치인 국가 자체를 겨냥하여 진행된다. 다양하고 이질적인 집단들이 '대중'이라는 하나의 흐름을 형성하면서 국가장치의 장벽을 해체하고 계급적 지배의 장치들을 부수면서 나아간다. 그러나 그것이 대중적인 흐름에 머물러 있는 한, 그들은 계급적 경계들을 해체하고 파괴하지만 그 투쟁의 성과는 집약되거나 응축되지 않으며 대중의 흐름과 함께 흘러가고 만다. 그리고 그렇게 흘러간 자리를 살아남은 부르주아지가 다시 장악하고 계급적 지배의 장치들을 설치한다. 부르주아지의 '반동'이 시작된다. 프랑스 혁명은 이러한 사태를 반복적인 양상으로 보여주었다.

이러한 경험을 통해 프롤레타리아트를 흐름에서 하나의 '계급'으로 변환시키려는 시도가 나타난다. 계급적 지배 자체의 철폐를 추구하는 계급, 부르주아지라는 진정한 계급에 대항하여 그것을 전복하고 해체하려는 대항-계급(counter-calss)으로서 프롤레타리아트를 구성하는 것이 그것이다. 맑스와 엥겔스의 「공산주의 선언」 마지막의 유명한 문장에서 우리는 프롤레타리아트를 하나의 계급으로 만드는 혁명적 절단을 발견한다. 이런 의미에서 그들은 대중과 구별되는 하나의 계급으로서 프롤레타리아트를 발명한 것이다.

그리고 이를 위해 대중운동의 흐름을 조직하여 하나의 계급으로 '묶어세우는' 조직이 출현한다. 프롤레타리아의 당이 그것이다. 이를 통해 프롤레타리아트는 전국적 범위에서 조직되고 유기화된 하나의 전(全)계급적 개념이 된다. 부르주아지와 대립하는 또 하나의 계급, 적대적 관계 속에서 대립·투쟁하는 계급이 탄생한다.* 이는 부르주아지라는 계급 안에서, 혹은 자본의 공리계 안에서 계급화를 추구하는 '노동자'로서의 계급화와 구별되는 또 하나의 계급화 경로를 구성한다. 경제주의와 사회주의, 개량주의와 혁명주의, 사회민주주의와 혁명주의의 오래된 구별은 이러한 두 개의 계급화 경로를 표현하는 방법이었을 것이다.

그러나 계급 자체의 해소를 목표로 하는 계급이라 하더라도 그것이 하나의 계급으로 조직되고, 전체를 통합하는 중심과 그 사지말단이 결합된 유기적 지층을 구성하게 된다면, 그것은 또 다른 계급화의 관

---

* 이로써 프롤레타리아트는 대중이면서 동시에 계급이라는 이중의 규정을 갖는다.

성, 계급적 형태의 유지와 보존을 위한 계급적 관성에서 벗어나기 힘들다. 당은 이제 대중의 흐름을 따라 그것을 적절하게 절단하는 장치가 아니라 대중을 지도하고 지배하는 장치가 되고, 노동조합 같은 대중조직은 그러한 당의 의지를 전달하는 전달벨트가 된다. 그러한 당의 지도를 마다하고 당의 지배에 반하는 대중의 흐름은 이제 국가장치에 의해 분쇄된다. 마치 이전에 비-계급의 대중적 흐름이 국가장치를 장악한 부르주아지(계급!)에 의해 분쇄되었던 것처럼. 크론슈타트 소비에트의 무력 진압이나 동독 인민 봉기의 진압, 혹은 체코 자유화 운동의 진압에서 우리는 이런 식의 계급적 역전을 쉽게 발견한다. 대중에게 외면당한 사회주의 체제의 붕괴가 과연 이와 무관한 것일까?

하나의 대항-계급으로서 프롤레타리아트의 정치학과, 비-계급으로서 프롤레타리아트의 정치학이라는 관점에서 우리는 사회주의와 코뮌주의를 대비할 수 있을 것이다. 사회주의는 인간의 사회성, 집합성이란 관점에서 개인주의와 대비하여 만들어진 개념이고, "특히 공적 업무(예컨대 자유시장의 작용에 대한 개입) 속에서 특별한 사회적 행동양식의 가능성 또는 필요성을 신봉하는 사람들을 가리키는 데 사용되었다".[29] 이런 점에서 현실적으로 실험되었던 이전의 사회주의 체제가, 개인들의 사회적 집단으로의 조직화, 무정부성에 반하는 계획적 통제의 효율성 등과 같은 관념이 전사회적 차원에서 인민들을 하나의 단일한 계급으로 조직화하려는 기획으로 나아간 것임을 이해하는 것은 그리 어려운 일이 아니다. 요컨대 사회주의는 인민대중을 프롤레타리아트라는 하나의 단일한 계급으로 통합하여 완성하려는 기획이란 점에서 계급적 통합의 관념 안에 있었던 것이다.

노동이 소멸하는 게 아니라 모든 인민의 권리와 의무가 되는 사회,

그리고 노동자계급이 부르주아지를 대신하여 사회 전체를 지배하고 통제하는 사회를 모델로 한다는 점에서 사회주의는 전 국가적 범위에서 하나의 '보편적 계급'으로서 자신을 완성하고자 하는 기획 속에 있다고 해야 한다. 그것이 종종 노동력에 제값을 지불하는 사회, 착취 없는 노동이 실현되는 사회와 혼동되고 쉽사리 혼합되었다는 사실은, 비록 상이한 계급화의 길로서 구별된다고는 하지만, 계급화를 추구하는 계급적 정치학이라는 점에서 일정한 수렴의 경향을 갖고 있었던 것은 아닐까? 경제주의나 노동조합주의에 대한 반복적인 비판에도 불구하고 노동자계급 자체의 해소가 아니라 노동자계급의 지배를 추구했다는 점에서 프롤레타리아를 노동자계급으로 해소하려는, 계급화 자체에 내재하는 어떤 경향을 포함하고 있었던 것은 아닐까?

반면 코뮌주의는 전 사회적 차원에서 노동자나 인민을 하나의 계급으로 구성하고 통합하려는 게 아니라 계급 자체의 해소를 추구한다. 국가를 통해 전 사회를 하나의 단일한 유기적 통합체로 만들고자 하는 게 아니라, 각자에게 주어진 조건에 따라 달라질 수밖에 없는 다양한 종류의 상생적 '협동체', 코뮌적 구성체들을 만들고자 하며, 그것들의 접속과 횡단, 혹은 흔히들 말하는 그것들의 '네트워크'를 통해 관계를 증폭시키고 확장하고자 한다. 그것은 제값을 받는 노동을 하고자 하는 게 아니라 노동 자체의 소멸을 추구한다. 그것은 또 국가를 장악하여 자본주의 전체를 일거에 대체하는 또 하나의 전 사회적 체제를 수립하려 하기보다는, 자본주의 안의 다양한 영역에서 자본주의로 환원불가능한 외부를 구성하고자 한다.

전체가 하나로 통합되어야 해방이나 혁명이 가능하다는 전체화의 강박에서 벗어나, 다양한 비-계급적 실천이나 비-계급적 구성체를 구성하며, 그것을 통해 또 다른 비-계급적 실천을 촉발하는 방식으로 그 실천의 폭을 확장하고자 한다. 국가로 귀속되는 대행자 내지 대리자를 통해 전 사회를 매개하는 식의 정치가 아니라, 자신의 삶 자체를 통해 직접적으로 구성되는 새로운 삶의 방식, 새로운 사회관계를 구성하며 그 장 안에서 자본의 공리와 대결하는 실천의 체제를 구성하려 한다는 점에서, 그리하여 코뮨주의를 먼 훗날에 다가올 어떤 구원의 약속이 아니라 지금 현재 구성하고 실행할 수 있는 새로운 현재적 실행의 문제로 다루고자 한다는 점에서, 코뮨주의는 직접적으로 비-계급의 정치학을 작동시키고자 한다.

부르주아지가 하나의 보편적 계급으로, 다시 말해 자본의 공리에 복속된 하나의 노예계급으로 사회 전체를 통합하고자 하는 한, 그리고 여기서 이탈하는 다양한 탈주선을 국가장치를 통해 통제하고 내부화하려고 하는 한, 혁명은 이 두 가지 상이한 개념의 프롤레타리아트 사이에서 이루어진다. 그것은 계급과 투쟁하기 위해선 피할 수 없는 길이지만, 재-계급화의 아찔한 위험을 감수해야 하는 그런 길이다. 사회주의의 실패가 이러한 긴장 속에서 새로운 삶의 방식을 창안하고 고무하려하기보다는 낡은 계급을 대신하는 새로운 또 하나의 계급에 안주하려는 태도에 기인한다고 해선 안 될까? 재계급화가 야기하는 이러한 위험에 반하는 비-계급화의 방책, 비-계급적 운동, 비-계급적 정치가 사회주의적 경향 안에서, 혹은 사회주의 안에서 작동할 수 있을 때 비로소 '프롤레타리아트'는 우리의 희망이 될 수 있는 게 아닐까? 계급적 지배를 우회하는 정치, 혹은 당적 조직화를 우회하는 프롤레타리아-되기, 심지어 프롤레타리아트의 이름으로 국가장치를 장악한 뒤 진행되는 또 다른 계급화에 반하여 비-계급화를 추구하는 소수적인 대중운동, 이런 것들을 통해 재계급화의 위험에 대항하고 그 함정에서 벗어날 가능성을 생각할 수 있을 때, '혁명'이 우리의 희망이 될 수 있는 게 아닐까?

니르바나(Nirvana)의 2집 앨범 「네버마인드」(NEVERMIND)의 자켓, 1991

적대의 미끼?

맑스주의에서 차이와 적대의 문제

1. 맑스주의와 차이의 철학

차이의 철학, 혹은 차이의 정치학에 대한 일반적 설명이 아직도 필요할까? 맑스주의와 관련해서는 그럴지도 모른다. 왜냐하면 차이의 철학이나 차이의 정치학은, 아마도 그 문제를 근본적인 차원에서 제기하기 위해서였을 텐데, 서양 철학 일반 혹은 서구적 사유 전체에서 동일성의 철학이나 동일자의 사유에 대해 비판해왔고, 동일화하는 사유의 권력에 대해서 비판해왔기 때문이다. 이로 인해 서구의 주류적인 사유에서 벗어나 있는, 혹은 그것에 대해 역시 비판적인 입장을 취하고 있는 맑스주의의 경우에는 그것이 별다른 문제가 되지 않는 것처럼 여겨졌던 것 같다.

차이의 철학을 빌려 좌익적 정치학을 비판하는 경우에도, 통상적인 '전체주의'나 '파시즘'이란 비난의 언사에 너무도 쉽게 기댔기 때문에, 거꾸로 차이의 철학마저 낡아빠진 자유주의적 비판의 일종인 것처럼 되어버렸다. 물론 차이의 인정이나 차이에 대한 관용(tolérance)이 차이의 정치학이라고 말하는 안이한 철학이나, 어떻게 말해도 그런 식으로밖에는 듣지 않는 둔중한 상식의 귀가 적지 않은 역할을 했음을 부정할 순 없다(그리고 그것이 차이의 철학에 대한 일반적 오해의 중요한 요인임도 사실이다).

동일자의 사유나 동일성의 권력에 대한 비판이 다른 것에 비해 맑스주의에 상대적으로 먹히지 않는 것은 아마도 맑스주의 자신이 그 출발점에서부터 국가나 국민의 이름으로 동일화하는 정치학에 대해, 혹은 인간의 이름으로 보편화하는 철학에 대해 비판적인 입장에 서 있었다는 사실에서도 부분적으로 연유하는 것일 게다. 즉 맑스주의가 처음부터 서구의 전통적인 동일자 안에 존재하는 근본적인 분열을 직시하고, 그 분열의 적대성을 지적하고 있었음은 누구도 부정할 수 없는 사실이다. 그리고 이것이 아마도 차이의 철학을 주창한 사상가들이 맑스적 사유에 대해 호의와 애정을 갖고 있었던 이유이기도 할 것이다.

그렇지만 정확하게 바로 그 지점이 차이의 사유가 맑스주의 안에서 차단되는 곳이다. 왜냐하면 차이의 철학은 동일성으로 환원될 수 없는 차이의 일차성에 대해, 그것의 긍정성에 대해 말하고자 하지만, 그것은 단지 동일자를 둘이나 그 이상으로 쪼개고 대립시키는 것으로 이루어질 수 있는 건 아니며, 더구나 적대와 투쟁을 통해 해소될 수 있는 문제설정도 아니기 때문이다. 대립이나 모순이 차이를 동일성에 귀속시키는 하나의 방법임은 이미 들뢰즈가 지적한 바 있지만,[1] 적대의 사유 역시 그 이상으로 차이를 제거하고 배제하는 동일성의 철학을, 동일자의 메커니즘을 함축하기 때문이다.

사실 어떤 문제에 대한 견해 차이나 노선의 차이, 혹은 어떤 저작에 대한 해석의 차이에 대해 통상 맑스주의자들이 갖는 일반적 태도가 어떤 것인지 우리는 아주 잘 알고 있다. 오래된 레닌주의적 정통성을 잣대로 하든, 혹은 트로츠키나 마오 같은 사람들의 사상을 잣대로 하든, 맑스주의자들은 차이나 이견을 '장애물'로 간주한다. 그것은 투쟁하여 극복하고 이겨내야 할 상대거나, 설득을 통해서든 비판이나 '숙청'을 통해서든 자신의 입장을 관철시키기 위해 부정해야 할 대상이다. 이러한 비판이나 비난을 위해 '기회주의'나 '수정주의', '개량주의' 등과 같은 용어들이 사용되고, 결국 그 차이들은 부르주아나 소부르주아적인 입장이라는 계급적 대립 내지 적대로 소급된다.

이러한 적대의 정치학이 가장 선명하게 작동하는 곳은 아마도 당이나 조직과 관련된 문제에서일 것이다. 당 규약 문제로 발생한 이견이, 서로를 '소부르주아 기회주의'라고 비난하는 조직적 분열로 귀착된 러시아 사회민주당의 경우는 아마도 고전적인 사례일 것이다. 하지만 문제는 거기서 끝나지 않았다. 비록 레닌은 그 토론의 와중에도 그 "불일치가 당의 사활이 걸린 문제가 아니다. 우리는 규약의 잘못된 조항 때문에 망하지는 않는다"고 말했지만,[2] 이후 진행된 과정에 따라 이견과 논쟁이 조직적 분열로 나아가는 것을 당연시하게 하는 하나의 고전적 전범이 되었음 또한 부정할 수 없다.

그래서였을까? 스탈린은 이 논쟁에 대해 1905년에 발표한 글에서 이렇게 쓰고 있다. "강령, 전술과 조직적 견해의 **일치**는 우리 당 건설의 기초다. 이러한 견해의 **일치**만이 당원들을 **하나의** 중앙집권적 당으로 통일시킬 수가 있다. 만약 견해의 일치가 이루어지지 않는다면 당은 붕괴된다." 따라서 "당의 이상과 자기의 이상을 합치시키고 당과 일치되게 행동하는 것을 자신의 의무라고 생각하는 그런 사람들만이 이 당,

이 조직의 성원으로 인정될 수 있다는 것은 명백하다."[3]

이러한 이견의 원천은 프롤레타리아계급 내에 스며든 다른 계급, 특히 소부르주아계급의 기회주의로 설명된다. "프롤레타리아트는 자본주의 발전으로 프롤레타리아트화된 농민과 소부르주아지 및 지식인의 유입으로 끊임없이 다시 채워진다. …… 이들 소부르주아 그룹들은 …… 분열과 기회주의의 원천이 된다. 당을 내부로부터 해체시키고 붕괴시키는 주원인은 대개 이들 소부르주아그룹들이다."[4] 요컨대 당의 안과 밖에서 의견의 차이는 물론, 당내에서 의견의 차이 또한 계급적 대립 내지 계급적 적대로 환원된다.

스탈린이 당 안에서의 의견 일치를 의무로 요구하고, 불일치가 당의 붕괴로 이어질 것이라고 한 것은 이와 결부된 것일 터이다. 물론 레닌처럼 의견의 일치/불일치 문제를 '당의 사활이 걸린 문제'로 보지 않는 경우도 있다. 그러나 레닌이 그러한 차이에 대해 긍정적 태도를 갖고 있었다고 말하기는 어렵다. 오히려 우리는 레닌의 이름으로 의견의 차이에 대한 비타협적 태도를, 기회주의와의 결연한 '분리'를 배우지 않았던가? 이견에 대한 레닌과 스탈린의 차이가, 아니 스탈린이나 레닌과 우리 자신과의 차이가 과연 '정도의 차' 이상일 수 있을까? 요컨대 견해의 차이를 계급적 대립으로 환원하는 관점에서 어떤 이견에 대해 과연 긍정적 태도를 가질 수 있을까? 아니, 그런 이견에 대해 과연 적대적 태도를 갖지 않을 수 있을까? 여기서 의견의 차이, 견해의 차이에 대한 적대적 태도를 발견하지 않기는 아주 어려운 일이다. 이러한 태도가 일반적일 때, 그 이견이 조직적 분열로 이어지는 것을 대체 무엇으로 저지할 수 있을까?

이런 이유에서 우리는 민주집중제에 대해서, 또 조직 내 분파의 금지에 대해서 너무도 쉽게 받아들이지 않았던가? 물론 민주주의적 토론과 비판이 논리적으로 가정된다는 것을 잘 알고 있다. 그러나 그것은 어떻든 하나의 결론으로 합치해야 한다는 전제하에서만 가능하고 그 한도 안에서만 허용된다. "당이 지식인의 토론집단은 아닌" 것이다. 최대치로 확대해석 한다고 해도 비판과 이견은 결국은 하나의 결론 안에서, 그 동일성 안에서만 허용되며, 그 동일성을 보충하는 한에서만 바람직한 것으로 긍정된다. 그러한 한도를 벗어났을 때, 이견은 제거되거나 청소되어야 한다. 즉 당이나 조직은 그 내부의 이견을 '주기적인 숙정(肅正)'을 통해 해결하고 정화한다.

여기서 스탈린을 인용한 것이 어쩌면 '적대의 정치학'에 손쉬운 부적을 주게 되는지도 모른다. 누구도 자신이 스탈린과 비슷하다고 생각하진 않을 것이기 때문이다. 그러나 이를 단지 스탈린만의 문제로 제한할 수 있을까? 레닌 자신이, 혹은 사회주의 운동의 전통 자체가 그로부터 얼마나 멀리 떨어져 있는 것일까? 견해의 차이를 계급적 모순이나 적대로 환원하는 적대의 정치학이 이 전통에서 과연 얼마나 자유로울까?

그러한 이견이 결국 토론을 통해 설득하거나 비판을 통해 극복할 수 없는 경우, 견해를 달리하는 사람들은 별도의 분파를 만들거나 별도의 조직으로 독립한다. 분열과 분할. 그리고 이전에 함께 싸우던 사람들을 가장 치열하게 투쟁해야 할 적대적 대상으로 상정하고 비난하기 시작한다. "우파는 부패로 인해 망하고, 좌파는 분열로 인해 망한다"는 세간의 말을 과연 쉽게 웃어넘길 수 있을까? 사회주의 운동의 역사가 끝없는 분열의 역사였다는 것을 과연 부정할 수 있을까?

이론가들 역시 동일하다. 진리가 하나밖에 없듯이 옳은 노선, 옳은 견해란 오직 하나만 있을 수 있을 뿐이며, 그 밖의 견해들은 정의상 모두 비진리, 오류가 된다. 둘 이상의 견해가 공존한다면, 그것은 진리와 거짓이, 옳음과 틀림이 공존하는 것이고, 따라서 그것은 진리에 대해 올바른 태도를 가진 사람이라면 용인할 수 없는 것이다. 더구나 그것이 실천적인 차이로까지 이어진다면, 그 차이의 근저에는 계급적 차이, 즉 계급적대가 있는 것으로 간주되고, 상이한 견해들은 그러한 계급적대의 반영, 다시 말해 '계급투쟁'이 된다. 이견이란 투쟁을 통해 해소되거나 극복되어야 한다. 그래야만 프롤레타리아트의 계급적 통일성이 확보되며, 당이나 조직의 실천은 통일성을 갖게 된다.

맑스나 맑스주의에 대한 정통적 해석이나 일반적 해석, 혹은 '나의 해석'과 다른 견해에 대해서는 용인할 수 없는 '수정'으로 간주하여 비난한다. 그가 어떤 조건에서 무엇에 대해 보려고 했는지, 그가 어떤 새로운 가능성을 제공하는지는 별다른 문제가 안 된다. 맑스의 저작이나 문구, 혹은 다른 저자들의 저작이나 문구가 판단의 가장 중요한, 거의 유일한 논거가 되어 새로운 사유의 시도들, 새로운 해석의 시도들을 비난한다.

덕분에 당이나 조직은 가령 스페인 내전이나 체코 사태 등의 경우에조차 결코 이해할 수 없는 확고부동한 통일성을 유지했다. 물론 수많은 분파와 집단들로의 분열을 그 대가로 치러야 했지만 말이다. 이론 역시 그토록 많은 사람들이 연구하고 글을 썼음에도 지루할 정도의 통일성을 유지하는 데 성공했다. 새로운 해석을 시도한 사람들의 숫자는 전 세계를 통틀어 몇 명 되지 않고, 그나마도 대부분 당대에는 수많은 비난을 받는 '수정주의자' 내지 '골칫거리'가 되어야 했다. 이는 심지어 '정통파'를 자처하는 사람으로 한정되지도 않는다. 정통파의 비난을 받는 사람들조차 자신과 다른 견해, 기존의 틀에서 벗어난 견해에 대해서 이런저런 계급의 관형어가 달린 '수정주의', '기회주의'라는 비난 없이는 비판하지 않는다.

대립이나 적대의 사유는 차이를 사유하는 방법이 아니라 동일성을 재생산하는 방법이다. 대립이나 적대의 사유는 차이를 이미 옳다고 믿는 어떤 것의 '적'이나 '동지' 둘 중의 하나로 가른다. 그토록 다양한 것들은 오직 적과 동지 둘 중의 하나로 분류된다.* 동일성을 갖거나 동일성을 보충하는 한에서 차이는 '동지'가 되지만, 그렇지 않은 것은 결국엔 적이거나 '적을 위해 기능하는 것'——종종 앞잡이, 스파이 등의 극단적 표현으로 얻기도 한다——으로 간주된다. 전자가 동일화의 대상이라면, 후자는 배제와 타도의 대상이다. 이는 환원불가능한 차이를 제거하거나 배제하고 동일한 것만을 재생산하는 동일자의 메커니즘을 정확하게 구현한다.** 마찬가지로 차이를 대립이나 모순 혹은 적대로 환원하는 한, 그리고 그러한 적대를 투쟁을 통해 해결하려고 하는 한, 맑스주의 역시 차이를 긍정할 수 있는 사유의 공간을 제공하지 못한다.

그렇다면 맑스주의에서 차이를 긍정하는 것은 불가능한가? 차이나는 것이 공존하는 것은, 아니 좀더 적극적으로 말해, 차이를 '장애물'

---

* 칼 슈미트(C. Schmitt)는 정치적인 것에 고유한 관념을 바로 이러한 적대의 정치학을 통해 정의한다. "정치적인 행동이나 동기의 기인으로 생각되는 특수 정치적인 구별이란 적과 동지의 구별이다. 이 구별은 규준이라는 의미에서 개념규정을 제공하는 것"이다(칼 슈미트, 『정치적인 것의 개념』, p. 31).
** 이러한 사유의 결과는 옳은 것——자신이 옳다고 믿는 것——과 동일하다고 간주되는 동일성의 확대재생산이다. 특수성이나 차이는 그러한 동일자의 확대와 확장을 위해 구체적 조건을 고려하여 응용하고 적용하는 데서 고려되는 조건일 뿐이다. 즉 그것은 동일성의 확대를 위해 고려해야 할 조건이지, 옳다고 믿는 어떤 동일성을 저지하거나 변형시키는 어떤 것도 아닌 것이다. 이런 점에서 동일성의 사유는 정확하게 사유의 제국주의적 모델이라고 해야 할 것이다.

이 아니라 '동료'로 삼는 것은 불가능할까? 차이를 만들어내는 것을 '수정'이란 말로 비난하거나 금지하는 게 아니라 거꾸로 능동적으로 촉발하는 것이 맑스주의 안에서는 불가능할까? 거대한 동일성의 등가물인 계급적 통일성, 조직적 통일성의 개념에 안주하는 게 아니라, 새로운 차이를 만들어내는 창안을 통해 맑스주의 자신을 변화시키는 것은 불가능할까?

그러나 사태는 이렇게 단순하지 않다. 우리는 좀더 어려운 조건에서 질문해야 한다. 왜냐하면 알다시피 자본주의는 항상-이미 계급적 적대의 효과 아래 작동하기 때문이다. 따라서 우리는 차이의 철학이나 차이의 정치학에 대한 일반적 질문에 머물러선 안 된다. **항상-이미 존재하는 적대의 조건하에서** 차이의 철학이 가능한지 물어야 한다. 계급적 적대의 실존에도 불구하고 차이의 긍정은 가능한가? '이미' 적대의 규정 아래 있는 조건에서, 적대적 대상과 대결하는 조건에서 구성적 차이는 어떻게 작동할 수 있는가?

2. 대립 이전의 차이

차이는 그 자체로 실존한다. 밝음과 어둠 사이에는 수많은 밝음들이, 혹은 어둠들이 있다. 대립은 그런 무수하게 다양한 밝음의 정도들, 그 차이들을 밝음과 어둠이라는 두 개의 범주 안에 가둠으로써 만들어진다. 프리즘을 통해 보이는 색깔들 역시 무수한 차이로 실존한다. 심지어 빨강, 파랑, 노랑 등의 범주로 일정한 대역의 파장을 묶을 때조차 대립은 존재하지 않는다. 그 색들을 보색이니 뭐니 하면서 대비할 때 대립은 비로소 발생한다. 초원 위의 유목민은 어느 방향으로든 나아갈 수 있다. 하지만 그 무수한 방향들에 '북극'과 '남극'이라는 대립되는 극성(極性)을 부여하고, 그러한 대립을 통해 사이에 있는 방향들을 구별할 때 방향은 대립에 의해 포착된다.

심지어 차이는 동일성 이전에 실존한다. 물론 '빨강'이라는 말로 명명되는 순간 그 색은 하나의 동일성을 갖게 되고, 다른 곳에서 동일하게 명명되는 어떤 것에 대해 적용됨으로써, 즉 '빨강=빨강'이라는 동일률의 형식으로 포착된다. 그러나 '빨강'이라고 명명되는 파장 안에는 무한히 많은 파장들이 존재한다. 빨강이라는 동일성은 그 차이들을 하나로 묶어서 동일화함으로써, 그 차이를 무의미한 것으로 '추상'함으로써 성립된다. 차이란 동일하지 않은 것이란 점에서 동일성을 전제한다고들 하지만, 그것은 '차이'와 '동일성'이란 **말** 사이에 성립되는 관계일 뿐이다. "우주 안에 동일한 두 개의 나뭇잎은 없다"는 플리니우스(Plinius) 식의 명제는 **실재적** 차이의 절대성을 보여주는 말이다. 심지어 기적적으로 발견되는 동일성, 혹은 우리의 무감한 눈으로 발견하는 동일성조차 무수하게 다른 것 안에서 특별하게 선정된 예외적 경우에 지나지 않는다. 그것도 동일화를 야기하는 단어의 효과 아래서.

이런 점에서 대립이나 동일성이나, 차이에 관한 한 동일한 효과를 갖는다. 다만 다른 것은 동일성은 무수한 차이를 하나로 묶는 데 반해, 대립은 둘로 묶고 그것에 반대되는 성향을 부여한다는 점이다. 동일성은 다양한 차이를 하나의 이름에 부수되는 어떤 성질이나 본질로 동일화한다. 대립은 두 개의 반대되는 성질을 통해서 다양한 차이를 둘로 가르고 대립시키지만, 사실은 대립되는 범주를 할당하는 하나의 본질 안에서 그럴 뿐이다. 즉 대립되는 두 범주는 하나의 동일한 본질 안에 있으며, 그 본질 안에서의 구별일 뿐이다.

맑스는 대립과 매개라는 헤겔 철학의 방법을 비판하면서 이러한 사태를 아주 명료하게 지적한 바 있다. 그에 따르면 대립적 사유는 사태를 양극단으로 분할하여 몰아넣고는 그 양자의 대립을 본질적 구별인 것으로 간주한다. 그리고 양자 간의 동일성 내지 통일성을 거기서 도출한다. "북극과 남극은 서로 끌어당긴다. 여성과 남성 역시 서로 끌어당기며, 그들의 극단적 구별들(Unterschiede)의 합일에 의해서 비로소 인간으로 생성된다."[5] 그리고 이러한 사고방식에 대해 다음과 같이 언급한다.

첫번째 것에 대해 말하자면, 북극과 남극은 둘 다 극(Pol)이다. 그들의 **본질**은 동일하다. 이와 동일한 방식으로 **남성**과 **여성** 양자도 하나의 유(類), 하나의 **본질**, 즉 인간적 본질이다. 북과 남은 **하나의** 본질의 대립된 규정들, 즉 동일한 **본질**의 그 **최고로 전개된 수준**에서의 구별이다. 그것은 분화된(differenzierte) 본질이다.[6]

이런 점에서 대립된 범주들은 진정한 본질의 차이를 표시하는 게 아니라 하나의 동일한 본질을, 그 안에서의 차이를 표시할 뿐이다. 헤겔은 차이란 규정된 구별이고, 그러한 구별 가운데 본질의 구별은 대립이라고 말하는데,[7] 이 경우 차이는 이처럼 하나의 동일한 본질 안에 갇혀 있는 것이다. 진정한 본질적 구별, 현실적인 본질의 구별은 이러한 대립적 범주에 앞서 존재한다. "**참된 현실적** 극단들은 극과 비극(Pol und Nichtpol), 인간과 비인간일 것이다."[8] 이런 점에서 그는 남극과 북극, 남성과 여성의 대립은 본질 안에서 실존의 구별에 지나지 않으며, 극과 비극, 인간과 비인간이 본질의 구별이라고 말한다.

그런데 여기서 앞서 본 것과 비슷한 언어적 혼동이 발생한다. 왜냐하면 극과 비극, 인간과 비인간 역시 대립적인 범주처럼 보이기 때문이다. 그렇다면 문제는 이런 대립과 저런 대립 사이에 있는 것이지 대립과 차이 사이에 있는 게 아니라고 해야 할 것이다.

그러나 맑스에 따르면 극과 비극, 인간과 비인간라는 본질의 구별에서, 비극이나 비인간이라는 대개념은 자립적인 의미를 갖는 게 아니라 단지 **'타자의 추상화'** 에 지나지 않는다.[9] 다시 말해 '비극' 이란 극과 무관한 모든 방향의 집합이고, 따라서 거기에는 방향들에 대해 하나의 내용을 부여하는 개념적 동일성이 없다는 것이다. 그것은 극의 외부, 혹은 극적 사유의 외부를 뜻한다. 비인간 역시 마찬가지다. 이미 대립적 사고에 길든 사람이라면 거기서 동물이나 식물을 떠올릴지도 모른다. 그러나 그것은 사실 대개 사유능력으로 대비되는 인간/동물의 대립, 혹은 운동성의 유무로 대비되는 동물/식물의 대립을 떠올린 것이지 인간/비인간의 구별을 떠올린 것은 아니다. 비인간에는 호랑이나 토끼, 떡과 망치, 컴퓨터와 로봇, 소나무와 스타킹, 박테리아와 바이러스 등이 모두 들어간다. 따라서 그것은 개념적 규정성이 없다. 즉 비인간이란 인간적 성질의 결여를 통해 인간이란 범주를 특권화하는 인간중심주의적 통념에서가 아니라면, 아무런 개념적 내용이 없는, 말 그대로 인간의 타자들을 추상화하여 하나로 모은 것에 지나지 않는다. 그것은 종종 '잡다' 로 간주되는, 차이들의 거대한 집합이다.

그럼에도 불구하고 그것이 유의미한 것은 인간/비인간의 대쌍이 '인간' 내지 '인류' 가 갖는 어떤 차이를, 그 수많은 것들 사이에서 부각시키기 때문이다. 하지만 이는 인간에 대해서만 그런 것은 아니다. 호랑이와 비-호랑이는 호랑이에 속하는 어떤 차이를, 바이러스와 비-바

이러스는 바이러스에 속하는 어떤 차이를 드러내주는 대쌍이다. 그것은 잡다와도 같은 거대한 차이들의 바다에서 불쑥 솟아오른 어떤 것의 차이를, 그 특이성을 포착하기 위한 대쌍들이다. 여기서 바이러스와 비-바이러스가 대립이 아니라 차이인 것처럼, 인간/비인간 역시 대립 아닌 차이를 표현한다. 이러한 의미에서 이는 차이가 대립 이전에 존재한다는 것을 보여준다. 그리고 이것이 본질적 구별인 한, 대립적 사유 같은 "본질의 현실적 이원론은 결코 존재하지 않는다".[10] 오직 차이의 일원론만이, 잡다와도 같은 심연에서 그때마다 다른 모습으로 솟아오르는 차이의 일원론만이 존재할 뿐이다.

그러나 잘 알다시피 우리가 사는 세계에서 대립은 실제로 존재하지 않는가? 가령 인간과 비인간의 범주는 인간과 대상, 혹은 주체와 대상이라는 개념적 대립을 통해 대상을 장악하고 이용하는 인간과 그것에 의해 이용되는 모든 것이라는 이원적 대립으로 변환된다. 다른 경우에도 마찬가지다. 차이가 그저 차이로만 존재하진 않는 것이다. **차이는 특정한 조건 아래서 대립이 된다.** 레닌의 말을 약간 바꾸어 표현하면, "어떠한 조건에서도 대립으로 전화되지 않는 차이는 없다". 그러나 이는 대립의 이원론을 또 다시 뒤로 끌어들이는 것은 아니다. 여기서 강조되어야 할 것은, 차이는 특정한 대립적 개념, 혹은 대립적 관계가 그것을 포섭하는 조건에서만 대립이 된다는 점이다. 그렇다면 중요한 것은 차이가 대립으로 변환되는 조건을 아는 것이고, 그런 조건에서 어떠한 양상의 대립이 되는가를 아는 것이다. 어쩌면 유물론이란 이처럼 **차이가 대립으로 전환되는 구체적 조건에 대한 연구**라고 말할 수도 있을 것이다.

맑스는 이와 관련해 매우 다양한 유물론적 분석의 사례들을 제공해준다. 아마도 가장 유명한 것 중 하나는 기계와 노동자의 관계에 대한 것일 게다. 잘 알다시피 『자본』 I권의 「기계와 대공업」에서 그는 기계와 노동자의 차이가 자본주의적 관계라는 조건에서 적대가 되는 양상을 아주 극명하게 보여준다.[11] 이는 사실 도구와 생산자의 관계에 대해서도 마찬가지다. 도구와 생산자는, 주체와 대상이라는 고전적인 대립 개념을 동원해 말하지 않는 한 대립적인 것이 아니다. 심지어 도구는 주체의 연장인 한에서 주체의 일부다. 그러나 그 도구가 소유에 의해 생산자와 분리될 때, 도구와 생산자는 대립관계에 들어가게 된다.

하지만 차이가 대립에 선행한다는 존재론적 명제에, 혹은 대립의 이원론과 대비되는 차이의 일원론에 만족할 수는 없다. 거기서 차이는 아직 무언가를 생산하는 적극적이고 능동적인 위치를 갖지 못하기 때문이다. 그 경우 차이는 실제로는 아무것도 아니거나 조건에 따라 다양하게 나타나는 대립들의 전조에 불과할 것이고, 차이의 철학은 단지 '존재론적 우선성'에서 위안을 구하는 철학적 방법이거나 그것이 사라진 현실에 통탄하는 철학적 탄식에 지나지 않을 것이다.

3. 구성적 차이

인간과 비인간을 대비하여 인간과 다른 것들 간의 차이를 포착하려는 경우에도 차이는 '다른 것에 없는 어떤 특성'을 지칭한다는 점에서 정적이고 감산적(減算的)이다. 즉 그것은 이런저런 것들이 갖는 특성들을 정적으로 비교하여 어디에는 있고 어디에는 없는 것을 구별하는 것이란 점에서 감산의 형식으로 이해된 차이다. 가령 A에게 고유한 차이란 A-B, A-C, A-D 등의 형태로 A와 다른 것들 간에 존재하는 간극을 표시한다.

반면 이미 존재하는 것들의 비교가 아니라 새로운 것이 생성되는 동적인 차이의 개념이 있다. 가령 헤겔주의자였던 맑스는 포이어바흐 같은 헤겔 비판가들을 만나면서 다른 생각을 가진 다른 사람이 되었고, 프랑스의 코뮨주의자들과의 만남을 통해 이전과 다른 '맑스'가 되며, 혹은 엥겔스와의 만남을 통해 자본주의에 대한 정치경제학적 연구를 시작하게 된다. 이처럼 맑스는 자신과 다른 생각, 다른 경험을 가진 사람을 만남으로써 이전의 자신과 다른(different) 사람, 다른 사상가가 된다. 여기서 맑스에게 발생한 차이, 맑스 자신에게 야기된 차이는 맑스가 자신과 다른 어떤 것과 만남을 통해 생성된 것이다. 이 경우 우리는 두 가지 의미에서 '차이'가 새로운 요소를 창조하는 생성적이고 능동적인 역할을 했다고 말할 수 있을 것이다.

첫째, 맑스는 자신과 다른 무엇 즉 다른 인물, 다른 사상 혹은 영국이나 프랑스라는 다른 세계와의 만남을 통해서만 새로이 변화된 자신이 되었다는 점이다. 자신과 비슷한 생각을 가진 것들은 자신의 생각에 확신을 더해주긴 했겠지만, 맑스를 새로운 차원의 사상가로 비약시키진 못했을 것이다. 차이가 이 새로운 비약을 가능케 한 조건이었던 것이다. 여기서 차이는 정적인 비교에 머물러 있는 게 아니라 만남을 통해 새로운 것을 구성하는 동적이고 구성적인 것으로 작용하고 있다.

둘째, 맑스 자신이 다른 무엇과의 만남을 통해서 이전의 자신과 '다른' 인물이 되었다는 점이다. 즉 차이는 맑스와 그가 만난 대상 사이에만 있는 게 아니라, 맑스 자신에 내재하는 것으로도 있는 것이다. 그것과 만나기 전의 맑스와 만난 이후의 맑스 사이에 존재하는 차이. 만약 이러한 내재적 차이가 발생하지 않았다면, 맑스와 다른 것의 만남은 혹은 맑스와 다른 것 간의 차이는 새로운 사상을 창조하는 적극적 역할도 하지 못했을 것이다.

이러한 양상은 단지 인간에 대해서만, 즉 스스로 변화를 선택하는 종류의 개체에만 적용되는 것은 아니다. 산소 분자는 수소 분자와 만나 결합하면 물 분자가 되고, 일산화탄소 분자와 만나면 이산화탄소 분자가 된다. 유전자를 전사(轉寫)하는 RNA상에서 두 개의 아데닌(A)이 시토신(C)과 만나면(AAC) 아스파라긴이라는 아미노산을 형성하지만, 구아닌(G)과 만나면(AAG) 리신이라는 아미노산을 형성한다. 망치는 못의 머리와 만나면 도구가 되지만, 사람의 머리와 만나면 흉기가 된다.

이러한 과정에서 차이는 새로운 관계, 새로운 무언가를 형성하는 구성적인 역할을 한다. 다르다는 것은 한편으론 새로운 것이 형성되기 위한 조건이고, 다른 한편으론 그것과의 만남을 통해 발생한 사건이다. 여기서 차이는 만남을 통해 발생하며, 만남을 통해 능동적 변화의 요인으로 작용한다. 가령 A가 B와 만나서 A′이 되고, B 역시 그 만남을 통해서 B′이 되었다고 하면, 이를 이렇게 표시할 수 있을 것이다.

$$A + B \rightarrow A' + B'$$

여기서 A와 B의 차이는 마이너스(−)로 표시되는 정적인 비교에 머물러 있는 게 아니라 플러스(+)로 표시되는 구성적인 과정을 통해 동적으로 결합한다. 그리하여 A를 A′으로, B를 B′으로 바꾸어놓는다. 다시 말해 A와 A′ 사이의 내재적 차이를 만들어낸다. 이 경우 차이란 새로운 것이 창조되고 생성되는 원동력이며, 그러한 창조를 통해 생산된 것이기도 하다. 즉 차이란, 스피노자 식으로 말하면 능산적인 힘인 동시에 그 결과 만들어지는 소산적인 것이다. 이처럼 새로운 무언가를 창조하고 구성하는 식으로 작동하는 이 능동적인 차이의 개념을 '구성적 차이'라고 명명하자.

헤겔적인 개념을 약간만 걷어낸다면, 맑스의 '가치형태' 도식은 이러한 차이의 개념이 작동하는 양상과 더불어, 그것이 어떠한 조건에서 현실적 대립 속에 들어가게 되는지를 보여준다. 먼저 가치형태의 가장 단순한 도식을 보면,

$$z \cdot comA = u \cdot comB$$

알다시피 이 도식은 z량의 상품 A가 u량의 상품 B의 사용가치를 통해 자신의 가치를 표현한다는 것을 의미한다. 여기서 등호는 이러한 관계의 성립을 표시하는 기호이지 수학적인 등호가 아니다. 좌변이 가치라면 우변은 사용가치고, 좌변이 양이라면 우변은 질이기 때문에, 등호는 어떤 등가성을 표시하지 않는다. 다만 z량의 상품 A가 u량의 상품 B와 만나서 '교환'이라고 부르는 관계가 발생하게 되었음을 뜻할 뿐이다. 이런 점에서 우변의 B 역시 자신을 표현하는 저런 관계를 형성할 수 있지만, 일단 이 도식에서 A는 주어를 표시하고 B는 술어를 표시하기 때문에 좌우변을 바꾸어 써도 안 된다. 이 역시 등호가 등가성 내지 양적 동일성을 표시하는 게 아님을 의미한다.

일단 여기서 등호로 표시되는 관계가 A와 B가 다르다는 사실로 인해 성립한다는 점을 주목하자. 맑스 자신이 말하듯이 동일한 상품이 우변에 오는 상황 $z \cdot A = z \cdot A$는 무의미한 동어반복이고, 어떠한 타자와의 관계에도 들어가지 않은 고립된 상황, 유아론적 상황을 표시할 뿐이다. 즉 동일성은 동일성의 기호로 표시되는 관계를 구성하지 못한다. 차이만이 그런 관계를 구성할 수 있다. 이런 의미에서 양변이 다를 때 양자를 연결하는 기호 '='는 관계의 구성을 표시하는 기호다. 그것은 차이가 구성적인 방식으로 작동하는 양상을 표시하는 기호인 것이다. 이로써 A는 자신의 타자와 만나고 타자와 함께 하는 세계 속으로 들어

간다. 따라서 이렇게 흘러들어간 A는 고립된 상황 속에 있던 이전의 A 가 아니라, 변화된 관계 속의 A, 곧 A′이다. 관계를 통해서 A 자신에 새 로운 변화가, 차이가 발생한 것이다.

사실 가치형태론이 증명하려는 것이 가치라는 형식이 어떻게 발생 하게 되었는가임을 안다면, 엄밀히 말해 상품 A의 '가치'라는 말은 여 기서 가정할 수 있는 게 아니다. 그에 대해 '가치'라는 말을 사용한다면 양적인 의미의 '가치'(value)가 아니라 타자에 대해 '가치 있는 것'(the valuable)을 의미한다. 이 경우 타자와의 관계 속에 들어갔다는 건 A 자 신이 타자에 대해 가치 있는 것임을 확인하고 입증했다는 걸 뜻한다.

따라서 등호의 양변을 '가치'라는 양과 '사용가치'라는 질로 대립 시켜선 곤란하다. '가치 있는 것'은 양으로 환원될 수 없는 것이기 때문 이다. 그것이 양적인 것이 되려면, 가치 있는 것을 양으로 동질화하는 척도가 도입되어야 한다. 이는 최소한 일반적 등가물이 발생한 연후에 가능하다. 그 이전에 '가치 있는 것'은 사실상 타자에게 어떤 유용성이 있음을 뜻한다는 점에서 사용가치와 대립하지 않는다. 다만 우변에 온 것과 다른 유용성, 다른 질을 갖는다는 것을 뜻할 뿐이다.

좌변에 부여된 '상대적 가치형태'라는 위치나, 우변에 부여된 '등 가형태'라는 대립 개념에 대해서도 비슷하게 말할 수 있다. 그것은 좌 변이 타자의 유용성을 빌려서 자신의 가치를 표현하는 주어라는 말, 그 리고 우변은 그것의 가치를 표현하는 술어라는 말의 개념적 표현이다. 즉 거기서 대립은 하나는 주어, 하나는 술어라는 관계에서 발생하는 것 이다. 이는 대립이지만 앞서 맑스가 말한대로 현실적 대립이 아닌 **추상 적 대립**이다. 왜냐하면 다른 도식을 만들어서 B가 주어가 되어 A를 술 어로 사용하는 것이 얼마든지 가능하기 때문이다.

이런 점에서 이 관계에서 두 변에 오는 항들은 결코 비대칭적이지 않다. 그것이 비대칭성을 갖게 되고, 그리하여 현실적 대립으로 전화되는 것은 우변에 오직 하나의 등가물이 들어서고, 다른 것이 그 자리에 들어오는 것이 배제되는 조건에서다.

$$z \cdot comA = u \cdot comB$$
$$= v \cdot comC$$
$$= w \cdot comD$$
$$= x \cdot comE$$
$$\cdots\cdots\cdots$$

확대된 가치형태를 보면 이 대립의 한 쪽인 우변이 특정한 제한적 규정을 갖지 않는 단순한 '비-A'의 집합임을 알 수 있다. 즉 그것은 A의 '가치 있음'을 표현하기 위해 선택가능한, 유용성을 갖는 물건들의 집합이고, 이런 한에서 좌변의 A와 추상적으로 대립된다. 좌변은 비-A들 속에서 A가 솟아오르면서 그 '가치 있음'이 부각된다. 다른 것들은 A가 갖는 유용성이 '가치 있음'으로 부상하게 되는 배경이 되어준다. 이로 인해 이러한 형태에서는 마치 A의 '가치 있음'이 다른 것들의 사용가치와는 근본적으로 다른 것처럼 나타난다. 하지만 앞서 인간과 비인간 등의 경우와 달리 여기서는 정적인 비교("A는 ~와 다르다")에 머물고 있는 게 아니라, A와의 구성적인 관계 속에 들어가고 있다는 것이 다른 점이다.

이상에서 말한 것처럼, 단순한 가치형태나 확대된 가치형태의 도식은 추상적 대립 안에서나마 구성적 차이가 작동하는 양상을 잘 보여준다. 거기서 양변에 오는 것의 차이는 부정해야 할 대상도, 동일화해야 할 타자도 아니다. 그렇다고 그것은 참고 견뎌야 할 대상, 혹은 인정해야 할 대상도 아니다. 그 경우 차이는 어떤 것이 다른 것과 결합하여 관계를 구성할 수 있는 기회를 뜻한다. 다시 말해 차이는 자신이 타자들과의 관계 속으로 들어가며 다른 것이 될 수 있는 기회, 혹은 가장 단순하게는 다른 것을 통해 자신을 표현할 수 있는 기회란 점에서 진정으로 **긍정적인 것**이다. 이러한 긍정성이 양자를 하나의 관계로 구성하는 능동적 힘을 발휘한다. 구성적 차이가 갖는 이러한 긍정적이고 능동적인 힘이 작동하는 데 '상대적 가치형태'와 '등가형태'라는 말로 표시된 추상적 대립은 아무런 근본적 장애가 되지 못한다. 확대된 가치형태에서 우변이 무한한 '상품'들의 계열에 열려 있다는 것은 구성적 차이가 갖는 무한한 개방성을 함축한다. 그것은 좌변의 A에게 주어져 있는 무한한 가능성의 세계인 셈이다.

4. 모순, 혹은 현실적 대립

생산물의 교환관계에서 차이가 현실적 대립 내지 '모순'의 관계로 전환되는 것은 하나의 단일한 가치척도가 수립됨으로써다. 그것을 맑스의 도식은 일반적 가치형태과 화폐형태로 구별해서 설명하지만, 맑스 자신의 말처럼 양자 간에는 아무런 본질적 차이가 없다.[12] 따라서 우리는 화폐형태만을 다루는 것으로 충분할 것이다.

$$
\left.\begin{array}{l}
u \cdot com\mathrm{B} \\
v \cdot com\mathrm{C} \\
w \cdot com\mathrm{D} \\
x \cdot com\mathrm{E} \\
\cdots\cdots\cdots
\end{array}\right\} = p \cdot \mathrm{M}
$$

앞의 도식은 보다시피 확대된 가치형태에서 좌우만을 바꾼 것에 지나지 않지만, 이는 사실 관계의 근본적인 전환을 함축하고 있다. 먼저 확대된 가치형태 도식에서는 A는 자신과 다른 모든 것을 통해서 자신의 '가치'를 표현할 수 있었다. 그리고 A의 자리에 다른 어떠한 상품이 들어서는 것도 본질적으로 개방되어 있다. 그것은 모든 것이 다른 것과 만나서 관계를 구성하는 구성적 차이의 장을 표시하고 있었다.

반면 여기서는 자신의 가치를 표시하기 위해 오직 하나의 상품만을, 화폐라는 등가물만을 사용해야 한다. 어떤 것도 좌변의 자리에 들어올 수 있지만, 그 자리에 들어서려는 한 자신의 가치를 표현할 다른 선택의 여지는 없다. 오직 하나, 화폐의 양적 차이를 통해서만 자신을 표현할 수 있다. 아니 좀더 정확하게 말하면, 화폐로 자신의 가치를 표현할 수 있는 한에서만, 즉 화폐와 교환될 수 있는 한에서만 자신의 가치를 표현할 자리가 허용된다.

물론 여기서도 좌변과 우변은 다르다. 그리고 좌변에 올 수 있는 상품 B, C, D, …… 등도 모두 다르다. 자신을 표현하기 위해 오직 하나의 척도만을 선택해야 하는 한, 그 무수한 차이들은 이제 화폐의 양이라는 하나의 동일한 것으로 귀속되고 동질화된다. 차이가 하나의 척도를 통해 동질화되고, 무수한 차이가 하나의 동일성으로 귀속되는 것을 이처럼 극명하게 보여주는 경우가 또 있을까?

여기서 좀더 나아가 화폐형태는 동질화의 현실적 메커니즘을 작동시킨다. 가치법칙이 그것이다. 사실 도식에서 좌변은 모든 것을 향해 열려 있고, 실제로 자본주의는 돈이 될 가능성이 있는 것은 무엇이든 그 자리에 밀어넣는다. 즉 가치화(Verwertung)한다. 성교나 육체는 물론 친절함도, 호의나 애정도, 원숭이나 앵무새도, 그리고 그림이나 낙

서조차 혹은 생물들의 유전자들까지도. 하지만 돈이 되지 않는 것은 가차 없이 그 자리에서 밀어낸다. 사과도, 벼도 환금성이 좋은 것만 살아남고, 그렇지 않은 것은 모두 쫓겨나서 멸종으로 밀려간다. 차이는 돈이 되는 한 조장되기도 하지만, 그런 한에서만 살아남는다. 그것은 정확하게 화폐적 동일성의 지배를 수용하는 한에서만 살아남는다. 화폐라는 동일성의 수용은 목숨이 걸린 강제다. 마치 프롤레타리아에게 노동이 죽을 자유를 짝으로 갖는 강제인 것처럼. 바로 이런 의미에서 화폐형태적 체제는 차이를 동일성으로 환원하는 체제고, 모든 차이를 동일성의 지배 아래 복속시키는 권력의 체제다.

화폐형태를 이전의 것과 구별해주는 또 하나의 본질적인 요소는 좌우변이 실제적으로 교환불가능하다는 사실(실제적 비대칭성)로 인해, 좌우변의 추상적 대립이 명백한 현실적 대립으로 전화된다는 점이다. 앞서의 것과 달리 화폐형태에서는 화폐 이외의 어떠한 상품도 우변에 올 수 없다. 그것은 화폐라는 오직 하나의 등가물만이 들어설 수 있는 자리인 것이다. 반면 화폐는 또한 좌변에 들어갈 수 없다. 그 경우 기껏해야 $p \cdot M = p \cdot M$이라는 동어반복만을 만들어낼 뿐이다. 따라서 상대적 가치형태와 등가형태 간에는 근본적인 비대칭성이 존재하며, 양자의 대립은 이제 단순한 추상적 대립에 머물지 않는다. 마찬가지로 가치와 사용가치의 대립도, 질과 양의 대립도, 이러한 비대칭성으로 인해 **현실적인 대립**이 된다. 화폐의 맞은편에 있는 무수한 생산물들의 집합은 단지 비-화폐라는 막연한 추상적 집합이 아니라, 화폐와의 교환을 열망하고 화폐와 교환되기 위해 움직이는 하나의 동일한 욕망과 운동성을 갖게 된다. 그것은 화폐를 통해 통합된 단일한 '상품세계'를 형성하는 것이다. 그것은 화폐와 대립적인 독자적인 개념적 내용을 갖는 자립성을 획득한다. 그것은 실제로 화폐와 개념적으로 구별되는 하나의 세계를 형성한다. 상품들의 흐름과 절단으로 이루어지는 하나의 세계를.

하지만 그 자립성은 사실 상품들을 하나로 묶어세우는 화폐의 통합력에 의한 것이고, 화폐의 흐름에 의해 규제되고 통제되는 질서다. 이 세계에서 상품들의 차이는 오직 화폐화에 유리한가 여부를 위해서 고려된다. 그것은 화폐의 대립물이지만, 항상-이미 화폐에 의존하고 있으며, 화폐를 통해 존재하며, 항상-이미 화폐를 향해 이끌리는 세계다. 자립성을 갖는 두 개의 대립물이 상호 의존하고 통일되어 있는 모순적 관계가 바로 이 현실적 대립의 실제적 양상이다. 하지만 그것은 이처럼 단지 외적 대립의 양상으로만 존재하는 게 아니라, 그 현실적 대립으로 인해 역시 현실성을 갖게 된 가치와 사용가치의 이중성이 각각의 상품 내부에 자리잡게 된다는 점에서 내적인 대립의 양상으로도 존재하는 모순이다. 이제 생산물은 그것의 고유한 질을 표현하는 게 아니라 가치와 사용가치라는 대립적 이중성 안에 존재하는 상품으로만 존재하게 된다. 아마도 여기서 '자립성을 갖게 된 두 대립물의 통일'이라는 고전적인 모순의 개념은 적절한 사용처를 발견하게 될 것이다. 요컨대 화폐형태는 생산물들의 차이가 모순으로, 다시 말해 현실적 대립으로 전화되는 실제적 조건이다.

다음으로 화폐형태에서 또 하나 지적해야 할 것은 상품들의 가치가 단 하나의 등가물을 통해서 표시됨에 따라, 화폐는 상품들의 가치를 표시하고 대변하는 일종의 대표/표상이 된다는 사실이다. 상품의 가치는 그게 어떤 상품이든 "얼마짜리"라고 하는 것이 된다. 왜냐면 상품생산이 일반화된 조건에서 상품이란 사용하기 위한 게 아니라 팔기 위한 것이고, 따라서 그것이 얼마짜리인가가 결정적이기 때문이다. 이런 관계 속에서 상품의 가치를 표현하기 위해 화폐라는 등가물이 등장하는 게 아니라, 역으로 모든 상품이 그것과 교환될 수 있는 화폐의 양을 표시하고 재현하게 된다. 어떤 상품이 표상할 수 있는 화폐의 양, 그것이 바로 상품의 '진실'(진리)이고 그것의 가치인 것이다. 이런 점에서 화폐는 상품세계를 통합하고 통치하는 권력의 자리를 차지하고 있으며, 모든 상품의 가치를 대신하여 표상하는 대표의 지위를 점하고 있다.

여기서 가치의 '대표', 가치의 '진리'라는 자리는 배타적이다. 일반적 가치형태나 화폐형태에서 등가물은 정의상 오직 하나만 허용되기 때문이다. 화폐형태는 다른 것이 척도의 자리에 들어서는 것을 정의상 차단하고 금지한다. 마치 지식에서 오래된 진리가 자신과 다른 종류의 지식에 대해 그러하듯이. 확립된 정설(orthodox)이 자신과 다른 종류의 견해에 대해, 특히나 자신의 자리를 흔드는 견해에 대해 그러하듯이. 이런 점에서 화폐형태의 도식은 모든 것을 가치화하려는 화폐의 권력이 발생하는 지점을 보여주지만, 동시에 그것은 그에 반하여 화폐의 척도적 지위를 흔들며 그것의 단일성을 위협하는 활동의 중요성을, 화폐화를 거부하는 투쟁이나 화폐로 환원불가능한 '가치'의 실존을 현실화하는 능력의 중요성을 보여준다고 할 것이다. 생산물이든 생산적 능력 자체든 간에. **척도 자체가 동일화하는 권력이라는 것**을 화폐처럼 잘 보여주는 경우가 또 있을까?

5. 프롤레타리아트와 적대의 정치학

이제 우리는 적대에 대해 말해야 한다. 적대는 대립되는 두 항의 이해관계나 욕망이 현재적이든 잠재적이든 충돌과 투쟁을 포함하는 경우를 지칭하며, 대부분 대립되는 적대자를 제거하는 방향으로의 운동을 야기한다. 맑스주의에서 이 문제는 무엇보다 우선 부르주아지와 프롤레타리아트 두 계급의 관계, 혹은 두 계급의 투쟁과 결부되어 있다. 하지만 여기서도 우리는 적대 역시 차이가 특정한 조건에서 두 항의 적대화된 관계로 전화된 것임을 볼 것이다.

맑스에게 프롤레타리아트란 개념은 경제학 연구를 시작하기 이전 저작인 「헤겔 법철학 비판 서문」에서 처음 사용된다. 거기서 맑스는 이 개념을 '계급이 아닌 계급'이란 의미에서 '비계급'으로 규정한다. "철저하게 속박되어 있는 한 계급, 시민사회의 계급이면서도 **시민사회의 어떤 계급도 아닌** 한 계급, 모든 신분들의 해체를 추구하는 한 신분"이[13] 바로 프롤레타리아트라는 것이다. 이들은 "사회적 궁핍에 의해 기계적으로 몰락한 사람들이 아니라[즉 주어진 규정 안에서 소득의 감소로 인해 몰락한 사람들이 아니라] 사회의 급격한 해체[즉 사회적 규정성의 급격한 해체]를 통해 특히 중간계층의 해체로부터 출현한 사람들"이다.[14]

『자본』에서 프롤레타리아트 개념이 출현하는 곳은 인구법칙과 본원적 축적을 다루고 있는 부분이다. '본원적 축적과정'이란 무엇보다도 생산수단으로부터 생산자를 분리하여 프롤레타리아트로 만드는 과정이었다.[15] 그것은 기존의 신분적인 규정이나 경제적인 규정을 상실하여 '비신분'이 되는 과정이다. 그러나 그렇다고 아직은 자본의 공리나 부르주아지를 정의해주는 어떤 규정성도 획득하지 못한 상태가 무산자로서 프롤레타리아트의 일차적인 개념이다. 즉 그렇게 대대적으로 창출된 근대적 프롤레타리아는 부랑자가 되어 사회를 떠돌거나 걸식하는 거지가 되거나 날품을 팔며 하루하루의 생계를 잇는 다양하고 이질적인 사람들을 통칭하는 개념이지, 하나의 적극적 규정에 의해 '계급'으로 정의될 수 있는 그런 개념이 아니다. 이런 점에서 그것은 '비신분'인 만큼이나 정확하게 '비계급'이다. 인구법칙을 다룬 부분에서 그것은, 자본의 축적에 따라 노동자가 기계 등의 불변자본에 의해 대체되어 가변자본으로서의 규정성을 상실한 실업자라는 점에서 비계급이다.

자본주의적 계급으로서 부르주아지는 처음부터 계급으로 탄생하여 계급으로서 존속하지만, 프롤레타리아트는 처음부터 비계급으로서 탄생하며 비계급으로서 존속한다. 계급과 비계급의 이러한 관계는 극과 비극의 경우처럼 본질적인 차이를 표현하지만, 거기서 '비계급'이란 부르주아계급의 타자의 추상화라는 점에서 추상적 대립이고, 비계급으로서 프롤레타리아트란, 중세적 신분이 소멸했다고 가정하면, 부르주아계급을 제외한 모든 성분들의 집합이다.

프롤레타리아트란 다양한 종류의 생산과 활동을 하던 사람들이 부르주아지에 의해 계급적 경계의 외부로 배제됨으로써 만들어진다는 점에서, 부르주아지에 의한 계급투쟁의 산물로 탄생한 것이다. 그렇지만 그 존재 자체가 그런 식으로 만들어진다고 해서 프롤레타리아트가 언제나 부르주아지의 대립물이 되어 그들을 상대해야 하는 것도, 수동적이고 반작용적으로 대응해야 하는 것도 아니다. 오히려 그것은 비계급이기에 계급적 포섭과 지배에서 벗어난 새로운 삶의 방식, 새로운 생산의 장을 창출할 수 있다. 그리고 비계급이기에 사태를 계급화하지 않는 방식의 활동을, 비계급적 활동의 장을 창안할 수 있다. 부르주아계급을 상대로 하지 않는 긍정적 계급투쟁. 이것이 부르주아지라는 계급의 적대자가 되기 이전에, 이질적이고 상이한(different) 집단들의 집합으로서 비계급의 적극적 의미일 것이다. 이러한 비계급으로서 프롤레타리아트의 활동에서 긍정적인 '차이의 정치학'을 발견할 수 있지 않을까?

자본주의 초기 이래 수많은 코뮨주의적 시도들이 이와 무관할까?

다른 한편 프롤레타리아트는 계급 자체의 해소를 추구하는 거대한 흐름, 거대한 운동을 만들어낸다. 자본주의 자체를, 생산양식으로서 자본주의를 전복하려는 모든 운동, 사회 전체적 차원에서 부르주아지를, 계급 자체를 제거하려는 거대한 운동. 이러한 운동은 이런저런 사람들을 부르주아지라는 하나의 계급으로 통합하는 물질적 장치인 국가 자체를 겨냥하여 진행된다. 그것은 일차적으로 다양하고 이질적인 집단들이 '대중' 이라는 하나의 흐름을 형성하면서 국가장치의 장벽을 해체하고 계급적 지배의 장치들을 부수면서 나아간다. 그러나 그것이 대중적인 흐름에 머물러 있는 한, 그들은 계급적 경계들을 해체하고 파괴하지만 그 투쟁의 성과는 집약되거나 응축되지 않으며 대중의 흐름과 함께 흘러가고 만다. 그리고 그렇게 흘러간 자리를 살아남은 부르주아지가 다시 장악하고 계급적 지배의 장치들을 설치한다. 부르주아지의 '반동' 이 시작된다. 프랑스 혁명은 이러한 사태를 반복적인 양상으로 보여주었다.

이러한 경험을 통해서 프롤레타리아트를 흐름에서 하나의 '계급' 으로 변환시키려는 시도가 나타난다. 계급적 지배 자체의 철폐를 추구하는 계급, 부르주아지라는 계급에 대항하여 그것을 전복하고 해체하려는 또 하나의 계급, 혹은 반-계급(counter-class)으로서 프롤레타리아트를 구성하는 것이 그것이다. 맑스와 엥겔스의 「공산주의 선언」 마지막의 유명한 문장은 비계급으로서 프롤레타리아트를 하나의 계급으로 만드는 혁명적 시도였다. 이렇게 말해도 좋다면, 그들은 부르주아지에 대립하는 하나의 새로운 계급으로서 프롤레타리아트를 발명한 것이다. 이를 위해 대중운동의 흐름을 조직하여 하나의 계급으로 '묶어세우는' 조직이 출현한다. 프롤레타리아의 당이 그것이다. 부르주아지의 타도를 목표로 하는 적대적 계급이 탄생한 것이다. 해방을 지향하는 적대의 정치학이 시작된다.

이제 모든 것은 두 계급의 적대의 효과 안에 있다고 선언된다. 더불어 이전에 가동되던 비계급의 활동은, 그 차이의 정치가 작동하던 장은, 이제 적대의 정치학에 포섭되고 그 적대의 효과 안에서 변형된다. 왜냐하면 이제 계급의 정치학은 프롤레타리아트 내부에 존재하는 다양한 차이를 하나로 통일하여 하나의 동일한 계급으로 통합해야 하기 때문이다. 그리고 그러한 통일성을 산출하고 통일된 계급을 지도하는 조직이 그 역동적 통합의 단일한 중심이 된다. 통상 당이라는 형태를 취하는 그 조직은 이제 프롤레타리아트라는 계급의 이해를 대변하는 지도자, 대표자가 된다. 그리고 그 조직의 견해가 옳고 그름의 척도가 된다. 그 주위를 돌며 '정통성'이란 이름으로 불리는 확고한 정설(ortho-doxa)들의 체계가 수립된다. 그리고 그것이 척도가 되어 다양한 지식의 옳고 그름을 판결하는 법정이 만들어진다. 부르주아지의 이데올로기를 대신한 프롤레타리아트의 '진리'가 출현한다.

그리고 그 척도를 중심으로 모든 것은 적인 부르주아지의 편인가, 아니면 우리 프롤레타리아트의 편인가 하는 것으로 귀착된다. 모든 차이는 이로써 적대적 대립으로 소급된다. 맑스주의 안에서, 혹은 혁명운동이나 노동운동 안에서 모든 차이가 적대로 환원되는 것은 정확하게 모든 차이를 적대로 환원하는 이 적대의 정치학과 무관하지 않을 것이다. 차이에 대한 적대적 태도 역시 이런 적대의 정치학의 효과 가운데 하나라고 해야 할 것이다.

이런 의미에서 프롤레타리아트의 적대의 정치학 역시, 그것이 비록 계급의 해소와 해방을 위해 기획되고 구성된 것이라고 하더라도, 동일자의 권력을 작동시키는 강력한 동일성의 정치학을 구성한다. 적과 동지라는 두 개의 적대적 범주는 동일화될 수 없는 모든 이견, 모든 타자를 적으로 간주하여 섬멸하려는 적극적 동일자의 정치학을 작동시키게 된다.

6. 차이의 정치학을 위하여

자본주의는 적대의 체제다. 프롤레타리아트가 부르주아지와 맞서는 적대적 계급으로 등장하기 이전에, 이미 노동력의 상품화 위에 성립되는 노동과정에서 적대적인 관계가 발생하기 때문이다. 알다시피 자본주의는 노동력의 상품화를 통해 정의된다. 노동력이 상품이 되어 팔리는 한, 그것의 처분권은 그것을 구매한 자본가에게 속한다. 자본가는 자신이 구매한 노동력 상품을 자기 의지에 따라 사용하고자 하며, 그것이 자본주의적 노동과정의 출발점을 이룬다. 그러나 노동력 상품의 사용가치인 노동은 또한 노동자 자신의 활동이고 노동자 자신의 신체 및 의지와 분리될 수 없다. 이 경우 노동은 노동자의 의지에 여전히 속한다.

이런 점에서 노동 자체는 자본가의 의지에 속하는 동시에 노동자의 의지에 속한다는 점에서 대립하고 충돌한다. 이로 인해 노동과정을 좀더 강력하게 장악하려는 자본의 공격이 일상적으로 진행된다. 상이한 양상의 '노동의 포섭'은 이러한 공격과 그에 대한 저항을 통해 산출된 결과물이다. 이런 의미에서 노동과정은 그 자체만으로 항상-이미 계급투쟁의 과정이고, 노동 자체가 이미 그러한 계급투쟁을 함축하고 있다.

하지만 좀더 근본적인 대립은 그와 같은 노동력 상품화를 통해 타인의 노동을 장악하고 이용하려는 욕망과, 타인에게 처분권을 양도할 필요 없이 자신의 의지대로 활동하려는 욕망 사이에 있다. 자본과 노동 자간의 관계가 근본적인 적대성을 갖게 되는 것은 이러한 맥락에서다. 프롤레타리아트라는 독립적인 계급의 탄생이 중요한 것은 바로 이런 이유에서다. 그것은 부르주아지에 의해 비계급화된 다양한 층들을 묶어서 하나의 계급으로 만들며, 그들의 힘을 생산능력을 상품화하는 체제 자체의 전복을 위한 역량으로, 계급 자체의 해소를 위한 역량으로 변환시키고자 한다. 자본주의에서 적대의 정치학이 해방적인 의미를 갖는 것은 바로 이런 이유에서다.

그러나 이미 본 것처럼 그것이 프롤레타리아 계급의 이해를 대변하는 대표자, 그 이익을 표현하는 계급적 진리의 담지자로서 당이라는 형태로 귀속되는 한, 혹은 자본주의 국가를 대체하는 사회주의 국가로 귀결되는 한, 그것은 자본주의적 척도를 대체하는 또 하나의 척도를 수립하게 된다. 부르주아 이데올로기를 대체하는 또 하나의 이데올로기를 옳고 그름의 유일한 척도로 수립하는 것이다. 하나의 척도를 대신하는 또 하나의 척도의 지배가 시작된다.

적대의 정치학 안에서, 다시 말해 모든 것을 적과 동지로 나누고, 모든 것을 정통성의 잣대로 재서 옳고 그름을 판결하는 그러한 체제에서 차이는 숨쉴 공간을 상실한다. 차이는 기존의 척도 아래 통합되어야 할 무엇이 되거나 제거되어야 할 질병 같은 것이 된다. 여기서 차이를 긍정한다는 것은 불가능하다.

우리가 말하는 차이의 정치학은 단지 다양한 이견이나 성향을, 다양한 차이를 인정하고 존중하라고 요구하는 그런 정치학이 아니다. 차이를 **생성**되고 **구성**되는 어떤 것이 아니라, 현재 상태 그대로 **보존**되어야 할 것으로 본단 점에서 그것은 보수적인 정치학이고, 너의 차이를 **인정**하는 만큼 나의 차이도 인정하라는 식으로 각자의 **동일성**을 유지하는 자유주의적 정치학의 새로운 버전이다(차이에 대한 관용을 요구하는 정치학 역시 차이를 참고 견뎌야 할 대상으로 본단 점에서 근본에서는 이와 다르지 않다). 여기서 차이는 단지 남과 다른 것이란 점에서 감산적 형태에 지나지 않으며, 인정하고 보존해야 할 대상에 지나지 않는다.

이런 점에서 차이를 단순한 감산적 개념과 구별되는 가산적 개념으로, 보존적 개념과 구별되는 구성적 개념으로 포착하는 것이 중요하다. 앞서 대략적으로 본 것처럼 구성적 차이의 개념에서는 다르다는 것이 새로운 관계를 구성하게 되는 이유가 되고, 그것을 통해 나 자신이 **변화될** 계기를 만들고자 한다는 점에서 보존의 정치학이 아닌 변혁의 정치학을 요구한다. 그렇기에 거기서 차이란 참고 견뎌야 할 부정적 대상이 아니라, 나 자신이 먼저 변화될 기회를 뜻한다는 점에서 반갑게 긍정할 수 있는 긍정의 대상이다. 이러한 차이란 어떤 체제의 동일성을 전복하여 새로운 체제를 구성하기 위한 혁명의 씨앗을 담고 있다.

반복하지만 차이의 정치학은 단지 이견이나 분파의 허용, 또는 적대와 대비되는 소박하고 고상한 활동의 허용을 요구하는 편하고 한가한 정치학이 아니다. 분파의 허용조차 사실은 차이의 인정이라는, 차이의 적대적 부정에 비해서는 좀 낫다고 할 수 있지만, 자유주의 정치학과 근본적으로 구별되기 어렵다는 점에서 구성적 차이에 기초한 차이의 정치학과는 거리가 멀다. 구성적 차이의 정치학은 무엇보다도 우선 모든 차이를 대립과 모순으로 인도하고, 결국은 적대의 효과 아래 복속시키는 **척도의 권력에 대한 투쟁**을 통해 정의된다.

기존의 척도를 해체하는 부정적 형식의 투쟁이든, 혹은 다른 종류의 척도를 수립하여 기존의 그것을 상대화시키고 약화시켜 구성적 차이가 작동할 수 있는 공간을 확보하는 긍정적 형식의 투쟁이든 간에, 그것은 척도에 대한 투쟁이지 척도 안에서 좀더 좋은 자리를 그런 종류의 '투쟁'이 아니다. 가령 노동력을 상품화하길 거부하거나(흔히 '노동거부'라고 명명된다) 생산물의 상품화를 거부하는 그런 종류의 활동은 생산능력이나 생산물의 가치를 화폐라는 척도에 종속시키길 거부하는 것이란 점에서 차이의 정치학에 속한다. 다른 한편 비척도적인 차이를 구성하는 활동, 그래서 기존의 척도로 잴 수 없고 판단할 수 없는 새로운 것을 창안하고 생산하는 긍정적 활동 역시 척도와 대결하는 구성적 차이의 정치학에 속한다. 이러한 종류의 정치학은 척도를 재생산하는 활동이 아니라 비척도적 차이를 생산하거나 복수의 척도를 생산하는 활동이다.

여기서 우리는 처음에 던졌던 질문으로 다시 돌아갈 수 있을 것이다. 계급적대가 지배적인 상황에서, 혹은 그러한 적대의 효과 아래에서 구성적 차이의 정치학이 과연 가능한가? 차이의 정치학이 척도의 권력에 반하는 투쟁인 한, 그 척도의 지배에 대항하여 그것으로 환원불가능한 것을 창출하는 활동인 한, 그것은 적대를 야기하는 척도의 존재에도 불구하고 충분히 가동될 수 있다. 더구나 그것은, 적어도 자본에 대한 투쟁에서라면, 지배적 척도를 재생산하려는 지배계급에 대항하여 계급적 지배 자체를 해소하려고 하는 맑스주의적인 적대의 정치학과 생각보다 훨씬 가까이 있다고 해야 할지도 모른다. 비계급으로서의 프롤레타리아트와 반계급으로서의 프롤레타리아트의 거리처럼.

그러나 그것은 아주 제한적인 조건에서만 해방을 꿈꾸는 적대의 정치학과 나란히 갈 수 있다. 즉 하나의 척도를 다른 하나의 척도로 대체하는 투쟁이 아니라 단일한 척도의 지배 자체를 해소하려는 투쟁을 지향하는 한, 그리하여 당이나 국가적 형태의 견해나 결정을 척도로 이견을 판결하려 하지 않는 한, 적대의 정치학과 구성적 차이의 정치학은 공존가능성을 찾을 수 있을지도 모른다. 또한 척도에 대한 투쟁을 단지 기존 척도의 부정으로 제한하지 않는 한, 그리하여 비척도적 차이의 생산이나 복수의 척도를 생산하는 활동에 적대하지 않는 한, 구성적 차이의 정치학은 자본의 지배에 대항하는 적대의 정치학과 공존할 수 있을 것이다. 오르토독스(orthodox)라는 척도의 재생산에 반하여, 척도를 무력화시키는 파라독스(paradox)의 기능을 적이 아니라 친구로 이해할 수 있는 한, 그리하여 차이의 생산이나 이견의 생산을 자신에 대한 위협(적!)으로 간주하지 않고 오히려 자신을 새로이 변화시켜 새로운 능력을 제공할 기회로 간주한다면, 구성적 차이의 정치학이 적대의 정치학과 적이 되어야 할 이유는 사라지게 될지도 모른다. 그것은 아마도 동일자의 지배와 동일성의 정치학으로 귀착되었던 맑스주의적 정치가 구성적인 차이의 정치학으로 변환되는 문턱을 표시하게 될 지점인지도 모른다. 맑스주의가 진정으로 차이를 긍정하는 게 가능함을 표시하는 새로운 전환점이 될지도 모른다. 그것은 아마도 차이의 정치학과 맑스주의의 만남을 통해서 맑스주의가 얻을 수 있는 중요한 이론적 자원이 아닐까? 그 경우 우리는 맑스의 이름 아래, 구성적인 차이의 정치학이 새로운 희망으로 탄생하는 모습을 보게 될지도 모른다.

또한 동시에 우리는 이런 식의 만남이 가능하다면, 차이의 정치학을 구체화하는 데 맑스의 사유가 여전히 결정적인 이론적 자원을 제공하게 될 것이라고 믿는다. 왜냐하면 화폐와 자본이 모든 종류의 이질성, 모든 종류의 삶의 방식을 동일화하고 동질화하는 거대한 권력의 장을 형성하는 현재의 역사적 조건에서, 그러한 동일자의 정치와 대결하려는 사람들에게 맑스는 여전히 중요한 이론적 자원일 것이기 때문이다. 전지구적 범위로 진행되는 생산과 착취의 확장, 생활의 모든 영역으로 침투하고 있는 자본과 화폐의 권력에 맞서, 모든 것을 자본으로 화폐로 동일화하는 권력에 맞서, 그것의 외부, 화폐화되지 않고 자본에 포섭되지 않은 삶의 가능성을, 차이가 숨쉴 수 있는 공간을 창안하려는 사람들에게 맑스는 여전히 중요한 이론적 자원일 것이기 때문이다. 그 경우 차이의 정치학을 구성하려는 사람들에게 맑스는 미래의 사상이요 희망의 이름임을 다시 확인할 수 있지 않을까?

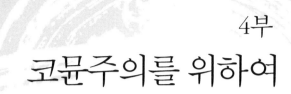

4부
코뮌주의를 위하여

Ceci n'est pas Karl Marx

"이것은 맑스가 아니다."

맑스주의와 코뮨주의:
코뮨주의자는 어떻게 사유하는가?

이 글에서 나는 몇 개의 질문들, 혹은 질문들의 '역사'를 통해서 한국에서의 지적 상황과 '우리'가[*] 그것을 대면하는 방식, 그리고 그것을 통해 우리가 하고자 했던 것을 간단하게나마 소묘(素描)하고자 한다. 그러나 이는 통상적인 의미의 '역사'를 서술하려는 것이라기보다는, 차라리 그런 질문이나 문제설정들을 통해서 그런 역사의 요소들과 우리가 만나는 양상을 드러내고, 삶과 운동의 흐름 안에서 우리가 서 있는 위치를, 그리고 그것과 우리가 대화하는 방식, 그것에 개입하는 방식을 드러내려는 것이다. 즉 그것은 '역사' 안에서 우리의 자리를 확인하려는 것이라기보다는, 차라리 그런 '역사'에서 우리가 벗어나는 방법이라고, 탈주선(脫走線)을 그리는 방법이라고 해야 할 것이다.

---

[*] 이 글은 '나'의 지적 체험과 관련된 것이지만, 그것은 동시에 그때마다 다르게 마련이었던 나의 '동료'들, 그리고 나의 '이웃'들과 관련된 것이고, 사실은 그러한 이웃관계 속에서 그때마다 달라져가는 '나'의 이력에 대한 것이다. 따라서 '우리'라는 말이 반복하여 사용되지만, 그 내포가 시기마다 달라진다는 점에 대해서 양해해주길 미리 부탁드린다.

1. 혁명의 꿈 혹은 "무엇을 할 것인가?"

1980년대, 내가 미성년의 상태를 벗어나 지적 여행을 막 시작하던 그 시기, 한국의 대학에는, 맑스 식으로 말해, 유령들이 배회하고 있었다. '정치적 원혼'이 되어 떠돌고 있던 광주 시민들의 유령들이, 혹은 10년 전 참혹한 노동자의 삶을 고발하며 자신의 몸을 불살라 조용히 노동운동의 불을 당긴 노동자 전태일의 유령이. 영어공부는 물론 학과공부를 열심히 하는 것조차 스스로 기회주의는 아닌가 하는 의심에서 자유롭지 못했고, 맥주와 '나이키'는 소부르주아적 속물근성의 징표였으며, 대학생들이 흔히 갖게 마련인 '낭만주의'나 '자유주의'는 욕설이 되었던 시절. 그 모든 것에 유령들이 깃들어 있었고, 그 모든 것이 유령처럼 우리의 삶을 따라다니고 있었다. "죽은 자가 산 자들을 사로잡고 있었"던 시절이었다. 그리고 또 하나의 유령이 되기 위해 몸을 불사르고 내던지던 수많은 사람들이 뒤를 이었다.

칸트 말처럼 계몽이 "이성과 더불어 미성년의 상태에서 벗어나는 성숙"을 뜻하는 것이었다면, 우리에게 그 성숙은 이성이 아닌 유령과 더불어 시작되었던 셈이다. 아니, 그 유령들로 인해 아주 빠르게 이성적인 성숙의 길로 들어서게 되었다고 해야 적절할 것이다. 타인들의 삶 혹은 죽음과도 같은 고통의 표상 속에서 우리는 급하게 성숙해갔던 셈이다. 그 조숙한 감각에서 삶은 즐거운 것이 아니라 고통스러운 것이어야 했다. 타인의 고통에 공감하고 그것을 함께 짐지며 그것을 함께 걸어내는 것이 우리의 윤리학적 '정언명령'(categorical imperative)이었다. 그, "등이 휠 것 같은 삶의 무게"를 견디며 우리의 신체는 전투기계가 되어갔고, 우리의 삶은 전쟁이 되어갔다. 그 속에서 우리는 그 모든 삶의 무게를 단번에 날려버릴 혁명을 꿈꾸었고, 그 꿈에 목숨을 걸었다. 어느 시인의 말을 빌리면 "스물의 나를 만든건 / 8할이 바람"이었다. 돌맹이와 화염병, 매캐한 최루가스로 가득 찬 전투의 바람, 혹은 아련한 꿈 같은 혁명의 바람이었다. 그 바람 속에서 어떻게 우리가 맑스주의가 되지 않을 수 있었을까? 어떻게 사회주의자가 되지 않을 수 있었을까? 자신의 삶에 진지한 사람이라면, 자신의 사유에 진실한 사람이라면. 그렇게 나도 맑스주의자가 되었고, 사회주의자가 되어 있었다. 그런 점에서 우리는 맑스의 유령과 함께 사유한 게 아니라 저 유령들과 더불어 맑스주의자가 되었던 셈이다.

많은 사람들은 '6월항쟁'과 '7~8월 노동자대투쟁' 그리고 민중혁명의 승리를 표시하는 1987년을 또 하나의 전환점으로 기억하겠지만, 나는 1985년을 중요한 전환점으로 기억한다. 구로동맹파업, 그것이 중요한 것은 노동조합운동마저 금지된 상황에서 사업장 단위를 뛰어넘는 최초의 연대파업이라는 이유에서만은 아니었다. 그것을 통해 이제 운동은 양심에 기초한 자생적 투쟁에서 벗어나 정확하게 레닌이 말하는 "목적의식적 운동"으로 전환해야 한다고 선언되었고, 노동운동은 계급적 노동운동, 계급투쟁으로 조직화되어야 한다고 요구되었으며, 학생운동을 비롯한 다른 모든 운동이 그 혁명적 노동운동을 중심으로 연대해야 한다고 천명되었다. 그리고 운동이 '목적의식적 혁명운동'이 되어야 하는 만큼, 이론이나 이념 역시 혁명적 사회주의의 잣대에 따라 이해되고 평가되어야 했다.[*]

---

[*] 이러한 이론적 전환에 또 하나 중요한 계기가 되었던 것은 '주변부적 현상'을 반박하면서 '정통적인' 계급분해의 추세를 드러낸 서관모 교수의 논문이었다. 서관모, 『현대 한국사회의 계급구성과 계급분화 : 쁘띠 부르주아지의 추세를 중심으로』 참조.

물론 우리에겐 아직 혁명운동을 위한 조직도, 이론이나 이념도 확고하게 준비되어 있지 않았다. 하지만 '전체운동' 내지 '혁명운동'이란 관점에서 기존의 노동운동이나 학생운동에 근본적 전환을 요구하는 이러한 사태를 대체 누가 부정할 수 있을 것인가? 기존의 주도권을 갖고 있던, 그래서 쉽게 그 요구를 수용할 수 없었던 주류 운동권조차 그 대의를 부정하진 못했다. 운동에 대한 태도나 활동이 그리고 조직 자체가 근본적으로 달라져야 한다는 것은 아주 분명했다. 상황을 이해하는 데 필요한 '교양'이나 그것을 설명하고 선전하기 위해 필요한 '이념'이 아니라, 전체를 보고 사유하는 강한 의미의 '이론'이 필요하다는 것 역시 분명했다.

그러한 요구와 촉발 속에서 우리는 비로소 본격적인 혁명을 꿈꾸기 시작했고, 그 혁명을 위해 "무엇을 할 것인가?"를 사고하기 시작했다. 레닌의 책 『무엇을 할 것인가?』는 정확하게 그 시기 운동권의 '시대정신'을 표상하는 책이었다. 나 역시 그러한 '시대정신' 속에서 레닌의 촉발에 따라 혁명을 수행할 수 있는 '전국적 정치조직' 혹은 '직업적 혁명가 조직'을 꿈꾸었고, 그것을 위해 주변의 동료들과 더불어 새로운 탈주선——기존의 주류 운동권에서 벗어나는 것이었다는 의미에서——을 그리기 시작했다. 더불어 올바른 혁명을 위한 과학적 정치노선을 연구해야 했고, 이를 위해 본격적인 이론적 학습과 연구를 시작했다. 졸지에 허명을 얻게 해준 책 『사회구성체론과 사회과학방법론』[1]이 이런 연구의 본격적인 출발점이었다면, 나중에 '노동계급그룹'이란 이름을 얻게 된 혁명운동조직은 이런 활동의 잠정적인 귀착점이었다.

우리만은 아니었다. 이른바 'PD'(People's Democracy)계열에 속하는 다른 정치조직들이 생겨났고, 'ND'(National Democracy) 계열에 속하는 조직도, 그리고 'NL' (National Liberation) 계열에 속하는 조직들도 생겨났다. 이로써 정파적인 조직들의 대립과 대결 속에서 새로운 운동의 구도가 그려지기 시작했다. 사회구성체론을 둘러싼 논쟁은 이제 정치노선과 전략을 둘러싼 논쟁으로 변환되었고, 조직상의 차이들은 그러한 이론적 차이를 점차 확대하면서 각자 자신의 고유한 입지점으로 변환시켰다.

'우리'는 합법적인 잡지『현실과 과학』을 통해서 혁명의 이론적인 문제들을 광범하게 발전시키려고 했고, 나중에 '서울사회과학연구소'로 확대되는 연구자들의 조직을 통해서 한국 자본주의의 현재와 과거에 대한 연구를 진행시켰다. 우리는 그러한 이론을 '신식민지 국가독점 자본주의'라는 개념으로 요약했고, 그러한 관점에서 한국 자본주의 발전의 역사를 연구하고자 했으며, 계급적 관계에 대한 연구, 한국에서 혁명의 성격에 관한 연구 등을 상당한 정도로 진척시킬 수 있었다. 더불어 비합법잡지『노동계급』을 통해서 전국적인 수준에서 혁명활동을 조직하기 위한 최소한의 씨줄을 만들 수 있었다. 아마 다른 입장을 가진 사람이라면 부정할지도 모르지만, 우리는 당시 이런 이론적 연구가 대단히 생산적이었고, 이론적 연구의 전반적인 발전에서 주도적 역할을 수행했다고 생각한다. 정파에 따라 이와 대비되는 이론적 입장은 갖고 있었지만, 대개는 그것을 체계적 이론적으로 발전시키진 못했고, 이러한 비대칭성으로 인해 '이론과 실천', '이론과 역사'를 대립시키는 방식으로 이론 자체를 비난하는 구도가 만들어지기도 했다.[*] 그러나 이는

---

[*] 아직도 이런 대립구도 속에서 이론적 사유를 비난하는 사람이 있다는 것도, 이런 '전통'과 유산을 안다면 전혀 뜻밖의 일은 아니다. 다만 그 유산과 전통의 끈기와 지속성이 약간 놀랍기는 하다.

아마도 반은 이론적 발전에서 다른 조직과는 비교하기 힘든 주도성과 우위성을 갖고 있었다는 점에, 나머지 반은 그러한 이론적 작업의 조직적 배경이 드러나선 안 된다는 상황에 기인하는 것이라고 해야 할 것이다. 그러나 이론이 없다는 것이 실천이나 역사를 장악하고 있음을 뜻할 순 없지 않을까?

분명히 이 시기는 지적인 관심을 가진 많은 진지한 연구자들에겐 행복한 '이론의 시기'였다고 해도 좋을 것이다. 많은 연구자들에게 이 시기가 한국에서 '사회구성체론' 내지 '사회구성체 논쟁'이란 이론과 실천이 맞물리고 서로를 촉발하며 혁명운동의 한줄기 흐름을 형성하던 '행복한' 시간의 이미지로 기억되어 있다면, 그건 아마도 이런 이유에서일 것이다.[2]

2. 사회주의의 '폐허'에서 사유하기

맑스주의의 위기! 우리에게 그것은 사회주의 체제의 붕괴와 더불어 닥쳐왔다. 그때 나는 사회주의 혁명을 기도했다는 이유로 감옥에 갇혀 있었다. 사회주의 혁명을 꿈꾸며 직업적 혁명가조직을 구성하여 활동하던 '레닌주의자'가 감옥에서 맞아야 했던 사회주의 소련의 붕괴는 거의 모든 꿈과 희망의 붕괴를 뜻하는 것이었다. 『맑스주의와 근대성』의 서문에서 썼던 것처럼 나는 이 사건을 통해서 몇 개의 딜레마 내지 역설과 만나게 되었다.

첫째, 우리에게 맑스주의 내지 사회주의란 억압적인 세계 속에서 좀더 나은 삶의 꿈의 환유(換喩)였다. 따라서 그러한 삶의 꿈을 포기할 수 없는 한 맑스주의란 쉽게 버릴 수 있는 하나의 이념이 아니었다. 그러나 바로 그렇기 때문에 그것은 고집스런 지조로 그저 안고 가기만 하면 되는 그런 '이념' 또한 아니었다. 사회주의의 붕괴는 그런 우리로 하여금 맑스주의를 버릴 수도 없고 그대로 안고 갈 수도 없는, 머물 수도 없고 떠날 수도 없는 역설적인 딜레마와 마주하게 했다.

둘째, 맑스주의 이론 안에서는 붕괴로 끝난, 혹은 자본주의로 회귀하기 시작한 사회주의의 역사를 결코 이해할 수 없다는 점에서, 맑스주의 아래 형성되어 온 맑스주의 자신의 역사조차 맑스주의 안에서는 이해할 수 없다는 역설. 이는 맑스주의 자신의 역사조차 이해할 수 없게 하는 어떤 근본적 공백의 존재를 시사하는 역설이었고, 맑스주의를 알기 위해선 거꾸로 맑스주의 외부에서 그것을 보아야 한다는 것을 시사하는 역설이었다.

셋째, '사회주의 인민 없는 사회주의' 혹은 '사회주의적 주체 없는 사회주의'의 역설. 그것은 최상층에서 최하층까지 사회주의 사회 전반에 편재하고 있는 근대적인 모습의 인간들, 자본주의 세계에 사는 우리 주위의 사람들과 다르지 않은, 때론 좀더 극단적인 모습을 취하는 그런 모습의 인간들을 발견하고 확인해야 했다는 사실로 인해 맞닥뜨리게 되었다. 생산관계가 바뀌고 생산양식이 달라졌음에도 불구하고, 게다가 정치와 이데올로기적 상부구조마저 사회주의적인 것으로 바뀌었음에도 불구하고, 여전히 강하게 잔존하는 근대적 형태의 주체, 근대인들의 존재. 그렇다면 "사회적 관계가 사회적 의식을 규정한다"는 역사유물론의 고전적인 명제를 포기해야 하는 것일까?

'근대적 사회주의', 적어도 나에게 그것은 이러한 역설들 속에서 사회주의 사회 역시 또 하나의 '근대사회'에 지나지 않았다는 깨달음을 표현하는 개념이었다. 그것은 '근대성'이란 생산관계로 환원될 수 없는 또 다른 관계의 양상임을 함축하고 있었고, 근대를 넘어서지 않는 한, 그리고 근대적 주체, 근대인을 생산하는 지반에서 우리가 벗어나지 못하는 한, 혁명은 결코 성공할 수 없을 것이라는 가르침을 함축하고 있었다. 그렇다면 여기서 우리는 필경 다시 질문하지 않으면 안 되었다. '자본주의 생산양식'과 구별되는 '근대성'이란 대체 무엇인가? 그것은 어떻게 작동하며 어떻게 개개인들을 '근대인'들로 만들고 재생산하는가? 근대성을 넘어선다는 것은 어떻게 가능하며 어떤 방식으로 실행될 수 있는가?

이는 '근대성이란 어떤 것인가?'라는 질문으로 간단하게 요약할 수 있을 것이다. 이는 사실 좀더 거칠게 말하면 "대체 사회주의는 왜 망했고, 대체 왜 자본주의는 망하지 않는 것일까?"를 묻는 것이었다고 해도 좋을 것이다. 하지만 그것은 너무도 익숙한 맑스주의적 개념들로 던져진다는 점에서, 그것으로는 기존의 익숙한 관념들 안에서 익숙한 방식으로 답을 찾게 하는 안이함과 절연하기 어렵지 않았을까?

그 질문은 맑스주의의 외부에서 던져져야 했고, 맑스주의 외부를 통해서 추적되어야 했으며, 맑스주의 안에 없는 것, 그 공백을 통해서 사유되어야 했다. 그것은 '근대'란 무엇인가에 대한 질문이기도 하지만, 역시 근대적인 삶의 방식, 근대적인 습속에 길든 나 자신의 삶 자체에 대해, 나 자신의 의식적·무의식적 태도에 대해 던지는 질문이어야 했다.

우리는 이 모든 질문을 '사회적 의식'의 외부, 사회적 관계에 따라 변환되는 '의식'의 외부를 향해 던져야 했다. 사회적 관계가 변혁되어도 바뀌지 않는 '무의식'의 층위를 겨누어야 했다. 그러나 동시에 그것은 가족이나 성욕, 오이디푸스의 변함없는 무의식이 아니라, 역사적 및 사회적으로 형성되고 가변화될 수 있는 그런 무의식의 개념을 요구하고 있었다. 그것은 그런 무의식을 형성하고 유지하는 삶의 방식, 사고방식 전반에 대해 주목할 것을 요구하고 있었다. 말하자면 무의식에 대한 '역사유물론적' 연구를.

우리가 푸코의 연구들에 특별히 주목하게 되었던 것은 바로 이런 맥락에서였다. 광기의 역사로부터 근대적 에피스테메의 역사, 근대인의 일상을 규정하는 시선의 권력에 대한 푸코의 연구는, 자본주의로 환원되지 않는 근대에 고유한 삶의 방식과 권력의 메커니즘, 그것을 통해 형성되고 유지되는 신체적 및 비신체적 무의식에 대한 역사적 접근의 중요한 경로를 제공해주었다. 우리 자신의 신체에 새겨진 권력, 혹은 우리가 옳다고 믿으며 또한 유용하게 이용하는 지식과 일체가 되어 작동하는 권력, 그것은 화폐 및 자본의 권력과 나란히 존재하며 더불어 작동하는 자본주의의 강력한 동맹군이었다. 자본주의 생산양식을 '철폐'한다고 해도, 이런 종류의 권력 관계를 넘어서지 못한다면, 합리적 계산과 과학적 지식을 통해 작동하는 권력을 넘어서지 못한다면, 나아가 자본의 시선으로 자신을 보고 자본의 욕망을 자신의 욕구로 삼는 무의식적 습속을 벗어나지 못한다면, 혁명은 결코 성공할 수 없을 것이라는 것.

그러나 단지 푸코만은 아니었다. 근대 철학의 문제설정이나 근대 수학의 역사를 비롯하여, 투시법적 소실선을 따라 세상을 보는 우리의 시각, 더러움과 불결함을 쫓는 근대적 후각, 혹은 아이들이나 가족들에 대한 감정들, 연애와 사랑, 시간과 공간이라는 근대적 표상형식, 혹은 보장받아야 할 '권리'가 된 프라이버시와 내밀성에 대한 감각, 근대문명의 선을 따라 양분된 동양과 서양의 표상 등 다양한 종류의 감각과

욕구, 욕망에서 '근대성'의 흔적을 읽어내기 위해 수많은 근대의 '역사들'을 추적했다.[*]

　다른 한편으로는 그러한 근대 비판의 문제설정 속에서 기존의 맑스주의에 대해 사유하고자 했고, 그 맑스주의를 테 두르고 있는 근대성이라는 한계지점들을 추적하고자 했다. 『맑스주의와 근대성』에서는 맑스주의 안에 새겨진 그 근대적 사유의 경계선들을 확인하면서, 자본주의와 근대성이 만나고 결합되는 양상을, 나아가 사회주의와 근대성이 악수하고 있는 양상을 추적하고자 했다. 거기서 우리는 자본주의가 개개인을 근대적 주체로 생산하고 재생산하는 메커니즘에 대하여, 그리고 근대적 사유과 결별하지 못하는 한, 사회주의가 '공산주의'라는 새로운 사회로의 이행의 시기가 되지 못하는 이유에 대해서 해명하고자 했다. 그리고 그것을 통해 노동가치론이나 '휴머니즘'을 비롯한 과거의 근대적 맑스주의의 '유산 / '유제'와 결별하고, 그것을 코뮨주의를 사유할 수 있는 이론적 발판으로 변환시키기 위한 나름의 단서를 찾고자 하였다.

　이러한 문제설정은 한국에서 근대성의 '기원'을 연구하려는 다른 연구들과 만나고 소통할 수 있는 지반을 제공했다. 그러나 이는 한국 같은 식민지에는 역사발전의 내적 동력이 없었다는 이른바 '식민사관'에 반대하면서 형성된, 이전부터 근대성의 맹아들이 내부적으로 광범하게 존재하고 있었으며 식민지 침략이 없었다면 그것이 내부로부터 성장하여 근대로 이행할 수 있었을 것이라는 이른바 '내재적 발전론'과

---

[*] 『철학과 굴뚝청소부』(1993), 『근대적 시·공간의 탄생』(1997), 『수학의 몽상』(2000), 『근대적 주거공간의 탄생』(2000)은 이런 시도의 일단을 표현한 책들이다.

결별하지 않고선 불가능했다. 왜냐하면 그것은 '근대성'을 모든 나라, 모든 역사에 공통으로 존재하는 어떤 불변의 본질로 간주하는 '정당화 담론'이었고, 그런 만큼 우리 자신의 역사를 서구적인 근대를 척도로 항상-이미 재단하게 됨을 뜻하기 때문이다. 그것은 근대를 찬미하는 정당화 담론이지 그것을 의문시하고 넘어서기 위한 혁명적 담론이 아니기 때문이다.

'수유+너머'라는 이름의 연구실이 탄생하는 출발점은 이런 종류의 접속이었다고 해도 좋을 것이다. 앞서 말한 관점에서 근대성과 그것을 넘어서기 위한 이론을 연구하던 '서울사회과학연구소'에 속했던 몇몇 사람들과, 비록 소위 '내재적 발전론'에서 시작하였지만 그것을 넘어 한국에서 근대성의 기원에 대한 계보학적 탐사를 본격적으로 시작하려던 '수유연구실'의 만남과 접속. 이로써 이론과 역사, 서구의 역사와 한국의 역사, 그리고 과거와 미래가 혼합되는 새로운 사유의 공간이 만들어졌다고 우리는 생각하고 있다.[**]

그렇지만 단지 새로운 연구주제를 창안하고 제기하는 것만으로는 충분하지 않았다. 맑스 식으로 표현하자면, "무엇을 연구하는가가 아니라 어떻게 연구하는가가 더 중요"하기 때문이다. 근대성의 한계를 넘어서려는 연구는, 그것을 수행하는 방식, 연구하고 활동하는 방식에서 근대적인 것과는 근본적으로 다른 어떤 것이 되지 않으면 안 된다.

[**] 한국 역사에서 근대성에 관한 연구실의 연구로는 고미숙, 『한국의 근대성, 그 기원을 찾아서』, 책세상, 2001 ; 정선태, 『개화기 신문 논설의 서사 수용 양상』, 소명출판, 1999 ; 정선태, 『심연을 탐사하는 고래의 눈 : 한국 근대 문학의 형성과 그 외부』, 소명출판, 2003 ; 권보드래, 『한국 근대소설의 기원』, 소명출판, 2002 ; 권보드래, 『연애의 시대』, 현실문화연구, 2003 ; 고미숙 외, 『근대 계몽기 지식 개념의 수용과 변용』, 소명출판, 2004 등이 있다.

근대 사회가 만들어낸 정해진 분과나 영역을 가로질러(너머!) 다양한 이론적 및 역사적 요소가 만나고 접속하는 장으로 연구활동을 변환시키는 것, 삶과 분리된 지식이 아니라 삶과 긴밀하게 결합된 지식을 생산하는 것 혹은 삶의 일부로서 지식을 생산하고 실천의 일부로서 이론을 생산하는 것, 지식이나 의식을 바꾸는 것이 아니라 신체적인 습속과 무의식 자체를 바꾸는 활동을 통해서 '공부'하고 연구하는 것, 차이와 이질성을 제거하여 확고한 통일성을 만드는 게 아니라 차이와 이질성이 만나면서 끊임없이 새로운 것이 생성되고 변형되는 생성의 장으로 만드는 것, 타인에 대한 배려를 통해서 자신을 배려하는 자이이타(自利利他)의 실천을 통해 코뮨적인 생활방식을 생산하는 것, 친숙하고 익숙한 관계에 안주하는 게 아니라 낯설고 새로운 관계들을 통해 우리 자신을 끊임없이 변환할 수 있는 유목적 변이의 장으로 만드는 것, 근대의 외부를 꿈꾸는 다양한 활동이 만나고 연결되는 촉발과 변용의 장으로 만드는 것, 정해진 규칙이나 위에서 주어지는 '명령'에 의해 행동하는 게 아니라 자발적인 의지와 자율성의 원리에 따라 행동하는 자율주의적 활동을 실행하는 것, 자본주의적 교환의 규칙(가치법칙)에서 벗어나 '선물의 규칙'에 따라 활동과 재화를 나누는 생활을 실험하고 창안하는 것 등등.[3]

결코 단번에 수립되었다고는 말할 수 없는 이러한 원칙들을 통해서 우리는 연구의 장을 연구와 삶이 하나로 결합된, 근대적인 것과는 다른 삶의 방식을 창안하고 실험하며 새로운 종류의 습속과 무의식을 생산하는 '연구자들의 코뮨'으로 정의했다. 이러한 시도들을 우리는 사회주의 붕괴로 인해 폐허가 된 땅에서 맑스주의자로 살아가는 방법을 찾고자 한 시도로 이해한다. 이런 식으로 우리는 불모가 된 땅, 맑스주의라는 땅을 버리고 손쉽게 다른 땅을 찾아가는 이주민이 아니라, 그 불모가 된 땅을 새로운 사유와 희망이 피어나는 생성의 지대(地帶)로 변환시키는 유목민이 되고자 했던 것이라고 이해한다.[*] 이런 방식으로 우리는 자본주의 안에서 자본주의에서 벗어난 '외부'들을 창안하는 법을, 자본주의의 곳곳에 구멍을 뚫고 살아가는 방법을 찾아내고 촉발할 수 있을 것이라고 이해한다. 그리하여 '코뮨주의'를 자본주의 폐지 이후의 머나먼 미래, 그 오지 않은 시간의 어딘가에 존재하는 부재하는 이상향이 아니라, 자본주의 안에서조차 우리 자신이 창안하고 '살아갈 수 있는' 현재성의 시제를 갖는 '현실적인 이행운동'으로 만들 수 있으리라고 우리는 믿는다.

3. "코뮨주의란 무엇인가?"

이런 종류의 활동을 명명하기 위해 우리는 '코뮨주의'라는 개념을 선택했다. 하지만 그것이 자본주의, 사회주의 이후에 오는 하나의 생산양식 내지 사회구성체로서 '공산주의', "능력에 따라 일하고 필요에 따라 분배하는" 원리에 따라 생산이 조직되는 사회로서 '공산주의'와 어떻게 동일할 수 있을까? 분명히 그것은 이전에 맑스주의에서 익숙하게 사용하던 '공산주의'와 아주 다른 것일 수밖에 없다. 여기서 우리는 '공동으로 생산한다'는 것을 의미하는 '공산'(共産)주의라는 번역어 대신에, 가치법칙에 따른 교환과는 다른 방식으로 구성되는 관계를 표시하기

---

[*] 우리는 들뢰즈와 가타리의 사상을 이런 관점에서 수용했고 이용했다. 『노마디즘』은 맑스주의적 관점에서 이들의 사유를 영유하려는 시도, 혹은 반대로 노마디즘의 관점에서 맑스주의를 폐허에서 생성의 장으로 변용시키려는 시도였다고 해도 좋을 것이다.

위해, 선물(munis)을 통해 하나로 결합(com)되는 관계로서 '코뮨'(commune)을 직접 음역(音譯)하여 '코뮨주의'라고 재개념화했다. 또한 코뮨주의라는 말은 활동을 통해 이질적이고 상이한 개체들이 '코뮨'이라는 하나의 집합적 신체로 구성되는 것임을 표현하는 데 적절한 개념이라고 우리는 믿는다. 그것은 맑스의 정치학과 스피노자의 윤리학이 만나서 하나의 새로운 개념으로 재탄생하는 지점을 표현한다고 해도 좋을 것이다.

그렇지만 이는 근대성의 외부 혹은 자본주의의 외부에 대한 사유의 결론이 아니라, 그것을 사유하기 위한 출발점, 사유하기 위한 질문이라고 해야 할 것이다. 그것은 사회주의 붕괴 이후 자본주의와 근대성에 대한 연구를 통해서, 그리고 그것의 외부를 실천적으로 구성해보려는 실험적인 구성활동을 통해서 직관적으로 획득한 하나의 방향표시판에 지나지 않는다. 거기서 우리는 다시 질문해야 한다. 코뮨주의가 공산주의와 다르다면 그것은 자본주의와 어떤 관계에 있으며, 근대성을 넘어선 것이라면 근대에 대해서는 어떤 관계를 갖는가? 그것은 우리의 삶을, 우리의 사유를 어디로 끌고 가는가? 그것은 맑스주의적 사유의 공간 안에 어떻게 자리잡으며, 기존의 맑스주의와 어떤 관계를 갖는가? 아니, 근대적 한계 내부의 맑스주의를, 그 사유 공간을 어떻게 변용시키는가? 그것은 역사 안에 어떻게 자리잡으며, 역사의 관념을 어떻게 변용시키는가? 등등.

그러나 이 질문들은 직관적으로 포착된 하나의 질문에 귀속되는 것들이다. 즉 사실은 하나의 질문이 던져지고 있는 것이다. "코뮨주의란 무엇인가. 아니, 코뮨주의란 어떤 것인가?"라는. 이전에 근대성에 관한 질문을 통해서 근대성의 다양한 지대를 횡단하며 탐색했다면, 이제 우리는 좀더 긍정적이고 적극적인 형태의 새로운 질문을 갖게 된 셈이다. 하지만 두 질문은 사실 하나의 동일한 질문인지도 모른다. 이전의 것이 근대성이라는 이름 아래 현재의 우리들이 사는 세계, 우리들이 사고하는 방식, 그리고 우리들이 살아가는 방식에 대해 탐색하게 하는 질문이었다면, 지금의 것은 그 근대를 넘어선 세계, 근대를 넘어서는 방법, 그리고 근대를 넘어선 삶의 방식에 대해 탐색하게 하는 질문이기 때문이다.[4]

이전에 근대성에 대한 탐색에서 맑스만큼이나 푸코나 아날의 역사학이 중요한 사유의 자원들을 제공했다면, 이 새로운 질문에 대해서는 니체나 스피노자만큼이나 들뢰즈와 가타리가 중요한 사유의 자원들을 우리에게 제공한다. 들뢰즈와 가타리가 제시하는 차이의 철학과 욕망의 정치학, 혹은 탈주의 철학과 유목주의의 정치학을 우리는 이런 맥락에서 이해하고 영유한다.[*] 더불어 네그리의 자율주의 정치학과 현대 자본주의에 대한 연구 또한 이러한 문제를 사유하는 데 중요한 자원이 된다고 믿는다.

그러나 그것을 원용하고 변형시켜 이용하는 것으로 코뮨주의에 대한 질문에 충분히 답할 수 있을까? 그것들이 코뮨주의에 대해 사유하는 데 필요한 지도를 제공한다는 것은 사실이지만, 우리는 좀더 근본적인 차원에서 코뮨주의를 사유하고 개념화해야 한다. 코뮨주의가 오지 않은 시간으로서의 미래가 아니라 현재의 시제를 갖는 것이라면, 그것은 이미 존재하고 있음을 뜻하지 않는가? 그러나 코뮨주의는 구성해야 할 세계, 새로이 만들어야 할 세계고, 그것을 향한 "현실적인 이행운동

---

[*] 『노마디즘』은 이런 관점에서 들뢰즈와 가타리의 사상을 영유하려는 시도의 집약인 셈이다.

그 자체" 아닌가? 현재의 시제 속에 존재하면서도 이행운동을 요구하는 지향점으로서의 코뮨주의, 그것은 어쩌면 항상-이미 존재하는 것이면서도 모두가 항상 찾아내고자 하는 것이란 점에서 부재하는 것이라는, 아주 특이한 존재론적 위상을 갖고 있는 것은 아닐까? 그것은 굳이 하이데거적인 의미로 사용하진 않는다고 해도, 분명히 '존재론적인' 사유와 연구를 요구하는 개념은 아닐까?

이런 의미에서 우리는 존재론적 코뮨주의, 혹은 코뮨주의적 존재론이 있을 수 있다고, 아니 있어야 한다고 믿는다. 그것은 개체와 개체 간의 경쟁과 투쟁을 통해 변화와 발전(진화!)을 설명하는 오래된 서구적 전통과 근본을 달리하는 사고를 요구하는 것은 아닐까? 그보다는 오히려 각각의 개체를 상이한 개체들의 상호의존 속에서, 그 거대한 상호의존의 그물망을 통해서 이해하는 사유를 통해 다가갈 것을 요구하는 것은 아닐까? 먼지〔塵〕 하나에 십방삼세(十方三世)의 우주 전체가 들어앉아 있음을 보는 사유야말로 이 '존재론적 코뮨주의'에 가장 근친(近親)한 접근방법을 보여주는 것은 아닐까? '타자'를 오직 주체의 짝으로, 주체 안에 존재하며 주체를 위해 존재하는 것으로만 다루는 오래된 서구의 사고방식에서 벗어나서, 심지어 동일화하는 사유를 거부하며 타자에 대해 사유할 때조차 주체의 부정, 주체의 사유가 닿지 못하는 어떤 것이라는* 잔여적 범주로만 사유하는 데서 벗어나서, 각각의 개체란 우주 전체가 깃든 존재고, 그 각각을 통해서 우주 전체가 상이하게 표현되는 것이란 점에서 모든 개체가 동등하게 중요하고 모든 개

---

* 예를 들면, 바타이유의 '불가능한 것'(l'impossible), 레비나스의 '전적인 타자'(tout-autre) 등이 그렇다.

체가 고유한 의미를 갖고 존재한다는 '동양적' 사유의 전통을 좀더 깊이 탐색해야 하는 건 아닐까?

또한 나 혹은 자아란 세계와 맞서 대결하며 그것을 영유하고 이용하는 존재가 아니라, 나를 둘러싼 모든 타자들에 의해 만들어지고 그들과 더불어 살아가는 그런 존재라면, 따라서 '나'라고 부를 어떤 실체도, 불변의 본성도 없다고 해야 한다면, 일찍이 '무아(無我)의 철학'을 통해 자아의 죽음을 선언한 사유야말로 이러한 존재론적 코뮌주의를 진전시키는 데 더없이 중요한 자원이 아닐까? 자아의 죽음 혹은 나의 불변의 본질을 고집하지 않고, 나를 둘러싼 이웃들, 내가 의존하고 있는 조건들과 호흡을 맞추고 함께 살아가는 것이 그런 코뮌주의를 위한 윤리학적 원칙을 제공하고, 그런 능력을 훈련하는 실질적인 방법들이 그런 윤리학을 실행하기 위한 자원을 제공하리라고 기대할 순 없을까?(스피노자가 쓰지 못한 『윤리학』의 다음 부분들!) 낯선 것, 외부적인 것, '나/우리'와 다른 것, 친숙하지 않은 것에 대한 불안과 공포 속에 기인하는, 낯익은 것, 내부적인 것, 친숙한 것들로 이루어진 공동체를 유지하고 보존하려는 태도가 아니라, 반대로 익숙하지 않은 것, 외부적인 것, 나/우리와 다른 것에 마음을 열고 그렇게 다가오는 만남, 그 인연을 진정으로 긍정할 수 있는 그런 태도를 통해 코뮌주의적 공간을 정의해야 하지 않을까?

나는 이런 이유에서 코뮌주의와 '무아의 철학'이, 코뮌주의와 차이의 철학만큼이나 근접한 '보충'의 지대를 형성한다는 것을 주장한 바 있다.[5] 덧붙이면, 아마도 화엄학(華嚴學)은 이런 점에서 존재론적 코뮌주의의 중요한 자원을 제공하리라고 믿는다. 그렇지만 동시에 그것만큼이나 생명과 생태에 대한 다양한 생명과학적 연구는 존재론적 코뮌주의를 단지 철학이나 이념이 아니라 구체적인 문제로 다룰 수 있는 이론적 자원을 제공하리라고 믿는다. 미생물과 대기과학에 대한 연구가 결합되면서 탄생한 '가이아(Gaia) 이론'이나, 유전학과 미생물학의 결합 속에서 탄생한 '공생진화'(共生進化)의 개념, 혹은 생명체의 생존조건에 대한 생태학적 연구들을 코뮨주의적 존재론과 유비(類比)하는 것은 아주 쉬운 일이다. 필요한 건 그런 안이한 유비가 아니라, 생명의 문제를 코뮨적인 사유를 통해 해명하고 해결할 수 있는 구체적인 연구의 장을 만들어내는 것이다. 기계나 자연과 대립되는 생명 개념을 넘어서, 그리고 보존의 관념을 벗어나지 못하는 생태학적 관념을 넘어서, 기계와 생명을 하나로 다루면서 보존이 아닌 변형과 창조, 혁명의 문제로 생명과 생태의 문제를 다룰 수 있는 이론의 창안.

코뮨주의를 이렇게 파악하고자 하는 한, 그것은 원시공산주의에서 자본주의, 공산주의로 이어지는 이른바 '보편적인 역사법칙'과는 크게 다른 역사관념을 전제한다. 사실 '즉자대자적(卽自對自的)인 역사', 다시 말해 그 자체로 독립적인 운동법칙, 고유한 기원과 목적을 갖는 하나의 단일한 역사라는 관념은 정확하게 19세기적인 '에피스테메'에 속하는 것이다. 자본주의 내부에서 사회주의 도출의 논리를 찾아내고, 또 거기서 다음 단계 역사의 논리를 찾아내는 방식으로 역사법칙을 구성하는 것은, 주어진 조건이 달라지면 동일한 사람의 본성조차 달라진다고 하는 맑스의 역사유물론을 헤겔 식의 역사철학으로 추락시키는 것이다. 이는 역사뿐만 아니라 혁명 또한 근대적 형이상학의 함정에 몰아넣는다. 가령 1905년 혁명에서 멘셰비키들의 딜레마, 즉 그것은 부르주아 혁명이기에 프롤레타리아계급인 그들이 주도적으로 나설 수 없는 것이지만, 그렇다고 실제로 발생한 혁명을 외면하고 무시할 수도 없는 딜레마가 이런 형이상학적 도식과 무관한 것일까?

그렇다면 역사를 하나의 법칙으로 몰아넣고, 혁명을 하나의 단일한 이미지로 포섭하는 도식에서 벗어나, 조건에 따라, 사건화의 양상에 따라 달라질 수 있는 어떤 것으로 재구성해야 하지 않을까? 한걸음 더 나아가 자본주의 내부에 코뮨주의적 세계가 '외부'로서 존재할 수 있다면, 혹은 그 밑바닥에 코뮨적 세계가 자리잡고 있다면, 우리는 상이하고 이질적인 세계, 근본적으로 다른 역사가 하나의 시간 속에 공존하고 교차할 수 있다는 것을 수긍해야 하지 않을까? 그런 만큼 '근대'라고 불리는, 세계체제를 형성하기에 다양한 역사를 단일화하는 힘을 갖는 체제조차, 각각의 조건에 따라 상이한 양상으로 펼쳐지는 이질성을 배제할 수 없다고 말해야 하지 않을까? 비록 그것이 근대와 자본, 그리고 국가의 강력한 권력에 의해 점차 단일화되는 경향을 피할 수 없다고 하더라도 말이다.

따라서 근대를 넘어선다는 것은, 국가적 형식으로 동일화하는 근대 내지 자본주의의 권력을 가로질러 대중 자신에 의해 비-근대적 세계를 창안하고 창출하는 것이라고 말해야 한다. 국경과 국민 혹은 민족이라는 동일성(정체성)을 횡단하고 해체하면서 비-국민적, 비-근대적, 따라서 비-서구적 삶의 공간을 창출하는 것이 중요한 것은 이런 이유에서일 것이다. '아시아'나 '동아시아' 등의 명칭이 단지 특정한 지역을 표시하는 지리적 특징이나 오랫동안 존속해온 과거의 전통, 혹은 특정 지역에 사는 사람들이 소유하고 있는 어떤 특징(property—소유물!)이 아니라, 기존의 국경을 가로지르면서 만들어지는 비-서구적, 비-근대적 삶의 방식을 구성하는 비-국가적 전략의 이름이어야 하는 것 역시 이런 이유에서일 것이다.

이런 점에서 그것은 또한 새로운 연대의 장, 그런 연대를 통해 구성하는 유목적인 '정체성' ——그저 잠정적 통과점일 뿐인 정체성—— 의 이름일 수 있을 것이다. 아마도 그것은 자신의 역사조차 낯설게 만들고 타인들과의 역사에 새로이 손을 내미는 새로운 종류의 역사로 우리를 인도하리라고 믿는다.

이러한 이론적 문제설정 속에서 기존의 맑스주의, 지배적 형태의 맑스주의를 다른 것으로 변형시키는 것은 피할 수 없는 일이다. 이는 단지 코뮨주의나 역사의 관념에 국한되는 것만은 아니다. 우연적이고 개별적인 모든 '외부적' 조건을 지워버리는 필연성과 법칙성, 보편성의 관념과 대결하는 것, 그리고 그런 관념 아래에서 형성된 자본주의에 대한 개념을 다른 종류의 역사와 대질(對質)시키는 것, 그럼으로써 계급과 혁명에 대한 구도(plan)에 다른 이질적인 요소들이 침투하여 뒤섞이게 하는 것, 그리하여 이미 자본주의 사회의 또 다른 '주류'(major) 계급이 되어버린 노동운동을 소수화(becoming-minor)의 전략을 통해서 새로이 혁명화하는 것, 이를 사유하기 위해 '외부성'을 유물론의 한가운데로 끌어들여 변증법의 '교활한 지혜'를 멈추게 하는 것, 더불어 정치경제학 비판의 기획으로 하여금 고전적인 정치경제학의 관념 전체와 다시 대결하게 하는 것, 그리고 자동화와 정보화를 기반으로 하여 전지구화(globalization)의 양상으로 펼쳐지고 있는 현대자본주의의 새로운 전개양상을 다시금 분석하여 코뮨주의의 현실적 조건을 포착하는 것 등등.[6)]

이러한 변형을 통해 맑스주의 전체를 근대적 지반(地盤)에서 이탈하게 해야 한다. 그럼으로써 우리는 맑스의 혁명적 사유가 인간중심주의, 진화론, 경제주의, 국가주의 등에서 벗어나 자유롭게 달리게 해야 하고 즐겁게 춤추게 해야 한다. 코뮨주의로 하여금 적대와 대립의 사유에서 벗어나 다양한 차이들이 만나고 공존하는 상생적(相生的) 세계의 이정표로 만들어야 한다. 그럼으로써 우리는 맑스로 하여금 다시 한번 말하게 할 수 있을 것이다. 우리가 사는 세계에서 다시 한번 되살아나게 할 수 있을 것이다.

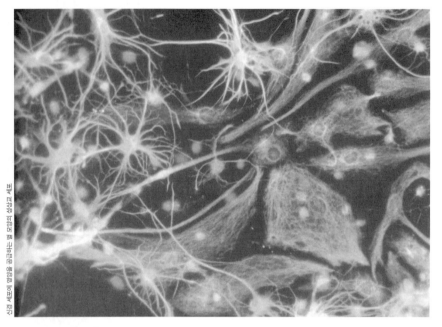

신경 세포에 영양을 공급하는 별 모양이 성상교 세포

우리 신체 안의 공동체.

10

생명과 공동체:
기계주의적 생태학을 위하여

1. '생명'의 역사

1) 생물학 이전의 '생명'

푸코가 이미 지적한 것처럼 르네상스기까지 서양인들의 사유는 유사성을 통해서 말과 사물을 질서짓는 에피스테메의 지반 위에 있었다. "텍스트에 대한 주석과 해석은 거의 유사성에 의해 이루어졌으며, 상징들의 활동을 조직한 것도, 가시적 내지 비가시적인 사물에 대한 지식을 가능하게 한 것도, 사물을 표상하는 기술의 지침이 된 것도 바로 유사성이었다."[1] 이는 생물이나 사물을 다루는 모든 지식에 대해서도 마찬가지였다. 인간이나 동물의 신체는 하늘의 대우주(macrocosmos)를 본떠서 만들어진 소우주(microcosmos)였고, 식물이 직립동물인 것만큼이나 동물은 걸어다니는 식물로서 즐겨 유비되었다. 이 경우 유사성이란 단지 문학적 은유의 원리가 아니라 "자연의 비밀로 접근할 수 있게 해주는" 통로였다. 파라셀수스(Paracelsus)에 따르면 "볼 수 없는 것을

볼 수 있게 해주는 것"이 바로 유사성의 원리였다.[2]

호두와 두뇌의 관계나 눈병과 식물의 씨 간의 관계는 어린아이가 부모를 닮는 것과 마찬가지로 유사성이란 본성에 의해 설명되었다. 이런 사유 속에서 생명이나 생물이 특별한 자리를 차지하기는 어려웠다. 그것은 "세상의 모든 사물을 하나로 묶어주고 있는 비밀스런 연결망"의 한 매듭,[3] 수많은 매듭들 가운데 하나에 지나지 않았다.

과학혁명의 세기이기도 했던 17세기는 이러한 지식의 구성방식에 하나의 근본적인 단절을 가져왔다. 돈키호테를 따라다니며 조롱하는 싸늘한 이성의 웃음을 의식하기라도 한 듯, 주어진 것의 유사성에 만족지 않고 동일성과 차이에 따라 "명료하고 뚜렷하게"(claire et distinct) 구별하려는 데카르트의 방법적 회의주의는 종종 편집증적 집착을 떠올리게 한다. 사물의 표상을 동일성과 차이에 의해 분류하려는 이러한 태도를 푸코는 그가 '고전주의 시대'(l'age classique)라고 부르는 17~18세기의 에피스테메로 특징짓는다. 린네로 표상되는 이 시기 분류학은 이런 에피스테메의 양상을 아주 명료하게 보여준다.

다른 한편 이 시기는 갈릴레오와 케플러, 그리고 데카르트와 뉴턴이란 인물로 대표되는 수학과 물리학의 시대였다. 갈릴레오가 잘 보여주듯이,[4] 그리고 후설이 잘 지적했듯이[5] 이 시기 근대 과학혁명의 요체는 자연을 수학화하는 것이었고, 이는 사물의 운동을 수학적 형식으로 포착하여 법칙화하는 것이었다. 뉴턴은 케플러가 찾아낸 별들의 운행법칙과 갈릴레오가 찾아낸 지상의 운행법칙을 데카르트가 제공한 좌표계 안에서 하나로 통합함으로써 우주 전체가 하나의 원리, 하나의 법칙에 의해 작동하는 체계임을 보여주었다. 그것은 최초의 힘이 무엇이었든 간에, 운동하는 물체들 간의 물리적이고 기계적인, 즉 어떤 신비한 힘을 가정하지 않아도 훌륭하게 작동하는 단일한 전체였다.

이 시기가 기계론(mécanisme)의 시대, 다른 말로 표현하면 물리학주의의 시대였던 것은 무엇보다 이런 거대한 성공에 기인하는 것이었다. 이런 시대에 어떤 학문이 과학으로 성공한다는 것은 자신의 연구 대상을 이처럼 물리적이고 수학적인 모델에 따라 구성할 수 있음을 보여줌으로써 가능했다. 미술이나 음악 같은 것조차 보편수학(mathesis universalis)의 일종으로 간주되던 시대, 그래서 의학마저도 인식이 진전됨에 따라 보편수학의 일부가 될 수 있음을 의심치 않던 시대였던 것이다. 따라서 다음과 같은 자콥(F. Jacob)의 말을 우리는 쉽게 이해할 수 있다.

당시에는 생명체에 그의 자리를 부여하고 그들의 기능을 설명할 수 있는 것은 두 가지 선택지만이 가능했다. 즉 생명체는 단지 그 모양과 크기와 운동만이 중요할 뿐인 기계에 불과하든지, 기계론의 범위를 벗어나 버리는(따라서 세계에 대한 단일성과 일관성을 포기하라고 요구받는) 잔여여야 했다. 이런 선택에 직면했을 때, 철학자나 과학자, 내과의사들은 결코 주저하지 않았다. 즉 모든 기계가 자연이듯이 모든 자연 또한 기계였음을 인정했다.[6]

요컨대 생물이나 생명체란 우주를 지배하는 물리학적 법칙을 벗어난 어떤 것을 가정하지 않아도 되는 일반적인 사물의 일종이라는 것이다. 가령 혈액순환에 관한 하비(W. Harvey)의 이론은, 심장이 펌프처럼 작동하며 혈액순환은 혈액의 체적, 속도 등을 통해 유압장치처럼 작동한다고 설명했다는 점에서 생명체에 대한 기계론적 연구를 확립한 것으로 간주되었다. 이런 점에서 이 시기 자연사가들에게 생물과 무생물을 가르는 근본적인 심연은 존재하지 않았다. 광물에서 식물, 동물로 이어지는 사물들은 근본적으로 동일한 지반 위에서 하나의 연속성을 이루며 배열되어 있었다. 이러한 연속성을 이해하기 위해 식물처럼 자라는 수정 같은 광물이나 식물처럼 붙박혀 사는 산호 같은 동물을 굳이 떠올려야 할 이유는 없을 것이다.

2) 19세기 생물학과 '생명'

이러한 기계론적 유물론, 물리학적 유물론은 "그 이전 시대를 지배했던 마술적 사유를 대부분 파괴했다는 점에서 중요"하며 물리현상에 대한 초자연적인 믿음을 자연적 설명으로 대체했다는 점에서 중요했다는[7] 것은 분명하다. 반면 생명체의 '완결성'이나 '자기발생' 등과 같은 특이한 현상들에 주목하여, 기계론적 설명에 반대하는 사람들은 여전히 있었다. 통상 '생기론'(vitalism)이라고 명명되는 입론들이 그것이다. 자연사가들이 대개 기계론자들이었던 것과 달리, 이들은 대개 의학에서 갈라져 나온 생리학자 출신이었다. 그들은 생명체의 완결성이나 고유한 특성, 발생과정 등은 알려지지 않은 어떤 원리나 힘을 요구한다고 주장했다. 그들은 이 힘을 정신적인 힘(psyché) 등으로 명명했고, 이로써 목적론적 설명을 시도했지만, 그러한 힘을 '과학적' 형식으로 정의하지 못했고, 그러한 주장을 입증할 수 있는 방법이나 기술 혹은 실험조건 등을 갖고 있지 못했다. 다만 기계론적 설명에 대한 비판자, 반대자로서만 존재할 수 있었다.[*]

18세기 말에 이르러 나타나는 '생명력'(vital force)이라는 개념은 이런 생기론적 전통에서 나온 것이다. 그들은 이 힘을 "생명체를 구성하고 있는 물질의 특수한 성질, 신체의 모든 부분으로 확장되는 각각의 기관, 각각의 근육, 각각의 신경에 어떤 특성을 부여하기 위해 거주하는 하나의 원리"로[8] 정의함으로써 신학적 목적론의 색채를 벗어나 유물론적 언표들로 바꾸었다. 비록 여전히 조작적으로 사용할 수 있는 분석적 개념이 되지는 못했지만,** 이러한 표현형식의 변화는 이전에 비해 다른 '과학자'들에 의해 상대적으로 쉽게 수용될 수 있는 조건이 되었던 것만은 틀림없는 듯하다. 이들이 18세기 말~19세기 초에 생물을 무생물과 분리하여 별도의 대상으로 전환시키는 데 중요한 역할을 했다는 것은, 그러한 전환의 문턱에 서 있던 라마르크나 라마르크주의자들이 생기론의 전통에 크게 기대고 있었다는 점을 지적하는 것만으로도 충분히 이해할 수 있을 것이다.

현재 우리가 통상적으로 사용하고 있는 '생명'의 개념은 18세기 말~19세기에 나타난 이 변화와 직접 연결되어 있다. 생명이 없는 물리적 사물과 대비하여 생명이 있는 것을 명명하는 생명체/유기체(organism)라는 관념은, 일반적인 사물이나 기계와 근본적으로 구별되는 어떤 특성을 지칭하는 '생명'이라는 개념을 통해 정의된다. 그 생명

---

* "그것은 생명체에 특이한 현상들의 존재를 증명하기 위해서가 아니라 유물론적 경향에 '반대하기' 위해서였다."(프랑수아 자콥, 『생명의 논리, 유전의 역사』, p.72) ; "17세기에 처음 나타난 생기론은 본질적으로 반대운동이었다. …… 생기론자들은 데카르트주의의 설명모델을 반대하는 데에는 대단히 설득적이며 파괴력을 가졌지만, 대안적 설명을 제시하지는 못했다"(에른스트 마이어, 『이것이 생물학이다』, pp.35~36).
** 사실 어떤 과학도 명료하게 정의된 분석적 개념에서 시작하지 못한다. 심지어 수학조차 무정의 용어를 배제하지 못하며, 거기서 시작할 수밖에 없다. 마이어 말대로 기계론자들이나 물리학자들이 사용하는 '운동'이나 '에너지'라는 개념 역시 분석적이지 않은 개념이란 점에선 '생명력'과 다르지 않다. 19세기의 이야기지만, "대부분의 물리주의자들은 생기력〔생명력〕이란 말이 마찬가지로 정의되지 않은 용어였던 '에너지'로 교체되기만 하면, 그때까지 받아들이지 않았던 생기론자들의 주장들을 받아들이곤 했다"고 한다(에른스트 마이어, 앞의 책, p.31).

을 위해 유기체의 부분들이 특정한 기능을 수행하는 기관(organ)으로 정의되고 그러한 기관들이 하나의 유기적 전체로 '조직화'되는 것이 생명체의 특징이라고들 말한다. 물론 여기에 생식이나 자기복제, 그리고 진화 등과 같은 특징이 추가되기도 한다.

푸코가 탁월하게 지적한 것처럼 18세기 말~19세기 초에, 생물 및 무생물 모두를 대상으로 대상들의 가시적인 특징(표상)을 비교·분류하던 고전주의 시대 자연사와 근본적으로 다른 인식론적 배치가 나타난다. 그것은 가시적인 특징들을 유기체화/조직화(organisation)라고 하는 비가시적인 원리에 따라 구별하고 통합하는 것이고, 그러한 조직화의 구도(plan d'organisation) 안에서 할당된 기능에 따라 유기체의 부분들을 기관으로 정의하는 새로운 인식의 방법이다. 이로써 특징들은 기능에 따라 할당되고 기능의 중요성에 따라 위계화된다.[9] 과거에는 가시적인 구조의 복잡성을 의미하는 데 지나지 않았던 '조직화'라는 개념이 이제는 신체의 모든 부분을 하나로 연결하고 통합하는 축의 자리를 차지하게 된다.

라마르크가 잘 보여주듯이, '조직화'라는 개념이 도입됨으로써 세 가지 결과가 나타난다.[10] 첫째는 "기관 및 기능들의 조화로운 통합으로서 간주되는 총체로서의 유기체/생명체(organism) 개념"이다. 이 유기체라는 전체는 단순한 부분들의 합이 아니며, 부분들의 특징으로 환원할 수 없는 전체로서의 고유한 본성을 갖는다. 둘째는 생명체가 살아가고 호흡하고 먹기 위해선, 이러한 기능에 부합하는 외부조건을 가져야한다는 점이다. 생명체가 생명을 유지하는 데 필요한 이 외부조건을 라마르크는 '환경'이라고 불렀다. "환경이란 육지나 수중의 서식지, 토양, 기후, 그리고 유기체를 둘러싸고 있는 다른 생물들의 생활방식, 요컨대 '그들이 거주하고 있는 장소들의 다양성'을 의미했다." 이는 생명체와 환경이라는, 지금까지 지속되는 강력한 이분법이 도입되는 지점을 표시한다.*

셋째는 이 개념들로 인해 지구상의 존재들 사이에 근본적인 절단이 도입된다는 점이다. 거대한 연속성 속에 배열되었던 광물, 식물, 동물은 이제 생물과 무생물이라는 근본적 심연을 사이에 두고 갈라지게된다. 이는 어떤 것을 구성하는 성분들에 대한 이분법으로 이어지게 된다. 즉 생명이 없는 것을 구성하는 것이 무기물이라면, 생명이 있는 유기체를 구성하는 것은 유기물이 된다. 이로써 생명체는 사물과 명료하게 분리되게 된다.

이처럼 새로이 분리된 생명체를 다루기 위해 '생물학'(Biology)이 새로운 학문의 분과로 독립하게 된다. 즉 생명체가 다른 사물과 근본적으로 구별되는 대상이라면, 다른 대상과 한데 섞어 다루는 '자연사'로는 이것을 다루기에 불충분하고 부적절하다. 이는 광물이나 다른 사물을 다루는 과학과 달리 식물과 동물이라는 두 가지 생명체를 대상으로하여 "그 두 가지 대상에 공통된 것, 이 생명체들에 고유한 능력"을 연구해야 한다. 이러한 연구를 통해 생물학은 생명체에 일반적인 특성을 찾아낸다.

우리가 알고 있는 '생명'이라는 일반적 개념은 바로 이런 조건 속

---

* 이러한 이분법은 목적으로서 생명체의 유지와 그것을 위한 기능에 충당되는 환경이란 관념을 의미하는 것이란 점에서 생명체와 환경 사이에 목적과 수단이라는 이항적 자리를 분배할 뿐 아니라, 그와 나란히 주체와 대상, 능동적인 것과 수동적인 것의 지위를, 나아가 활성적이고 가변적인 생명체와 비활성적이고 고정적인 환경이라는 이항적 이미지를 분배하는 것이었다. 이러한 이항적 대쌍 개념이 '환경'에 대해 고심하고 '환경'을 문제로 삼는 지금까지도 전혀 달라지지 않고 지속되고 있다는 점을 굳이 다시 지적할 필요가 있을까?

에서 새로이 탄생한 것이다. 이 새로운 인식론적 배치에서 '생명'이란 개념은 자연의 모든 존재들을 질서화하는 데 필수적인 개념이 된다. '생명'이란 유기체의 각 부분을 유기적으로 조직하는 이유 내지 목적을 제공하기 때문이다. 다시 말해 유기적 조직화란 생명이라는 비가시적 실체를 유지하기 위한 것이며, 기관들에 할당되는 기능이란 유기체의 생명을 유지하기 위한 기능인 것이다. 생명체의 가장 중요한 '특징'인 생명이란 다른 가시적 특징과 비교할 수 있는 특징 중 하나가 아니라, 그 모든 특징들을 통합하고 종합하는 가장 깊숙이 은폐된 심오한 본질이라는 것이다.

그런데 그것이 비록 '프쉬케' 같은 정신적인 힘이나 신비적 실체의 옷은 탈각했다고 해도, 그것을 명확하게 정의하기는 거의 불가능했다. 그것은 생명체를 특징짓는 어떤 본질적인 것이지만, 사실은 생명체들이 '살아 있다'는 사실에서 소급하여 그 사실을 설명하는 '원리'의 자리에 도입된 모호한 관념이었다. 혹은 '죽어 있는' 상태와 반대되는 것으로 가정된 어떤 상태로서 정의되었다. 이는 생명을 "죽음에 대항하는 기능들의 총체"라고 정의하는 비샤(X. Bichat)의 경우나, "무기물을 지배하는 법칙들에 저항하는 힘"이라고 정의하는 퀴비에(G. Cuvier)의 경우나[11] 전적으로 동일했다.

이러한 난점은 사실 생명 개념과 그것을 유지하기 위한 조직화의 구도 안에서 기능에 따라 기관들을 분배하고 그 기관들의 연결과 연관을 연구하는 새로운 과학의 출발을 전혀 가로막지 못했다. 그것이 푸코 말대로 서구의 문화에서 발생한 전반적인 인식론적 배치의 변화에 의한 것이든, 아니면 생명체를 다루는 고유한 학문의 영역에서 발생한 것이든, 생명은 이제 기관들의 비교와 분류에 대한 새로운 중심축으로 등장한다. 이전에는 분류학이 가시적인 형태들의 구조를 비교하여 동일한 것과 다른 것의 분류표 안에 배열했지만, 생물학자들은 생명이라는 비가시적인 것을 위해 어떤 기능을 하는가에 따라 기관들을 분류하고 연관지었다. 가령 물고기의 아가미와 사람의 허파는 전혀 다른 가시적 특징을 가지며 다른 '구조'를 갖지만, 생명을 유지하기 위해 산소를 공급하는 호흡기관이란 점에서 동일한 기관으로 분류된다. '상사기관'이라고 불리는 이런 관계와 달리 사람의 손과 새의 날개처럼 구조적으로는 상응하지만 기능은 다른 상동기관 또한 비교해부학의 중요한 범주 가운데 하나가 된다. 또한 생명을 유지하기 위한 기능이나 기관의 위치에서 좀더 중요한 것과 덜 중요한 것의 위계가 설정되고,[12] 더 나아가 모든 혹은 동일한 부류의 유기체를 위한 '일반적인 구도'가 존재한다는 관념에 도달하게 된다.* 동일한 강이나 목, 과 아래서 종차의 구별은 그 위계화된 배열에 따라 조직화의 구도상에 나타난, 부분적인 발전이나 부가에 의한 사소한 수정들로 설명된다(퀴비에).

3) 개체, 생명의 실체

간단하게 말해, 유기적으로 통합된 하나의 총체로서 생명체/유기체, 그러한 유기적 조직화의 '목적인'(目的因)인 생명, 그리고 생명을 유지하

---

* 이 일반적인 구도의 개념을 둘러싸고 생틸레르(G. Saint-Hilaire)와 퀴비에의 유명한 논쟁이 벌어진다. 생틸레르는 이를 모든 동물들을 구성할 수 있는 '구성의 구도'로 이해하며 이를 위해 기관들의 형태나 배치를 변형시킬 수 있는 추상의 방법을 사용하는 데 반해, 퀴비에는 종 사이의 변이가능성 내지 연속성을 부정하면서 유기체 일반의 공통된 조직화의 양상을 규정하는 한도 안에서 조직화의 구도로 이해한다. 즉 퀴비에는 하나의 단일한 구도를 부정하며, 최소한 네 개의 구도가 있다고 말한다. 이에 대해서는 프랑수아 자콥, 『생명의 논리, 유전의 역사』, pp.177~181 참조. 생틸레르의 관점에서 퀴비에에 대해 비판하는 것으로는 질 들뢰즈/펠릭스 가타리, 『천의 고원』 1권, pp.53~54 참조.

기 위한 기능에 따른 기관들의 분류, 생물와 무생물의 근본적 구별, 생명체와 환경이라는 대쌍 개념의 출현 등이 19세기 '생물학'을 통해 자연에 도입된 새로운 관념들이다. 여기에 유기체의 기본적인 구성단위에 대한 이론으로서 세포이론이 추가되고, 유기체의 분화와 변이에 대한 이론으로서 진화론이 추가되면, 아직까지도 우리의 통념 근저에 자리잡고 있는 근대적 생명체와 생명의 관념을 요약할 수 있을 것이다.

고전주의 시대 생명체의 개념이 기계론적이고 물리학적이었다면, 이 시기 생명체 개념은 기계론으로 환원불가능한 어떤 객체적 실재성을 획득하게 된다. 생물학이 물리학과 근본적으로 다른 본성을 갖는 고유한 대상을 갖게 되었다는 것은 이와 동일한 사태를 표현하는 다른 어법에 불과하다. 이것을 단순하게 생기론의 승리라고 말할 수 없다 하더라도, 적어도 생명이 다른 사물이나 기계와 근본적으로 다른 어떤 실체임을 부정하는 것은 아주 곤란하게 되었다는 것은 분명하다. 가령 최근에 씌어진 책에서 "생물학의 목표는 생명이라는 실체의 본성을 해명하는 것"이라고 말할 때나,[13] 아니면 생명의 고귀함을 역설하는 수많은 언표들에서 생명이 있는 것과 생명이 없는 것을 대비하여 말할 때, 우리는 이러한 실체론적 생명 개념을 다시 확인하게 된다. 하지만 정말 생명체란 그것이 어떤 조건 속에 있는가와 무관하게, 혹은 다른 것들과 어떤 관계에 들어가는가와 무관하게 결코 변할 수 없는 어떤 실체성을 갖고 있는 것일까? 어쩌면 지금이라면 쉽사리 웃어버릴 수 있는 낡은 형이상학의 잔영이 생명의 개념에는 짙게 드리워 있는 것은 아닐까?

생명체의 본성이 생명이라면, 생명체의 기능은 그 생명을 유지하고 보존하는 것이다. 다시 말해 생명은 생명체를 구성하는 각 부분들이 기능하고 존재하는 이유요 목적이며, 전체로서의 생명체 자신 또한 생명의 유지와 보전을 목적으로 활동하고 살아간다. 이러한 생명의 목적론은 철학자들을 통해 철학적 목적론으로 일반화된다. 가령 칸트는 "조직된 자연의 산물은 모든 부분이 상호목적이자 수단이다. 그런 산물에서는 목적 없이 공허하고 맹목적인 자연의 메커니즘 탓으로 돌릴 수 있는 것은 아무것도 없다"고 하며, 생물을 "실용적인 목적이 아니라 본성이 목적인 목적 개념에 실체를 부여하는 존재"로서 "자연과학에 목적론의 토대를 제공한다"고 말한다.[14] 헤겔은 이러한 목적론을 좀더 일반화하여 절대정신의 활동방식으로 일반화했을 뿐 아니라, 그것에 기계론과 화학론 다음에 오는 가장 높은 발전단계를 부여함으로써 이런 태도를 철학적으로 고양시켰다.[15]

이와 더불어 근대적 생명 개념에는 또 하나의 중요한 관념이, 혹은 사고방식이 부착되어 있다. 그것은 먼저 하나의 총체로서 유기체라는 개념과 결부된 것이다. 즉 유기체가 하나의 총체란 것은, 그것이 더 이상 분할할 수 없는(in-dividual), 분할한다면 생명이 유지될 수 없는 최소단위라는 생각이다. 흔히 '개체'라고 번역되는 individual은 정확하게 이런 의미에서 더이상 분할할 수 없는 최소단위를 뜻한다. 어떤 것을 이런 개체적 최소단위로 환원하여, 그것을 통해 설명하려는 이런 태도는 사실 생물학에 고유한 것이 아니라 훨씬 오랜 전통을 갖는 것이다. 데카르트가 '방법의 규칙'들에 대해 말하면서 '분석적 방법'을 제시했을 때,[16] 혹은 홉스가 사회의 최소단위로서 개체/개인(individual)으로 환원한 뒤 그것의 집합체로 사회를 설명하려 했을 때,[17] 혹은 고전주의 시대의 기계론적 과학이 사물을 어떤 최소단위로 환원하여 그것의 운동들을 통해서 설명하려고 했을 때 공통적으로 발견되는 것이다. 아마도 '원자론'은 이런 태도를 지칭하는 일반적인 명칭이라고 말해도 좋을 것이다. 이런 의미에서 individualism은 '개인주의'라는 통상적인 번역어로 포섭할 수 없는 넓은 의미를 갖는다. 이를 개체론이라고 번역하고, 이런 식의 사고방식을 개체론적 사고 내지 개체론적 태도라고 명명하자.

근대 생물학에서 유기체란 개념에는 생명이란 실체를 갖는 최소단위라는 점에서 생명에 관한 실체론적 사유와 개체론적 사유가 중첩되어 있다. 그리고 이처럼 유기체를 더는 분할할 수 없는 '개체'로서 정의함으로써, 그 실체인 생명은 이 유기체에 속한 성질/소유물(property)로 나타나게 된다. 다시 말하면 어떤 개체든 자신의 생명은 자신이 가지며, 오직 자신만이 갖는다는 것이다. 따라서 생명에 대한 사유나 이론은 모두 이런 개체론적 사유를 필경 피할 수 없는 방법론으로 사용하게 된다. 환경이란 이 개체로서의 유기체가 '자신의' 생명을 유지하기 위해 이용해야 하는 대상이다.

4) 개체를 구성하는 개체?

하지만 생물학에서 개체론적 사유가 드러나는 지점이 유기체 개념만은 아니다. 세포이론은 유기체 개념과 다른 입구로 개체론적 사유를 밀고 나간다. 사실 유기체의 기본적인 단위를 찾고자 하는 노력은, 분류학의 분석적인 방법만큼이나, 기계론의 시대였던 17~18세기에 두드러진 태도였다. 뉴턴주의자였던 모페르튀(P. Maupertuis)나 뷔퐁(G. Buffon)에게 "살아 있는 유기체는 단순한 단위들의 결합체다. 이는 화학물질과 마찬가지로 생명체에게도 적용된다. 오직 원소들만이 개체성(individuality)을 소유한다. …… 따라서 유기체에 대한 연구는 이러한 단위들의 결합을 지배하는 법칙을 찾는 것이다."[18]

유기체가 생명을 갖는 특별한 실체적 존재가 된 이후에도 이런 태도는 결코 사라지지 않았다. 이 경우에는 유기체를 이루는 좀더 단순한 최소단위를 찾는 시도로 나타난다. 유기체가 통합된 전체라면 통합된 어떤 것이 있어야 하는데, 바로 이 어떤 것을, 그 원소적인 최소단위들을 찾으려는 시도들이 반복하여 행해진다. 이런 시도는 심지어 비샤 같은 생기론자들에게서도 찾아볼 수 있는데, 비샤의 경우에는 '조직' (tissue)이라는 개념을 통해서, 그것의 상이한 조직방식을 통해서 상이한 기관들의 구성과 작동을 설명하고자 했다. 복잡한 유기체를 좀더 단순한 어떤 원소적인 단위를 통해 설명하려는 이런 환원주의적 태도는, 복잡한 우주 전체를 하나의 단순한 원리에 의해 설명하려는, 서양의 과학이나 철학 자체에 내장된 어떤 근본적 경향*의 징표 가운데 하나인지도 모른다.

　　이런 시도가 '세포'라는 개념으로 일반화되고 하나의 이론을 구성하게 된 것은 슐라이덴(M. Schleiden)과 슈반(Th. Schwann)에 의해서였다. "그것은 생명체의 단위, 즉 그의 모든 성질들을 보유하고 있는 개체성이자 동시에 모든 유기체의 출발점이 되었다."[19] 즉 생명이란 특징은 전체인 유기체에만 부여할 이유가 없으며, 유기체의 발생과 성장의 원인은 오히려 세포에 있다는 것이다. 이런 점에서 세포가 유기체를 대신하는, 더는 분할할 수 없는 개체의 자리를 차지하게 되었으며, 생명

---

* 아마도 하이데거라면 여기서 본질적으로 '존재-신-론' (Onto-theo-logie)에 속하는 서구 형이상학의 특성을 지적할 것이다(마르틴 하이데거, 『동일성과 차이』, p. 50 이하). 그는 형이상학에 반대하는 듯이 보이는 서구의 근대 과학이 사실은 그런 형이상학적 태도의 극한적 양상을 보여준다는 점을, 그것이 본질적으로 니힐리즘에 속한다는 점을 설득력있게 보여준다. 이에 대해서는 마르틴 하이데거, 『기술과 전향』, pp. 50~53 ; 이수정/박찬국, 『하이데거, 그의 생애와 사상』, pp. 274~277 참조.

의 특성 또한 유기체가 아닌 세포에 부여되어야 하는 것처럼 보였다. 유기체란 이제 생명의 기본단위인 세포들의 연합체가 된 것이다.

그러나 슐라이덴이나 슈반도, 혹은 그에 입각해 유기체를 "세포라는 시민으로 구성된 국가"나 사회라고 말했던 피르호(R. Virchow)도[20] 유기체 없는 세포에 생명을 부여할 수 있다고는 생각하지 않았다. 세포란 **유기체의** 기본단위라는 점을 무시할 순 없지만, 세포라는 기본단위를 독립적으로 다루려는 순간 그것이 속한 유기체는 죽거나 손상되고 세포에 고유한 기능은 정지된다는 딜레마가 한편에 있었고, 다른 한편에는 어떤 세포도 다른 세포와 유기적인 관련 속에서 작동하고 기능한다는 사실을 부정할 수 없었기 때문이다. 유기체 기관들의 기능을 세밀하게 분석하여 다루려는 생리학의 경우에도 "한 기관에 대한 생리학은 유기체 전체를 고려해서만 해석될 수 있"었던 것이다.[21]

이런 점에서 유기체와 세포 간에는 이중적인 관계가 설정되었던 것 같다. 한편에서 세포는 유기체라는 하나의 전체를 구성하면서 각각의 고유한 기능을 수행하는 부분이다. 세포들은 기능에 따라 분류되고, 각각의 기능이 세포들 수준에서 이루어지는 양상이 새로이 세포이론의 중요한 연구대상이 되며, 이는 유기체 전체 수준에서 종합되고 통합된다. 이런 점에서 유기체는 세포들의 연합체지만, 결코 세포들로 환원할 수 없는 그런 전체인 것이다. 다른 한편, 세포는 유기체와 마찬가지로 고유한 생명을 갖는 생명체의 기본단위라는 점에서 일종의 유비적 관계가 성립한다. 양자 모두 생명을 가지며 그 생명을 유지하는 최소한의 구조를 갖는다. 19세기 말에 접어들면서 세포학은 모든 세포들에 공통된 구조를 찾아낸다. 핵과 세포질이 그것인데, 이런 이원성은 다시 유기체 전체로 확장돼 생식세포와 체세포의 이원적 구조로 개념화된다.

'발생'이라는 개념은 세포와 유기체의 이러한 관계를 다른 방식으로 연결한다. 식물세포를 발견한 슐라이덴이나 동물세포를 발견한 슈반의 경우 모두 생명체의 발생에 관해 연구하면서 세포를 발견했다는 건 잘 알려진 사실이다.[22] 다양한 기관들의 복합체인 유기체는 다른 사물이나 기계와 달리 발생과 성장의 과정을 거쳐 성체가 된다. 발생초기의 개체(아직 수정란이란 개념은 없었다)와 성체가 된 개체(유기체)는 어떻게 하나의 유기체로서 동일성을 갖는 것일까?

세포이론에 따르면 유기체란 다시-생겨나는-것, 연속적인 발생을 통해 다시 만들어지는 구성물이며, 따라서 "모든 유기체는 항상 생명을 형성하는 단위들 가운데 하나, 껍데기에 싸여 있는 한 방울의 원형질로부터, 다시 말해 이미 모든 생명의 속성을 가지고 있는 구조로부터 발생한다"는 것이다.[23] 이로써 유기체는 하나의 조각, 하나의 세포와 연결되고 그것으로 환원가능하게 된다. 이러한 환원가능성은 유기체와 세포가 '개체성'이란 개념 아래 하나로 통일될 수 있음을 의미하는 것이다.

이처럼 근대의 생명 개념은 **실체론**과 **목적론**,[*] 그리고 **개체론**이라는 고유한 인식론적 태도의 교차지대에서 탄생했다. 그것은 생명이란 실체를 갖는 최소한의 기본단위에 대한 두 가지 상이한 대답의 방식을 포함하지만, 양자 모두 본질적으로 어떤 동질성을 갖는, 혼합될 수 없는

---

[*] 인간과 환경, 인간과 자연, 인간과 도구, 인간과 기술 등의 관계를 표시하기 위해 흔히 사용되는 목적/수단의 관념은 이런 목적론을 통해서 자명한 것처럼 전제되어 사용된다. 그러나 목적론을 비판하는 사람들에 의해서도 목적/수단으로 세계를 양분하는 이런 관념 자체는 별로 주목되지 않았던 것 같다. 그래서 이것이 인간이란 단어 없이 인간중심주의가 작동하게 하는 개념임을 새삼 강조할 필요가 있다.

단일성을 생명이나 유기체, 혹은 세포라는 단위에 부여했다는 점에서, 그리고 그것을 유기체든 세포든 생명체의 존재 이유 내지 목적으로 상정한다는 점에서 또 다른 공통성을 갖는다고 하겠다. 하지만 이런 관점은 두 개의 방향에서 근본적인 도전에 맞닥뜨리게 된다. 유전 메커니즘에 대한 20세기 생물학의 연구가 그 하나고, 생명의 논리를 기계화하려고 했던 인공생명과 컴퓨터 등의 발전이 다른 하나다(이하에서는 주로 전자에 제한해서 검토할 것이다).

2. 생명의 과학, 생명의 '철학'

1)유전학과 그 주변

역사란 대개 화려한 순간을 중심으로 귀결되거나 거기서 시작하는 것으로 서술되는 경향이 있다. 1953년 왓슨(J. Watson)과 크릭(F. Crick)의 DNA 이중나선 발견은 20세기 과학사에서 바로 그런 가장 화려한 순간 가운데 하나였다. 이로 인해 그것은 20세기 분자생물학의 역사, 아니 생물학의 역사 자체의 종착점인 듯이 간주되기도 하고, 새로운 생물학의 역사가 시작되는 출발점으로 간주되기도 한다.[*] 하지만 이런 역사의 입장을 받아들이지 않는다고 해도 그것이 생물학의 역사에서 매우 중요한 사건이었다는 점은 부정할 수 없을 것이다.[**]

　　알다시피 유전학은 멘델에 의해 시작되었다. 그러나 그의 연구는 발표되고 40년 가까이 잊혀지고 무시되었다. 멘델은 비록 아마추어 생

---

[*] 미셸 모랑주, 『분자생물학』, p. 170. "이러한 서술은 잘못되었다. 왜냐하면 이중나선의 발견은 이후 분자생물학의 발전에 원동력이 되었던 동시에 장애요인이 되기도 했기 때문이다." (같은 책, p.170)

물학자이긴 했지만 당시의 잘 알려진 생물학자들과 교분이 두터웠다. 그는 유전에 대해 자신이 직접 그들에게 편지를 쓰기도 하고 그들 앞에서 강연을 했지만 그대로 무시되고 말았다. 수학과 통계학적 방법을 사용한 것이 당시의 물리학적 방법에는 가까웠지만 생물학의 방법과는 너무도 거리가 멀었다는 점도[24] 한 요인이었을 것이다. 그러나 그보다는 개체적 단위인 유기체나 세포가 생명을 유지하는 메커니즘이 아니라 개체들이 갖는 어떤 형질의 전달과 변이를, 다시 말해 **개체 이하 수준의** 어떤 현상을 생명체의 기능적 메커니즘과 무관하게 연구하고자 했다는 점에서, 그리고 그것을 개체가 아닌 개체군이라는 **개체-이상의** 대상을 통해서 연구하려고 했다는 점에서 좀더 근본적으로 19세기적인 사고방식에서 벗어났기 때문은 아닐까? 유전을 독립적인 현상으로 다루는 것이, 혹은 발생학에서 분리하여 유전현상을 다루는 것이 생명을 하나의 유기적 전체로 간주하던 당시의 통념에 반하여 그 실체적 생명을 그 요소들로 분해하고 절단하여 다루는 것처럼 보였기 때문은 아닐까? 그랬기에 세포학자로서 '영양원형질'과 '유전질'이란 개념을 사용했던 네겔리(K. Nägeli)조차 그가 보낸 편지에 아무런 관심을 표시하지 않았던 게 아닐까?[25]

초기에 생명과 유전현상을 '분자생물학적' 관점에서 발전시키는

** 다만 그들이 '발견'한 이중나선이 DNA에 관한 어떠한 실험도 거치지 않은 이론적 구성물이었고, 그것이 갖는 설득력 또한 간명한 구조의 아름다움 때문이었다는 점(미셸 모랑주, 앞의 책, p. 168)은 특별히 기억해둘 만하다. 이중나선에 관한 논문은 1953년 4월 25일 『네이처』(Nature)에 발표되었는데, 발표에 앞서 그들이 제작한 모형을 보았던 많은 사람들의 반응이 이렇게 적혀 있다. "그들은 그 모형을 우리 이름의 첫 글자를 따서 'WC'라고 부르기 시작했다. 그것은 영국에서 화장실을 뜻하는 말이었다. 우리는 이중나선이 실험을 통해서 발견된 것이 아니었기 때문에 그들이 좋아하지 않는다는 것을 알아차렸다." (제임스 왓슨/앤드루 베리, 『DNA : 생명의 비밀』, p. 70)

데 크게 기여한 사람들이 생물학자가 아니라 오히려 물리학자였다는 사실은 이와 동일한 이유에 기인하는 것일 게다. 분자생물학의 발전에 결정적인 역할을 했던 이른바 '파지(Phage)그룹'은 보어의 영향 아래 생물학으로 전환했던 이론물리학자 델브뤼크(M. Delbrück)에 의해 주도되었고, 슈뢰딩거(E. Schrödinger)는 『생명이란 무엇인가』라는 책으로[26] 수많은 물리학도들을 생물학으로 '전향'하게 만들었다. 델브뤼크의 동료였던 루리아(S. Luria)의 제자였고 파지그룹의 일원이었던 왓슨 역시 슈뢰딩거의 책으로 인해 생물학자가 되었다. 또한 이중나선의 발견 직후 왓슨과 크릭에게 편지를 보내 유전암호의 개념에 주목하여 연구할 것을 촉발했던 가모브(G. Gamow) 또한 '빅뱅이론'으로 잘 알려진 물리학자였다.

물론 보어도, 슈뢰딩거도 생물학을 물리학의 연장이라고 보는 그런 기계론자는 아니었으며, 생명을 물리현상과 동일한 개념으로 설명할 수 있다고 생각하지도 않았다. 그렇지만 그들은 양자역학의 이론을 빌려 생명체를 분자적인 현상들로, 그에 기초하여 다룰 수 있지 않을까 생각했고, 이것은 생명체에 부여된 생물학적 실체성을 벗어날 것을 촉발했음이 분명하다. 생명체와 비생명체를 하나의 연속선상에서 다루려는, 어쩌면 17~18세기 자연사를 떠올리게 하는 이런 관점을 지지해주는 또 하나의 증거는 1935년 담배모자이크바이러스를 분리하여 결정화했던 스탠리(W. Stanley)의 실험이었다. 그는 분리된 바이러스가 결정(結晶) 구조를 갖고 있음을 보여주었다. 알다시피 '결정'이란 생물이 아니라 광물처럼 무생물의 특징이었기에, 이는 생물과 무생물의 경계를 허무는 혁신으로 해석되었다.[*]

염색체 연구로 진행된 유전학의 역사에서 또 하나의 중요한 분기

점은 아마도 형질전환 현상이 단백질이 아니라 DNA에 의한 것임을 보여준 에이버리(O. Avery)의 실험(1944)일 것이다. 그러나 이는 유전물질이 염색체 내의 단백질일 것이라는 당시의 통념으로 인해 전혀 주목받지 못했다. 그로부터 8년 뒤, 파지그룹에 속했던 허쉬(A. Hershey)와 체이스(M. Chase)는 박테리오파지가 박테리아에 침투할 때 단백질인 막은 떨어져 나가고 DNA만 들어간다는 것을 보여줌으로써 다시 DNA가 유전자라는 것을 입증했고(1952), 이는 이듬해 이중나선의 '발견' 으로 이어짐으로써 분자적인 수준에서 유전현상을 해명하는 새로운 시대의 시작을 알리는 나팔수가 되었다. 이후 생명현상은 DNA에 저장된 유전정보의 전달과 그 유전정보에 따른 단백질의 합성이라는 두 개의 축을 따라 연구되기 시작했고, 그것이 유전공학의 발전과 생물의 유전체(genome) 지도 해독이라는 프로젝트로 이어진다는 것은 잘 아는 사실이다.

물리적 내지 화학적 접근을 통해 생명현상을 규명하려는 이러한 태도는 생명 개념 자체에 어떤 변화를 야기한다. 여기서는 생명체를 비생명체와 근본적으로 분리해주는 심연은 다시 사라진다. 생명체인지 아닌지가 모호한 바이러스 등을** 굳이 예로 들지 않아도, 생명을 무생

---

* 미셸 모랑주, 『분자생물학』, pp. 100~101. 슈뢰딩거 역시 생명체를 '비주기적 결정'으로 다룰 것을 제안하는데(에르딘 슈뢰딩거, 『생명이란 무엇인가』, pp. 96~97), 이는 유전자가 그런 결정체임을 고려한다면 매우 놀라운 예견이라고 말할 수 있을 것이다. 스탠리나 슈뢰딩거는 이런 점에서 생명체에 대해 물리학자가 접근하려는 방식의 공통성을 잘 보여주는 듯하다.

** 가령 미생물학자인 마굴리스(L. Magulis)는 바이러스나 DNA는 물질대사를 하지 않기 때문에 독자적인 생명체라고 할 수 없다고 말한다. 바이러스는 다만 어떤 정보를 포함하는 물질일 뿐이며, 생명체로 활동하기 위해선 다른 생명체의 몸을 빌려야 한다는 것이다(린 마굴리스/도리언 세이건, 『생명이란 무엇인가』, pp. 38~39).

물과 대비를 통해 정의하는 것은 이제 불가능하게 되었다. 또한 DNA의 구조나 그것이 복제되고 번역되는, 생명 현상의 가장 중요한 메커니즘이 기계적인 메커니즘과 근본적으로 구별되지 않는다는 것도 분명하다.[*] 이런 맥락에서 모노(J. Monod)는 가령 세포란 "화학적으로 작동하는 기계"라고[27] 정의함으로써 기계론과 생기론, 기계론과 유기체론의 대립을 단번에 와해시켜 버린다. 우리는 이것을 생명의 실체론이 와해된 것으로 이해할 수 있다. 즉 생명은 이제 더이상 무생물과 근본적으로 다른 본성을 갖는 어떤 실체가 아니라는 것이다. 마찬가지로 유기체의 부분들을 하나로 통합하는 목적론적 중심이 사라지는 것 또한 분명하다. 세포나 기관들은 생명을 유지해야 한다는 목적론적 과정을 통해 작동하는 것이 아니라, 분자들의 화학적이고 물리적인 반응과 기계적인 과정을 통해 작동하는 것이다. 마지막으로 개체론적 사고도 근본적인 위기에 처하게 된다. 왜냐하면 이제는 유기체가 하나의 분할불가능한 어떤 단위, 즉 개체(individual)라고 할 수 없게 되었을 뿐 아니라 세포조차도 분할불가능한 기본 단위가 아님이 입증되었기 때문이다.

그렇지만 생명과 유기체 개념을 통해 지속되어온 사고방식이 이처럼 쉽사리 사라지리라고 생각한다면 너무 안이하고 순진한 것이다. 원자가 최소단위가 아님이 입증되었다고 해서 원자론적 사고가 사라지는 건 아니다. 오히려 원자를 구성하는 입자들로 내려가면서 원자론은 새

---

[*] 그래서 자콥은 "하나의 유기체란 과거와 미래 사이에 존재하는 하나의 전이, 하나의 단계에 불과하다"고 하면서 유전학과 더불어 기계론과 목적론처럼 생물학이 대립적인 것으로 묘사해왔던 것들이 사라진다고 말한다(프랑수아 자콥, 『생명의 논리, 유전의 역사』, p. 19). 왓슨은 이중나선의 발견을 "생기론의 조종(弔鐘)소리"였다고 한다(제임스 왓슨/앤드루 베리, 『DNA : 생명의 비밀』, p. 77).

로운 '원자'들을 찾아낸다. 마찬가지로 유전 메커니즘에 대한 이론을 통해서 새로운 실체론과 목적론 및 개체론은 다시 새로운 자리를 찾으려 하기 마련이다. 유전자가 유전정보의 전달과 단백질 합성을 결정한다면, 유전자야말로 생명의 본성 및 생명체의 특성을 결정하는 새로운 실체가 아닌가? 유기체나 세포에게 부여되었던 개체의 자리를 이젠 유전자가 대신하게 된 것 아닌가? 그렇다면 이제 유전은 물론 유기체의 발생이나 유기체들의 행동조차 유전자라는 실체를 유지하고 보존하기 위해 작동하는 것이라고 해야 하지 않는가? 그렇다면 이제 생명체의 변화와 진화조차 유전자를 기본단위(in-dividual!)로 해서 진행되는 경쟁과 선택과정이라고 말해야 하지 않는가?

이른바 '사회생물학'과 '유전자 선택론'은 이러한 입장을 가장 극명하게, 그리고 가장 '완벽하게'(!) 갖추고 있는 것으로 보인다.[28] 그들에 따르면 유전자는 개별 유기체를 지칭했던 낡은 '개체'를 대신해서 생명현상의 분할할 수 없는 새로운 입자적 단위의 자리를 차지했다.** 이전에는 '생명의 유지'가 기관의 존재나 기능을 설명하는 목적이자 존재이유였다면, 이들에게는 '유전자의 존속'이 유기체의 존재나 기관들의 기능을 설명하는 목적 내지 존재이유가 되었다.*** 이런 점에서 이들은 유전자는 영원하다고 선언한다. 바뀌는 것은 유기체나 세포 같은 '개체'들이고 죽는 것 역시 그런 '개체'들이다. 그런 죽음과 변화를 통

** "유전단위를 실제로 **불가분의 독립입자로서** 다룰 수 있음을 제시한 것은 멘델의 위대한 업적이었다. …… 나는 불가분의 입자성이라는 이러한 이상에 극도로 가까워질 수 있는 단위로서 유전자를 정의하였다."(리처드 도킨스, 『이기적 유전자』, p.68)
*** "우리 모두는 같은 종류의 자기복제자, 즉 **DNA라고 불리는 분자를 위한** 생존기계다." 여기서 "'우리'란 인간만을 가리키는 게 아니라 모든 동식물, 박테리아, 그리고 바이러스를 포함한다"(리처드 도킨스, 앞의 책, p.49).

해 개체들을 갈아치우며 유전자는 영원히 존속한다. 유전자는 수많은 '개체'들 밑에 영원히 존속하는 글자 그대로 불멸의 실체(subsistence)가 되었다.[*] 여기서 유전자의 속성을 '이기적'이란 말로 표시하는 것이나, '이타적'이라고 표시하는 것은[29] 별다른 차이가 없다. 이기적이란 단어가 지극히 모호하고, '이기'와 '이타'를 소박한 대립개념으로 쓰고 있다는 공통성 이전에, 이들은 그런 속성을 갖는 분할할 수 없는(individual) 단위의 자리, 실체의 자리를 유전자에 부여한다는 점에서 지극히 전통적인 입장을 공유하고 있기 때문이다.

하지만 어느새 "교과서적인 정설로 자리잡은,"[30] 이런 입장이 단지 이들에게만 고유한 것은 결코 아니다. 그것은 서구의 오랜 전통적 사고 방식, 그들의 양식(bon sens)과 상식, 통념에 정확히 부합하는 것이었다. 이것은 먼저 유전자 구조를 '발견'한 사람들 자신에 의해 다른 방식으로 표현된 바 있다. 이중나선의 공동발견자인 크릭은 이런 입장을 기이하게도 아주 적절한 명칭인 생물학의 '중심 도그마'(Central Dogma)라는 이름으로 천명한 바 있다. 1957년 '단백질 합성에 관하여'라는 제목의 강연에서 그는 핵산의 특이성이 그 염기의 서열에 달려 있으며, 이것이 단백질의 아미노산 서열을 결정한다는 가설을 발표하면서, "DNA는 RNA를 만들고, RNA는 단백질을 만들며, 단백질은 우리를 만든다"는[31] 명제를 '중심 도그마'란 이름으로 제시했다. 여기서 유전정

---

[*] 리처드 도킨스, 『이기적 유전자』, pp.68~71. 이런 점에서 그들이 유전자를 진화라는 자연 선택의 단위라고 보는 것은 형용모순이다. 왜냐하면 진화는 변화와 변이를 전제하며 그것을 통해서 이루어지는데, 그들에 따르면 유전자는 영원하고 변하지 않는 것이기 때문이다. 변하지 않는 것이 진화할 수는 없으며, 변하지 않는 것이 진화를 설명할 순 없다. 이와 다른 차원에서 유전자를 선택단위로 설정하는 것의 부적절성에 대해서는 에른스트 마이어, 『이 것이 생물학이다』, pp.314~315 참조.

보의 전달은 중심인 DNA에서 바깥으로 전달되는 오직 하나의 방향을 가질 뿐이며, 그 반대의 방향으로는 전달되지 않는다는 것이다.

이런 주장을 제시한 이유는 첫째, 단백질의 삼차원적인 정보를 DNA의 일차원적 정보로 바꿀 수 있는 세포장치가 존재한다고 보기 어렵다는 점, 둘째, 단백질에서 DNA로 가는 정보 경로가 있다면 유전학의 기본원칙 자체를 재검토해야 한다는 점 때문이다.[32] 이는 만약 이런 역전달이 가능하다면 획득형질이 유전적 메커니즘으로 투영될 수 있을 것이라는 암묵적 우려에 기인하기도 하지만, 좀더 근본적으로는 이미 고전적인 기계론에서 보여주는 그런 환원론적 실체론의 사고방식을 생물학적 언표로 표현한 것에 불과하다. 그런 통념에 반하는 경로를 차단하기 위해 정보의 전달경로를 일방화하고 이를 통해 정보의 유일한 출발점이 된 DNA에 생명의 모든 비밀이 담겨 있다고 주장하는, 말 그대로 '도그마'에 불과하다. 이것이 1950년대 이후 유전학의 발전 자체에 큰 장애물이 되었다는 것은 '자리바꿈인자'의 발견이 30년 가까이 무시되었다는 점이나 RNA에 의한 '역전사'(逆轉寫)가 오랫동안 인정받지 못했다는 사실 등으로 확인할 수 있다. 이런 점에서 유전학의 이론적 결과물을 새로운 환원론적 실체론으로, 새로운 개체론으로 몰고 가는 이런 '도그마'를 염두에 두고 생명 개념을 이해하기 위해 유전학의 성과를 다시 영유할 필요가 있다.

2)유전학과 생명 개념

유전자 구조의 규명은 유전현상이 생명이라는 별다른 본성에 의한 것이라기보다는 고분자 화합물 간의 물리적 및 화학적인 과정에 의한 것임을 보여주었다. 이로써 왓슨 말대로 생기론은 분명 종말을 고하게 되었다. 그러한 유전학의 성과를 무시하거나 젖혀둔 채 생명의 개념에 접근하는 것은 불가능하게 되었다. 그러나 이미 본 것처럼 새로운 전환을 전통적 사고 안에서 재구성하려는 경향은 언제나 있기 마련이고, 혁명을 또 하나의 전통적 지배체제의 연장으로 바꾸려는 경향은 항상 있게 마련이다. 생명 개념과 관련해서 이런 경향에 빠지지 않으려면 유전학이 해체한 것이 무엇인지, 그것이 우리로 하여금 사고하도록 강제하는 것이 무엇인지를 좀더 분명하게 할 필요가 있다. 그럼으로써만 그것은 우리를 생명에 대한 새로운 이해로, 생명의 새로운 정의구역으로 인도할 수 있을 것이다.

가장 먼저 생명의 실체론이 해체되었다는 점은 길게 말할 필요가 없을 것이다. 생명체를 추동하는 가장 일차적인 힘은 '생명력'이라는 특이한 본성이 아니라 화학적 구성물들 간의 특이성에 따른 결합과 배열이었다. 마치 탄소와 수소, 산소, 질소의 결합과 배열양상이 상이한 유기화합물을 구성하듯이, 아데닌(A)·티민(T)·구아닌(G)·시토신(C)이라는 네 가지 뉴클레오티드의 배열이 생물체의 단백질을, 유전적 특이성을 결정한다. 이는 유전의 메커니즘이 일종의 기계적 과정에 따른 것임을 의미한다. 그러나 그것은 다양한 현상들이 하나의 근거(Grund), 하나의 원인으로 환원되는 식으로 운동의 첫째 원인을 찾아 초월적 존재로 거듭 소급되는 그런 기계론적(mécanique) 과정이 아니라, 특정한 양상의 관계를 표시하는 배열에 의해 개개 요소의 효과가 결정되는 기계적(machinique) 과정이다.

전자가 하나를 항상 그 이전의 어떤 하나로 소급하며 최초의 근거를 찾아 올라가는 '형이상학적' 사고에 대응한다면, 후자는 어떤 동일한 요소도 그것이 어떻게 배열되는가에 따라, 다시 말해 이웃한 항들과 어떤 관계를 형성하는가에 따라 다른 효과를 낳는 '관계주의적' 사고에 대응한다. 예컨대, 아데닌(A)은 아데닌일 뿐이다. 그런데 그것의 좌우에 각각 시토신(C) 및 구아닌(G)이 결합하면(CAG) '글루타민'이라는 아미노산이 되지만, 구아닌 및 아데닌을 좌우의 이웃으로 두게 되면 (GAA) '글루탐산'이라는 아미노산이 되고, 아데닌과 구아닌을 각각 좌우에 두게 되면(AAG) '리신'이라는 아미노산이 된다. 이런 점에서 아데닌에 고유한 본성 같은 것은 없다. 유전학적 관점에서 볼 때, 그것은 그 자체로는 무규정적이며 아무런 의미가 없다. 그러나 그것은 다른 무엇과 결합하는가에 따라, 다시 말해 다른 것과의 관계에 따라 어떤 아미노산에 대응되는 규정성을 갖게 된다. 이는 뉴클레오티드의 결합체인 코돈이나 아미노산에 대해서도 마찬가지로 말할 수 있다. 그것이 어떤 순서로 어떻게 배열되는가에 따라, 어떤 다른 코돈, 아미노산과 결합되는가에 따라 상이한 특이성을 갖는 단백질이 되고 상이한 특이성을 갖는 세포가, 기관이 된다. 이로 인해 20개에 불과한 아미노산이, 수없이 많은 종류의 단백질을(인간의 신체에만 약 10만 종의 단백질이 있다) 만들어내게 된다.

중요한 것은 유전자를 구성하는 기초단위가 뉴클레오티드라는 것도 아니고, 단백질을 구성하는 기초단위가 아미노산이라는 것도 아니다. 그것들이 어떤 것과 어떻게 결합하여 배열되는가, 어떤 관계에 들어가는가에 따라 상이한 성질을 갖게 된다는 점이고, 그 배열이 달라진다면 전혀 다른 성질을 갖는 단백질이나 유전형질을 구성하게 된다는 점이다. 유전이론의 발전이 생기론을 해체했다는 것은, 생명이란 본성을 기계적인 요소들로 환원했다는 것이 아니라, 그것이 배열과 관계에 따라 달라지는 그런 요소들의 집합이라는 것을 보여주었음을 의미한다는 것이다. 이런 점에서 유전학을 통해 야기된 생기론적 실체론의 해체는 기계론적 실체론이라는 또 다른 실체론으로 귀결되는 것이 아니라 모든 종류의 실체론 자체에 반하는 '관계주의적' 관점으로 귀결되는 것이다.

그렇지만 유전자 자체가 생명의 본성을 담지하고 있다는 것은 분명하지 않은가? 이런 점에서 유전자 실체론은 피할 수 없는 것 아닌가? 이는 크릭처럼 유전자 구조를 '발견'한 이들이 직접 주장하고 있다는 점에서 또 다른 권위를 갖는 것처럼 보인다. 이는 두 가지 문제로 나누어 검토해야 한다.

하나는 크릭의 '중심 도그마'에서 말하고 있는 '일방향적 결정론'이다. 이는 DNA가 단백질과 유전형질, 우리의 신체적 특질을 결정하는 것이며, 그 반대는 아니라고 하기에 유전자를 생명의 또 다른 실체로 간주하도록 한다는 점에서 실체론적 태도의 변형된 표현형식이다.

하지만 크릭의 '선언' 이후 반대방향의 영향과 결정을 입증하는 사실들이 여러 가지 층위에서 드러났다. 먼저 자콥과 모노의 오페론(opéron) 이론에 따르면 유전 메커니즘을 규제하고 조절하는 과정에서 조절단백질이라는 단백질이 유전자의 전사과정을 조절한다는 것이 밝혀졌다. 물론 조절단백질은 다시 조절유전자라는 유전자로 환원되기에 이것이 그 자체로 '중심 도그마'를 부정하는 것이라곤 할 수 없지만, 단백질과 유전자의 일방적인 관계에 대해 되먹임(feedback)의 과정을 통해 반대방향의 작용이 있을 수 있음을 시사하는 사례라고 할 수 있다. 좀더 중요한 사례는 아마도 '역전사효소'일 것이다. 테민(H. Temin)은 레트로바이러스에 대한 연구를 통해서 RNA를 통해 DNA를 바꿀 수 있음을 입증했고, 이후 '역전사효소'를 분리해내는 데 성공한다. 이는

'중심 도그마'에 직접적으로 반하는 것이었다.[33] 또 이는 반대방향의 인과계열이 충분히 성립됨을 함축하는 것이었는데, 이후 DNA의 염기 서열을 변형시키려는 유전공학에 가장 중요한 기술적 방법을 제공하게 된다.

한편 게링(W. Gehring)은 보통은 눈을 만들지 않는 다양한 조직에서 눈을 만드는 초파리의 유전자 —— 이를 아일리스(eyeless) 유전자라고 부른다 —— 를 발견했다. 유전자 결정론을 입증한 듯한 이 실험 이후 1년 뒤, 이와 상동적인 생쥐 유전자를 초파리에게 삽입했을 때 동일한 결과가 발생한다는 결과가 나타났다. 그런데 이 경우 발생한 눈은 유전자의 '주인'인 생쥐의 눈인가, 아니면 그 유전자를 제외한 모든 것의 '주인'인 초파리의 눈인가? 그것을 생쥐의 눈이라고 보는 사람은 없었던 듯하다. 다만 생쥐냐 초파리냐를 떠나서 유전자가 유도한 눈이라는 점만을 주목하는 건 가능할 것이다. 그러나 켈러(E. F. Keller)는 그것이 초파리의 눈이라고 한다면, "유전자의 정확한 특성이 그 유전자의 환경에 따라 결정된다는 주장을 입증하는" 것으로 해석할 수 있으리라고 본다.[34] 즉 유전자에 못지않게 '환경'을 제공한 초파리의 세포들 또한 중요한 영향을 미쳤다는 것이다.

다른 한편 자콥과 모노가 발견한 자리입체효과(allosteric effect)는 다른 차원에서 유전자의 결정성을 빗겨간다. 자리입체효과란 단백질 또한 자체 조절 자리를 갖고 있으며, 그 자리에 어떤 분자가 결합하는가에 따라 단백질의 삼차원구조가 변하고, 이로 인해 단백질의 성질 자체가 달라지는 것을 말한다. 이는 DNA와 상관없이 단백질 자체가 자신의 형질을 결정하고 조절함을 의미한다는 점에서 DNA에서 단백질로 이어지는 일방적 인과성의 '외부'를 보여준다. 이와 더불어 유전자의 활성 여부가, 그것을 담고 있는 염색체의 염색질에 의존하며, 따라서 유전형질이 그에 따라 상이하게 만들어진다는 사실 또한 유전자를 유전적 특이성의 유일한 실체로 간주하려는 관념을 반박한다.

이런 점에서 하나의 유전자에 오직 하나의 단백질이, 하나의 유전형질이 대응한다는 생각은 너무도 안이한 것이었음이 분명하게 드러난다. 즉 이런저런 조건의 차이에 따라 하나의 동일한 유전자가 상이한 단백질, 상이한 유전형질과 상응한다는 것이 분명해진 셈이다. 그런데 바로 이것은 발생과정의 해명에 중요한 전제다. 발생이란 하나의 세포, 하나의 동일한 유전자가 상이한 세포들로, 너무도 다양한 단백질로 분화되는 과정이다. 도대체 어떻게 하나의 유전자가 그토록 다양한 세포들로 변형되고 분화될 수 있는 것일까? 이것이 발생과정의 해명에서 가장 중요한 문제다. 따라서 발생과정은 최소한 논리적으로 하나의 유전자가 다수의 단백질, 다수의 세포에 대응될 것을 요구한다. 이처럼 하나의 유전자와 다수의 단백질을 대응시키게 된다면, 유전자에서 단백질로 이어지는 선형적 인과관계는 더이상 무의미하게 된다. 세포나 단백질의 그토록 다양한 차이들을 유전자만으로는 설명할 수 없게 되기 때문이다.

실제로 완성된 유전체(genome) 지도에 따르면 인간을 포함한 대다수 동물들이 본질적으로 같은 유전자를 갖고 있는데, 가령 인간과 침팬지의 유전자는 98.5%가 동일하다고 한다.[35] 이토록 비슷한 유전자들이 어떻게 그토록 다른 동물들로 분화될 수 있는 것일까? 한편 가장 복잡한 유기체로서 가장 진화된 종임을 믿어 의심치 않던 인간의 유전자는 약 35,000개로서 복어(32,000~40,000)와 비슷하다. 또한 유전체 전체의 크기는 통상 "생물의 복잡성과 상관관계가 있으리라고" 간주되는 데,[36] 게놈지도가 완성되면서 드러난 결과는 복어가 4억 개, 인간의 경우가 31억 개인데, 양파는 180억 개, 도롱뇽은 840억 개, 아메바는 6천 700억 개라는 점에서 이러한 통념을 여지없이 무너뜨려 버렸다. 이는 적어도 유전자 배열의 복잡성으로 생물체의 복잡성이나 진화 정도를 설명하려는 것이 잘못된 것임을 명확하게 보여준다.

다른 하나는 유전자를 이전의 유기체나 세포를 대신하는 새로운 '개체'로, 더는 분할할 수 없는 개체로 보는 것이다. 분할할 수 없는 최소단위, 그것은 생명현상의 최소한을 포함하는 일종의 실체성을 함축하는 것으로 사용되기 십상이다.

그러나 이 역시 근본적인 난점을 피하지 못한다. 먼저 논리적으로 '최소단위' 개념이 피할 수 없는 또 다른 분할가능성의 문제다. 이미 칸트가 지적했고,[37] 물리학적 원자론이 실제로 보여준 것처럼 최소단위라고 상정한 것은 언젠가 다시 그것을 구성하는 어떤 것으로 분할될 수 있다는 점이다. 이는 생명체와 관련해서는 더욱 그렇다. 유전자의 최소단위는 무엇인가? 단백질 특이성을 결정하는 일련의 뉴클레오티드의 집합? 그러나 그것은 다시 아미노산에 대응하는 코돈으로 분할될 수 있지 않은가? 그렇게 분할되어야만 다양한 단백질의 양상을 설명할 수 있지 않은가? 그렇다면 코돈 단위의 뉴클레오티드? 그런데 이는 단백질의 특이성과 이미 무관할 뿐 아니라, 그 자체가 다시 또 뉴클레오티드들로 분할될 수 있지 않은가? 그렇다면 개개의 뉴클레오티드? 하지만 아데닌이나 구아닌 같은 염기(鹽基)들은 생명과 무관하게 만들어지고 존재하는 유기화합물 아닌가? 그것이 어떻게 생명의 단위가 될 수 있을까? 더구나 그것은 이제 다시 탄소와 수소, 산소, 질소로 분할될 수 있지 않은가? 등등.

결국에는 원자와 그 이하 수준의 물리적 입자들로까지 진행될 수밖에 없는 이러한 환원이 생명체의 기본단위라고 할 수 없음은 분명하다. 생명의 단위가 되려면 생명현상, 유전적 특이성과 결부된 어떤 단위가 되어야 한다. 즉 분할은 가령 시스트론(Cistron)처럼 유전적 특이성을 갖는 최소단위에서 멈추어야 한다. 그런데 중요한 것은 시스트론은 이미 수많은 코돈, 수많은 뉴클레오티드로 다시 분할될 수 있는, 아니 반대로 다수의 그것들로 구성되는 구성물이라는 것이다. 그것은 분할할 수 없는 '개체'가 아니라 수많은 구성요소들로 구성된 하나의 구성물이요 형성체라는 것이다.

게다가 시스트론이 언제나 하나의 유전적 표현형을 만들기 위한 기본단위가 되지도 않는다는 것이 개체 개념의 또 다른 난점을 보여준다. 그것은 둘 이상으로 분할되기도 하고, 다른 것과 결합되기도 하면서 유전적 표현형을 만들어낸다. 그렇다면 시스트론을 분할할 수 없는 최소단위라고 말할 수 있을 것인가? 더구나 매클린톡(B. McClintock)은 유전정보가 자율적인 단위의 유전자 안에 담겨 있는 것만은 아니며, 자리바꿈인자에 의해 유전자 구조가 크게 변형될 수 있음을 보여준다.[*] 이는 DNA 배열 안에서 유전자의 위치가 어디인가에 따라 그 기능이 달라진다는 사실을 의미하며, 따라서 시스트론이란 개념이 실체적인 유전자 단위가 될 수 없음을 뜻한다.

---

[*] 오랫동안 무시되었던 이 이론은 이제 누구도 무시할 수 없는 이론이 되었다. 왓슨에 따르면 재조합 DNA 기술이 등장한 이후 이동인자(mobile element)가 매우 흔하다는 것이 밝혀졌다고 하며, 그래서 이젠 "그것들이 대다수는 아니라고 해도 우리 유전체를 비롯한 많은 유전체의 주요 구성인자라는 것을 알고 있다"고 한다(제임스 왓슨/앤드루 베리, 『DNA : 생명의 비밀』, p.232). 가령 인간의 작은 20번 염색체의 경우 이동인자가 34%나 담겨 있다고 한다(같은 책, p.233).

유전자가 복제되고 전사되는 메커니즘은 '개체'로서 유전자를 규정하는 데 또 다른 난점을 제기한다. 1970년대 후반, 유전자가 하나로 이어진 게 아니라 단편들로 분할되어 있으며, 그 유전자 조각 가운데는 유전정보를 포함하지 않는 것들이 훨씬 더 많다는 사실이 발견된다. '고등동물'의 경우 유전자에는 유전부호를 지닌 것(엑손exon)과 그것을 지니지 않은 것(인트론intron)이 교차하며 뒤섞여 있다는 것이다.** 따라서 이 뒤섞인 유전자 배열은 그대로 단백질 배열로 전사되지 않는다. 즉 단백질 합성에 들어가기 전에 유전자를 직접 전사한 mRNA에서 인트론들을 제거하고 엑손들을 이어붙이는 '선택적 이어붙이기' (alternative splicing)라는 과정이 진행된다는 것이다. 그런데 엑손들을 이어붙이는 방법은 단일하지 않으며, 발생단계와 관련하여 상이하게 진행된다고 한다. 이 경우 개체로서의 '유전자'란 대체 어떤 것을 지칭하는 것일까? 인트론이 포함된 DNA의 염기배열? 아니면 선택적 이어붙이기를 거쳐 재구성된 mRNA? 이는 유전자와 DNA를 동일시하던 이전의 통념을 뒤집는 사실처럼 보인다.

좀더 난감한 것은 인트론과 엑손의 구별이 일정하지 않으며, 인트론의 배열 또한 단백질 합성에 영향을 미친다는 것이다.[38] 이미 충분히 다양한 증거가 제시되고 있는 이러한 추정으로 인해 이전처럼 인트론을 쓰레기 유전자라고 명명하는 것이 불가능하게 되었다. 이는 유전자의 외연을 뚜렷하게 정의할 수 없다는 난점을 다시 한번 증폭시킨다. 여기에 RNA의 전사체들 또한 조절 메커니즘에 따라 다양한 '편집과

** 인간의 유전체 가운데 단백질 정보를 담고 있는 유전자는 약 2%에 불과하며 나머지는 유전정보 없는 유전자로서 "쓰레기(junk) 유전자"라고 한다. 인트론은 엑손 사이에 끼인 정보 없는 유전자로서 쓰레기 유전자에 속한다.

정'을 거친다는 사실이 추가되면, 유전자를 '더는 분할할 수 없는 개체'라는 의미의 기초단위로 간주하는 것은 불가능하다고 하기에 충분하지 않을까?

이와 다른 차원에서 유전자 개념의 동질성을 위협하는 사실이 1970년대 들어 밝혀지게 된다. 알다시피 유전자란 염색체 속의 DNA를 지칭하는 것이었다. mRNA는 세포핵 속의 유전자와 단백질이 합성되는 세포질 속의 리보솜을 연결한다. 그런데 식물세포의 경우에는 엽록체에, 동물세포의 경우에는 세포질 속의 미토콘드리아에도 DNA가 있으며, 이는 감수분열과 무관하게 유전된다는 사실이 새로이 주목받게 된 것이다.[*] 나아가 마굴리스(L. Margulis)는 이 미토콘드리아가 박테리아에서 기원한 것이며, 따라서 미토콘드리아의 DNA는 세포핵의 그것과 이질적인 것이라는 것을 보여주었다. 즉 산소를 이용해 에너지를 생산하는 장소인 미토콘드리아는 산소를 이용해 에너지를 생성하던 이전의 박테리아가 세포질 속에 '합병' 되어 '공생' 하게 된 것이라는 것이다.[**]

따라서 유전자를 유전학의 발전을 통해 도달한 생명의 새로운 실체라든가, 생명의 새로운 단위(개체)로 간주하는 것은 불가능하다. 그것은 유전학과 그 주변에서 이룩한 모든 성과에 의해 반박되고 있는 것이다. 목적론에 대해서는 따로 언급할 필요가 없을 것이다. 이전에 목

---

[*] 미토콘드리아 및 식물의 엽록체가 세포핵과 별도로 자신의 DNA를 가진다는 사실은 1927년 미국 생물학자 월린(I. Wallin)에 의해 발견되었다(린 마굴리스/도리언 세이건, 『생명이란 무엇인가?』, pp.190~191).

[**] 린 마굴리스/도리언 세이건, 앞의 책, pp.173~176, 185~190. "우리의 미토콘드리아의 선조가 호기성 홍색 세균이었다는 사실은 DNA 염기 서열에 의해 의문의 여지 없이 밝혀졌다."(같은 책, p.187)

적의 자리를 차지했던 '생명'이라는 실체가 분해되어 사라져버렸기에, 대신 화학적인 메커니즘이 유전형질이라는 결과를 야기하는 분석적 요인의 자리를 차지했기 때문에, '~을 위하여'의 목적어가 원인의 자리를 차지할 여지는 거의 사라진 셈이기 때문이다.***

여기에 유기체와 환경, 혹은 개체와 그 외부에 대한 구분과 결부된 주제를 간략히 추가하고 싶다. 조금 전에 보았듯이, 유전자에서 단백질, 세포와 발생의 과정에서 이른바 '환경'은 매우 중요한 역할을 한다. 그것은 단지 유전자나 개체가 자신의 생존이나 복제를 위하여 이용하는 그런 수동적 대상이 아니라, 유전 기제에 소급되면서 작용하는 능동적 요인이다. 하나의 동일한 유전자가 다양한 성질과 특이성을 갖는 단백질, 세포들로 분화되는 과정에서 그 다양성의 양상을 결정하는 것은 유전자가 작용하는 데 더불어 작용하는 그 '외부적' 요인들 때문이다. 이미 충분히 본 것처럼 '환경적인' 요인 안에서 유전자가 선택적으로 이어붙여지고 편집되며 다양한 변이들로 분화된다면, 유전적 메커니즘을 유전자의 일방적 결정으로 환원하는 것은 불가능하다. 유전자 외부 요인들이 유전 메커니즘 자체에 직접 관여하고 있는 것이다. 이런 점에서 환경이라는 '외부'는 유전이라는 메커니즘 자체에 내재적인 요인임이 분명하다. 켈러의 다음과 같은 언급은 이를 잘 보여준다.

*** 진화론과 관련해서 결과를 원인의 자리에 옮겨놓는 목적론적 경향이 여전히 잔존한다. 그러나 사실 다윈의 진화론이 19세기에 지지받았던 것도, 혹은 비난받았던 것도 일차적으로는 생물체의 진화에 대한 목적론적 설명을 비판했다는 이유임은 잘 알려져 있다. 다만 진화에 방향과 종착점을 설정하고 그것을 향해 나아간다고 설명하려는 19세기의 통상적 진화론이 목적론을 재도입한다는 것은 분명하지만, "진화는 진보가 아니다"라는 명제를 통해 이는 충분히 반박되었다고 보인다. 물론 유전자의 보존을 '목적'의 자리에 설정하고 그것 '을 위하여' 생존기계를 만들고 변형시키고 그 목적에 비추어 적절한 거리를 유지한다는 식의 목적론이 아직 '교과서적 주류'에 속해 있음은 사실이지만.

구조 유전자의 기능은 서열에만 의존하는 것이 아니라 유전적 맥락, 그것이 들어 있는(그리고 그 자체가 발달과정에서 조절되는) 염색체의 구조, 발달과정에 맞게 규정되는 세포질과 핵의 환경에도 의존한다.[39]

한편 크릭의 '중심 도그마'는 단백질에서 DNA로 가는 경로를 차단하기 위해 유전 메커니즘에 하나의 방향만을 부여한 바 있다. 그렇지만 역전사 효소의 사례에서처럼 RNA에서 DNA로 소급하여 작용하는 메커니즘도 있음을 다시 한번 상기한다면, 이는 환경과 유전자에 관한 새로운 발상을 가능하게 한다. 이미 미생물에 대한 연구는 환경이 단백질의 합성에 영향을 미칠 수 있음을 보여주었다고 할 때,[40] 단백질의 형성과정에서 편집되고 연결되는 RNA의 변형이 DNA로 소급되며 영향을 미칠 가능성을 배제할 수 없기 때문이다. 실제로 유전공학자들이 DNA를 변형시키기 위해 이런 방법을 일반화해서 사용함을 안다면, 이런 메커니즘을 굳이 예외적이고 부차적인 것이라고 간주할 이유는 없다. 다시 말해 환경이 단백질의 합성과정을 통해 DNA를 변형시킬 가능성을 배제할 수 없다는 것이다. 이는 물론 생물학자들로선 "획득형질이 유전될 수 있다는 신라마르크주의로의 회귀를 허용한다는 점에서 받아들일 수 없는" 견해라곤 하지만, 그것은 다만 그들의 통념과 양식의 한계를 보여주는 것이 아닐까?

환경에 의해 DNA가 변형될 수 있다는 것이, 획득형질이 유전된다는 라마르크 식의 주장과 동일하다고 말하기는 어려울 것이다. 왜냐하면 그것은 환경에 따른 유전자의 변형을 말하는 것이지 획득형질의 유전을 말하는 것이 아니기 때문이다. 다시 말해 유전자 차원에서의 변이를 수반하는 획득형질만이 유전된다고 말할 수 있을 것이다. 그러나 좀더 적극적으로 생각해보면, 이는 환경에 따른 생명체의 변용이, 혹은 '획득형질'이, 물론 다는 아니라고 해도, 유전자에 접근하여 변용시킬 경로가 존재하는 것으로 이해할 수 있지 않을까? 오히려 그것은 환경에 따른 개체의 진화를 설명하는 유전적 경로를 시사해주는 것이란 점에서 적극 검토해볼 새로운 가설을 함축하고 있는 게 아닐까?*

이상의 사실은 유기체와 환경, 개체와 환경을 대립시키는 이항적 개념이, 이와 더불어 내부와 외부를 분할하는 이항적 관념이 더이상 유효하지 않음을 의미한다. 환경은 외부지만 개체의 형질 자체를 형성하는 데 작용하는 그런 외부고, 그런 점에서 개체에 내재하는 외부다. 그것은 개체가 이용하는, 개체에 대해 수동적 지위를 점한 조건이 아니라 개체의 형성과 변용 자체에 관여하는 능동적 요인이다. 내부와 외부의 구별은 여기서 별다른 의미가 없다.

이는 사실 19세기 후반 생리학자 베르나르(C. Bernard)가 '내적 환경'이란 개념을[41) 만들어 사용하기 시작한 순간 이미 드러난 사실이다. 물론 그는 유기체의 조직에서 중요한 기관은 더 깊숙이 자리잡고 있다는 퀴비에 식의 관념을 공유하고 있었지만, 서로 연관된 기관의 기

---

* 자리바꿈(transposition)을 통해 발생하는 유전자의 변화를 연구함으로써 찾아낸, 환경과의 관계 속에서 생명체에게 주어지는 내·외부적 스트레스가 유전자 구조에 변형을 가해 새로운 표현형질을 출현하게 한다는 맥클린톡의 이론 또한 이런 관점을 지지해주는 것으로 보인다. 그에 따르면 '환경'이 주는 스트레스는 자리바꿈인자를 통해 유전자 구조에 변형을 가하게 되고, 그 결과 유전자의 서열 및 조정 메커니즘에 변화가 발생하게 된다. "이러한 사건이 반복된 이후 어떤 상태에서 안정성을 찾게 될 경우 그것은 새로운 생물종의 출현으로 이어질 수 있는 것이다"(이블린 폭스 켈러, 『생명의 느낌』, p.323에서 재인용). 이것이 진화론과 관련해서 '용불용설'로 요약되는 라마르크 식의 진화론이나 우연적 적자생존과 자연도태라는 다윈의 진화론 모두와 다른 새로운 진화의 관념을 요구한다는 점을 켈러는 적절하게 지적하고 있다(같은 책, pp. 323, 326). 이중나선의 '발견'자 왓슨도 이동인자가 "진화라는 측면에서 볼 때 주로 새로운 것을 만드는 역할을 한다"고 인정하고 있다(제임스 왓슨/앤드루 베리, 『DNA : 생명의 비밀』, p.233).

능들로 인해 각각의 기관이 다른 기관에 의존하고 있음을 주목했고, 이런 점에서 한 기관이 의존하고 있는 다른 기관들을 '내적 환경'이라고 불렀다. 이로써 환경은 유기체 내부로 밀고 들어오기 시작했다. 이는 세포와 그것을 둘러싼 나머지를 명명하는 '환경'이란 말로 다시 확장되었고, 세포 내에서는 세포핵과 그것을 둘러싼 환경(세포질)의 관계를 서술하는 데 사용되었다. 유전자와 세포질의 관계 또한 이렇게 명명되었다. 그런데 유전자의 기능이 환경에 의존적이라면, 심지어 유전자가 환경에 의해 변용될 수 있다면, 이제 더이상 환경과 개체를 가르고 대립시키는 이분법은 무의미하게 된 게 아닐까? 다시 말해 기관들의 위계가 사라진다면, 모든 기관이 다른 기관에 대해 개체인 것 이상으로 모든 기관은 다른 기관에 대해 환경이라고 해야 하며, 이는 확대된 다른 층위의 용어들에 대해서도 마찬가지라고 해야 한다. 요컨대 개체와 환경을 가르고, 그 중 하나에 중심성과 능동성을, 다른 하나에 부차성과 수동성을 부여하는 그런 이분법은 더이상 유효하지 않게 되었다는 것이다.

3. 생명 개념의 정의구역

1) 생명과 중-생

이제 우리는 생명 개념을 새로이 정의해야 한다. 생물과 무생물에 관한 소박한 직관을 기초로 만들어진 생명과 비생명의 구별에서 벗어나서, 그렇게 만들어진 생명 개념을 독립적인 실체로 다루는 관념에서 벗어나서 생명을 관계 속에서 새롭게 이해해야 한다. 아니, 생명 그 자체를 관계로서 정의할 수 있어야 한다. 어떤 것도 그것이 의존하고 있는 조건(dependent condition, '연기적 조건')과 무관하게, 그것이 속한 관계와 무관하게 생명이라는 고정된 본성을 가질 수는 없는 것이다.

생명에 대한 실체론에서 벗어난다는 것은 가장 먼저 생명체를 우리가 통상적으로 '생물'이라고 부르는 것과 동일시하지 않는 것이다. 생태주의나 생명사상을 말하면서도 흔히 빠지는 함정이 생물과 동일시되는 생명체에 특권적인 지위를 부여하는 것이다. 생물을 위해서는 생명이 없는 사물들은 어떻게 이용해도 좋다는 식의 관념이 이와 무관한 것일까? 그렇다면 그것은 인간을 위해서는 인간 아닌 어떤 것도 마음대로 이용해도 좋다는 인간중심주의의 외연을 생물로까지 연장한 것에 불과한 건 아닐까? 생명과 비생명의 이러한 대개념에는 좋은 생명, 나쁜 비생명이라는 가치평가가 함축되어 있는 건 아닐까? 이는 자연물과 인공물, 자연과 기계, 혹은 인간과 기계를 대비시키는 그런 종류의 '자연주의', 대개 루소의 이름을 따라 통칭되는 그런 자연주의와 아주 근친성을 갖는다.

유전학이나 생물학은 이러한 생명체나 자연물이 사실은 '기계적인'(!) 메커니즘에 의해 생명을 유지하고 있음을 보여준다. 이미 본 것처럼 모노는 세포를 "화학적으로 작동하는 기계"라고 하지 않았던가! 들뢰즈/가타리는 '생명체'나 그것의 기관이 사실은 관계에 따라 다르게 작동하는 '기계'임을 보여준다. 가령 음식물을 씹고 있는 입은 식도와 접속하여 영양소의 흐름을 절단·채취하는 기계가 되지만, 침을 튀며 떠들고 있는 입은 성대와 접속하여 소리의 흐름을 절단·채취하는 기계가 된다. 만약 그것이 다른 입과 접속하여 리비도의 흐름을 절단·채취하게 된다면 그것은 키스-기계가 된다. 독자적인 '유기체'도 마찬가지다. 수위는 문과 접속하여 사람들의 출입을 절단·채취하는 기계로 작

동하며, 기관사는 거대한 엔진과 함께 접속하여 작동하는 기관차-기계의 일부다. *

그들은 다른 것과 접속하여 작동하는 모든 것을 '기계'라고 본다는 점에서 이를 '일반화된 기계주의'(machinisme)라고 명명한다.[42] 하지만 이는 앞서 보았던 환원주의적(원자론적) 관점에서 복합체의 본성을 하나의 기계적 요소로 환원하여, 그 기계적 요소의 본성과 양상을 알면 모든 것을 알 수 있다는 식의 고전적인 '기계론'(mécanisme)과는 근본적으로 다른 것이다. 거기서 기계는 정해진 본성을 가지며, 원소적인 입자들은 불변적인 어떤 본성을 갖는 것으로 가정되지만, 들뢰즈/가타리가 말하는 기계주의에서 '기계'란 관계에 따라, 접속하는 이웃항이 무엇인가에 따라 본성을 달리하는 다른 기계가 된다고 말하기 때문이다. 여기서 기계란 고정된 본성을 갖는 고립된 어떤 실체가 아니라 관계를 구성하는 성분이고 그 관계 안에서 변하는 본성을 갖는 것이다.

이런 관점에서 볼 때, 기계와 자연, 기계와 생명을 가르는 고정된 경계선은 없다. 자연이 존재하는 모든 것을 포괄하는 것이라면, 거기에서 기계가 배제되어야 할 이유는 없으며, 따라서 기계는 자연의 일부다. 거꾸로 유전학이 보여주듯이 생명 또한 근본적으로 기계적인 메커니즘에 따라 작동하는 기계다. 따라서 여기서 말하는 '기계주의'는 모

---

* "기계란 인간의 통제하에 운동을 전달하고 과제를 수행하기 위해 각각 특정한 기능과 작동을 갖고 있는 한 고정적인 요소들의 결합이라고 간주할 수 있다. 그렇다면 인간-기계야말로 진정한 기계다. 사회-기계는 그것이 부동의 동자로서 나타나고 다양한 개입을 행하는 한 은유와는 아무런 관계가 없는 문자 그대로 하나의 기계다."(G. Deleuze/F. Guattari, L'Anti-Oedipe, Hurley et. al. (tr.), Anti-Oedipus, Minnesota University Press, 1983, p.141.) 이런 기계 개념에 대해서는 이진경, 「공간-기계와 공간적 신체」, 『근대적 시·공간의 탄생』(개정판), p.127 이하 참조.

든 것을 거대한 자연의 일부로 다루는 스피노자적인 '자연주의'와 정확하게 동일한 것이다. 스피노자에게 '양태'가 그것을 둘러싼 다른 것들과의 관계에 의해 결정되고 관계가 달라지면 다른 양태로 변환되는 것임을 안다면, '기계주의'에서 말하는 기계란 개념이 이 '양태'의 개념과 동일한 것임을 아는 것도 어려운 일은 아니다.

이것이 기계와 생명이 동일한 개념임을 뜻하진 않는다. 기계가 이웃한 항들과의 관계 속에서 규정된 어떤 요소를 지칭한다면, 생명체란 그런 기계들의 복합체가 '생명'이라고 부를 어떤 성분을 가질 때 사용될 수 있다는 점에서 그 외연을 달리한다. 입–기계는 그것이 부분으로서 다루어지는 한 하나의 기계지만, 그것이 다른 기계들과 연결되어 생명현상과 결부된 하나의 복합적 전체를 이룰 때, 그것은 생명체의 일부분을 뜻하는 것으로 이해되어야 한다는 말이다. 통상적인 어법의 '기계' 또한 이처럼 생명현상과 결부된 복합적 전체 안에서 작동할 때에는 생명체의 일부가 된다. 따라서 생명체의 범위는 이른바 '생물'의 그것보다 크다.

다음으로, 생명 개념의 새로운 정의를 위해선 '분할할 수 없는 최소단위'라는 의미의 '개체' 개념에서 벗어나서 생명현상을 파악해야 한다. 이미 누차 본 것처럼 분할할 수 없는 최소단위는 없다. 그것을 찾으려는 시도는 유기체에서 세포로, 세포에서 유전자로 거듭 소급해 들어갔지만 결코 '분할할 수 없는 입자'에 도달하지 못했다. 좀더 근본적인 문제는 분할할 수 없는 입자를 찾아가는 과정이, 매우 복잡한 다양체를 어떤 하나의 본성적인 단위로 환원하는 방식으로 나아갔기 때문에, 그런 단위를 찾아 그 본성을 규명한다고 해도 그것이 생명현상을 해명하기엔 지극히 부적절한 것이 되고 만다는 점이다. 물리학에 비해 생물학에서는 이것이 훨씬 더 심각한 결함이라는 건 수많은 사람들이 지적해왔다.

이런 점에서 생명현상에 접근하기 위해선 복잡한 것을 단순한 단위로 환원하는 방법이 아니라, 어떤 요소들이 결합하여 만들어내는 복합적 구성물로 보는 방법을 사용해야 한다. 분자들의 세계를 이해하려면 그것의 구성요소들이 결합하고 배열되는 양상을 보아야 하고, 단백질 같은 고분자를 이해하려면 그것의 구성요소인 아미노산들의 결합양상을 보아야 하듯이, 생명현상에 대한 이해는 그것을 구성하는 요소들의 결합양상을 통해서 진행되어야 하는 것이다. 환원주의와 반대방향으로 진행되는 이런 방법을 잠정적으로 '구성주의'라고 명명하자. 원소들의 특징이 아니라 그것이 특정한 조건 속에서 결합되어 만들어내는 '복합효과'를 포착하는 것. 물론 그 경우에도 요소들은 불변인 채로 남아 있고 다만 그것을 복합적인 구성물의 차원에서 보는 것을 뜻하진 않는다는 점에서 단순히 방향만 바꾼 원자론은 아니다. 어떤 것과 더불어 어떤 복합체를 구성하는가에 따라 원소적 요소들의 본성은 항상 달라지기 때문이다.

이런 점에서 본다면 유기체는 물론 모든 생명체는 사실 분할가능한(divisable) 요소들의 집합체다. 생명체의 어떤 층위도 분할할 수 없는 '개체'가 아니라 반대로 **분할가능한 요소들의 집합체다.** 좀더 강하게 표현한다면, 생명체의 경우 개체(individual)는 없다. 분할가능한 것들의 집합체만이 있을 뿐이다. 이처럼 분할가능한 요소들의 집합체를 우리에게 익숙한 개념을 약간 변형시켜 '중-생'(衆-生)이라고 불러도 좋다면(혹은 다중체multi-dividual?), 이제 이 말은 이렇게 바꾸어 표현할 수 있을 것이다. **모든 생명체는 '중-생'이다.**

2)생명과 순환계

생명체는 '중-생'이다. 그렇다면 어떤 집합체를 이루는 구성요소들이 존재한다면, 그것을 생명이라고 정의할 수 있을까? 가령 수많은 부품들의 집합체인 자동차나 컴퓨터는 생명체인가? 물론 그렇게 말할 순 없다. 그것은 기계로서 생명체의 일부가 될 수는 있을지언정, 그 자체로 생명체가 아님은 분명하다. 따라서 생명체를 정의하기 위해선 생명현상을 특징짓는 어떤 것, 생명체의 어떤 특이성이 고려되어야 한다.

이를 위해 통상적인 생명체의 개념으로 다시 돌아가 보자. 생명현상에 고유한 특징으로 흔히 언급되는 것이 있다. 번식(reproduction), 자기복제, 혹은 기억 등. 하지만 컴퓨터와 인공지능 혹은 인공생명 등에 관한 연구와 실험, 그리고 현실은 먼저 '기억'이란 현상이 결코 생명체에 고유한 게 아님을 분명히 보여준 바 있다. 자기테이프를 이용한 간단한 '기억'에서부터 RAM이나 ROM을 이용한 컴퓨터기술은 기억이 인간이나 생명체보다는 '기계'에 의해 더 훌륭하게 수행된다는 점을 보여준다. 번식이나 자기복제 역시 자기복제하며 번식하는 프로그램이 만들어짐에 따라, 생물체와 기계를 구별해주는 변별 자질이 되지 못하게 되었다. 더 나아가 인간의 가장 우월한 특징이라고 간주되던 계산추론능력마저 간단한 기계적 활동으로 환원될 수 있음이 드러남으로써 그 역시 생명과 기계의 변별 자질이 되지 못함이 분명해졌다.[*]

---

[*] 이인식, 『사람과 컴퓨터』, pp.325~347; 레이 커즈와일, 『21세기 호모 사피엔스』, p.95 이하 참조. 커즈와일에 따르면 1956년 만들어진 '로직 씨어리스트'라는 프로그램은 재귀적 연산방법을 이용해서 수학문제를 푸는 프로그램인데, 화이트헤드와 러셀의 『수학원리』의 많은 중요한 정리들을 증명했을 뿐 아니라 전에는 증명되지 않았던 정리도 독창적인 방법으로 증명했다고 한다(레이 커즈와일, 앞의 책, p.98).

다시 합목적성이라는 오래된 관념으로 돌아가야 할까? 생명체는 기계와 달리 어떤 전체 유기체의 생존을 유지하려는 방향으로 활동하지 않는가? 하지만 유기체의 각 부분이 서로 의존하여 통합적으로 작동해 그 결과 유기체가 존속하는 것을, 각 부분이 생명을 위해 합목적적으로 기능하는 것이라고 말해선 곤란하다. 즉 유기체의 존속은 그러한 상호의존적인 '기관'들의 조화와 통합적 작동의 결과이지 그것의 목적이 아니다. 즉 선험적 목적 없이 만들어지는 부분들의 관계의 안정성이나 '항상성'(homeostasis)이 야기한 결과라는 것이다. 가령 '가이아(Gaia) 가설'로 유명한 러브록(J. Lovelock)은 자신의 가설이 지구 전체 차원에서 어떤 목적성을 가정하지 않는다는 것을 증명하기 위해 흰 데이지 꽃과 검은 데이지 꽃만으로도 어떤 비평형적 항상성이 유지된다는 것을 시뮬레이션을 통해 보여준 바 있다.

암세포는 아마도 이를 부정적인 방식으로 보여주는 것처럼 보인다. 알다시피 암세포는 세균이나 침입자가 아니다. 유기체 자신의 세포가 변형된 것이다. 그렇다고 그것이 유기체를 죽이기 위한 '목적'을 갖는 것은 아니다. 그것은 조절기제에서 벗어나 너무 급속하게 증식되는 세포들이고, 죽음을 '망각'한 세포들이며, 자신들을 유지하기 위해 다른 세포들이 사용해야 할 영양소 등의 질료를 과잉-사용하는 세포들이다. 이 암세포들은 다른 세포들의 작용을 저해하고 조화로운 관계를 해체하기에 결국 유기체를 죽음으로 몰고 간다. 그러나 이는 유기체를 **죽이기 위해** 그렇게 하는 것은 아니다. 역으로 다른 세포나 기관들 역시 조화로운 상호관계를 유지하는 경우 유기체는 살아 있다고 할 수 있지만, 그것을 기관이나 세포들이 생명을 지속하기 위해 활동한다고 말하면 안 된다.

차라리 우리는 복잡계에 대한 화학자들의 연구에서 좀더 중요한 시사를 얻을 수 있다. 프리고진(I. Prigogine)에 의해 발전된 비평형 열역학은 엔트로피가 최대치인 조건을 뜻하는 열적 평형과 반대로 비평형적 상태에서 안정성이 유지되는 메커니즘에 주목한다. 프리고진 자신을 포함하여 이러한 이론을 생명에 대한 새로운 개념을 발전시키는 데 원용하고자 하는 일련의 시도들이 있었다.[*] 이런 관점에서 특별히 주목하는 것은 그러한 상태들이 대개는 구성요소들의 연결망이 '자기-조직화한다'(self-organizing) 하여 어떤 항상성을 유지한다고 하는 점이다.[**] 아무런 목적론적 요인의 개입 없이 구성요소들이 연결되면서 비평형적인 질서를 만들어낸다는 것이다. 그들은 대개 이를 '창발성'(emergency)이라고 명명한다. 그리고 바로 그러한 양상들이 생명체의 형성에서 하나의 결절점이 되었으리라고 생각한다.

이러한 비평형계는 일정한 성분들의 연결망으로 생성된다. 가령 독일의 생화학자 아이겐(M. Eigen)은 효소들의 촉매들이 하나로 연결되어 루프(loop)를 이루는 경우, 촉매작용이 비약적으로 진행되면서 비평형적 안정상태에 도달한다는 것을 보여주었다. 이를 '촉매사이클'(catalytic cycle)이라 하며, 이처럼 촉매사이클을 만드는 루프를 '초-

---

[*] 예전에 슈뢰딩거는 생명이란 엔트로피 증가라는 열역학 제2법칙에 반하여 그것을 감소시키는 방식으로 자신을 유지한다는 식의 발상을 '네겐트로피'라는 개념과 더불어 제시한 바 있다(에르빈 슈뢰딩거, 『생명이란 무엇인가』, pp. 115~116). 그러나 엔트로피나 네겐트로피는 생명과 '환경'의 개념 안에서 양자간의 관계를 양적인 대립관계 안에 가두고 만다. 생명이 자신의 '질서'를 유지하기 위해 외부환경의 엔트로피를 증가시킬 수밖에 없는 필연성을 상정하게 하기 때문이다.

[**] 특히 오스트리아의 천문학자 얀취(E. Jantsch)는 프리고진 이후 이런 이론을 종합하여 미생물에서 우주에까지 이르는 다양한 비평형적 현상들을 생명과 관련하여 이론화하고자 했다(에리히 얀취, 『자기조직하는 우주』, 1989).

사이클'(hyper-cycle)이라고 부르는데, 이는 분자적인 수준에서 자기-조직화를 보여주는 하나의 사례이다.[43] 이는 구성요소들이 하나의 순환적인 관계, 연결망을 이루는 것만으로도 불활성 상태 —— 열역학적 평형, 혹은 열적 죽음! —— 와 반대되는 방향으로 나아갈 수 있음을 의미한다.

물론 아이겐의 생각처럼 이것이 곧 생명의 발생지, 생명의 모태가 되었으리라고 말하려는 건 아니다. 가령 마투라나(H. R. Maturana)나 바렐라(F. J. Varela)라면 생명 개념이 정의되려면 이러한 순환계가 막 구조를 가져야 한다는 점을 추가해야 한다고 말할 것이다.[44] 하지만 여기서 중요한 것은 어떤 요소들이 이처럼 하나의 순환적인 관계 속에 들어간다면, 고립되어 있을 때와는 근본적으로 다른 비약을 수반하게 된다는 사실이다. 어떤 목적성을 가정하지 않아도 분자들이 하나의 순환계를 이룬다는 사실만으로 죽음 —— 불활성 상태, '무기적인' 상태 —— 과 반대되는 방향으로 크게 비약한다는 점이다. 그것이 매우 높은 활성화 상태에서 안정성을 유지할 수 있다는 점 또한 유기체의 비평형적 안정성을 이해하는 데 중요한 자원을 제공한다. 유기체의 각 부분들이 갖는 상호의존성은 그것들이 바로 이런 순환계를 형성하고 있다는 사실을 표현하는 말이다.

이런 관계를 통해서 다시 확인해야 할 것은 각각은 다른 부분들이 활동하고 작용하는 '조건'이며 '환경'이 된다는 점이다. 즉 모두는 이웃한 항들을 이용해, 혹은 자신을 제외한 다른 전체를 이용해 활동하는 '주체'인 동시에 이웃항이나 다른 것 전체에 대해 활동의 조건을 제공하는 '환경'이 되어 준다는 것이다. 따라서 하나로 연결된 순환적인 관계 안에서 주체와 조건을, 개체와 환경을, 내부와 외부를 구별하려는 시도는 무의미하다는 것이 확연하게 드러난다. 거기서 각자는 다른 것과 더불어 활동하고 생존하는 공생적인 관계를 구성하고 있는 것이다. 거기서 각자는 다른 것에게 무언가를 끊임없이 주며 다른 것에게서 무언가를 끊임없이 받는다. 아이겐은 자신이 제시한 모델을 '공생' (symbiosis)의 모델이라고 할 뿐만 아니라, 거기서 "각각의 분자 유형은 상대방이 갖지 않은 무언가를 내놓아야 한다"고 말한다.[45]

이처럼 상대방이 갖지 않은 무언가를 주고 내게 없는 것을 이웃한 항에서 받는 관계를 '선물' (gift)이라고 말해도 좋지 않을까? 하지만 그것은 준다는 생각 없이 주는 선물이고 받는다는 생각 없이 받는 선물이다. 마찬가지로 유기체 안에서 각각의 세포는 다른 세포들과 그런 공생의 관계, 순환적인 선물의 관계를 형성한다고 말해도 좋지 않을까?

아이겐의 촉매사이클에서든 유기체의 신체에서든 서로에게 없는 것을 주고 받으며 상호의존적으로 연결되어 있는 집합적 요소들 전체가 바로 '생명'이며, 이 요소들의 공생적 집합체를 생명을 구성하는 '중-생'이라고 말할 수 있다. 생명이란 환경을 이용하는 개체가 아니라 더불어 하나의 상호의존적 순환계를 구성하는 요소들 전체, '중-생'하는 요소들 전체인 것이다. 그렇다면 순환적으로 상호의존하며 서로에게 무언가를 주고 서로에게서 무언가를 받는 이런 관계를 통해 생명을 정의할 수 있지 않을까? **상호의존하면서 타자에게 없는 것을 주고 타자에게서 없는 것을 받는 어떤 것들이 자기조직적인 항상성을 산출할 경우**를 '순환계'라고 부른다면, 생명체란 **이 순환계가 구성하는 집합적 신체로** 정의할 수 있다. 비슷한 말이지만 생명이란 이 순환계를 의미하며 생명력이란 **그러한 순환계를 스스로 구성하고 유지하는 능력**이라고 정의할 수 있을 것이다.

이런 점에서 앞서 예로 들었던 자동차나 컴퓨터는 그 자체만으론 분명히 생명체가 아니다. 그것은 수많은 부품들로 이루어져 있지만, 이것들은 스스로를 순환계로 구성하지 못하며, 그 자체로 서로에게 필요한 것을 주거나 받는 흐름을 형성하지 못한다. 그것들은 그저 결합되어 병치되어 있을 뿐이다. 그것이 작동하기 위해선 거기에 에너지의 흐름을 제공하고 기계들의 작동을 규제하는 어떤 활동적인 성분이 추가되어야 한다. 보통은 그것을 사용하는 사람이 그것을 제공하지만, 모든 사람이 그렇게 할 수 있는 것은 아니다. 자동차와 결합하여 하나의 순환계를 구성하지 못하는 사람들, 컴퓨터를 그저 바라만 보고 있을 뿐인 사람들이 얼마나 많은가!

이처럼 순환계를 구성하는 능력이 있을 때 생명은 존재한다고 정의된다. 바이러스도, 자동차도 그 자체로는 순환계를 구성하며 활동하지 못한다. 순환계를 구성하는 다른 것과 결합해서만 그것은 활동하기 시작한다. 그렇지만 여기서 "~이 없다면" 하는 식으로 생명의 본성을 '작동시키는 성분'에 부여하는 부정적 논법을 따라가선 안 된다. 중요한 것은 컴퓨터든 바이러스든 어떤 것과 결합하여 어떤 관계에 들어가는가에 따라 생명체의 일부가 될 수도 있고 그렇지 않을 수도 있다는 점이다. 바이러스의 활동성이 대사작용을 하는 다른 세포에 의해 조건 지워진다고 해서, 바이러스의 생명력이 그 세포에 있다고 말할 순 없을 것이다. 자동차나 컴퓨터라고 이와 다를까? 이 단순한 사례는 컴퓨터나 자동차가 인간의 연장으로 기능한다는 점에서 오해하기 쉽지만, 여기서도 자동차와 인간이 결합된 전체가 생명이라는 순환계를 구성한다는 것을 잊지 말자.

4. 생명과 공동체

1) 공동체와 생명력

앞서 우리는 새로운 생명의 정의를 엄청난 수의 세포들의 중-생-체인 유기체를 통해서 끄집어냈다. 그러나 유기체만 생명체는 아니다. 먼저, 유기체의 세포 자체도 수많은 요소들에 의해 스스로 구성되고 유지되는 순환계란 점에서 생명체에 속한다. 세포 내부를 보호하면서 외부의 영양소를 수용하거나 끌어들이는 세포막, 아미노산을 비롯한 수많은 화학물질이 녹아 있는 세포질, 그 세포질 속을 떠다니며 유전정보를 전달하거나 유전정보에 따라 아미노산을 모으는 RNA·DNA를 담고 있는 세포핵, 산소를 이용해 에너지를 생산하는 수천 개의 미토콘드리아, 그렇게 생산된 에너지를 저장하는 ATP, 아미노산을 모아다 단백질을 합성하는 엄청난 수의 리보솜 등등이 끊임없이 무언가를 주고받으며 안정된 하나의 순환계를 구성하고 유지하고 있다는 점에서 세포 자체가 이미 그 자체로 수많은 요소들로 구성된 중-생적 생명체다.

이와 반대로 가장 거대한 규모의 생명체를 러브록과 마굴리스가 발견했다. 지구가 그것이다. 대기화학자 러브록의 아이디어에서 시작된 연구는 미생물학자 마굴리스와의 공동연구를 통해서 대기와 광물, 그리고 수많은 미생물 등이 지구의 온도를 일정한 수준에서 안정적으로 유지하고 있을 뿐 아니라 대기 중의 산소 농도, 바닷물의 염도를 일정하게 유지하고 있음을 보여주었다. 러브록이 '가이아'라는 신화적 명칭을 붙인 이 이론에 따르면, 지구는 그 안에 존재하는 토양과 대기, 바닷물과 미생물, 그리고 식물 등에 의해 다른 행성과 너무도 다른 비평형적 안정성을 유지하고 있는 하나의 순환계다.[46] 그것은 다양한 요소들이 상호관계 속에서 서로에게 필요한 것을 주고받으며 스스로 유지되는 비평형적 순환계다. 따라서 그것은 정확하게 우리가 정의한 생명 개념에 부합한다. 그것은 어떠한 목적 개념이나 도킨스 같은 사람이 싫어하는 '이타성' 개념을 필요로 하지 않는다. 그럼에도 불구하고 지구가 살아 있는 생명체란 생각이 과학자들의 커다란 저항에 시달려야 하는 이유는, 그들이 생물체에 대한 유비로 갖고 있는 낡은 생명 개념 때문일 것이다.

이 두 가지 생명체 사이에 수많은 순환계들이, 수많은 생명체들이 존재한다. 거기에는 흔히 '생태계'라고 불리는 유기체들의 중-생-체들이 포함된다. 남극 로스 사막의 사암 결정지대에는 6종의 미생물들만으로 이루어진 생태계가 존재하는데, 이는 1천만 년 이상 거의 변함없이 지속되어 왔다고 한다.[47] 미생물과 식물, 초식동물과 육식동물, 그리고 다시 미생물로 이어지는 순환계는 지역마다 다른 종들로 채워지지만 어디서나 흔히 발견되는 생태계의 구성 양상을 보여준다. 이처럼 다양한 종류의 먹이사슬로 연결된 생태계는 생명체들의 '연합'일 뿐 아니라, 그 자체가 하나의 또 다른 생명체인 것이다.

생태학자들은 사슬처럼 연결된 생물들의 '연합체'로서 생태계를 지칭하기 위해 '공동체'(community)라는 말을 사용한다.[48] '공동체'라는 용어는 알다시피 우리에게도 매우 익숙한 단어다. 이러한 동일한 용어가 순환적인 방식으로 상호연결된 생명체들의 관계를 지칭하기 위해 사용된다는 점은 매우 의미심장하다. 생명체와 공동체 간에는 단순한 은유 이상의 연관성이 있다고 해야 하지 않을까? 물론 약간의 변형이 필요하다. 즉 생명 있는 **개체들의** 연합이 공동체라기보다는, 공동체를 이루며 '연합한' 요소들이 하나의 생명체를 구성한다는 것이다. 다시 말해 생명이란 항상-이미 공동체고, 항상-이미 중-생이란 것이다.

생명과 공동체가 겹쳐지는 이러한 개념을 통해 우리는 생명의 문제를 공동체의 문제로 접근할 수 있게 된다. 생명의 문제는 어떤 한 개체의 생존을 유지하는 문제가 아니라, 그 생명체를 구성하는 집합적 관계를 형성하고 변화시키며 안정적으로 지속하는 문제라는 것이다. 역으로 공동체의 문제를 생명의 개념을 통해 접근할 수도 있다. 가령 몇 명의 사람들이 소를 키우며 농사를 지어 먹고 사는 소규모의 자급적 '공동체'를 가정해보자. 이 역시 대지와 대기, 벼와 배추, 소와 농기구 등이 사람들과 더불어 하나의 순환계를 이루며 안정적으로 공존한다. 그 사이에는 미생물들처럼 보이지 않는 많은 요소들이 또한 끼어 있을 것이다. 이 경우 사람과 식물, 동물, 미생물, 심지어 쟁기와 가래 같은 도구처럼 이질적인 요소들로 이루어진 이 공동체 또한 그 자체로 하나의 생명체로 정의될 수 있다.[*]

다양한 사람들이 모여 스스로 하나의 순환계를 구성하고 유지하는 경우에도 생명의 개념을 사용할 수 있다. 트로브리안드의 쿨라는 다양한 재물들을 두 개의 상이한 방향으로 순환시키는 거대한 선물의 체계를 구성하며, 이를 통해 수많은 섬들에 흩어져 사는 트로브리안드 인들은 하나의 공동체로 연결되고 결합된다.[49)] 북미 원주민들에게서 발견되었고, 이후 거의 모든 소위 '미개사회'에서 공통적으로 발견되는 포틀

---

[*] 농민들이 땅이나 가축, 심지어 벼나 자신이 키우는 것들에 대해 갖는 잘 알려진 애정은 흔히 말하듯 소(小)소유자적 근성의 산물이라기보다는, 이처럼 하나의 순환계에 공속(共屬)하여 있으며 자신이 의존하고 있는 삶의 조건이라는 사실에 기인하는 게 아닐까? 이는 장인들이 자신들이 사용하는 도구나 재료를 귀중하게 여기고 아끼는 것과 유사한 게 아닐까? 마치 유기체가 자신의 신체나 기관에 대해 애지중지하며 아끼는 것과 마찬가지로 말이다.

래취는 사회적 지위와 경제적 재화를 반대방향으로 이동시키며 공동체 안에서 사람들을 하나의 중-생으로 묶어 하나의 순환계를 구성하고 유지한다.[50] 이와 유사한 모든 종류의 공동체가 '스스로 순환계를 구성하고 유지하는 능력'을 갖고 있는 한 그 자체로 생명체라고 할 수 있다.

여기서 생명체로서 존재하는 이러한 순환계에 대해 몇 가지 세부적인 개념들이 추가되어야 한다. 먼저 이 순환계는 자신을 다른 것과 구별해주는 경계를 갖지만 결코 폐쇄된 것은 아닌, 역으로 언제나 **개방된** 순환계라는 점을 말해두어야 한다. 앞서 아이겐이 보여준 촉매사이클은 그 재료의 특성상 순환의 사이클은 닫혀 있어야 했다. 즉 마지막의 촉매가 최초의 촉매로 반드시 이어져야 했다. 그러나 그것은 그 경우에 고유한 특징일 뿐이다. 가령 세포의 순환계는 외부로부터 산소와 물, 영양소를 공급받지 못하면 유지되지 못하고 죽어버린다. 또한 거기서 순환계는 일정한 배설물을 배출해야 한다. 그것은 유기체의 경우에도 가장 명확하게 드러나는 사실이다. 외부로 개방되지 않은 유기체가 있을 수 없듯이, 외부에 대해 닫힌 생명의 순환계는 있을 수 없다.

바로 이 열린 외부로부터 변이의 요소들이 새로이 진입하며, 그 외부적 요소들을 순환계 안에서 안정성을 유지하면서 수용할 수 있게 된 경우 그 순환계는 새로운 생명체로 변이된다. 물론 그 변이의 폭은 클 수도 있고 작을 수도 있지만, 분명한 것은 하나의 순환계가 갖는 생명력은 **그것이 수용할 수 있는 이질성의 폭에 의해**, 어떤 것을 수용하면서 해체되거나 파괴되는 게 아니라 새로운 안정성을 유지할 수 있는 그런 능력의 폭에 의해 결정된다는 사실이다. 소량의 유독한 물질만으로도 해체되거나 죽어버리는 유기체 세포의 순환계에 비해, 그 많은 독가스와 유독물질의 유입에도 불구하고 여전히 그것을 수용하면서 훌륭하게 생존하고 있는 지구의 순환계는 훨씬 거대한 능력(capacity!)을 갖고 있다고 말해야 한다는 것이다.

또 하나 순환계의 생명력을 규정하는 요인은 그것을 구성하는 요소들의 다양성이다. 생태학자 틸먼(D. Tilman)의 연구(1996)는 다양성과 개체수에 관한 매우 중요한 결과를 알려준다.

환경조건이 어떻게 변동하든 간에 가장 다양한 종들이 사는 조사지역이 종수가 적은 조사지역보다 생물량 생산에서 훨씬 더 안정적이었다. 그렇지만 각 종의 개체수를 비교해보면 종수가 많은 지역이 그렇지 못한 지역보다 해마다 각각의 종의 개체수 변화폭이 훨씬 컸다. 따라서 다양성은 각각의 종을 살려내지 못하며, 오히려 그들을 더 큰 경쟁 속에 몰아넣는다. 하지만 가끔 같은 환경조건 변화로 한 종이 일을 제대로 할 수 없게 되면, 재능 있는 종들을 많이 지닌 공동체에서는 다른 종이 번성하면서 자신의 활동 영역을 넓힐 여지가 많다.[51]

이는 종이 다양할수록 각각의 개체들은 변화의 폭이 크지만, 순환계 전체의 안정성이 높아진다는 것을 의미한다. 종의 다양성은 이처럼 변화와 안정성이라는 역설적인 항목을 동시에 '충족'시켜 준다. 즉 순환계를 구성하는 상이한 요소들의 고리가 길수록, 각각의 종의 변화에 따른 순환계 전체의 변화폭이 적어지고 안정성을 갖는다는 말이다. 이는 예컨대 500종의 세포로 구성된 유기체보다는 10,000종의 세포로 구성된 생명체가 세포들의 죽음이나 증가에 영향을 덜 받는 것과 같다. 이러한 안정성은 이질적인 요소들의 새로운 유입에 대한 상대적 안정성으로 이어질 것이다. 확실히 이런 점에서 볼 때 순환계를 구성하는 다양성 내지 이질성의 폭이 그 순환계의 생명력을 높여준다는 것을 확인할 수 있다.

순환계의 안정성을 유지하는 또 다른 요인이 있다. 서로 대체할 수 있는 어떤 **유사한 기능을 하는 요소들의 중복/잉여**(redundancy)가 그것이다. 그 이유는 간단하다. 어떤 요소들이 죽어 사라져버렸을 때, 그것을 대체할 잉여적 요소들이 없다면 그 중-생-체의 생명을 유지해주는 순환은 정지되고 그것은 더이상 유지할 능력을 상실하게 된다. 반면 동일한 요소는 아니라 해도 사라진 요소의 기능을 대신할 수 있는 유사한 능력, 혹은 동일한 능력이 있는 요소들이 충분히 존재한다면 어떤 요소의 생사나 증감이 전체 순환계 존속에 별다른 영향을 미치지 않는다.[*] 이 경우 우리는 그 순환계가 좀더 탄력성이 크다고 말할 수도 있을 것이다. 따라서 중복되어 존재하는 요소들의 경우에도 그것은 불필요한 여벌이 아니라 그 순환계의 능력을 구성하는 요소라고 해야 한다.

이러한 사실을 고려하면서 통상 '사람들의 연합'으로 상정되는 공동체의 개념으로 돌아간다면, 이렇게 말해도 좋지 않을까? 사람들의 공동체란 인간에게만 특유한 어떤 집합체가 아니라 자연 안에 존재하는 다양한 생명체의 한 종류라고. 그것은 그 자체로 생명체인 자율적 생명체들의 연합이지만, 그 연합의 양상에 따라 다른 생명력을 갖는 새로운 수준의 생명체라고. 그것은 단지 사람들만의 연합이 아니라 그 사람들의 순환적 삶에 관여하는 다양한 요소들과의 연합이며, 동질적인

---

* 이러한 경우들의 사례에 대해서는 이본 배스킨, 『아름다운 생명의 그물』, pp.47~53 참조. 그런데 이 책도, 생태학자들도 "생태계 과정이 유지되려면 공동체 내에 존재하는 모든 종들이 보존되어야 하는지"(같은 책, p.46), 다시 말해 "생태계를 유지하는 데 필수적인 종이 무엇인지"가 진짜 중요한 질문이라고 하는데, 우리가 보기에 이는 어떤 결과를 야기하는 핵심적 원인을 분석적으로 찾으려는 분석적 사고에 기인하는 잘못된 질문이다.

요소들이 그저 모여 사는 '군집'(群集) 내지 '군생'(群生)의 형식이 아니라[**] 이질적인 사람들이 서로에게 없는 것을 서로 제공하면서 순환적인 삶의 흐름을 형성하는 '중–생'의 한 형식이라고. 이 경우 그 생명체의 능력(생명력)이란 외부에 개방적인 상태에서 그러한 순환계의 안정성을 유지하는 능력이고, 따라서 그것은 그 중–생적 집합체가 수용할 수 있는 이질성의 폭과, 그것을 구성하는 요소들의 다양성의 폭에 의해 규정된다고.

2) 순환의 경제, 생명의 경제학

하나의 순환계는 다수의 요소들로 구성되어 있는데, 이 각각의 요소들은 대개 다시 분할가능한 집합체, 중–생으로서의 생명체인 경우가 대부분이다. 물론 모두가 그런 것은 아니다. 농사짓는 공동체의 예에서 식물이나 동물은 그 자체만으로 독자적인 순환계를 구성하는 생명체지만, 농기구는 그렇지 않다. 그것은 농사짓는 공동체 수준에서만 생명체의 범위 안에 들어간다. 그것만으로 따로 분리되었을 때 그것은 스스로 순환계를 구성하고 유지할 능력이 없기 때문이다.

이러한 차이는 생명체를 구성하는 순환 안에서 활동양상의 차이로

[**] 생물학자들이 말하는 '개체군'(population)이 아마도 이런 군생하는 군집의 사례일 것이다. 여기서는 유사한 개체들이 모여 살기에 '한정된 자원'을 두고 다투는 경쟁이 발생하며, 이 경쟁으로 인한 도태에서, '적자생존'의 법칙이 발생한다. 여기서 경쟁이나 생존, 도태나 적응의 단위는 개체군이지만, 이는 사실 개체들의 양적 확장에 지나지 않는다. 반면 '중–생'은 이질적인 요소들의 순환적인 '연합'이고, 상호의존적인 공동체를 구성하는 것이며, 따라서 복수의 요소들이 하나의 생명체를 구성하는 것이다. 그들 간의 관계는 때론 '상호부조'일 수도 있고, 때론 먹고 먹히는 상생의 양상일 수도 있지만, 상생의 관계일 때조차 그것은 상호연관과 순환적 증여의 고리를 이룬다는 점에서 개체군의 경쟁과 달리 '공생'의 원리에 따른다고 하겠다.

표현된다. 사람들은 그 순환계 안에서 자신의 생존조건을 획득한다. 즉 '순환의 이득'을 얻는다. 벼나 배추 또한 다른 요소들로부터 순환의 이득을 얻는다. 토양으로부터 얻기도 하고, 미생물로부터, 햇빛으로부터, 혹은 심지어 사람들로부터도 얻는다. 소 역시 그와 다르지 않다. 그리고 바로 그 순환의 이득이, 그 각각이 즉 소는 소대로, 벼는 벼대로 독립적인 순환계를 유지하는 조건이 된다. 그런데 농기구는 다른 요소들에게 순환의 이득을 제공하지만(그렇지 않으면 그걸 사용할 이유가 없다), 자신은 다른 것에게서 그 이득을 얻지 못한다. 아니, 얻을 능력이 없다고 할 수 있다. 하지만 그래도 아무런 상관이 없다. 그것은 얻지 않으면 중단될 독자적인 순환계를 갖고 있지 않기 때문이다.

이런 점에서 생명을 스스로 순환계를 구성할 능력과 다른 차원에서 새로이 정의할 수도 있을 것이다. 생명이란 **어떤 순환계 안에서 순환의 이득을 획득할 능력**이다. 어떤 순환계 안에 있는 모든 기계는 그 순환계로 정의되는 생명체의 일부지만, 그 안에서 순환의 이득을 얻을 수 없다면 그 기계 자체만으로는 생명체라고 할 수 없다는 것이다. 이전의 것이 순환계라는 개념을 통해 요소들의 '중-생'과 '연합'을 강조하는 것이었다면, 여기서 생명의 정의는 그 연합 안에서 각각의 요소들을 다시 생명과 비생명으로 구별하는 정의인 셈이다.

그런데 이러한 새로운 정의를 굳이 추가하려는 이유는 무엇인가? 그것은 먼저 순환계로 정의된 생명체의 범위 안에 도구나 '기계' 같은 '무생물'이, 즉 순환의 이득을 얻지 못하는 요소들이 포함된다는 것을 보여준다. 이는 생명체를 구성하는 요소들이 생물체가 아닌 경우에도 생명체가 정의될 수 있음을 의미한다. 인간의 신체라는 생명체를 가득 채우고 있는 물은 그 자체로는 생명체라고 할 수 없지만 생명체의 가장 중요한 요소 아닌가! 따라서 생명체는 생물/무생물의 경계를 넘는 요소들로 구성되며, 이런 점에서 생물체보다 넓은 외연을 갖는다고 할 수 있다.

다음으로 이러한 정의를 통해서 우리는 순환계로서의 생명체 안에서 발생하여 진행되는 과정을 좀더 역동적으로 이해할 수 있다. 순환의 이득이란 개념은 생명체 안에서 그것을 구성하는 요소들이 맺는 상호관계를 표현한다. 순환의 이득이란 생명체의 구성요소 각각이 다른 것들에게서 받는 것(아이겐 말을 빌리면 '자기에게 없는 것')이고, 뒤집어 말하면 각각의 구성요소가 이웃한 다른 요소들에게 주는 것('타자에게 없는 것')이다. 이런 점에서 순환의 이득이란 생명체를 구성하는 요소들이 순환적으로 의존하는 관계를 표시하며, 그 의존의 양상이 서로에게 없는 것을 제공하는 '증여'의 관계임을 표현한다. 생명체를 이루는 요소들이 생명체라는 것은 이처럼 타자에게 없는 것을 제공하고 자기에게 없는 것을 타자에게서 증여받는 그런 관계를 형성하고 유지한다는 것을 의미한다. 생명이 없다는 것은, 비록 하나의 순환계 안에서 타자에게 순환의 이득을 제공하지만 자기는 그 이득을 얻을 수 없다는 것을 뜻한다(약간 달리 말하면 우리와 함께 순환계를 구성하는 어떤 이웃항에게 아무런 순환의 이득을 제공하지 않는다는 것은 그것을 생명체로 취급하지 않는다는 것을 의미한다).

여기서 순환의 이득은 자기에게 없는 것을 받는 것, 혹은 타자에게 없는 것을 주는 것이란 점에서, 주는 항과 받는 항에게 전혀 다른 의미를 지닌다. 즉 순환의 이득이란 최소한 주는 항과 받는 항 사이의 차이, 주는 자에게서 주려는 것의 의미와 받는 자에게서 받으려는 것의 의미의 질적 차이에서 기인한다. 식물에게 산소는 일종의 '배설물'이지만 동물이나 인간에게 그것은 생존에 필수적인 에너지원인 것이다. 이처럼 주는 것과 받는 것의 질적 차이가 크면 클수록, 주는 것은 준다는 '의식'도 받는 것은 받는다는 '의식'도 적어지며, 그만큼 순환의 이득은 '커진다'고 말할 수 있을 것이다. 순환의 이득, 그것은 **차이**에서 발생하는 '차이의 이득'이다.

　순환의 이득이 갖는 이러한 차이적 성격이 그것의 '비대칭성'과 '비가역성'을 규정한다. 순환의 이득이란 순환계 안에서 임의의 어떤 항에서 임의의 다른 항으로 주어질 수 있는 것이 아니라 특정한 항들에서 다른 특정한 항들로 주어지는 것이다. 그것은 또한 주는 항과 받는 항을 바꾸어 시행할 수 있는 것이 아니란 점에서 비가역적이고 비대칭적이다. 인간이 나무에게 산소를 돌려줄 수는 없는 것이다. 더구나 거기에는 교환의 관념에 항상 따라다니는 '등가성'은커녕 이항적인 상호성도 없다. 즉 **순환의 이득은 교환가능한 것이 아니라는 것**이다. 이는 순환계 안에서 발생하는 상호적인 증여의 과정을 교환의 과정으로 혼동해선 안 되는 이유를 보여준다. 예를 들어 식물이 동물에게 산소를 제공하고 동물은 식물에게 '거름'을 제공한다고 해서, 그것을 교환이라고 말해서는 결코 안 된다는 것이다. 그것은 식물과 동물 간에 발생한 '한 번의 교환'이 아니라, 식물이 동물에게 산소를 준 증여와 동물이 식물에게 거름을 준 '두 번의 증여'인 것이다.

　따라서 순환의 이득은 교환처럼 0이 되는 일이 없으며 언제나 플러스일 수 있을 뿐이다. 물론 순환을 '빼앗아가는 것'이라고 말한다면 언제나 마이너스인 게임이라고 말하겠지만(정말 그게 가능할까?), 우리가 식물에게서 얻는 이득이 그것에게서 빼앗는 것이라고 하려면 그것이 식물에게 필요한 어떤 것일 때, 다시 말해 얻는 자와 주는 자에게 어떤 종류의 동질성 내지 유사성이 있을 때뿐이다.

물론 타자에게 제공하는 것이 증여자에게도 동일한 혹은 유사한 의미를 갖는 경우도 있을 수 있다. 사람 간의 선물처럼 동일한 종 간에 발생하는 증여일 경우, 이런 일이 충분히 있을 수 있다. 이 경우 증여는 자신이 사용할 수 있는 것을 주는 것이란 점에서 앞의 경우보다 훨씬 힘들어지게 되고, 주면서 '준다'는 의식이 발생하기 쉽다.[*] 이런 '동류성'이 순환계 안에서 지배적이라면 순환이 거듭되어도 순환에 따라 발생하는 이득의 총합은 별로 증가하지 않는다. 그 이득의 성격이 전체적으로 동일하다면, 사실 거기서 발견하게 되는 것은 순환의 이득을 위한 상호적인 관계가 아니라 동일한 이득을 두고 제로섬의 투쟁을 벌이는 경쟁적이고 대립적인 관계다.[**] 이는 사실 순환계의 존속 이유가 없음을 의미한다. 덧붙이면, 어떤 순환계에서 순환의 이득이 동질적인 이득으로 변형된다면, 이는 순환계가 존속할 이유가 사라짐을 의미한다. 그것은 생명체로서 순환계의 죽음을 의미하게 될 것이다.

이러한 일은 '순환'이 '교환'으로 변형되는 경우 실제로 발생할 수 있다. 가령 두 사람 간의 교환이 두 사람 간에 선물을 주는 것과 다른 것은, 전자의 경우 주고받는 것을 동질적인 어떤 척도로 환원하여 준 것과 받은 것의 양을 비교함으로써 등가화하려 한다는 점이다. 이러한 조

---

[*] 포틀래취에서 받는 물건에 대한 의도적이고 과장된 '무시'(마빈 해리스, 『문화의 수수께끼』, pp.122~123 ; 마르셀 모스, 『증여론』, p.100)는, 증여물이 양자 사이에서 동질화되는 것을 막아 증여가 채권/채무로, 혹은 교환의 일부로 변형되는 것을 막기 위한 장치가 아닐까?

[**] 이는 앞서 주에서 말했듯이 군-생하는 개체군 안에서 개체들 간의 관계에 해당한다. 진화론은 다윈의 경우에조차 이러한 측면에만 주목할 뿐이다. 크로포트킨이 진화론의 경쟁적인 관념에 반대하여 생물 간의 '상호부조'(Mutual Aid)를 주목했을 때, 비록 명확하다곤 할 수 없어도 그는 군생에서 중-생으로 시선을 돌렸던 것이라고 말할 수 있을 것이다.

건이 없다면 두 사람 간에 오가는 선물은 두 번의 증여를 이루는 것이지 한 번의 교환을 이루는 게 아니다. 이는 심지어 화폐를 선물하는 경우에도 성립된다. 케스트너(E. Kästner)가 말했듯이, 아들집을 방문하여 아들 몰래 10만 원을 책상서랍에 넣고 나온 어머니와, 엄마 몰래 가방에 10만 원을 넣어둔 아들 사이에 발생한 '이득'은 0이 아니라 두 차례 선물의 합 20만 원이다. 이는 선물이 정확하게 순환의 이득의 일종임을 보여준다. 그러나 이를 두 사람 간의 교환으로 간주한다면, 두 사람 사이에 발생한 이득은 없다. 제로섬의 교환이 단 한 번 발생했을 뿐이다. 즉 이런 식의 교환은 서로에게 아무 이득이 없는 것이며, 굳이 할 이유가 없는 것이다. 따라서 교환의 관점에서 이런 식의 증여는 중단되고 순환은 멈추게 된다.

이는 순환이 교환으로 대체될 경우, 그리하여 순환의 이득이 교환의 이득으로 치환될 경우 발생하게 될 사태를 아주 명료하게 보여준다. 상이한 질의 증여 가능한 물건들이 화폐라는 하나의 척도로 환원되고 등가성을 원리로 삼는 교환과정에 들어가게 되면, 모든 증여 행위는 그 반수(半數)의 교환 행위로 환원되고 증여물의 총합은 언제나 제로인 화폐로(가치의 양적 증가는 교환을 통해서는 발생하지 않기 때문에) 귀착된다. 나아가 주는 것은 이제 받는 것을, 받는 양과의 등가성을 전제로 해서만 성립하며, 그런 조건이 없다면 증여 행위 자체가 중단된다. 하나의 계 전체를 관류하던 순환의 흐름은 끊어지고, 등가성을 만족시키는 국지적인 교환만이 가능하게 된다. 으레 주던 것은 손해나 비용이 되고, 받던 것은 이득이나 이윤이 된다. 전체적인 순환은 정지되고 두 항 간의 분절된 교환만이 남는다. 순환계는 이로써 죽고 교환의 회로만이 남으며, 순환의 '세계성'은 교환의 '경제성'으로 대체된다.

이런 점에서 화폐는 죽음의 전도사다. 화폐는 순환을 교환으로 바꾸면서 순환계를 파괴하여 죽음으로 이르게 한다. 아마도 프로이트라면 모든 유기체를 무기적인 상태, 죽음의 상태로 밀고 가는 '죽음본능'이란 개념을 여기서 떠올렸을지도 모른다. 유기적인 생명체를 무기적인 교환관계로, 죽음으로 몰고 가는 기능을 한다는 점에서 화폐는 정신분석에서 '죽음본능'이 수행하는 역할을 생명의 순환계에서 동일하게 수행한다. 어떤 순환계도, 그 안에서 발생한 순환의 이득이 화폐로 치환가능하게 되면 그것은 생명체로서의 가치를 상실하고 화폐의 증식을 위한 수단으로 변형된다. 자본가들이 시장(교환의 장!)을 만들어내기 위해 공유지를 횡탈하고 농민들을 토지로부터 쫓아내며 공동체를 파괴했던 피어린 자본주의의 역사, 혹은 평화롭게 살던 사람들을 '시장'으로 끌어들이기 위해 빵나무를 베어버리고 공동체를 파괴했던 제국주의적 식민주의자들의 만행을 보라! 혹은 사람의 귀를 제공하기 위해 유전자 조작된 쥐의 운명, 혹은 사람의 콩팥을 제공하기 위해 만들어지고 키워지는 돼지의 운명은 순환계로서의 생명체가 화폐증식을 위한 수단이 된 사례를, 더이상 순환의 이득을 얻을 수 없다는 점에서 생명력을 상실한 '기계'의 사례를 제공하기에 충분한 듯하다.

따라서 순환계의 일반이론으로서의 '일반적 생태학'을 교환계의 일반이론으로서의 경제학과 대비하여 정의할 수 있지 않을까? 마찬가지 이유로 화폐증식을 위해 작동하는 교환의 회로를 순환의 이득을 제공하는 순환계와 대비할 수 있지 않을까? 그러나 그것은 '좋은 생태학'과 '나쁜 경제학'을 대비하기 위한 것은 아니다. 차라리 중요한 것은 다음과 같은 질문이다. 왜 경제학은 그처럼 순환계로서의 생명체에 반하는 방식으로만 '경제'를 정의하고 다루려는 것일까? 순환의 이득을 다루는 순환계의 경제, 순환계의 경제학은 있을 수 없는 것일까? '보존'의 생태학과 '발전'의 경제학의 대립을 넘어서 생명의 경제를 다루는 새로운 영역을 사유하는 것.

5. 생명의 생태학과 인간

지금까지 우리는 생명 개념의 역사 속에서 유전학의 발전 이후 생명 개념의 경계가 변환되는 지점에 주목하면서 생명 개념을 새로이 정의했다. 한편으로 생명이란 스스로 순환계를 구성하고 유지하는 능력에 의해 정의될 수 있었고, 다른 한편으로 그것은 순환의 이득을 획득하는 능력에 의해 정의될 수 있었다. 그리고 이런 관점에서 생태학자들이 사용하는 '공동체'라는 개념과 생명체의 연관성을, 나아가 사회학자들이 사용하는 공동체라는 개념과 그것의 연관성을 이해할 수 있었다.

이런 정의를 통해서 우리는 생명의 문제를, 기계나 무생물과 대별시킴으로써 생물체를 특권화시키는 방식에서 벗어나 다룰 수 있을 뿐 아니라, 나아가 인간의 문제를 생물 가운데 특권적인 존재의 자리를 할당하지 않고서 생명의 개념 안에서 일반적으로 다룰 수 있다고 믿는다. 즉 인간중심주의와 그것의 변형 내지 연장으로서 생물중심주의에서 벗어나 인간과 생명의 문제를 다룰 수 있으리라는 것이다. 생물체의 문제로서 생태학을 제한하는 문제와 인간들의 문제로서 경제적인 문제를 제한하는 가운데, 자연을 보존하는 문제로서 전자에 접근하고 인간을 위해 자연을 이용하는 문제로서 후자에 접근하는 그런 이원론을 벗어날 수 있는 공통의 고리를 그런 생명의 개념을 통해서 탐색할 수 있지 않을까 하는 것이다.

하지만 우리는 생명의 경계를 다루면서 인간의 경계에 대해, 인간중심주의에 대해 특별히 다루지는 못했다. 그것은 여러 가지 제한으로 인해, 생물체의 연속성 안에서 최고의 자리를 인간에게 할당하고는 생물체의 역사를 그것을 향해 진행되는 진화의 역사로 간주하는 이른바 '진화론'의 문제를 제대로 다루지 못했기 때문이다. 물론 다윈의 진화론이 인간이란 종을 진화의 종점에 두는 것이 아니었고, 진화란 그런 점에서 진보가 아니라는 점은 이제 널리 알려졌으며, 그런 점에서 다윈의 진화론에 대해 인간중심주의의 책임을 지울 순 없음이 사실이다. 그렇지만 가령 발생반복설, 즉 개체발생은 계통발생을 반복한다는 명제 아래 무척추동물과 척추동물, 어류와 포유류 사이에 일련의 위계를 설정하면서 진보라는 의미를 함축하는 진화 내지 발생의 개념이 아직도 생물학 안에 존속한다는 사실은, 그런 관념이 단순히 스펜서 식의 19세기 시간 속에 있는 것만은 아님을 보여준다.

실제로 생명의 문제를 다루는 가장 통상적인 방식인 '환경문제'라는 관점에서도 이런 태도는 때론 암묵적으로, 때론 명시적으로 드러난다. 생물체가 살아가는 조건, 혹은 인간이 자신의 삶을 위해 이용하는 조건으로서의 환경이라는 개념은, 그것을 파괴로부터 구하자고 말할 때조차도 거기에는 좀더 나은 **인간의** 생존이라는 목표를 위해 이용할 수단이란 관념에서 자유롭지 못하다. 이 점에서 가령 '회의적 환경주의자' ──사실은 환경주의에 대해 회의하는 사람이란 의미로 이해되어야 적절한데── 롬보르(B. Lomborg)나 그가 비난하는 월드워치연구소나 별로 다르지 않다.[52] 그들은 그 환경이 얼마나 악화되었는가를 표시하는 수치를 두고 좋아졌네 나빠졌네 하면서 다투고 있을 뿐이다. 확실히 이런 의미에서 환경문제나 환경운동은 "먹고 살 만해진 상층 부르주아들의 문제"에서 시작했다는 기원의 흔적을 여전히 간직하고 있는 듯하다. 세계의 환경은 좋아지고 있으며(그는 그 이유가 자신이 비난하거나 의심하는 환경주의, 환경운동 때문이라는 것을 모르고 있다), 특히 선진국이 되면 환경은 더욱더 좋아진다면서 안심하라고, 안심하고 인간을 위해 좀더 투자하는 것이 낫다고 주장하는 롬보르의* 철없는 통계학은 통계학의 국가주의적 관점과 더불어 이런 흔적을 아주 명료하게 보여주고 있다. 거기에서 그는 자신이 제한된 경제적 자원을 어떻게 투자할 것인가라는 관점에서 환경에 접근함으로써 환경문제를 다루는 경제주의적 관점에,** 결국은 순환계의 문제를 화폐와 결부된 경제적 투자문제로 환원하는 관점에 서 있음을 보여주고 있을 뿐이다.

이와 별도로 그는 환경문제를 다루는 인간중심주의를 아주 분명한 형태로 드러냄으로써 우리로 하여금 인간중심주의가 전제하는 가치에 대해 쉽게(!) 이해하게 한다. 그는 명확하게 말한다. 환경문제를 해결하기 위해 펭귄과 토론할 순 없는 것 아닌가? 더욱이 펭귄에겐 투표권도 없지 않은가? 제대로 먹고 살지 못하는 인간이 저렇게 허다한데, 어떻게 펭귄이나 다른 동식물의 생존문제에 특권을 부여할 수 있단 말인가?*** 그렇다. 그들에겐 생존권이 없다. 자신의 생존을 위해 말할 권리도, 생존조건을 파괴하지 말라고 요구할 권리도 없다. 그들의 의사를

---

* "환경개선은 대체로 경제발전에서 유래한다. 우리가 경제적으로 충분히 풍요로워졌을 때에야 비로소 환경에 신경을 쓸 수 있는 여유를 갖게 되는 것이다."(비외른 롬보르, 『회의적 환경주의자』, p.122)
** "최근의 연구에 의하면 농약이 암을 유발할 가능성은 매우 희박하다고 한다. 게다가 농약 사용을 포기하면 암 예방에 도움이 되는 과일과 채소 생산이 크게 감소할 것이므로, 실제로는 더 많은 암 발생을 유발할 수 있다. 농약 사용이 억제되면 과일과 채소류의 가격이 올라서 소비가 줄 것이기 때문이다."(비외른 롬보르, 앞의 책, p.69)

표시할 투표권도 없단 말이다! 그래서 그들은 투표권을 주지 않았던 아메리카 원주민들의 생존을 마음껏 파괴했고, 그래서 그들은 인간의 권리를 갖지 못했던 흑인들을 마음껏 도구로 사용하지 않았던가!

그러나 이 한심한 논변을 비판하는 것으로 경제주의나 인간중심주의, 혹은 환경주의를 비판하기에 충분하다고 믿지는 않는다. 다만 이 한심한 논변조차 인간중심주의를 바탕에 깔고 있음을 본다면, 인간중심주의적 관점에서 접근하는 것이 얼마나 취약하고 부적절한가를 이해하는 데 약간은 도움이 되리라고 생각한다.

우리의 개념으로 말하자면, 인간은 다른 인간이나 생물, 나아가 대지와 대기, 물과 미생물, 기계와 도구에 이르기까지 수많은 요소들과 더불어 순환계를 이룸으로써만 생존한다. 즉 그것은 항상 다른 타자들과 더불어 좀더 큰 스케일의 생명체 일부로서 생존한다. 따라서 인간을 위하여 행해지는 어떤 것도 그 순환계를 파괴하는 방식으로 행해진다면 그 결과는 '인간을 위하여'라는 슬로건에 부합할 수 없다. 병든 기관을 고치기 위해 다른 기관을 파괴하는 약을 투여하는 식으로 유기체의 생존을 구할 순 없는 것처럼. 이런 점에서 '인간을 위하여'라는 슬로건은 함께 순환계를 구성하는 다른 생명체들을 위한 고려 없이는, 인간 자신이 속한 순환계 전체에 대한 고려 없이는 이루어질 수 없는 불가능

***"사람들은 의사결정 과정에 참여하지만 펭귄과 소나무는 그렇게 할 수 없다는 의미다. 따라서 펭귄과 소나무를 얼마나 고려할지는 마지막 순간에 그들을 대신해서 행동할 준비가 된 사람들(민주주의 사회에서는 그들의 수가 전체의 절반이 되어야 한다[sic!])에게 달려 있다. …… 동식물의 가치를 매우 높이 평가하는 사람도 있겠지만, 그렇다고 해서 그 동식물에게 일정 정도 이상의(?) 특정 권리를 줄 수는 없다. …… 과연 펭귄에게 투표권을 줄 수 있겠는가? 그렇게 할 수 없다면 그들을 대신해서 누구에게 발언권을 주어야 하는가?"(비외른 롬보르, 『회의적 환경주의자』, pp.74~75). 아니 그런데 언제 동물에게 무슨 특정 권리를 준 적이 있었단 말인가? 투표권도 주지 않았으면서.

한 슬로건이다. 생명체로서 인간의 문제는 인간이 속한 순환계의 생명력에 관한 문제인 것이다.

인간중심주의를 넘어선다는 것은 인간에게 인간 아닌 다른 생물의 입장에서 사고할 것을 요구하는 역설적 궁지를 선택하는 것이 아니라, 인간과 인간 아닌 모든 것의 대립 속에서 설정되는 어떤 특권적인 자리를 제거하는 것이고, **인간을 포함하는 순환계의 입장에서 인간의 문제에 접근하는 것**을 의미한다. 그것은 인간의 문제를 외면하고 다른 생물의 문제, 다른 '환경'의 문제에 접근하는 그런 태도를 뜻하지 않는다. 아마도 그것은 다른 생물의 문제도 사실은 제대로 해결할 수 없는 또 다른 궁지로 우리를 몰고 갈지도 모른다. 왜냐하면 항상 앞서서 자연적인 순환계를 교란시키고 그것을 화폐의 권력 아래 복속시키며 순환을 교환으로 바꾸어놓는 인간의 문제를 제껴놓고선, 어떠한 '환경' 문제도, 어떠한 생태계의 문제도, 어떠한 다른 생물의 문제도 해결할 수 없을 것이 분명하기 때문이다. '인간' 이야말로 해결되지 않으면 안 될 문제인 것이다!

그러나 이러한 태도가 환경이나 생명을 '보존'의 문제로 설정하는 '보존의 생태주의'가 아니라는 점을 말해둘 필요가 있다. 순환계로서의 생명은 언제나 외부에 대해 개방되어 있으며, 그것의 능력은 그것이 수용할 수 있는 이질성의 폭에 의해 결정된다고 했다. 즉 그것은 다양한 변이와 변형, 새로이 침투하는 외부적 요소에 의해 변형되고 변이하면서 자신의 생명력을 키워간다. 그 순환계를 폐쇄함으로써 외부의 이질적 요소의 '침투'를 막고 그것을 통해 하나의 계를 유지하려는 태도는,[53] 자신을 둘러싼 외부가 사실은 자신이 속한 좀더 거대한 생명의 순환계라는 사실을 잊는 어리석음의 산물일 뿐이다. 마치 오염된 현재와 순수한 과거를 대비시키고 오염시키는 기계와 문명에 맑고 깨끗한 자연을 대비시키면서 보존되어야 할 '자연'으로 돌아가는 방식의 '자연주의'가, 기계와 문명조차 거대한 자연, 위대한 자연의 일부임을 잊어버리는 어리석은 무명(無明)의 산물이듯이. 모든 것을 싸안으며 모든 것을 산출하는 위대한 '자연', 거기에서 기계와 자연은 더이상 대립하지 않는다. 그것은 자연주의와 기계주의가 하나임을 잊지 않는 어떤 새로운 지혜의 발견을 우리에게 촉구하고 있는 것이다.

중세 도시의 면모를 고스란히 간직하고 있는 프랑스의 마을 라 쿠베르트와라드(La Couvertoirade)

공동체, 혹은 벽 안의 세계

11

공동체주의와 코뮨주의:
코뮨주의의 공간성에 관하여

1. 코뮨주의

코뮨주의란 무엇인가? 이에 대해 단박에 대답하는 것이 어떻게 가능할까? 그러나 한마디 말로 단박에 그 본질을 포착할 것도, 오랜 숙고의 결과를 단박에 알아챌 것도 기대하기 어려운 게 사실이라면 단박에 말하는 게 무슨 소용이 있을까? 차라리 코뮨주의란 무엇이 아닌가를 말하는 것이 더 나을지도 모른다. 그것이 코뮨주의를 구성하는 개념적 요소들을 찾아가기 위한 질문이라면.

이런 이유에서 우리는 코뮨주의가 통상적으로 말하는 '공동체주의'와 어떻게 다른지를, 그것의 상이한 '공간성'이란 측면에서 검토하려고 한다. 하지만 이를 위해선 우리가 사용하는 코뮨주의라는 말에 관해 약간의 해명이 필요하다. 왜냐하면 그것은 코뮤니즘의 번역어이고, 따라서 '공산주의'를 뜻하는 건 아닌가 하는, 일말의 '두려움'조차 섞인 의문이 운명처럼 따라다니기 때문이다. 확실히 그렇다. 코뮨주의라고 번역되는 원래 단어는 'communism'이고, 이 말은 통상 '공산주의'라는 단어로 번역되었다. 그렇다면 코뮨주의는 공산주의의 다른 번역어이거나, 잘해야 번역어의 뉘앙스를 이용한 말장난으로 공산주의라는 '낡은' 개념을 되살려내려는 시도는 아닌가?

이러한 발생적-어원학적 사실을 대체 누가 부인할 수 있을 것인가? 그러나 그보다 먼저 물어야 할 것이 있다. 'communism'을 "함께 생산한다"는 뜻의 '공산주의'(共産主義)로 번역한 것은 과연 어원학적으로 정당한 것일까? 'communism'이란 말을 '공동의'를 뜻하는 형용사 'commun'에 '주의'(-ism)를 결합하여 만든 말이라고 한다면, 그것은 가령 생산은 물론 생활이나 활동 그리고 그것을 위한 조건 등 모든 것을 함께 하고 함께 나눈다는 의미일 것이고, 'partici-pation'이라는 말이 뜻하듯 '참여'와 '분유'(分有 ; 나누어 가짐)라는 말처럼 어떤 집합적 과정에 참여하고 그것을 나눔으로써 그 집합체의 일부(part)가 되는 그런 의미일 것이다. 따라서 이는 "함께 생산하고 함께 소유하는 생산양식"이라는 경제학적-경제주의적 공산주의 개념으로 환원불가능한 아주 다양한 공유와 공속, 공생의 양상을 포함한다.

그런데 코뮤니즘(communism)이란 코뮨(commune)이란 말에 'ism'을 붙인 것이라고 해선 안 되는 것일까? 그 경우 어원학적 의미는 자발적이고 자율적인 집합체로서 '코뮨'이라는 말로 소급된다. 코뮨이란 '함께', '묶음' 등을 뜻하는 'com'과 '선물'을 뜻하는 'munis'가 결합된 것이다. 즉 선물을 주는 방식으로 결합된 관계가 바로 코뮨인 것이다. 선물의 본질은 '타인에 대한 배려'고, 선물을 주는 사람은 그러한 배려를 통해 자신의 기쁨을 얻는다. 또한 그것은 그러한 배려를 통해 자신을 배려한다. 코뮨주의란 이처럼 타인과의 상호적인 배려, 아니 심지어 되돌아오는 결과에 대한 계산 없이 일방적으로 선물을 줌으로써 상생적인 삶을 추구하는 관계를 지칭한다. 이는 이미 좋은 의미든 나쁜 의미든 "함께 생산하고 함께 소유한다"는 의미의 공산주의에 갇혀버린 코뮤니즘에서 벗어나 코뮨적 관계, 상생적 삶을 추구하는 관계를 표현하는 개념으로 사용할 수 있다. 공산주의와 좀더 명확하게 구별하기 위해서 우리는 commune-ism이라는 용어를 거꾸로 '코뮨주의'라는 개념에서 만들어낼 수도 있을 것이다.

하지만 이 경우 우리는 '코뮨'이라는 말에 대해 제기될 수 있는 또 다른 질문을 피할 수 없다. 그것은 11세기를 전후해 만들어지기 시작했던 중세의 자치도시를 뜻하는 명사가 아닌가? 혹은 통상 '공동체'라고 불리는 근대 이전의 집합적 관계를 뜻하는 것은 아닌가? 그렇다면 코뮨주의란 흔히 접하게 되는 '공동체'나 '공동체주의'를 뜻하는 것이 아닌가? 그 경우 외국어와 한문을 섞어 만든 그 어색한 번역어를 고집할 이유가 대체 어디 있는가? '공동체주의'라고 번역하면 충분하지 않은가? 그래서 우리는 다시 '코뮨'이란 말로 거슬러 올라가게 된다. 하지만 이러한 '소급'은 단순히 코뮨주의라는 단어의 어원학적 정당화를 위한 것은 아니다.* 거기에는 공동체 내지 공동체주의와 코뮨주의가 어떻게

---

* 나는 '언어는 존재의 집'이라는 하이데거의 말을 별로 믿지 않는다. 그것은 언어에 집적된 과거 사유의 흔적을 빌려 자기 말을 하기 위한 하나의 수사학적 방편일 순 있을 것이다(이런 점에서 하이데거의 어원학이 실제론 별로 어원학적 근거가 없다는 것은 많은 이들이 지적한 바 있다). 그러나 그런 방편을 고지식하게 믿었다간 "언어는 존재의 감옥"이 되고, 존재의 의미를 캐려는 철학자는 그 감옥에 갇히게 될 것이다. 더구나 그것은 언어에 새겨진 흔적의 다양성을 기원적 의미로 오해하게 하기 쉽다. 그러나 가령 재물을 뜻하는 '노다지'란 말은 '노 터치'라는 말의 오해에서 만들어졌고, 지금은 일반적인 부사가 되어버린 '졸라'라는 말은 '좆'이라는 어원과 아무 관련이 없다. 단어에 새겨진 흔적으로 어떤 사유의 타당성이 보증될 거라는 믿음 뒤에 있는 안이함과 게으름, 그리고 그것을 가리기 위한 과잉-문학적 수사가 삶의 문제를 실천적으로 사유하는 데 중요한 장애가 될 수 있음을 잊지 말아야 한다.

다른가에 대한 어떤 철학적이고 원리적인 문제가 관여되어 있다. 그것으로 우리는 근본적으로 상이한 '공동체'를 구별할 수 있을 것이다.

토니 모리슨의 소설 『파라다이스』는 이 두 가지 상이한 '공동체'의 양상을 아주 극적인 방식으로 대비하여 보여준다. 하지만 이를 위해선 일단 '코뮨'의 역사적 발생지점을 검토하는 것이 유용할 것이다. 그리고 더불어 '공동체'를 삶의 문제로 사유하고자 했던 하이데거의 몇몇 개념에 대한 검토를 통해서 '공동체주의'가 야기할 수 있는 근본적 위험에 대해 검토할 필요가 있다. 그것을 통해서 '외부성'이라는 원칙이 코뮨주의를 공동체주의와 구별해서 정의하는 데 매우 결정적이라는 사실을 개념적으로 확인할 수 있을 것이다.

2. 코뮨

크로포트킨은 생존경쟁으로 자연과 인간의 역사를 다루는 통속적 진화론자들에 반하여 '상호부조'(mutual aid)라는 개념을 통해 자연과 역사를 포착하려고 하면서, 중세의 도시들이 바로 그런 점에서 상호부조적인 방식으로 이루어진 인간관계의 중요한 사례였다고 말한다.[*] 다른 이유에서이지만, 맑스주의 역사학에서는 도시를 자본주의의 발생지로서 그것을 둘러싸고 있는 거대한 봉건제를 뒤엎은 싹들이 배태된 곳으로 서술한다. 반면 신중한 중세사가들은 그런 평가에 동의하지 않는다. 그러나 그들 역시 서양의 중세에서 '도시'란 기이한 현상이고, 빈축을

---

[*] 표트르 크로포트킨, 『상호부조론』, 5장 및 6장. 그런데 여기서는 중세 도시와 코뮨, 길드 등의 연합체들이 명확하게 구별되지 않고 서술되고 있다.

사기에 충분하다는 의미에서 '새로운' 현상이었음이 분명하다고 인정한다.**

　물론 도시는 그 이전에도 있었고, 중국이나 이슬람 지역에도 마찬가지로 광범위하게 존재했었다.[1] 그리스와 로마, 혹은 북경이나 교토를 떠올리는 것으로 충분하다. 하지만 서양의 중세에 나타난 도시들은 대부분 이러한 도시들과 연속성이 없으며, 이 도시들이 형성된 것과 다른 방식으로 만들어지기 시작했다. 그것은 경우마다 상이한 경로를 밟긴 하지만 대개는 공간적으로 혹은 직업적으로 가까운 이웃들의 집단이 '조합'을*** 형성하고, 그러한 조합이 나중에 서약을 통해 가입하고 서약한 바에 따라 공동의 활동을 형성하는 '코뮌'이 됨으로써 시작되었다(이런 점에서 도시와 코뮌을 근본적으로 구별하지 않는 크로포트킨의 논지는 그럴 만한 충분한 이유가 있는 셈이다). 이러한 서약을 통해서 이들은 서로 간에 형제적인 관계, 평등과 우애로 특징지어지는 그런 관계를 맺었다. 이러한 결사체를 통해서 그들은 다양한 공동의 활동을 조직했을 뿐 아니라, 영주나 외부인들의 억압이나 착취에 대항하는 방어체를 결성했다. 12세기 말의 교회 연대기 작가인 길베르 드 노장(Guilbert de Nogen)은 이렇게 말했다. "코뮌이란 상호부조의 서약을 의미한다. …… 가증할 신조어다. 농노는 그것을 통해 모든 예속에서 해방된다. 법을 범해도 법의 범위에서만 처벌된다. 지금까지 농노가 항상 지불해왔던 변상의 의무는 없어져 버렸다."[2]

** "비록 중세 도시가 종종 기술되어온 바와 같은 봉건제도의 위협 세력도 아니었고, 예외적인 반봉건 세력도 아니었지만, 그럼에도 불구하고 그것이 무엇보다도 기이한 현상이었다는 것은 사실이다."(자크 르 고프, 『서양 중세 문명』, 문학과지성사, p. 349)

*** 이들 조합은 '우애'나 '형제애'를 뜻하는 'fraternitas', 혹은 의형제조합을 뜻하는 'Schwurbruderschaft' 등으로 불렸다고 한다.

평등주의와 상호부조적인 결합, 그것을 통한 예속으로부터의 해방. 바로 이것이 도시라는 현상의 '기이함'과 '새로움'의 원천이었을 것이다. "혁명적인 요소는 원시적 도시공동체의 구성원들을 결합시키는 서약이, 하급자를 상급자에게 예속시키는 주종관계의 계약에 비해 평등주의적이라는 점이었다. 이는 수직적인 봉건적 위계서열 사회를 수평적인 사회로 대체하거나 그것에 적대적이었다."[3] 앞서 인용한 드 노장은 "코뮨, 그것은 무서운 이름이다"라는 유명한 말을 남겼다.

아마도 이것이 일반성을 띤 명사로서 '코뮨'이라는 단어의 '역사적' 기원일 것이다. 코뮨이라는 말이 평등와 우애를 기초로 한 자유로운 결사체를 뜻한다면, 그것은 바로 이런 발생적 역사에 기인하는 것이리라. 코뮨이라는 말에 자치도시라는 의미가 남아 있는 것도 바로 이 동일한 역사적 사실에 기인하는 것이리라.

이런 점에서 코뮨은 흔히 말하는 공동체와 다른 혈통, 다른 발생적 계보를 갖는다. 동일한 시기의 서양 농촌에는 이미 공동체가 광범위하게 존재하고 있었다. 혈통 단위의 공동체든, 촌락이라는 지역단위의 공동체든, 이 모든 공동체에 공통된 기초는 공유지라고 하는 공동체 전체 소유의 토지였다. "촌락공동체는 '공유지'를 구성하는 목양지와 산림지를 할당하고 관리하고 보호했다. 이 공유지의 유지는 대부분의 농가에 사활이 걸린 문제였다. 그들이 돼지와 염소의 먹이, 땔감 등을 이곳에서 얻지 못하면 생존이 불가능했기 때문이다."[4] 즉 공동체는 대부분의 경우 공유지에 기초한 것이거나 공동노동을 위한 것이었다.* 그것은 자유로운 의사에 의해 만들어진 것이 아니라, 토지와 노동의 조건에 의해 불가피하게, 그런 만큼 '자연발생적으로' 만들어진 공동체였다. 대개는 자연적 위계를 내포하며 농촌의 공동노동으로 표상되는 공동체라는 개념과, 평등주의적이고 우애적인 관계의 도시적이고 인위적인 '공동체'로 표상되는 코뮨이라는 개념은 다른 발생학적 혈통을 갖는다. "도시공동체는 전혀 새로운 중세 고유의 창안물이다."[5]

하지만 코뮨이 도시적 현상이었다고는 해도, 그리고 중세의 도시가 그 자체로 하나의 '공동체'였다고는 해도, 도시와 동일한 것은 분명 아니었다. 먼저 도시는 코뮨이 아니었다. 왜냐하면 서구에서 도시는 일차적으로 그리스의 폴리스나 로마 제국의 수도로서 자리잡았던 현상이고, 이런 의미에서 정치적이고 경제적인 부와 권력이 집중되어 있던 곳이기 때문이다. 또 중세 도시의 경우에도, 나중에 그 자체가 경제력에 기초한 정치적 권력을 통해 통치하는 확실히 국가장치로 발전한 도시국가들이 있었고(베네치아 공화국, 토스카나 대공국 등), 다른 양상이긴 하지만 한자(Hansa) 동맹을 비롯하여 대개는 상인적인 권력과 결부된 그런 도시들[6] 또한 있었기 때문이다. 따라서 크로포트킨이 도시를 "길드들의 길드"라고 했을 때,[7] 그것은 도시 일반이나 중세 도시 전반에 대한 것이 아니라 "그 내부조직으로 보아 도저히 국가라고 부를 수 없는"[8] 초기의 도시에 국한된 것이다.

또한 코뮨 역시 도시와 동일하지 않았다. 단적인 예로, 농촌에 존재하던 광범위한 촌락공동체와 구별되는 것으로, 마을조합에서 발전된 농촌코뮨이 적지 않게 존재했다. 이는 도시코뮨과 거의 같은 시기에 탄생했으며, "12세기 퐁티외와 라오네에서는 코뮨 봉기가 도시와 농촌에서 동시에 발생했다. 농촌에서는 농민들이 촌락과 부락의 연맹에 기초

---

* 헝가리의 중국학자 퇴케이(F. Tökei)는 이런 관점에서 공동체(Gemeinschaft)를 매개로 한 노동자와 생산수단의 관계로써 사회구성체의 구분을 시도한 바 있다. 『사회구성체론』, p. 153 이하.

한 코뮌 연맹을 형성했다."[9] 이는 다른 다수의 지역에서도 공통되게 발견된다. 또한 코뮌적 성격의 조합들은 도시 자체만이 아니라 직업에 따른 조합과 지역에 따른 조합들로 구분되며, 도시가 길드들의 길드라고 하는 경우에도 도시는 최소한 직업적 조합과 지역적 조합의 복합체로 구성되었다. 따라서 도시의 조직원리가 조합이나 길드의 그것을 그대로 반복할 수는 없었다. 더구나 그것은 포위한 영주나 외부 세력에 대해 방어할 수 있는 재정과 군사력을 갖추어야 했고, 이를 위한 독자적인 재원을 축적·확보하고 있었다. 이러한 국가장치의 맹아적 요소들은 도시가 처한 상황과 주변 조건에 따라 행정적 권력의 집중과 조세권을 강하게 발전시키면서 도시국가로 변화되었다.

하지만 초기의 중세 도시는 물론 나중의 많은 도시들에서도 시민들의 직접적인 집회가 중요한 규칙과 법령의 입법 및 중요 안건을 결정하는 역할을 했고, 자치적 법률에 의한 자치재판이 대부분의 경우 행해졌다. 이런 점에서 초기 중세 도시가 코뮌적 성격을 갖는 것은 분명하지만, 이들 도시의 역사는 도시적 코뮌이 국가장치화되는 과정과 별도로, 고립되고 폐쇄되어 결국은 '몰락'하는 과정을 보여준다. 그것은 무엇보다 도시가 자기 경계에 집착하여 그 외부에 대해 배타적이었다는 점에 기인한다. "그들은 이방인과 관련된 제도와 개념을 적대시했다. 〔그들 생각에〕 선은 이웃으로부터 오고 악은 이방인으로부터 온다."[10]

가령 길드는 내부 성원 사이에는 평등주의적이고 민주주의적인 관계에 따라 상호부조적 관계를 형성하는데, 이는 외부에 대한 공동의 방어를 위한 것이었다. "1100년경에 공포된 성 오메르의 길드규약은 길드조합원이 결투를 신청받았을 때 사람들은 길드조합원만을 도와야 한다고 강조하고 있다."[11] 어쩌면 자연스러워 보이는 이러한 배타성은,

이후 외부자나 새로운 신입자들에 대해 배타성을 행사하고 특권적 힘을 독점하려는 태도로 변모한다. "…… 이윽고 길드는 일종의 특권단체가 되었다. 나중에 자유도시로 흘러들어온 외부자를 길드에 들어오지 못하게 힘쓰는 한편, 해방 당시부터 시민이었던 소수의 '가족'이 거래에서 생겨나는 이익을 가로채기 시작했다."[12] 이러한 사태는 도시의 경계선을 성벽을 쌓아 물리적으로 가시화하면서 더욱더 극명하게 된다.

사실 중세 도시를 특징짓는 가장 중요한 외적 특징은 성벽이었다. 도시의 코뮨들은 영주를 위시한 봉건 귀족계급으로부터 대개는 힘과 투쟁을 통해 독립을 획득함으로써 성립했으며, 특허장이라는 일종의 '계약서'가 그 징표였다. 하지만 특허장은 세력관계에 따라 빈번하게 취소되고 무시되었으며, 그것을 되찾기 위해선 투쟁과 희생을 필요로 했다. 가령 캄브라이는 907년에 최초의 혁명을 일으켰지만 그 뒤에도 3, 4회의 봉기를 거듭하여 1076년에야 특허장을 획득했고, 그나마 그것은 1107년과 1138년 두 번에 걸쳐 취소되었고, 1127년과 1180년 다시 두 번 획득되었다. 리용의 경우에는 1195년과 1320년 두 번에 걸쳐 다시 특허장을 얻어야 했다. 그래서 크로포트킨은 말한다. "12세기에 특허장은 자유를 향한 디딤돌 가운데 하나에 지나지 않았다."[13]

이로 인해 대부분의 도시는 획득한 독립성을 방어하고 유지하기 위해 성벽을 쌓기 시작했다. "모든 도시는 독립적인 세계고, 또 그렇게 되기를 바란다. 15~18세기에 이르면 모든, 혹은 거의 모든 도시들에 성벽이 있었다."* 그로 인해 "도시의 공기는 자유를 만든다"는 말이 성

---

* 페르낭 브로델, 『물질문명과 자본주의』 I-2, p.714. 반면 방어문제가 중요하지 않았던 지역, 가령 영국 도시들에는 성벽이 없었다. "이 도시들은 많은 불필요한 투자를 아낄 수 있었다. 런던에서는 이전의 성벽은 단지 행정적인 역할만을 할 따름이었다."(같은 책, p.716)

립할 수 있었다. 하지만 보호를 위한 것으로 만들어졌지만, 그것은 동시에 스스로를 경계짓고 제한하는 한계가 된다. "성벽을 세우고 성벽을 다시 재건하더라도 그것이 도시를 감싸안고 또 도시를 제한하는 것은 언제나 같았다. 성벽은 보호물인 동시에 한계이자 경계였던 것이다. …… 성벽은 〔도시의〕 경제적·사회적 경계선이 되었다."[14] 적어도 대포의 발명 이전까지 말 탄 기사들이나 병사들의 화살로부터 도시를 지켜주던 이 성벽은, 일단 그것이 만들어지면서 도시인에 하나의 동일성/정체성을 부여하고 그 동일성을 지키는 경계로 내면화된다. "도시의 성벽은 그 당시에 알려진 경계 중 가장 넘나들기 힘든 경계였다. 성탑과 성문이 있는 성벽은 두 세계를 갈라놓았다."[15]

그 두 세계는 바로 도시와 농촌이었다. 도시는 스스로를 해방했지만, 자신의 외부인 농촌 또한 해방되어야 한다고 생각하지는 않았으며, 오히려 영주나 귀족들을 대신하여 자신들이 농민들을 착취하기 시작했다.[16] 인근의 농촌지역에 대해서 재판권을 행사한 것은 물론이고, 농촌의 생산물을 염가로 구입하고 자신들의 상품에는 세금까지 붙여 구매를 강요했으며, 도시 민병대조차 농민층에서 선발된 병사들로 구성했다. 그 결과 도시들은 "인근 농민들을 두려워하기 시작했다. 광활한 농촌지역의 영주들이 그들의 성채 안에 바리케이드를 쳤듯이, 도시들도 밤이 되면 도개교를 올리고 성문 앞에 사슬을 쳤으며 성벽에 보초를 배치했다".[17]

이러한 배타성은 신참 직인들에 대해서도 다르지 않았다. 그래서 도시코뮌과 길드를 적극적인 상호부조의 형식으로 평가하는 크로포트킨조차 이렇게 말한다. "이 점에서 중세 도시는 처음부터 가공할 과오를 범한 것이다. 성벽의 보호 아래 모여든 농민과 직공을 그들 나름대

로 도시 형성에 공헌한 조력자로 보지 않음으로써 본래의 시민 '일족'
과 신참자 간에 날카로운 분열이 발생했다. 공동의 장사나 공동의 토지
에서 생겨나는 모든 이익을 손에 넣는 자는 전자고, 후자는 오직 그들
자신이 익힌 기술을 자유로이 쓸 수 있는 권리만을 갖는 데 불과했다.
…… 이전에는 공동이었던 거래도 이제는 '일족'의 상인과 직인의 특
권이 되었다."[18]

　　요컨대 자유로운 개인들의 평등하고 우애적인 결사체로 시작되었
던 도시코뮌은, 그 스스로가 만들어낸 세계의 내부에 안주하면서 그 외
부에 배타성을 행사하고 그 외부자들을 착취함으로써, 그리고 그 내부
에 들어온 이후에도 그들을 역시 착취하고 억압함으로써, 또 다른 종류
의 배타적인 특권단체로 '발전'해갔다. 이로써 도시는 자신을 둘러싼
거대한 농촌으로 코뮌적인 관계를 확장해 나가지 못했고, 관계 자체 또
한 새로운 종류의 양상으로 펼쳐가지 못했다. 반대로 도시는 자신에게
적대적인 영주와 농촌의 바다에 둘러싸인 고립된 섬이 되어갔다. 거기
서 도시가 갈 수 있는 길은 두 가지였다. 하나는 몇몇 특권적인 가족 가
문이 지배하는 국가적 포획장치가 되는 것이었고, 다른 하나는 고립과
폐쇄 상태에 갇혀 서서히 몰락하여 영토적 국가체제 안에 포섭되는 것
이었다.

3. '세계'의 내부성

인간을 '현존재'(Dasein)라고 규정하는 하이데거는 주체나 개체, 인간
을 '세계'(Welt) 속에 존재하는 자로서 포착하며, 그러한 세계의 '세계
성'을 통해 정의하려고 한다. 가령 '생각하는 나'를 대상세계 전체와

마주 세웠던 데카르트와 달리 그는 "세계 없는 순수한 주체가" 주어져 있지 않으며, 마찬가지로 타자 없는 고립된 자아가 우선적으로 존재하는 것도 아니라고 말한다.[19] 인간도, 다른 사물도 모두 더불어 하나의 세계를 구성하며, 그런 세계 속에 태어나고(던져지고), 그런 세계 속에서 살아가는 존재인 것이다. 따라서 더불어 세계를 구성하는 이웃이 누구인가에 의해 각각의 개체(존재자)는 구체적으로 규정된다. 즉 고립된 순수한 자아나 주체가 아니라, 오직 함께 세계를 이루는 방식에 따라 다르게 존재하는 존재자들만이 있는 것이다. 이런 의미에서 현존재는 본질상 '세계-내-존재'(In-der-Welt-Sein)다.

그렇다면 세계란 무엇인가? 그것은 종종 "세계 내부에 존재할 수 있는 존재자의 총체" 혹은 "그런 존재자의 존재"를 뜻하기도 하지만, 하이데거는 이와 구분하여 세계란 "현존재가 그 안에서 살고 있는 그곳"이요, 그것의 세계성을 지칭하는 것으로 명확히 정의한다.[20] 세계란 "특정한 역사적 공간과 시간 속의 구체적 세계"다. 하지만 여기서 시간-공간적인 구체적 규정을 갖는 어떤 세계, 예를 들어 한국이나 아시아 혹은 지구 전체에 걸쳐 있는 (전)세계를 떠올려서는 안 된다. 그가 말하는 '세계'라는 개념은 우리가 흔히 지구 전체를 표상하며 사용하는 그 말이 아니며, 우리가 형식상 속해 있는 어떤 집단도 아니다. 혹은 신문이나 텔레비전 등을 통하여 형성되는 어떤 공통의 '세계' 또한 아니다. 하이데거는 이런 '세계' 속에 빠져 사는 사람들에 대해서 이렇게 말한다.

〔그들은〕 매시간, 그리고 매일 라디오와 텔레비전에 사로잡혀 있다. 매주 영화를 통해서 그들은 상상의 영역으로 도피한다. 그러한 상상의 세

계는 별세계인 것 같지만 사실은 습관적인 영역일 뿐이다. 이러한 영역은 하나의 세계인 것처럼 가장하지만 사실은 **어떠한 세계도 아니다.**[21]

하이데거가 말하는 세계란 존재를 경험할 수 있는 곳, 다시 말해 "인간이 내던져진 자신의 상황을 고향으로 경험하는 것"이 가능한 그런 세계다. 고향으로 경험한다는 건 무엇인가? 그것은 "하늘을 위로 하고 대지의 품안에서 태어난 인간이, 하늘과 대지 사이에 존재하는 산하와 다른 인간들과 동·식물 그리고 돌과의 친교를 경험하는 것이다".[22] 따라서 하이데거가 말하는 세계란 고향을 뜻하는 것이고, 그 고향의 세계란 **"향토적이면서도 종교적인 공동체"**, "서로가 하나가 되는" 그런 세계, "하나의 공동체가 동일한 신 앞에서 함께 춤추고 노래하면서 축제를 벌일 수 있는 세계"다.[23] 세계란 의미와 해석을 공유하고, 그 지평에서 삶을 공유하는 공동체고, 이런 의미에서 "의미와 해석의 공동체"다.[24]

하이데거가 보기에 인간은 누구나 이러한 세계 안에 태어나며, 그 안에서 살아간다. 그것은 하늘과 대지, 사물과 사람들이 한데 어울려 사는 친숙하고 친밀한 세계다. 하지만 근대에 이르러 인간은 고향을 상실했고, 그 대신 모든 것을 계산가능하고 통제가능한 조작대상으로 변형시키는 삭막한 세계가, 결국은 인간마저도 그런 통제와 계산의 대상으로 만들어버린 세계가 그것을 대체했다. 그것을 치유하여 다시금 민족이 자신의 고향에서 하나된 공동체를 이룩하려는 꿈, 그것이 하이데거의 꿈이었다. 푀겔러(O. Pöggeler)는 말한다. 하이데거는 "전 민족의 구성원이 하나의 동일한 신을 함께 숭배하는 폴리스적인 공동체를 꿈꾸었다"고.[25] 이런 점에서 하이데거는 다양한 방식으로 존재하는 공동체주의자들의 생각을 철학적인 존재론으로 발전시킨 셈이다.

이러한 세계성에 대한 존재론적 연구를 통해서, 하이데거는 세계-내-존재로서 현존재의 '공간성'에 대해 설명한다. 그것은 세계-내-존재(In-der-Welt-Sein)에 포함된 '안에-있음'(In-Sein)이라는 말로 요약되는 것이다. 먼저 그는 세계-내-존재로서 현존재의 정의를 통해 세계에 대한 현존재의 관계를 추출한다. 세계 속에 존재하는 현존재는 자신을 둘러싸고(um-) 있는 주위세계(Umwelt)를 갖는다. 주위세계란 말 그대로 현존재를 둘러싸고 있는 존재자들로 이루어지는 세계다. 현존재는 그것들에 대해 둘러보며(umsehen) 배려한다(besorgen). 그리고 그것들을 사용한다. '주위세계를 갖는다'는 말에서 '갖는다'(haben)는 말은 그런 주위세계 "안에 있는" 것이고, 그렇게 "안에 있는" 한에서 그것을 가질 수 있는 것이다. "'가짐'은 그 가능성을 따라서 볼 때 안에-있음이라는 실존론적 구성틀에 기초하고 있다."[26] '안에-있음'은 다양한 양상을 갖는다. 어떤 것을 "관여하다, 제작하다, 경작하고 가꾸다, 사용하다, 포기하여 잃어버리도록 놔두다, 시도하다, 관철하다, 알아보다, 캐묻다, 고찰하다, 논의하다, 규정하다" 등등.[27]

숲을 갖고 나무를 갖는다는 것, 그리고 그것을 둘러보며 배려한다는 것은, 혹은 그것과 관련해 톱을 사용하고 망치를 쓴다는 것은 그 주위세계 '안에 있는' 한에서만 가능한 일이다. 약간 변형시켜서 말하면, 가령 어떤 집단이 소유한 땅을 사용하고 그러기 위해서 일을 한다는 것은 그 집단 안에 있는 한에서만 가능한 일이다. 혹시 안에 있을 권리를 갖지 못한 외국인들이 그런 것을 '가지려' 한다면 그것은 불법적인 일이고 정당하지 못한 일이다. 마찬가지로 무언가를 갖는다는 건 그 세계 안에 있는 사람에게만 가능하다. 그래서 수많은 사람들이 이른바 '국적'이나 '비자'를 얻기 위해, 달리 말해 그 세계 안으로 들어가기 위해

애를 쓴다. 우리는 이처럼 우리를 둘러싼 존재자들 옆에, 그리고 그 각각의 바깥에 있지만, 사실은 더불어 짜여지는 그 주위세계 "안에 있음"을 통해서만 그것들로 향할 수 있고 그것을 파악/장악할 수 있다.

다른 한편 현존재는 주어진 세계 안에서 다른 인간(현존재)과 함께 존재한다. "현존재란 본질상 그 자체로 공동존재(Mitsein)〔함께-있음〕이기 때문이다. …… 공동존재〔함께-있음〕는 타인이 한 사람도 눈앞에 없고 지각되지 않을 때라도 현존재를 실존론적으로 규정하고 있다. 현존재의 혼자 있음조차 세계 안에 함께-있음인 것이다."[28] 함께-있음은 혼자-있음과 대립되는 것이 아니라, 후자조차 포괄하는 것이다. 세계-내-존재로서 어떤 세계 속에 던져진 채 태어나는, 혹은 그 속에 들어가서 존재하는 인간은, 그의 옆에 누가 있든 없든 이미 그 세계 속에서 규정되기 때문이다. 가령 내가 가족적인 세계 속에 있을 때, 나는 다른 누가 옆에 있든 없든 누구의 아들이고 누구의 동생 등으로 존재한다.

어떤 세계 "안에 있다"는 것은 이처럼 타인과 함께 있음이고, 이런 의미에서 세계란 내가 타인과 함께 있는 세계, 함께 살아가고 함께 나누는 세계인 것이다. "우리는 타인을 배려하며 둘러보는 현존재가 본질적으로 그 안에 체류하고 있는 바로 그 세계에서 만난다."* 따라서 현존재의 존재에는 타인과 함께 있음이 속하며, "현존재는 함께-있음으로서, 본질적으로 타인들 때문에 '존재한다'".[29] 이 함께 하는 세계 속에서 현존재는 자기 자신에 대해, 자신의 삶에 대해 '염려'(Sorge)하고 이

---

* 마르틴 하이데거, 『존재와 시간』, p. 166. 그런데 여기서 말하는 '타인'이란 "나를 제외한, 나와 구별되는 여타의 사람들 전체를 말하는 것이 아니다. 오히려 타인은 사람들이 대개는 그들과 자신을 구별하지 않고 그 속에 같이 속해 있는 그런 사람들이다. …… 이러한 함께 하는 세계-내-존재에 근거해서 세계는 그때마다 각기 항상 이미 내가 타인과 나누는 그런 세계인 것이다."(같은 책, p. 166)

웃한 타인과 그들의 삶에 대해 심려(Fürsorge)한다.[30] 따라서 현존재의 세계는 이런 의미에서 주위세계일 뿐만 아니라 '공동세계'(Mitwelt)이 기도 하다.

앞서 하이데거가 말하는 '세계'라는 개념이 고향과 같은 공동체를 뜻하는 것이라고 했던 말을 여기서 다시 상기한다면, 이러한 존재론적 개념이 인간을 하나의 공동체 '안에' 존재하고 그 안에서 살아가는 존재자로 정립하려는 것이었음을 이해하는 것은 매우 쉬운 일이다. 존재의 경험, 그것은 자신이 바로 이런 공동세계 안에서 살아가고 존재하는 존재자임을 깨닫는 것이고, 자신이 혼자일 때조차 자신과 더불어 사는 타인들, 그들과 함께 있음[공동존재]을 몸으로 느끼는 것이다.*

여기서 주목할 것은 하이데거가 '세계-내-존재'로서 현존재의 존재에 접근하면서 '안' 내지 '안에-있음'에 결정적 위치를 부여하고 있다는 점이다. 그는 세계-내-존재의 현상적 실상을 추적하여 다음의 세 가지를 끄집어내겠다고 말한다. 첫째, '세계-내'(in-der-Welt)를 통한 세계의 존재론적 구조, 둘째, 각기 그때마다 세계-내-존재의 방식으로 존재하는 존재자, 셋째, '내-존재'(In-Sein;안에-있음) 그 자체로서, '안' 자체의 존재론적 구성이 그것이다.[31] 앞서 우리는 세계의 존재론적

---

* 물론 여기서 하이데거에게 고향인 세계란 자신의 조국이기도 했다는 점을 덧붙인다면, 그래서 이 경우 그가 말하는 '존재의 경험'은 "하나의 인간이 자신의 조국에 대해서 무한한 애정을 갖게 되는 경험"이 된다는 점을 이해한다면, 그의 철학이 '공동체의 존재론'이요, '고향의 철학'이며, 나아가 '조국의 철학'이라는 것을 이해하는 것도 어려운 일이 아니다. "이렇게 볼 때 자신의 고향 메스키르히와 조국 독일에 대한 하이데거의 애정과 자부심은 하이데거의 존재사상과 무관한 우연적인 것이 아니라 오히려 그의 철학의 본질에 닿아 있다고 보아야 할 것이다. 하이데거의 존재사상은 자신의 고향 메스키르히와 조국 독일에 대한 송가다. 하이데거의 철학은 이렇게 고향과 조국의 철학이기에 역시 향토와 조국을 내세우는 나치에 대해서 동질감을 가질 수 있었다."(박찬국, 『하이데거와 나치즘』, p.234)

구조를 규명하기 위해 가령 "현존재가 주위세계를 갖는다"는 문장에서 '가짐'의 의미를 '안에 있음'으로 규정하는 것을 보았다. 현존재가 다른 현존재와 함께-있는 공동세계에 대해 서술하면서 타인과 함께 있다는 것은 주어진 세계 안에 있음이요 그 세계 안에 체류함이라고 규정하는 것 또한 그 연장선상에 있는 것이다. 이는 하이데거가 세계의 존재론적 구조를 '세계 안에 있음'을 통해 포착하고 있음을 뜻하는 것이다.

'안에-있음' 그 자체가 또 하나의 중요한 과제로서 제시된 것도 이런 전제에서 도출된 것이다. 여기서 '안'(in)은 단지 벽을 사이에 두고 분할되는 사물들의 공간적 연관을 의미하지 않는다. "'in'은 '거주하다', '체류하다'를 의미하는 'innan-'에서 유래한다. 그 어근에서 'an'은 '나는 습관이 되었다', '~와 친숙하다', '나는 어떤 것을 보호한다'를 뜻한다." 이는 존재[하다]를 뜻하는 sein 동사와 본질적인 연관이 있다고 그는 말한다. "'ich bin'(나는 있다)의 부정형(不定形)으로서 'sein'은 '~에 거주하다' '~와 친숙하다'를 뜻한다. 따라서 **안에-있음**은 세계-내-존재라는 본질적인 구성틀을 갖고 있는 현존재에 대한 형식적 실존론적 표현이다."[32]

존재(Sein) 자체와 긴밀하게 결부되어 있는 이러한 특징을 '공간성'이라고 부른다. 공간적 위치를 표시하는 '안'이라는 공간적 개념은 이러한 공간성의 산물이지 그 반대가 아니다.** 이처럼 친숙함이란 말

** "세계-내-존재와 더불어 공간이 우선 이러한 공간성에서 발견되어 있다. 이렇게 발견된 공간성의 토대 위에서 공간 자체가 인식에게 접근가능하게 된다. 공간이 주관 안에 있는 것도, 세계가 공간 안에 있는 것도 아니다. 오히려 공간은 현존재에게 구성적인 세계-내-존재가 공간을 열어 밝힌 이상 세계 '안에' 있는 것이다."(마르틴 하이데거, 『존재와 시간』, p. 156)

과 동일시되는 '안에 있음'이나 '안'이란 개념이 세계-내-존재로서 현존재의 공간성을 특징짓는다. "현존재는 …… 존재자와 **배려하며 친숙하게 왕래한다**는 의미로 세계 '안에' 존재한다. 현존재에게 어떤 공간성이 귀속된다면, 그것은 오직 이러한 **안에-있음에 근거해서만** 가능하다."[33] 그리고 이런 공간성은 '거리-없앰'(Ent-fernung)과 '방향잡음'(Ausrichtung)의 성질을 갖고 있다고 말한다. 특히 '거리-없앰'은 어떤 것을 가깝게 함을 뜻한다. "현존재는 본질적으로 거리를 없애며 존재한다." 가령 어떤 세계에 존재한다는 것, 혹은 거주한다는 것은 그 안에 존재하는 다른 존재자들이나 현존재와의 거리를 없애며 친숙해지는 것을 뜻한다는 것이다. "현존재에는 가까움을 향한 본질적인 경향이 있다."[34] 그것은 멂에 대해 일차적으로 방향을 잡는 '방향잡음'과 결부되어 있다.

물론 이러한 특징은 일상성의 세계 속에 매몰되어 있는 경우에는 존재를 망각하고 평균적인 인간인 세인(das Man)으로 살아가게 하는 요인이지만, 그것이 현존재를 세계-내-존재로서 타인들과 함께 살아가게 하는, 공동-존재로서 살아가게 하는 중요한 요인이다. 불안과 존재의 경험을 통해 존재의 의미를 깨달은 사람에게 이 친숙하고 친밀한 배려, 거리를 없애는 공간성은 하나의 공동체와 인간들이 하나되어 살아갈 수 있는 메커니즘을 형성한다. 이런 점에서 '안에-있음'은 세계-내-존재의 존재론적 구조다. 요컨대 '안에-있음'은 하이데거가 되찾고자 하는 잃어버린 고향, 공동체, 혹은 공동세계로서 '세계'의 존재론적 구조를 특징짓는 범주다. 이것이 세계 내지 공동세계라는 개념의 내용을 '고향'이라는 친숙한 거주지로 특정화하게 하는 결정적인 요소일 것이다. 이것은 또 고향이라는 관념을 통해 공동체 자체에 친숙한 만큼 동질적인 세계, 유기적인 통일성의 이미지를 부여하게 하는 결정적인 요소일 것이다. 또한 이것은 '조국'이라는 말에 자신이 태어나고 살아온 세계라고 말하는 순간, 그 안에서 내가 하나가 되어 살아야 할 고향으로, 그것을 외부의 적들로부터 지키고 보호해야 할 고향으로 표상하게 하는 결정적인 개념일 것이다.

하지만 바로 그런 만큼 친숙함과 거리없앰을 내포하는 존재론적 구조로서 '안에-있음'은 자신의 세계, 고향의 안녕을 '위협하는' 외부자에 대해서, 혹은 그 안에 끼어드는 외부적 요인에 대해서 반대로 거리를 두는 방식으로 방향잡게 하는 요인이기도 하지 않을까? 또 그것은, 존재를 경험한 이후에 그리하여 자신의 고향과 조국에 대한 애정이 불같이 일어난 이후에, 안에-함께-있는 존재자들 간의 배려와 심려, 염려를 작동시키는 만큼, 그 안으로 들어오려는 모든 외부자들을 '고향의 공동존재, 고향의 친숙함, 그 하나됨의 순수성을 위협하는 요소로서 거부하고 밀어내게 만드는 요인은 아닐까? 또한 그것은 안에-있음의 친숙함과 순수성을 위협하는, 내부에서 발생하는 모든 요소들에 대해 금지하고 억압하며 제거하려는 힘들을 작동시키는 요인은 아닐까?

이 모든 것들이 고향 메스키르히와 조국 독일을 위하여 죽은 전사를 기리는 하이데거의 목소리에 깊이 배어 있는 듯하다.[35] 하이데거의 철학적 꿈이 나치즘의 정치적 꿈과 결합했던 것은 어쩌면 '안에 있음'의 존재론적 구조에 대한 이러한 관념에 기인하는 것은 아닐까? 그렇다면 거기서 공동체주의의 철학적·정치적 이상이, 모든 종류의 이질성과 혼혈성을 거부하고 '안에 있는' 통일성을 위협하는 모든 종류의 차이를 억압하는 통합주의적 이념으로 변환되는 지점을 발견해야 하는 건 아닐까?

4. 공동체주의와 내부성

토니 모리슨의 소설 『파라다이스』는 인접한, 그러나 근본적으로 상이한 두 가지 공동체를 다루고 있다. 하나는 '루비'라는 이름의 흑인공동체고, 다른 하나는 이름도 없고 '공동체'라는 정체성도 없는, 다만 수녀 없는 낡은 수녀원에 모여 사는 여자들의 무리다.

먼저 흑인들의 명시적인 공동체 루비. 하지만 그보다 먼저 헤이븐의 공동체가 있었다. '빅 파파'라고 불리는 흑인 제커라이어가, 해방된 동료 노예들과 함께 만들어낸 공동의 '세계'가 바로 헤이븐이었다. 살던 곳에서 쫓겨난 아홉 가구의 대가족, 하지만 이르는 곳마다 하룻밤 머무는 것조차 '불허'되는 고통을 겪으면서 여행 끝에 도달한 곳이 헤이븐이었다. "헤이븐의 세대들은 모든 것을 공유했으며, 아무도 부족한 사람이 없도록 배려했다." 면화 농사를 망쳤다면 "사탕수수 농가들이 면화 농가들에게 자기네 이윤을 나누어주었다." 돼지들이 이웃의 밭을 망쳐놓았다면 몰려가 보상해주었고 돼지 잡을 때 잊지 않겠다는 약속을 했고, 헛간이 불탔다면 누군가 그에게 도움을 주었다. 그래서 "1890년 오클라호마를 향한 여정에서 온 세상의 괄시를 받았던 헤이븐 주민들은 서로를 위해서라면 못할 일이 없었고, 누구 하나 궁핍하거나 부족하지 않도록 부지런히 살펴주었다."[*] 그렇게 하나의 공동세계가 만들어졌다.

하지만 자식들이 결혼할 때마다 분할되는 토지는 유일한 자급적 능력을 시간이 감에 따라 취약하게 만들었고, 면화 산업의 붕괴 또한

---

[*] 토니 모리슨, 『파라다이스』, pp. 177~178. 이하 이 책의 인용은 본문에 쪽수만 표시한다.

생활을 더욱 어렵게 만들었다. 그 결과 오클라호마 지역에서도 꿈의 도시였던 헤이븐은 급속히 몰락해, 많을 땐 5백 명에 이르던 주민이 2백 명으로, 80명으로 줄게 된다. 제커라이어의 손자인 두 쌍둥이 형제를 위시하여, "헌신적인 향토애를 소중히 간직하고" 있던 마을의 몇몇 젊은 사람들은 다시 한번 고향을 일으키겠다는 결심으로 새로운 땅을 찾아 공동체를 건설한다. '루비'라는 이름의 공동체.

자신들만의 세계를 찾아 떠났던 그 여행은 흑인이라는 사실의 고통을 더없이 겪는 과정이었다. '해방된' 이후에도 지속되는 노예적 모욕. 그러나 새까만 피부색의 '원단' 흑인인 그들을 핍박하고 그들의 정착은 물론 머묾조차 '불허' 했던 것은 단지 백인만이 아니었다. 연한 피부색의 흑인들로부터도 그들은 차별과 '불허'를 받아야 했다. 이는 그들에겐 또 다른 충격이었다. "그들은 스스로 자유민 대 노예, 부자 대 빈민의 대치구도에 대항해 투쟁한다고 믿어왔다. 예외도 있지만 대부분은 흑인 대 백인 구도라고 생각했다. 그러나 이제 그들은 새로운 차별의 장벽에 부딪힌 것이다. 연한 피부색 대 흑인이라는. 아, 백인들이 내심 차별하고 있다는 건 진작에 알고 있었지만, 깜둥이들 스스로까지 영향을, 그것도 엄청난 영향을 받았다는 사실은 꿈에도 생각지 못한 일이었다."(312쪽) 그래서 그들은 그 모든 것을 하나도 잊지 않고 기억에 저장하며 여행했다. "잇따른 불행을 겪으면서 점점 더 단단해지고 더욱 더 오만해졌다. 그리고 이 불행한 사건들은 하나도 빠짐없이 쌍둥이의 기억 속에 낱낱이 각인되었다."(33~34쪽)

탄광의 깊디깊은 암층을 뜻하는 제8암층(eight-rock), 그것은 이 쓰라린 기억 속에서 자신들의 새카만 피부를 새로운 자존심의 징표로 삼았던 이들에 대해, 처음에 떠났던 아홉 가족에게 패트리시아가 붙인 기호다. 그것은 백인들에 대한, 아니 인종차별에 대한 증오와 원한 속에서 자신들의 순수한 혈통을 새로운 차별의 준거로 삼는 사람들의 징표이기도 하다. 이제 이들이 만든 '세계'에서도 혈통의 법칙이 기정 사실이 되어 지배한다. 그래서 그들은 메누스가 데려온 백인 아가씨를 쫓아버렸고, 메누스를 술에 절어 살게 했으며, 혼혈아를 아내로 맞은 로저 부부나 그 딸 패트리시아를 따돌렸다. 패트리시아의 딸 빌리 델리아가 아기 시절의 '실수'로 평생 '헤픈 년' 취급을 당하는 것도 이와 무관하지 않다. 강렬한 인상을 남기는 이 소설의 첫 문장은 이렇다. "그들은 제일 먼저 백인 소녀를 쏜다."

결국 그들은 자신들을 핍박하는 인종차별을 피하기 위해 자신들의 공동체를 세웠지만, 자신들만의 순수성을 또 다른 차별의 축으로 만들어버렸던 것이다. 패트리시아가 아버지에게 말한다. "피부색이었죠? 그렇죠?/ 뭐가?/ 이 마을에서 사람들을 선택하고 계급을 정하는 기준 말이에요."(348쪽) 고통의 행로에 대한 그들의 기억은 이렇듯 원한과 미움의 감정을 응어리지어 새로운 차별을 만들어낸다. 백인들의 차별과 정확히 대칭적인 차별. "그들은 자기네들이 머리싸움에서 백인들을 능가했다고 생각하지만, 사실은 백인들을 모방할 뿐이다."(483쪽)

이는 외부자에 대한 적대와 불신의 다른 양상이다. 이들에게 모든 이방인은 적이며, 모든 외부자는 경계와 배제의 대상이다. 그래서인지 루비는 "1마일도 채 안 되는 간격을 두고 교회가 세 개나 있으면서도 여행자들을 위한 편의시설이 하나도 없는"(30쪽) 마을이다. "루비 사람들은 하나같이 외지인에 대해서 얼음처럼 냉랭한 불신을 품고 있었다."(259쪽) 이는 앞세대인 헤이븐의 창건자들도 마찬가지였다. 제커라이어는 손자인 쌍둥이 형제에게 "헤이븐의 창건자들과 그 후손들이 어째서 끼리끼리 모여 살며 외부인을 그토록 못 견디게 싫어하는지, 그 이유를 밝혀주는 이야기를" 거듭하여 해준다(32쪽). 자신들만의 공동체를 만들고 지키려는 백인들의 분리주의와 정확히 대칭적인 분리주의가 이방인에 대한, 이질적 성분에 대한 저 강한 적대감 속에 자리잡고 있다. "내가 이방인이라는 건 알지만 그렇다고 적은 아니란 말이요"라고 말하는 미즈너 목사에게 패트리시아는 대답한다. "물론 그렇겠지요. 하지만 이 마을에서는 그 두 단어가 같은 뜻이랍니다."(341쪽) 그래서 쌍둥이 중 형인 디컨의 처 소앤은 심지어 루비 바깥의 그 어떤 곳보다 차라리 "군대가 더 안전할 거라고"(164쪽) 생각해서 두 아들을 군대에 보냈고, 둘 다를 잃는다.

여기에 사적 소유와 가족적 족보라는, 공동체와 반하는 요소들이 끼어들면서 사태는 더욱더 악화된다. 심지어 어려움을 공유하고 나누었던 헤이븐의 가장 중요한 장점마저 사라진다. 루비의 사람들은 이제 타인들의 어려움을 나누기보다는 자기 이익을 추구하기에 급급하며, 그것은 공동체 내부에 새로운 분열과 대립을 야기한다. 이전에는 서로의 불화를 평범한 것으로 생각했고, 이웃의 성취를 기뻐했고, 게으름을 비웃는 것도 너털웃음으로 넘겼었다. "지금은 어쩐지 한때 외지인에게만 국한되었던 얼음 같은 경계심을 점점 더 서로를 향해 돌리는 느낌이다."(260쪽) 그것은 어쩌면 헤이븐이 이사의 형식으로 붕괴되고 해체되었듯이, 루비를 내부로부터 해체하고 붕괴시킬 수 있는 결정적인 위협이었을 것이다. 하지만 그것을 정확하게 본다는 것은 얼마나 어려운 일인가! 그 대신 그들은 그 모든 해체와 붕괴, 불안의 요인을 또 다시 외부 탓으로 돌린다. "저 개망나니들이 오기 전엔 이 마을이 평화로운 천국이었단 말일세. 최소한 그 전에 있던 여자들은 종교 비슷한 거라도

있었잖아. 이 걸레들은 자기네끼리 똘똘 뭉쳐 살면서 교회에는 발도 들여놓지 않을 걸."(438쪽)

　다른 한편 공동체의 '정체성'을 위협하거나 공동체를 시작한 선조들——그들을 상징하는 신성화된 장소로서 화덕과 거기 새겨진 글——을 흔들려는 시도로 사람들의 차이가 드러날 때, 그것은 공동체 자체의 근간을 뒤흔들려는 것으로 간주하여 비난하고 억압한다. 미즈너 목사는 화덕을 둘러싼 토론장에서 "자기 말만 하자는 게 아니라 남의 말도 들어보자"면서 젊은이들의 편을 들지만, 그것은 "만약 네 놈들 중에 한 놈이라도 화덕 입구에 새겨진 말씀을 무시하거나 바꾸거나 없애거나 덧붙이려는 수작을 하면 방울뱀 쏴 죽이듯 머리를 날려버릴 테다, 알겠냐?"는 협박으로 끝난다. 변경도, 제거도, 추가도, 그런 방식으로 이루어지는 모든 차이도 허용되지 않는다.

　요컨대 백인들의 국가, "단 한 명의 학생——깜둥이 소녀——을 위해 아예 법대 하나를 새로 지어가면서까지 분리정책을 고수하려는 이 나라"(95쪽)에서, 혹은 흑인이나 다른 이질적 요소의 침투로부터 자신들만의 '공동체'를 '보호'하고 지키려는 백인들의 차별과 억압이 지배하는 나라에서 자신들의 공동체를 만들려고 하던 시도는, 자신들이 받은 모든 상처와 모멸을 고스란히 기억하며 원한과 미움 혹은 두려움 속에서 모든 외부자, 외부성 자체를 적대시하는 것으로 나아갔고, 그 결과 모든 혼혈과 잡종, 이질성을 적대하고 차별하게 되었다. 그리하여 그들 역시 자신들만의 공동의 세계를 만들고자 했고, 외부자가 끼어들 수 없는 순수하고 동질적인 '세계'를 만들려는 순수주의를 꿈꾸었다. 그리고 모든 외부적이고 이질적인 요소들을 배제하려 했던 백인들의 인종주의적 차별과 정확하게 대칭적인 차별을 스스로의 내부에 만들어냈고, 내부에 존재하는 어떤 상이한 목소리, 상이한 생각도 허용치 않는 억압을 스스로 만들어냈으며, 그럼에도 불구하고 만들어지는 모든 동요와 해체, 붕괴의 요소들을 다른 소수적인 외부자 탓으로 돌렸다.

외부성, 그것은 고향의 편안함과 친숙함을 사랑하기에 그것의 순수성을 고수하고 보호하려는 공동체주의의 적이다. 그것은 친숙함과 편안함을 뜻하는 '안에-있음'을 본질로 하는 만큼 그에 반하는 모든 외부성에 대해 적대적이다. 이런 점에서 하나의 공동체가 내부성을 본질로 한다는 생각은, 그것이 역사적이든 이론적이든, 혹은 사실적이든 문학적이든 모든 종류의 공동체가 외부에 대해 적대하고 폐쇄적이 되며, 내부에서 자신들만의 동질적인 세계를 건설하려는 꿈과 직접 결부되어 있다. 공동체의 정체성/동일성에 대한 집착, 공동체의 전통과 그것의 기원, 그것에 결부된 모든 고통의 기억, 이 모든 것이 외부에 대해 스스로의 문을 닫게 만들고, 자신들만의 내부적인-친숙한 세계에 정주하려는 그런 태도를 표현케 한다. 내부 내지 내부성은 이러한 폐쇄적 공동체주의를 특징짓는 귀착점이다. 이런 의미에서 하이데거 식으로 말하면 내부성이란 그런 순수하고 폐쇄적인 '공동체주의'의 공간성을 표현하는 개념이라고 말해도 좋을 것이다.

5. 코뮨주의와 외부성

또 하나의 '파라다이스'는 수녀원에 있다. 그들은 공동체를 만들려고 하지 않았다. 다만 "갈 곳 없는 사람들을 받아주었을"(28쪽) 뿐이다. 그래서 갈 곳 없는 사람들, 아니 상처받은 사람들이 모여들었다. 하지만 누구도 자신들이 공동체를 만들고 있다고 생각하지 않았고, 자신들이 어떤 '세계'에서 살고 있는지 의식하지 않았다. 따라서 그들은 유지하고 보호할 어떤 동일성/정체성도 없었다. 그들은 사람들이 새로 옴에 따라 끊임없이 변하는 '세계'에서 살아갈 뿐이며, 이전의 친숙한 '세계'를 유지하려는 관심도, 혹은 꿈꾸는 어떤 미래 세계에 현재를 맞추려는 관심도 없다.

거기는 수녀들도 모두 떠난 뒤에 수녀원장이던 메리 마그나와 더불어 콘솔레이타(코니)가 살던 곳이다. 하지만 지나던 길에 스친 인연만으로도, 힘겨운 삶을 놓아버리고 평화롭게 살고 싶은 소망이 있는 저 '갈 곳 없는 사람들'이 머물고 정박하게 되는 곳이다. 이 '세계'는 친숙한 사람들 안에 닫혀 있지 않았으며, 반대로 낯설고 거친 외부인 모두에게 열려 있었다. 아니, 이곳은 태생부터 그랬다. 주역인 코니는 수녀들이 주워다 기른 여자고, 이후에 모여든 모든 여자들 또한 대개는 가까이에 있는 사람들과 불화를 빚던 사람들이다. 코니, "이 다정하고 푸근한 할머니는" '객'으로 들어와 있게 된 저 개성이 강한 다른 이들에게 "무엇이든 아낌없이 나눠주면서도 당신은 별로 돌봐줄 필요가 없었으며, 정서적인 투자도 요구하지 않았고, 이야기를 들어주었고, **절대 문을 걸어잠그지 않고 누구나 있는 그대로 받아들여 주었다**".(418쪽)

수녀원의 이 공동체는 그에 대해 강한 적대감을 갖고 있는 루비 사람들에 대해서도 마찬가지로 열려 있다. '도덕적인' 루비의 사람들이 불편해하며 내치고 있던 애너의 '애비 없는' 출산을 도와주고, 그녀를 돌보아주었던 것도, 기형아 아들들의 간호에 지쳐 혼이 빠진 채 방황하던 스위티를 보호하고 간호해준 것도, 수녀원에 모여 있는 저 "부도덕한 암말들"이었다. 그럼에도 마음을 열지 않았던 애너와 달리 그녀의 친구인 빌리 델리아는 수녀원에 머문 이후에 거꾸로 루비보다 거기를 더 편하게 여긴다. 디컨의 아내 소앤은, 코니로 인해 자신의 아들이 사고에서 살아났음을 알고, 자신의 남편을 '공유'했던 코니에게 호감을 느끼며, 빈번하게 들러서 약을 얻고 신세를 진다. 사람들의 마음을 읽는 론 또한 코니와 수녀원 여자들에게 호감을 갖고 있다. 이는 모두 코니의 '세계'가 심지어 자신들을 적대하는 루비 사람들에게까지 열려 있었기 때문이다.[*]

다시 하이데거 식으로 말하자면, 처음부터 외부자들, 외부적 요소들의 결합으로 시작되고 만들어져 간 '공동체', 따라서 외부를 향해 항상 열려 있는, 들어오길 원하는 누구든 있는 그대로 받아들여 주는 '공동세계', 이런 종류의 '공동세계'는 내부성이 아니라 외부성을 자신의 고유한 공간성으로 갖고 있다고 말해야 하지 않을까? 바로 이런 점에서 친숙함을 뜻하는 내부성을 갖는 '공동세계'로서 공동체와 구별되는 다른 종류의 '공동체'가 있을 수 있음을 보여주고 있는 게 아닐까?

내부성이 순수성과 동질성을 향한 경향을 갖는 것과 반대로 외부성은 이질성과 혼혈성을 특징으로 한다. 외부에서 다가오는 것이란 언제나 뜻밖의 것이고, 우연적인 것이며, 내부에 있는 사람들의 의사와 무관하게 오는 것이고, 그런 만큼 외부를 향해 열려 있다는 것은 그런 이질적이고 우연적인 뜻밖의 것들이 결합하여 하나의 '공동의 세계'를 만드는 것이기 때문이다. 가령 코니가 사는 수녀원은 모두 다 나름의 상처와 사연이 있는 여자들이 지나가다 머물면서 만들어진 곳이고, 그

---

[*] 그러나 루비 사람들은 이러한 호의에 대해 또 다른 적대감을 느낄 뿐이다. 그들이 보기에 그것은 "꼭 똥더미가 파리를 후리듯 사람들을 꾀어가는" 것으로 보일 뿐이다. "거기 한 번 갔다 오기만 하면 사람들을 망치니, 원. 그 더러운 배설물이 '우리' 집으로, '우리' 가족들에게로 도로 묻어들어오는 거 아닌가. 두고 볼 수 없는 일이야."(438쪽)

런 만큼 모인 사람 각자가 상이하고 이질적이다. 그러니 지켜야 할 어떠한 순수성도 없었고, 보호할 어떠한 세계도 없었다. 다만 사람들이 오면 오는 대로, 가면 가는 대로 변하면서 존재하는 어떤 '세계'가 있을 뿐이다. 따라서 어떤 계획이나 프로그램, 목적을 대보라고 이들에게 묻는 것은 아무 소용없는 일이다. "그들은 절대로 필요한 일이 아니면 결코 하지 않았고, 뭘 하겠다는 계획조차 없었다. 계획 대신 소망을 가졌을 뿐이었다."(354쪽)

사는 사람들 각자의 특이성이 강하지만, 새로 오는 사람의 특이성이 추가되면, 수녀원 안에 만들어진 이 세계는 달라진다. 외부자를 있는 그대로 받아들인다는 것은 단지 어떤 외부에서 온 어떤 개인의 개성이나 특이성을 인정하는 것이라기보다는 차라리 바로 이렇게 새로운 외부자와 접속하고 결합함으로써 만들어지는 차이와 변화 그 자체를 긍정하는 것이다. 예컨대 코니와 마더, 메이비스가 살던 때와 마더가 죽고 그레이스가 새로 온 이후의 삶은 아주 다르다. 거기에 세네카가 새로 왔을 땐, 이들의 삶이 또 다시 그로 인해 많이 변화된다. 아마 나름의 특이성을 갖고 있는 누가 와도 사태는 또 다시 달라지고 그때마다 그들은 다른 '세계'에서 살게 될 것이다.

그럼에도 불구하고 어떤 경우든 공통된 것이 있다면, 그곳은 갈 곳 없는 사람들이 모여들 수 있고 상처받은 사람들이 모여 함께 살 수 있는 곳이라는 사실이다. 그래서 싸움과 충돌이 끊이지 않지만, 이들 각자는 어디서보다 이곳에서 더 편안하고 평화로운 삶을 산다고 느낀다. 그래서 가령 메이비스와 그레이스(지지)는 걸핏하면 피 터지게 싸우고 욕을 하고, 싸움을 할 때마다 떠나버리겠다고 외치지만, 정작 떠난 사람은 없었다. 심지어 엄마에게 애인을 빼앗긴 상처로 흘러든 디바인조차 부자인 아버지에게 돌아가지만, 다시 이 수녀원으로 돌아온다. "자유로운 개인들의 자발적 연합."

코니의 수녀원에 모인 사람들, 이들 역시 루비의 흑인들 못지 않게 상처입은 사람들이고, 그들보다 더한 소수자(minority)들이다. 가령 열네 살에 자신을 출산하고 언니 행세를 하던 엄마에게 버려졌고, 입양되어선 의붓오빠에게 겁탈 당하고, 그로 인해 다시 버려졌던 세네카는 그때 이후 상처 같은 삶의 고통이 떠오를 때면 자신의 살갗에 칼집을 낸다. 칼의 움직임을 따라 피가 솟는 것을 보며 고통을 잊는다. 디바인은 누군가의 아이를 임신하고 있다. 그런데 루비의 흑인들이 자신들의 상처를 하나도 빠짐없이 기억하고 그 기억을 내면으로 투사하여 원한과 미움, 적대의 감정을 만들었음에 반해, 이들은 그렇게 하지 않는다. 과거를 군이 묻지도 않지만, 마음이 열리면 스스로 말하고, 하는 말을 마음을 열고 들어주며 진심으로 위로한다. 메이비스와 그레이스처럼 싫은 일이 있으면 서로 물고 뜯고 싸우며 감정을 투척(projection)하면 했지, 결코 그것을 원한과 복수의 감정으로 투입(injection)하지 않는다.

코니는 마지막으로 이들이 스스로 자신의 상처를 치유하게 한다. 각각의 몸을 그리고, 그 위에 그 안에 내키는 모든 것을 그리게 한다. 그들 내면에 숨어 있는 상처를 드러내게 하고 그 상처에 대해, 상처를 만들 것들에 대해 마음껏 말하고 행동하게 한다. 상처와 결부된 것들이 그려진다. 혹은 소중한 것들이 그려진다. 세네카는 이제 자신의 피부가 아니라 지하실의 그 그림 위에 칼질을 한다. 그레이스는 아직 죽진 않은 사형수인 아버지의 유품을 그린다. 그리고 그들은 모든 것을 털어낸 듯 벌거벗은 채 밤새 춤을 춘다. "루비에 사는 사람들과 달리, 수녀원의 여인들은 그들을 쫓아다니는 악몽을 벗어버렸던 것이다."(425쪽)

6. 두 가지 공동체

이처럼 소설은 전혀 다른 종류의 두 개의 '파라다이스'를 그리고 있다. 하나가 억압과 고통을 뜻할 뿐인 저 백인들의 나라에서 자신들만의 공동세계를 꿈꾸는 강한 염원에 따라 만들어진 공동체 헤이븐과 루비였다면, 다른 하나는 공동체도 공동세계도 따로 꿈꾸지 않았지만 다가오는 모든 외부자들에게 열린 채 들어온 모든 사람들을 있는 그대로 받아들이며 만들어진 수녀원의 '공동체'다. 전자가 자신들이 받은 상처와 악몽을 하나도 잊지 못한 채 내면의 기억 속에 남겨두었다면, 후자는 그것을 차라리 밖으로 표출할 기회를 찾아 지우고 벗어버렸다. 그래서 전자가 자신들 외부의 모든 것들을 적대자로 간주하고 그에 대한 원한과 미움으로 높고 견고한 벽을 쌓았다면, 후자는 심지어 싸우고 충돌하는 경우에조차 원한을 남기지 않았고, 있던 것은 풀어버릴 수 있게 했으며, 모든 외부에 대해 자신을 열면서 자기만의 벽을 낮추고 없애려 했다.

두 개의 공동세계에서 보이는 내부성과 외부성의 이러한 차이는 동질성과 이질성의 차이로, 순수성과 혼혈성의 차이로 이어진다. 전자에게는 자신들만의 친숙함이 중요했고, 그랬기에 공동체를 창건했던 가족들 간의 친숙함은 더더욱 중요했으며, 그들이 갖고 있는 흑색의 순수한 혈통은 그 모든 외부에 대해 스스로 결속하게 하는 내부적 동인이었다. 따라서 그것을 흐리거나 그것에 끼어드는 모든 이질성과 혼혈을 거부하면서 새로운 차별을 만들어냈다. 반면 후자로서는 어차피 모여드는 사람이 한결같이 낯선 외부자들이기에, 친숙함을 뜻하는 내부성은 전혀 중요하지 않았고, 필요한 친숙함이란 그때마다 새로 만들어내면 될 것이었으며, 아무리 가까워져도 새로운 외부자가 언제든지 끼어들 여백-거리를 남겨두고 있었다. 따라서 먼저 온 사람과 나중에 온 사람, 코니와 가까운 사람과 덜 가까운 사람이 구별되지 않았다. 그렇다고 새로운 어떤 순수한 내부를 만들어내지도 않았다. 따라서 여기선 차별을 할 어떤 척도도 있지 않았다.

또한 내부성과 외부성의 차이는 정체와 변이, 존재와 생성의 차이로 이어진다. 전자는 자신들의 흑인 '임'에 머물며 그것을 지키고 고수하려 한다. 따라서 자신들이 어떤 공동체인가 하는 '정체성'의 문제는 이들에게 매우 결정적인 의미를 가졌다. 그것을 유지하고 지키기 위해 외부로부터든 내부로부터든 어떠한 변화의 요인도 받아들이지 않으려 했고, 불가피하게 나타나는 변화에 대해서는 가리고 봉합하려 했으며, 그래도 터져나오게 되었을 땐 외부의 탓으로 돌렸다. 멈추어 있는 것, 순수한 어떤 상태에 영원히 멈추어 있는 것, 그것이 이들의 암묵적 이상이었던 것이다. 반면 후자는 지켜야 할 어떤 정체성도 없으며, 반대로 새로운 외부자들이 들어올 때마다 끊임없이 자신들의 세계 자체를 변화시켰다. 그것은 여성들로 이루어진 세계였지만, 굳이 여성들만으로 제한하려는 뜻도 없었고, 그러려고도 하지 않았다. 심지어 "이 여자들은 그들이 아는 대부분의 여자들이 믿고 따르는 가치체계에 감히 반기를 들었던"(23쪽) '암말'들이다. 다시 말해 기존의 여성적인 어떤 상태나 여성성이라고 불리는 어떤 지녀야 할 또 다른 순수성 내지 정체성을 갖고 있지 않다. 무언가 추가될 때마다 다른 것이 '되는' 끊임없는 변이와 생성만이 이들의 세계를 특징짓는 것이다.

따라서 전자에게는 인근에 후자와 같은 세계가 존재한다는 것만으로도 불편하고 불안하다. 그것은 자신들이 이해할 수 없는 곳이고, 용납할 수 없는 사람들이며, 수긍할 수 없는 삶의 방식인 것이다. 더구나 자신들 내부에, 강하게 뭉쳐 있는 그 순수성의 내부에 사고가 발생하고 금이 가고 균열이 가시화됨에 따라, 그 모든 것은 내부에서 발생할 수 없어야 하기에, 외부에서, 저 더러운 암말들의 지저분한 배설물들이 묻어들어와서 생겨난 것이 분명하다고 보았고, 그래서 "한때 진정한 이웃이었던" 수녀원의 이상한 여자들을 처단하기 위해 총을 들고 나선다. "안팎으로 그 무엇도, 단 하나 남은 흑인들만의 마을을 부패시키도록 내버려둘 수는 없었다. 마을을 지키기 위해서라면 이 정도의 고통은 감수할 가치가 있다."(19쪽) 그리하여 자신들의 공동의 세계를 만들려던 시도는, 그리고 그것을 지키고 보호하려는 시도는 이제 외부의 또 다른 소수자를 향한 억압과 단죄, 파괴의 선을 그리게 된다.

이상에서 본 것처럼 『파라다이스』에 등장하는 두 가지 공동체는 전혀 다른 원리를 갖고 전혀 다른 방식으로 만들어지고 살아간다는 점에서 "본성을 달리한다"고 말하기에 충분하다. 이처럼 상이한 두 공동체의 본성은 각각 '내부성'과 '외부성'이라는 두 '공간성'의 개념을 통해서 대비될 수 있을 것이다. 그런 점에서 모리슨은 친숙성과 거주함을 존재의 본성에 귀속시키고 그것을 내부성이라는 개념으로 요약했던 하이데거의 '공동세계' 개념에 대해 근본적인 비판을 던지고 있는 셈이며, 그것과 전혀 다른 '공동세계'의 공간성을 제시하고 있는 셈이다.

그렇다면 루비의 흑인 공동체가 자신의 '고향'을 보호하기 위해, 그것에 이질적인 요소, 해체의 요소들을 침투시키고 있는 외부 세계를 향해 총과 무기를 들고 나섰던 것은, 하이데거가 자신이 사랑했던 공동세계인 "조국 독일"을 위해, 그 '세계'의 공동성과 내부성을 복원하려는 계획을 들고 무기를 들었던 강력한 민족주의 운동(나치)에 대해 적극적 지지를 보냈던 것과 근본적으로 동일한 것이라고 해야 하지 않을까? 어쩌면 그것은 힘 있는 자, 억압하는 자들의 내부적 결속과 달리, 힘 없는 자, 억압받는 자들의 내부적 결속이기에 오히려 눈에 잘 보이지 않는 위험을 정확하게 지적하여 보여주는 것은 아니었을까? 억압받는 자들이 자신만의 내부성과 순수성을 원칙으로 삼았을 때, 그리고 그것을 지키고자 했을 때, 그들조차 억압하는 자의 삶과 행동을 그대로 모방하여 반복할 수 있다는 사실을, 아픈 가슴을 저미며 지적하고 있는 것은 아닐까?

우리는 앞서 중세 도시와 코뮌의 역사에서 그와 동일한 양상이 역사적으로 전개된 바 있음을 살펴본 바 있다. 거기서도 역시 애초에는 코뮌적 관계를 보호하고 방어하기 위해 수립했던 경계와 성벽이 자신들과 타인들, 장인과 직인 노동자들, 그리고 도시와 농촌을 가르면서 외부자들을 억압하고 착취하는 역할을 하게 되었다는 것을 보았다. 그것 또한 '공동체'든 '코뮌'이든 외부에 대한 적대 속에서 내부성에 갇히는 순간, 그리고 그 내부성에 특권적인 위치를 부여하는 순간, 그것은 외부자들을 배제하고 내부의 차이와 이질성을 억압하는 권력의 배치로 넘어간다는 것을 알려주기에 충분하다.

우리가 코뮌을 공동체로부터 구별하려고 할 때, 그것은 단지 '공동체'라는 말의 소박함이 싫어서도 아니고, 그것과 결부된 낭만적 뉘앙스를 피하기 위한 것도 아니다. 그것은 하이데거 식의 철학적 개념을 빌리면 '내부성'과 '외부성'이라는 공간성의 차이, 혹은 그것과 결부된 것으로 동질성과 이질성, 순수성과 혼혈성, 정체와 변이, 존재와 생성의 차이라는, '공동세계'를 구성하고 만들어 가는 근본적으로 다른 원리의 차이를 명확히 하기 위해서다.

그렇기 때문에 '소유와 노동조건에 의해 불가피하게 만들어진 공동체'와 '자유로운 개인들의 자발적 연합에 의한 공동체'라는, 공동체와 코뮌의 발생적 차이도 우리에겐 그다지 중요하지 않다. 결정적인 것은 동일하게 코뮌이라는 이름으로 불리는 공동체조차 둘로 나누는 원리적 차이다. 따라서 역사적으로, 혹은 현실적으로 존재하는 공동체나 코뮌이라는 말조차 중요하지 않다. 외부성을 원리로 하는, 혹은 적어도 외부를 향해 열려 있으며 그 외부를 통해 스스로 끊임없이 변이하는 그런 '공동체'가 있을 수 있는 반면, 내부성을 원리로 하는, 적어도 외부에 대해 닫혀 있으며 자신만의 내적 정체성을 유지하기 위해 애쓰는 그런 '코뮌' 또한 있을 수 있기 때문이다.

후주

1_ 외부에 의한 사유, 혹은 맑스의 유물론

1) 칼 맑스, 고병권 옮김, 『데모크리토스와 에피쿠로스 자연철학의 차이』, 그린비, 2001.
2) 칼 맑스, 홍영두 옮김, 『헤겔 법철학 비판』, 아침, 1988 ; 칼 맑스, 최인호 옮김, 「헤겔 변증법 및 헤겔 철학 일반에 대한 비판」, 『1844년의 경제학-철학 초고』, 박종철출판사, 1991.
3) 블라디미르 일리치 레닌, 정광희 옮김, 『유물론과 경험비판론』, 아침, 1988.
4) 루이 알튀세르, 이진수 옮김, 「레닌과 철학」, 『레닌과 철학』, 백의, 1992, pp. 47~48.
5) 앞의 글.
6) 이진경, 「서문」, 『철학의 외부』, 그린비, 2002, pp. 5~6.
7) 이진경, 『맑스주의와 근대성 : 주체생산의 역사이론을 위하여』, 문화과학사, 1997, 3장 참조.
8) 이진경, 『자본을 넘어선 자본』, 그린비, 2004.
9) 칼 맑스, 「헤겔 국법론 비판」, 『헤겔 법철학 비판』, p. 23. 강조는 인용자.
10) 앞의 책, p. 28.
11) 프리드리히 엥겔스, 양재혁 옮김, 『포이에르바하와 독일 고전철학의 종말』, 돌베개, 1987.
12) 칼 맑스, 「헤겔 국법론 비판」, 『헤겔 법철학 비판』, p. 30.
13) 칼 맑스, 『헤겔 법철학 비판』, p. 17에서 재인용. 강조는 인용자.
14) 칼 맑스·프리드리히 엥겔스, 「독일 이데올로기」, 최인호 외 옮김, 『맑스 엥겔스 저작 선집』 1, 박종철출판사, 1990, p. 195.
15) 칼 맑스, 「헤겔 국법론 비판」, 『헤겔 법철학 비판』, p. 101.
16) 앞의 책, p. 102.
17) 앞의 책, p. 103.
18) 앞의 책, pp. 127~128.
19) 앞의 책, p. 128.
20) 앞의 책, p. 133. 강조는 인용자.
21) 앞의 책, p. 135.
22) 앞의 책, p. 129.
23) 앞의 책, p. 115.
24) 이상은 칼 맑스, 최인호 옮김, 『1844년의 경제학-철학 초고』, 박종철출판사, 1991, p. 170.
25) 앞의 책, p. 177.
26) 앞의 책, p. 177.

27) 앞의 책, p. 178.
28) 앞의 책, p. 186.
29) 게오르크 루카치, 서유석·이춘길 옮김,『청년 헤겔』2, 동녘, 1998, pp. 425~430.
30) 앞의 책, pp. 129~130.
31) 칼 맑스,『헤겔 법철학 비판』, pp. 53~54.
32) 앞의 책, p. 54.
33) 앞의 책, p. 76.
34) 앞의 책, p. 61.
35) 앞의 책, p. 152.
36) 앞의 책, p. 56.
37) 마르틴 하이데거, 신상희 옮김,『동일성과 차이』, 민음사, 2000, pp. 45~50.
38) 칼 맑스,「철학의 빈곤」,『맑스 엥겔스 저작 선집』1, p. 271. 강조는 인용자.
39) 앞의 책, p. 271.
40) 앞의 책, p. 272.
41) 앞의 책, p. 274.
42) 앞의 책, p. 278.
43) 앞의 책, p. 273.
44) 칼 맑스,「포이에르바하에 관한 테제」6,『맑스 엥겔스 저작 선집』1, p. 189. 강조는 인용자.
45) 앞의 책, p. 189. 강조는 인용자.
46) 칼 맑스,「임금노동과 자본」,『맑스 엥겔스 저작 선집』1, p. 555.
47) 칼 맑스,「독일 이데올로기」, pp. 214~215.
48) 칼 맑스,『데모크리토스와 에피쿠로스 자연철학의 차이』.

2_ 노동의 인간학과 미-래의 맑스주의

1) 존 로크, 강정인·문지영 옮김,『통치론 : 시민정부의 참된 기원, 범위 및 그 목적에 관한 시론』, 까치, 1996, p. 35 이하.
2) 한나 아렌트, 이진우·태정호 옮김,『인간의 조건』, 한길사, 1996, p. 141.
3) 미셸 푸코, 이광래 옮김,『말과 사물』, 민음사, 1987, p. 267.
4) 애덤 스미스, 김수행 옮김,『국부론』(상), 동아출판사, 1992, p. 36 이하 ; 미셸 푸코,『말과 사물』, p. 268.
5) 미셸 푸코,『말과 사물』, p. 303.
6) 칼 맑스, 최인호 옮김,『1844년의 경제학-철학 초고』, 박종철출판사, 1991, p. 185.
7) 앞의 책, p. 185.
8) 게오르크 루카치, 이춘길 옮김,『청년 헤겔』2, 동녘, 1998, p. 128.
9) 앞의 책, pp. 129~130.
10) 루이 알튀세르, 이종영 옮김,『맑스를 위하여』, 백의, 1997, p. 272 이하.
11) 이러한 계열화 개념에 관해서는 질 들뢰즈, 이정우 옮김,『의미의 논리』, 한길사, 2000 ; 이진경,「들뢰즈 : '사건의 철학'과 역사유물론」,『철학의 외부』, 그린비, 2002 참조.
12) 칼 맑스, 김수행 옮김,『자본론』I(하), 비봉출판사, 2001, p. 1009.
13) 앞의 책, p. 1010.
14) 앞의 책, p. 1010.
15) 미셸 푸코, 이규현 옮김,『광기의 역사』, 나남, 2003, p. 117 이하.
16) 앞의 책, p. 232.
17) 칼 맑스,『자본론』I(하), p. 860 이하.

3_ 노동가치론과 맑스주의

1) 이진경, 「맑스의 근대 비판」, 『맑스주의와 근대성 』, 문화과학사, 1997.
2) 류동민, 「노동가치론과 탈근대성」, 『경제와 사회』(가을호), 1998.
3) 칼 맑스, 김수행 옮김, 『자본론』 I(하), 비봉출판사, 2001, p.872.
4) 로버트 하일브로너, 「서문」, 제러미 리프킨, 이영호 옮김, 『노동의 종말』, 민음사, 1996, p.6.
5) 제러미 리프킨, 『노동의 종말』.
6) 한스 피터 마르틴 · 하랄드 슈만, 강수돌 옮김, 『세계화의 덫』, 영림카디널, 1997.
7) 이에 관해서는 이진경, 『근대적 시 · 공간의 탄생』(개정증보판), 푸른숲, 2002 참조.
8) 칼 맑스, 『자본론』 I(하), pp.705~707.
9) 정운영, 『노동가치이론 연구』, 까치, 1993, pp.168~173.
10) 칼 맑스, 김수행 옮김, 『자본론』 I(상), 비봉출판사, 2001, p.235.
11) 칼 맑스, 편집부 옮김, 『잉여가치학설사』 1권, 아침, 1989.
12) 루이 알튀세르, 이종영 옮김, 『맑스를 위하여』, 백의, 1997.
13) Louis Althusser, *Essays in Self-Criticism*, London : NLB, 1976.
14) 미셸 푸코, 이규현 옮김, 『광기의 역사』, 나남, 2003.
15) 버트런드 러셀, 송은경 옮김, 『게으름에 대한 찬양』, 사회평론, 1997.
16) 폴 라파르그, 조형준 옮김, 『게으를 수 있는 권리』, 새물결, 1997.

4_ 가치형태론에서 화폐와 허무주의

1) 밀튼 프리드먼, 김병주 옮김, 『돈의 이야기』, 고려원, 1992, pp.63~66.
2) 안토니오 네그리 · 마이클 하트, 이원영 옮김, 『디오니소스의 노동 : 국가형태 비판』, 갈무리, 1996, p.61 이하 참조.
3) 게오르크 루카치, 박정호 · 조민영 옮김, 『역사와 계급의식』, 거름, 1986, p.172 이하.
4) 칼 맑스, 김수행 옮김, 『자본론』 I(상), 비봉출판사, 2001, p.61. 강조는 인용자.
5) 앞의 책, p.61.
6) 질 들뢰즈, 이진경 · 권순모 옮김, 『스피노자와 표현의 문제』, 인간사랑, 2003. p.21. 강조는 인용자.
7) 칼 맑스, 『자본론』 I(상), p.61.
8) 앞의 책, p.81.
9) 질 들뢰즈 · 펠릭스 가타리, 이진경 · 권혜원 옮김, 『천의 고원』 1권, 연구공간 '너머' 자료실, 2000, pp.26~27, 39.
10) 칼 폴라니, 박현수 옮김, 『인간의 경제』 I, 풀빛, 1983, p.55 이하.
11) 칼 맑스, 『자본론』 I(상), p.61.
12) 앞의 책, p.95.
13) 질 들뢰즈, 서동욱 옮김, 『칸트의 비판철학』, 민음사, 1995, pp.142~144.
14) 칼 맑스, 『자본론』 I(상), p.94. 강조는 인용자.
15) 앞의 책, p.97. 강조는 인용자.
16) 앞의 책, p.87.
17) 프리드리히 니체, 「도덕의 계보」, 『선악의 저편/도덕의 계보』, 니체전집 14, 책세상, 2002.
18) 칼 폴라니, 박현수 옮김, 『거대한 변환』, 민음사, 1991, pp.204~205.
19) 질 들뢰즈, 신범순 외 옮김, 『니체, 철학의 주사위』, 인간사랑, 1993, p.116 이하 ; 고병권, 『니체의 위험한 책, 차라투스트라는 이렇게 말했다』, 그린비, 2003, p.245 이하.
20) 칼 맑스, 최인호 옮김, 『1844년의 경제학-철학 초고』, 박종철출판사, 1991.
21) 막스 베버, 조기준 옮김, 『사회경제사』, 삼성출판사, 1988, p.255.
22) 앞의 책, p.255.

23) 이에 대해서는 고병권, 『화폐, 마법의 사중주』, 그린비, 2005, pp. 124~154 참조.
24) 게오르크 루카치, 『역사와 계급의식』, pp. 157~160.
25) 앞의 책, p. 157.

5_ 노동의 기계적 포섭과 기계적 잉여가치 개념에 관하여

1) 이진경, 『맑스주의와 근대성』, 문화과학사, 1997, p. 74 이하.
2) 칼 맑스, 김호균 편역, 「직접적 생산과정의 제결과」, 『경제학 노트』, 이론과실천, 1988, p. 89.
3) 앞의 책, p. 90.
4) 앞의 책, pp. 90, 93.
5) Edward Palmer Thompson, "Time, Work-Discipline and Industrial Capitalism", *Customs in Common*, London: Merlin Press, 1991, pp. 357~385.
6) 칼 맑스, 김수행 옮김, 『자본론』 I(상), 비봉출판사, 2001, pp. 496~497.
7) 앞의 책, p. 496.
8) 앞의 책, p. 497.
9) 이진경, 『맑스주의와 근대성』, pp. 198~199.
10) 지그프리트 기디온, 이건호 옮김, 『기계문화의 발달사』, 유림문화사, 1994, pp. 66~70.
11) 앞의 책, pp. 61~65 참조.
12) 이진경, 『맑스주의와 근대성』, pp. 218~220 참조.
13) 레이 커즈와일, 채윤기 옮김, 『21세기 호모 사피엔스』, 나노미디어, 1999.
14) Raphael Kaplinsky, *Automation : The Technology and Society*, Harlow: Longman, 1984 ; 박형준, 『현대 노동과정론 : 자동화에 관한 연구』, 백산서당, 1991.
15) 마뉴엘 카스텔, 김묵한 외 옮김, 『네트워크 사회의 도래』, 한울, 2003 ; 강남훈, 『정보혁명의 정치경제학』, 문화과학사, 2002.
16) 피터 드러커, 이재규 옮김, 『자본주의 이후의 사회』, 한국경제신문사, 1993 ; 니콜라스 네그로폰테, 백욱인 옮김, 『디지털이다』, 커뮤니케이션북스, 1995 ; 댄 쉴러, 추광영 옮김, 『디지털 자본주의』, 나무와숲, 2001 ; 경상대 사회과학연구소 편, 『디지털 혁명과 자본주의의 전망』, 한울, 2000.
17) 사이먼 싱, 이원근 외 옮김, 『코드북』, 영림카디널, 2003, p. 236 이하 참조.
18) 레이 커즈와일, 『21세기 호모 사피엔스』, pp. 422~423.
19) 앞의 책, p. 98.
20) 이진경, 『노마디즘』 2권, 휴머니스트, 2002, p. 184 주 31) 참조.
21) 마뉴엘 카스텔, 최병두 옮김, 『정보도시』, 한울, 2001, p. 238.
22) Antonio Negri, *The Politics of Subversion*, Cambridge: Polity Press, 1989.

6_ 부르주아지는 자본주의적 계급인가?

1) 칼 맑스, 김수행 옮김, 『자본론』 III(하), 비봉출판사, 2004, p. 751.
2) 앞의 책, p. 750.
3) 칼 맑스, 김수행 옮김, 『자본론』 III(상), 비봉출판사, 2004, p. 395.
4) 앞의 책, p. 396.
5) 앞의 책, pp. 404~405.
6) 앞의 책, p. 405
7) 모리스 돕, 이선근 옮김, 『자본주의 발전연구』, 광민사, 1980, p. 104.
8) 앞의 책, p. 105.
9) 앞의 책, pp. 146~155.
10) 앞의 책, p. 172.

11) 폴 스위지, 김대환 옮김, 「돕의 소론에 대한 비판」, 『자본주의 이행논쟁』, 광민사, 1980, p. 110.

12) 앞의 책, p. 111.

13) 페르낭 브로델, 주경철 옮김, 『물질문명과 자본주의 III : 세계의 시간』 (상)/(하), 까치, 1997.

14) 모리스 돕, 『자본주의 발전연구』, p. 104.

15) 앞의 책, pp. 106~109 ; 표트르 알렉세예비치 크로포트킨, 하기락 옮김, 『상호부조론』, 형설출판사, 1993, pp. 178~179.

16) 칼 맑스, 『자본론』 III(상), pp. 397~398.

17) 질 들뢰즈 · 펠릭스 가타리, 이진경 · 권혜원 옮김, 『천의 고원』 2권, 연구공간 '너머' 자료실, 2000, p. 222.

18) 칼 폴라니, 박현수 옮김, 『거대한 변환』, 민음사, 1991, p. 87~88.

19) 모리스 돕, 『자본주의 발전연구』, pp. 120~126.

20) 앞의 책, p. 135.

21) 앞의 책, p. 150.

22) 고병권, 『화폐, 마법의 사중주』, 그린비, 2005, p. 106.

23) 앞의 책, p. 79.

24) 페리 앤더슨, 김현일 외 옮김, 『절대주의 국가의 역사』, 소나무, 1993, p. 117.

25) 페르낭 브로델, 『물질문명과 자본주의 III : 세계의 시간』 (상), p. 437.

26) 앞의 책, p. 412.

27) 앞의 책, p. 413.

28) 앞의 책, p. 413.

29) 페리 앤더슨, 『절대주의 국가의 역사』, p. 34.

30) 앞의 책, p. 39.

31) 앞의 책, p. 35.

32) 칼 폴라니, 『거대한 변환』, p. 88.

33) 페르낭 브로델, 『물질문명과 자본주의 III : 세계의 시간』 (상), p. 399.

34) 아이작 루빈, 함상호 옮김, 『경제사상사』, 지평, 1988, p. 15.

35) 페리 앤더슨, 『절대주의 국가의 역사』, p. 15.

36) 모리스 돕, 『자본주의 발전연구』, p. 144.

37) 풀 망투, 김종철 옮김, 『산업혁명사』(상), 창비, 1987, p. 188.

38) 앞의 책, p. 190.

39) 모리스 돕, 『자본주의 발전연구』, p. 162.

40) 앞의 책, p. 163.

41) 앞의 책, p. 190.

42) 앞의 책, pp. 191~192.

43) 프랑수아 퓌레, 정경희 옮김, 『프랑스 혁명의 해부』, 법문사, 1987, p. 181.

44) 앞의 책, p. 161.

45) 이매뉴얼 월러스틴, 나종일 옮김, 『근대세계체제』 I, 까치, 1999, p. 246.

46) 이매뉴얼 월러스틴, 김인중 · 이동기 옮김, 『근대세계체제』 III, 까치, 1999, p. 74.

47) 이매뉴얼 월러스틴, 『근대세계체제』 I, p. 147.

48) 에릭 홉스봄, 강명세 옮김, 『1780년 이후의 민족과 민족주의』, 창비, 1994.

49) 조르주 르페브르, 민석홍 옮김, 『프랑스 혁명』, 을유문화사, 1994, p. 83.

7_ 계급과 비-계급의 계급투쟁 : 코뮨주의 정치학을 위하여

1) Vladimir Ilich Lenin, "A Great Beginning", *Lenin's Collected Works*, vol. 29, Progress Publishers, 1972, p. 421.

2) Gilles Deleuze/Félix Guattari, *Anti-Oedipus*, University of Minnesota Press, 1983, pp. 253 이하.

3) 게오르크 빌헬름 프리드리히 헤겔, 서동익 옮김, 『철학강요』, 을유문화사, 1998, p. 415, §. 527.

4) 앞의 책, p. 414, §. 523.

5) 칼 맑스, 홍영두 옮김, 「헤겔 국법론 비판」, 『헤겔 법철학 비판』, 아침, 1989, p. 111.

6) 앞의 책, pp. 117~118.

7) 앞의 책, p. 107.

8) Gilles Deleuze/Félix Guattari, *Mille plateaux*, Minuit, 1980, p. 563.

9) 앞의 책, p. 566.

10) Gilles Deleuze/Félix Guattari, *Anti-Oedipus*, p. 253.

11) 에티엔 발리바르, 서관모 옮김, 「이데올로기의 동요」, 『역사유물론의 전화』, 민맥, 1993, p. 112.

12) Gilles Deleuze/Félix Guattari, *Anti-Oedipus*, p. 254.

13) 폴 망투, 김종철 옮김, 『산업혁명사』(상), 창비, 1987, p. 188.

14) 앞의 책, p. 190.

15) 모리스 돕, 이선근 옮김, 『자본주의 발전연구』, 광민사, 1980, p. 163.

16) 앞의 책, p. 190.

17) 프랑수아 퓌레, 정경희 옮김, 『프랑스 혁명의 해부』, 법문사, 1987, p. 161.

18) 칼 맑스, 김수행 옮김, 『자본론』 I(하), 비봉출판사, 2001, p. 979 이하.

19) 칼 맑스, 「헤겔 법철학 비판 서문」, 『헤겔 법철학 비판』, p. 202.

20) 앞의 책, p. 203.

21) 앞의 책, p. 202.

22) 에티엔 발리바르, 「맑스의 계급정치 사상」, 『역사유물론의 전화』, p. 217.

23) 앞의 책, pp. 216~217.

24) 이에 대해서는 이진경, 『자본을 넘어선 자본』, p. 244 이하 참조.

25) Gilles Deleuze/Félix Guattari, *Mille plateaux*, p. 133 ; 이진경, 『노마디즘』 1권, 휴머니스트, 2002, p. 322.

26) 칼 맑스, 「헤겔 국법론 비판」, 『헤겔 법철학 비판』, p. 169.

27) 에티엔 발리바르, 「이데올로기의 동요」, 『역사유물론의 전화』, p. 112.

28) 칼 맑스, 「헤겔 법철학 비판 서문」, 『헤겔 법철학 비판』, p. 203.

29) 에릭 홉스봄, 서관모 편역, 「맑스, 엥겔스와 맑스 이전의 사회주의」, 『역사적 맑스주의』, 새길, 1993, p. 163.

8_ 맑스주의에서 차이와 적대의 문제

1) 질 들뢰즈, 김상환 옮김, 『차이와 반복』, 민음사, 2004, pp. 120~124.

2) 러시아사회민주노동당, 「제2차 당대회 : 당 규약 제1조에 관한 토론」, 닐 하딩 편, 이성혁 옮김, 『러시아 맑스주의』, 거름, 1987, p. 421.

3) 이오시프 스탈린, 서중건 옮김, 「프롤레타리아계급과 프롤레타리아 당」, 『스탈린 선집 1 : 1905~1931』, 전진, 1988, pp. 28~29. 강조는 스탈린.

4) 이오시프 스탈린, 「레닌주의의 기초」, 『스탈린 선집 1 : 1905~1931』, p. 151.

5) 칼 맑스, 홍영두 옮김, 「헤겔 국법론 비판」, 『헤겔 법철학 비판』, 아침, 1989, p. 129.

6) 앞의 책, p. 129. 강조는 원문.

7) 게오르크 빌헬름 프리드리히 헤겔, 서동익 옮김, 『철학강요』, 을유문화사, 1987, pp. 148~149.

8) 칼 맑스, 「헤겔 국법론 비판」, 『헤겔 법철학 비판』, p. 130.

9) 앞의 책, p. 130.

10) 앞의 책, p. 131.

11) 칼 맑스, 김수행 옮김, 『자본론』 I(하), 비봉출판사, 2001, p.529 이하.
12) 칼 맑스, 『자본론』 I(상), p.90.
13) 칼 맑스, 「헤겔 법철학 비판 서문」, 『헤겔 법철학 비판』, p.202.
14) 앞의 책, p.203.
15) 칼 맑스, 『자본론』 I(하), p.983.

9_맑스주의와 코뮨주의 : 코뮨주의자는 어떻게 사유하는가?

1) 이진경, 『사회구성체론과 사회과학방법론』, 아침, 1987.
2) 사회구성체 논쟁의 구체적인 양상에 대해서는 박현채 · 조희연 편, 『한국사회구성체논쟁』 1 ~ 2, 죽산, 1989 참조.
3) 이와 관련된 연구실의 활동에 대한 잠정적인 '보고' 는 고미숙, 『아무도 기획하지 않은 자유』, 휴머니스트, 2003 참조.
4) 이에 대해서는 이 책 11장 「코뮨주의와 공동체주의 : 코뮨주의의 공간성에 관하여」; 고병권, 「스피노자의 코뮨주의 : 자유를 향한 욕망의 아상블라주」, 『문학과 경계』(창간호), 2001. 참조.
5) 이진경, 「무아의 철학과 코뮨주의」, 『노마디즘』 2, 휴머니스트, 2002.
6) 이를 위한 개략적인 시도로는 이진경, 『자본을 넘어선 자본』, 그린비, 2004 참조.

10_생명과 공동체 : 기계주의적 생태학을 위하여

1) 미셸 푸코, 이광래 옮김, 『말과 사물』, 민음사, 1986, p.41.
2) 프랑수아 자콥, 이정우 옮김, 『생명의 논리, 유전의 역사』, 민음사, 1994, p.45에서 재인용.
3) 앞의 책, p.47.
4) Alexandre Koyré, 菅谷曉 譯, 『ガリレオ研究』, 法政大學出版局, 1988.
5) 에드문트 후설, 이종훈 옮김, 『유럽학문의 위기와 선험적 현상학』, 이론과실천, 1993, p.66.
6) 프랑수아 자콥, 『생명의 논리, 유전의 역사』, p.63.
7) 에른스트 마이어, 최재천 외 옮김, 『이것이 생물학이다』, 몸과마음, 2002, p.29.
8) 프랑수아 자콥, 『생명의 논리, 유전의 역사』, p.73.
9) 미셸 푸코, 『말과 사물』, pp.272~273.
10) 프랑수아 자콥, 『생명의 논리, 유전의 역사』, pp.144~146.
11) 앞의 책, p.152에서 재인용.
12) 미셸 푸코, 『말과 사물』, p.314.
13) 에른스트 마이어, 『이것이 생물학이다』, p.26.
14) 이블린 폭스 켈러, 이한음 옮김, 『유전자의 세기는 끝났다』, 지호, 2002, p.149에서 재인용.
15) 게오르크 빌헬름 프리드리히 헤겔, 임석진 옮김, 『대논리학』 3권, 지학사, 1982.
16) 르네 데카르트, 「정신 지도를 위한 제 규칙」, 김형효 옮김, 『방법서설/성찰 외』, 삼성출판사, 1990, p.425 이하.
17) 토머스 홉스, 한승조 옮김, 『리바이어던』, 삼성출판사, 1990.
18) 프랑수아 자콥, 『생명의 논리, 유전의 역사』, p.139.
19) 앞의 책, p.192.
20) 스티븐 핀니 메이슨, 박성래 옮김, 『과학의 역사』 II, 까치, 1987, p.408.
21) 프랑수아 자콥, 『생명의 논리, 유전의 역사』, pp.284~285.
22) 스티븐 핀니 메이슨, 『과학의 역사』 II, pp.406~407.
23) 프랑수아 자콥, 『생명의 논리, 유전의 역사』, pp.203~204.
24) 앞의 책, p.318.
25) 앞의 책, p.328.

26) 에르빈 슈뢰딩거, 서인석·황상익 옮김, 『생명이란 무엇인가』, 한울, 1992 ; 마이클 머피·루크 오닐, 이상헌·이한음 옮김, 『생명이란 무엇인가, 그 후 50년』, 지호, 2003.

27) 자크 모노, 김용준 옮김, 『우연과 필연』, 삼성출판사, 1990, pp. 273~275, 302.

28) 이러한 입장으로는 리처드 도킨스, 홍영남 옮김, 『이기적 유전자』(개정판), 을유문화사, 2002 ; 에드워드 윌슨, 이병훈 옮김, 『사회생물학』, 민음사, 1992 등 참조.

29) 리처드 도킨스, 『이기적 유전자』(개정판) ; 매트 리들리, 신좌섭 옮김, 『이타적 유전자』, 사이언스북스, 2001.

30) 리처드 도킨스, 『이기적 유전자』(개정판), p. 11.

31) 이블린 폭스 켈러, 『유전자의 세기는 끝났다』, p. 80.

32) 미셸 모랑주, 강광일 외 옮김, 『분자생물학 : 실험과 사유의 역사』, 몸과마음, 2002, p. 242.

33) 앞의 책, pp. 243~245.

34) 이블린 폭스 켈러, 『유전자의 세기는 끝났다』, p. 137.

35) 앞의 책, p. 88.

36) 제임스 듀이 왓슨·앤드루 베리, 이한음 옮김, 『DNA : 생명의 비밀』, 까치, 2003, p. 230.

37) 이마누엘 칸트, 정명오 옮김, 『순수이성비판』, 동서문화사, 1978, p. 364.

38) 이블린 폭스 켈러, 『유전자의 세기는 끝났다』, p. 88.

39) 앞의 책, p. 102.

40) 미셸 모랑주, 『분자생물학 : 실험과 사유의 역사』, p. 242.

41) 프랑수아 자콥, 『생명의 논리, 유전의 역사』, pp. 290~292.

42) 이진경, 『노마디즘』 1, 휴머니스트, 2002, pp. 131~134 참조.

43) 에리히 얀치, 홍동선 옮김, 『자기조직하는 우주』, 범양사, 1989, p. 148 이하 ; 프리초프 카프라, 김용정·김동광 옮김, 『생명의 그물』, 범양사, 1998, pp. 130~132.

44) 움베르토 마투라나·프란시스코 바렐라, 최호영 옮김, 『인식의 나무 : 인식활동의 생물학적 뿌리』, 자작아카데미, 1995.

45) 에리히 얀치, 『자기조직하는 우주』, p. 149에서 재인용.

46) 이에 대해서는 제임스 러브록, 홍욱희 옮김, 『가이아 : 생명체로서의 지구』, 범양사, 1990 참조.

47) 이본 배스킨, 이한음 옮김, 『아름다운 생명의 그물』, 돌베개, 2003, p. 45.

48) 유진 오덤, 이도원 옮김, 『생태학』, 사이언스북스, 2001 ; 이본 배스킨, 『아름다운 생명의 그물』, p. 40 등.

49) 마르셀 모스, 이상률 옮김, 『증여론』, 한길사, 2002, pp. 96 이하.

50) 마빈 해리스, 박종열 옮김, 『문화의 수수께끼』, 한길사, 1982, pp. 114 이하.

51) 이본 배스킨, 『아름다운 생명의 그물』, p. 49에서 재인용.

52) 비외른 롬보르, 홍욱희 외 옮김, 『회의적 환경주의자』, 에코리브르, 2003, pp. 54 이하.

53) 이러한 경우에 대해서는 자넷 빌·피터 스타우든마이어, 김상영 옮김, 『에코파시즘』, 책으로만나는세상, 2003, pp. 78 이하 참조.

11_ 공동체주의와 코뮨주의

1) 페르낭 브로델, 주경철 옮김, 『물질문명과 자본주의 I : 일상생활의 구조』 (하), 까치, 1995, pp. 695 이하 참조.

2) 표트르 알렉세예비치 크로포트킨, 김영범 옮김, 『만물은 서로 돕는다』, 르네상스, 2005, p. 218에서 재인용.

3) 자크 르 고프, 유희수 옮김, 『서양 중세 문명』, 문학과지성사, 1992, p. 349.

4) 앞의 책, p. 346.

5) 에디트 엔넨, 안상준 옮김, 『도시로 본 중세 유럽』, 한울, 1997, p. 139.

6) 에디트 엔넨, 『도시로 본 중세 유럽』, pp. 225 이하 참조.

7) 표트로 알렉세예비치 크로포트킨, 『만물은 서로 돕는다』, p. 240.

8) 앞의 책, p. 220.

9) 자크 르 고프, 『서양 중세 문명』, p. 346.

10) 앞의 책, p. 347.

11) 에디트 엔넨, 『도시로 본 중세 유럽』, p. 141.

12) 표트로 알렉세예비치 크로포트킨, 『만물은 서로 돕는다』, p. 234.

13) 앞의 책, p. 243.

14) 페르낭 브로델, 『물질문명과 자본주의 I : 일상생활의 구조』 (하) , p. 720.

15) 자크 르 고프, 『서양 중세 문명』, p. 350.

16) 표트로 알렉세예비치 크로포트킨, 『만물은 서로 돕는다』, pp. 244~245 ; 자크 르 고프, 『서양 중세 문명』, pp. 353~354.

17) 자크 르 고프, 『서양 중세 문명』, p. 354.

18) 표트로 알렉세예비치 크로포트킨, 『만물은 서로 돕는다』, pp. 261~262.

19) 마르틴 하이데거, 이기상 옮김, 『존재와 시간』, 까치, 1998, p. 163.

20) 앞의 책, p. 96.

21) M. Heidegger, *Martin Heidegger zum 80. Geburtstag von seiner Heimstadt Meßkirch*, Frankfurt: Vittorio Klostermann, 1969. (박찬국, 『하이데거와 나치즘』, 문예출판사, 2001, p. 241에서 재인용.) 강조는 인용자.

22) 박찬국, 『하이데거와 나치즘』, p. 232.

23) 앞의 책, pp. 232~233.

24) 마르틴 하이데거, 『존재와 시간』, p. 91.

25) 박찬국, 『하이데거와 나치즘』, p. 233에서 재인용.

26) 마르틴 하이데거, 『존재와 시간』, p. 86.

27) 앞의 책, p. 85.

28) 앞의 책, p. 168.

29) 앞의 책, p. 172.

30) 앞의 책, p. 169.

31) 앞의 책, pp. 80~81.

32) 앞의 책, p. 82. 강조는 인용자.

33) 앞의 책, p. 148. 강조는 인용자.

34) 앞의 책, p. 149.

35) 이에 대해서는 박찬국, 『하이데거와 나치즘』, p. 239의 슐라게터 추도 연설 참조.

참고문헌

:: **국내 문헌**

강남훈(1986). 「전형문제에 대한 재검토」, 『가치이론』, 까치.

_____(2002). 『정보혁명의 정치경제학』, 문화과학사.

_____(2003). 「정보공유운동의 가치론적 근거」, 한국산업사회학회 편, 『사회이론
　과 사회변혁 : 김진균 교수 정년기념논총 1』, 한울.

_____(2004). 「정보상품의 가치와 잉여가치」, 『진보평론』 21호.

경상대 사회과학연구소 편(2000). 『디지털 혁명과 자본주의의 전망』, 한울.

고미숙(2003). 『아무도 기획하지 않은 자유』, 휴머니스트.

고병권(2001). 「존재의 아쌍블라주」, 『문학과 경계』(겨울호).

_____(2003). 『니체의 위험한 책, 차라투스트라는 이렇게 말했다』, 그린비.

_____(2005). 『화폐, 마법의 사중주』, 그린비.

권현정(1993). 「미셸 아글리에타의 자본주의 조절이론에 대한 연구」, 서울대 석사
　학위논문.

김경수(2003). 「리좀 변증법의 구상」, 맑스코뮤날레 조직위원회 편, 『지구화 시대,
　맑스의 현재성 1』, 문화과학사.

김만수(2004). 『실업사회』, 갈무리.

김세균(2004). 「레닌의 이론과 정치적 실천」, 『마르크스주의 연구』 2호.

김수행(1986). 「재생산표식과 상품가치의 실천」, 한신경제과학연구소 편, 『가치이
　론』, 까치.

_____(1988).『『자본론』연구 I』, 한길사.

_____(2004).「『자본론』연구방법에 대한 일본의 논쟁」,『마르크스주의 연구』2
호.

류동민(1998a).「노동가치론과 탈근대성」,『경제와 사회』(가을호).

_____(1998b).「포스트모던 정치경제학 : 평가와 전망」,『정치경제학의 우회 : 새
로운 지평을 위하여』(『사회경제평론』11호).

_____(2003).「맑스 잉여가치론의 재해석」, 맑스코뮤날레 조직위원회 편,『지구화
시대, 맑스의 현재성 1』, 문화과학사

류시화 편(2003).『나는 왜 너가 아니고 나인가 : 인디언의 방식으로 세상을 사는
법』, 김영사.

박상현 외(2001). 김석진 엮음,『자본주의의 위기와 역사적 마르크스주의』, 공감.

박성수(2005).「정보재 가치론 논쟁에 대한 방법론적 시각」,『진보평론』23호.

박찬국(2001).『하이데거와 나치즘』, 문예출판사.

박현채·조희연 편(1989).『한국 사회구성체 논쟁』1~2, 죽산.

박형준(1991).『현대 노동과정론 : 자동화에 관한 연구』, 백산서당.

백일(2003).「e-맑스 : 네트워크기업시스템」, 맑스코뮤날레 조직위원회 편,『지구
화 시대, 맑스의 현재성 2』, 문화과학사.

서관모(1986),『현대 한국사회의 계급구성과 계급분화 : 쁘띠 부르주아지의 추세
를 중심으로』, 한울.

_____(2005).「계급과 대중의 변증법과 발리바르의 마르크스주의 개조 작업」,『마
르크스주의 연구』4호.

신승철(2003).「사이버스페이스와 맑스주의 운동의 미래」, 맑스코뮤날레 조직위원
회 편,『지구화 시대, 맑스의 현재성 2』, 문화과학사.

신조영(2003).「탈근대적 맑스주의의 새로운 계급논의」, 맑스코뮤날레 조직위원회
편,『지구화 시대, 맑스의 현재성 1』, 문화과학사.

심광현(2003).「칸트와 들뢰즈를 경유한 맑스 : 문화사회의 인식적 지도」, 맑스코뮤
날레 조직위원회 편,『지구화 시대, 맑스의 현재성 1』, 문화과학사.

양동휴 외(1997).『산업혁명과 기계문명』, 서울대학교 출판부.

윤소영(1998).『일반화된 마르크스주의와 역사적 자본주의 분석』, 공감.

_____(1999).『신자유주의적 '금융세계화'와 '워싱턴 콘센서스' : 마르크스적 비
판의 쟁점들』, 공감.

_____(2001), 『마르크스의 경제학 비판』, 공감.

이경천(2004), 「정보재 단위인 알고리즘, 그 가치 및 가격 문제」, 『진보평론』 22호.

이상락(2005), 「탈근대 시대의 계급지도」, 『마르크스주의 연구』 4호.

이종영(1994), 『지배양식과 주체형식』, 백의.

_____(2002), 『내면성의 형식들』, 새물결.

이진경(1987), 『사회구성체론과 사회과학방법론』, 아침.

_____(2002), 「들뢰즈 : '사건의 철학' 과 역사유물론」, 『철학의 외부』, 그린비.

_____(1997), 『맑스주의와 근대성 : 주체생산의 역사이론을 위하여』, 문화과학사.

_____(2002), 『근대적 시·공간의 탄생』, 푸른숲.

_____(2002), 『노마디즘』 1~2, 휴머니스트.

_____(2002), 『철학의 외부』, 그린비.

_____(2004), 『자본을 넘어선 자본』, 그린비.

이채언(2005), 「정보재 가치론 논쟁에서의 몇 가지 문제점」, 『진보평론』 25호.

전창환(1994), 「아글리에타의 현대 자본주의 동학이론에 대한 연구」, 고려대 박사 학위논문.

정성진(2004), 「레닌의 경제학 비판」, 『마르크스주의 연구』 2호.

정운영(1993), 『노동가치이론 연구』, 까치.

정화(1996), 『삶의 모습을 있는 그대로』, 장경각.

_____(1998), 『함께 사는 아름다움』, 시공사.

_____(2001), 『마음 하나에 펼쳐진 우주』, 법공양.

조원희(1995), 「노동가치론의 철학적·이론적 기초에 대한 재검토」, 『가치이론 논쟁』, 풀빛.

조정환(2003), 『아우또노미아』, 갈무리.

_____(2004), 「레닌의 카이로스」, 『마르크스주의 연구』 2호.

_____(2005), 『제국기계 비판』, 갈무리.

채만수(2004), 「과학기술혁명과 상품의 가치」, 『진보평론』 20호.

최갑수(2003), 「초기 사회주의와 '사회주의적 유토피아'」, 맑스코뮤날레 조직위원회 편, 『지구화 시대, 맑스의 현재성 1』, 문화과학사.

한국사회경제학회 편(1995), 『가치이론논쟁』, 풀빛.

:: 해외 문헌

Aglietta, Michel.(1976). *Régulation et crises du capitalisme: l'expérience des États-Unis*, Paris: Calmann-Lévy. 〔성낙선 외 옮김, 『자본주의 조절이론』, 한길사, 1994.〕

Aglietta, Michel, et André Orléan(1982). *La violence de la monnaie*, Paris: PUF, 1982. 〔(ミッシェル アグリエッタ・アンドレ オルレアン) 井上泰夫・齊藤日出治 譯, 『貨幣の暴力』, 東京: 法政大學出版局, 1991.〕

Althusser, Louis(1965). *Pour Marx*, Paris: François Maspéro. 〔이종영 옮김, 『맑스를 위하여』, 백의, 1997.〕

_____(1969). *Lénine et la philosophie*, Paris: Maspéro. 〔이진수 옮김, 『레닌과 철학』, 백의, 1992.〕

_____(1976). *Essays in Self-Criticism*, London: NLB.

_____(1978). "Il marxismo oggi", *Enciclopedia Europea*, VII, Milano: Garzanti. 〔「오늘의 맑스주의」, 서관모 편역, 『역사적 맑스주의』, 새길, 1993〕

_____(1994). "Le courant souterrain du matérialisme de la rencontre"(1982), *Écrits politiques et philosophiques*, Tome. I, Paris: LGF. 〔「마주침의 유물론」, 서관모・백승욱 옮김, 『철학과 맑스주의: 우발성의 유물론을 위하여』, 새길, 1996.〕

Anderson, Benedict(1983). *Imagined Communities: Reflections on the Origin and Spread of Nationalism*, London: Verso. 〔윤형숙 옮김, 『상상의 공동체』, 나남출판, 2002.〕

Anderson, Perry(1974). *Lineages of the Absolute State*, London: New Left Books. 〔김현일 외 옮김, 『절대주의 국가의 역사』, 소나무, 1993.〕

Arendt, Hannah(1958). *Human Condition*, Chicago: University of Chicago Press. 〔이진우・태정호 옮김, 『인간의 조건』, 한길사, 1996.〕

Ariés, Philippe(1973). *L'enfant et la vie familiale sous l'ancien régime*, Paris: Seuil. 〔문지영 옮김, 『아동의 탄생』, 새물결, 2003.〕

Balibar, Étienne(1974). *Cinq études du matérialisme historique*, Paris: Maspéro. 〔이해민 옮김, 『역사유물론 연구』, 푸른산, 1989.〕

_____(1982). "Dictature du prolétariat", *Dictionnaire critique du marxisme*, PUF. 〔「프롤레타리아 독재 개념의 모순들」, 윤소영 편역, 『맑스주의의 역사』, 민맥, 1991.〕

_____(1983). "La vacillation de l'idéologie dans le marxisme", *Raison Présente*, no. 66. [「이데올로기의 동요」, 서관모 편역, 『역사유물론의 전화』, 민맥, 1993.]

_____(1985). "L'Idée d'une politique de classe chez Marx"(1983), *Marx en perspective*, Bernard Chavance, ed., Paris:Éditions l'École des Hautes Études en Sciences Sociales. [「맑스의 계급정치 사상」, 서관모 편역, 『역사유물론의 전화』, 민맥, 1993.]

Baskin, Yvonne(1997). *The Work of Nature: How the Diversity of Life Sustains Us*, Washington D.C.:Island Press. [이한음 옮김, 『아름다운 생명의 그물』, 돌베개, 2003.]

Bastian, Till(2003). *Die Mensch und die anderen Tiere*, Zürich:Pendo. [손성현·박성윤 옮김, 『가공된 신화, 인간』, 시아출판사, 2005.]

Bataille, Georges(1949). *La part maudite*, Paris:Minuit. [조한경 옮김, 『저주의 몫』, 문학동네, 2000.]

_____(1957). *L'érotisme*, Paris:Minuit. [조한경 옮김, 『에로티즘』, 민음사, 1996.]

_____(1991). *L'impossible*, R. Hurley tr., *The Impossible*, San Francisco:City Lights Books.

Baudrillard, Jean(1970). *La société de consommation, ses mythes, ses structures*, Paris:Gallimard. [이상률 옮김, 『소비의 사회 그 신화와 구조』, 문예출판사, 1991.]

_____(1972). *Pour une critique de l'économie politique du signe*, Paris:Gallimard. [이규현 옮김, 『기호의 정치경제학 비판』, 문학과 지성사, 1992.]

_____(1973). *Le miroir de la production, ou l'illusion critique du matérialisme historique*, Paris:Casterman. [배영달 옮김, 『생산의 거울』, 백의, 1994.]

Biehl, Janet, and Peter Staudenmaier(1995). *Ecofascism:Lessons from the German Experience*, Edinburgh:AK Press. [김상영 옮김, 『에코파시즘』, 책으로만나는세상, 2003.]

Bonefeld, Werner, and John Holloway ed.(1995). *Global Capital, National State and the Politics of Money*, New York:St. Martin's. [이원영 옮김, 『신자유주의와 화폐의 정치』, 갈무리, 1999.]

Borges, Jorge L.(1944). "Tema del traidor y del héroe", *Ficciones*, Buenos Aires:Sur. [황병하 옮김, 『픽션들』, 민음사, 1999.]

Boyer, Robert(1986a). *La théorie de la régulation. Une analyse critique*, Paris: La Découverte. 〔정신동 옮김, 『조절이론』, 학민사, 1991.〕

Boyer, Robert ed.(1986b). *Capitalisme fin de siécle*, Paris: PUF. 〔김진엽 옮김, 『자본주의 위기론 : 조절국면의 세계자본주의』, 논장, 1988.〕

Braudel, Fernand(1979a). *Civilisation matérielle, économie et capitalism, XVe ~XVIIIe siécle*, Tome. I, Paris: Armand Colin. 〔주경철 옮김, 『물질문명과 자본주의 I : 일상생활의 구조』 (하), 까치, 1995.〕

_____(1980). *Civilisation matérielle, économie et capitalism, XVe~XVIIIe siècle*, Tome. III, Paris: Armand Colin. 〔주경철 옮김, 『물질문명과 자본주의 III : 세계의 시간』 상/하, 까치, 1997.〕

Braverman, Harry(1976). *Labor and Monopoly Capital*, New York: Monthly Review Press. 〔강남훈 외 옮김, 『노동과 독점자본』, 까치, 1998.〕

Brooks, Rodney(2002). *Flesh and Machines: How Robots will Change Us*, New York: Pantheon Books. 〔박우석 옮김, 『로봇만들기』, 바다, 2005.〕

Brown, Lester R.(2001). *Eco-Economy: Building an Economy for the Earth*, New York: W. W. Norton. 〔한국생태경제연구회 옮김, 『에코 이코노미』, 도요새, 2003.〕

Capra, Fritjof(1996). *The Web of Life: a New Scientific Understanding of Living Systems*, New York: Anchor Books. 〔김용정·김동광 옮김, 『생명의 그물』, 범양사, 1998.〕

Castells, Manuel(1989). *The Informational City*, Oxford: Blackwell. 〔최병두 옮김, 『정보도시』, 한울, 2001.〕

_____(1996). *The Rise of the Network Society*, Cambridge: Blackwell, 1996. 〔김묵한 외 옮김, 『네트워크 사회의 도래』, 한울, 2003.〕

_____(2001). *The Internet Galaxy: Reflections on the Internet, Business, and Society*, Oxford; New York: Oxford University Press. 〔박행웅 옮김, 『인터넷 갤럭시』, 한울, 2004.〕

Clastre, Pierre(1974). *La société contre l'État: recherches d'anthropologie politique*, Paris: Minuit. 〔홍성흡 옮김, 『국가에 대항하는 사회』, 이학사, 2005.〕

_____(1999). *Archéologie de la violence*, Paris: Aube. 〔변지현·이종영 옮김, 『폭력의 고고학』, 울력, 2002.〕

Cleaver, Harry(1979). *Reading Capital Politically*, Austin : University of Texas Press. 〔한웅혁 옮김, 『자본론의 정치적 해석』, 풀빛, 1986.〕

Cohen, Benjamin(1998). *The Geography of Money*, Ithaca : Cornell University Press. 〔박영철 옮김, 『화폐와 권력』, 시유시, 1999.〕

Dawkins, Richard(1976). *The Selfish Gene*, New York : Oxford University Press. 〔홍영남 옮김, 『이기적 유전자』(개정판), 을유문화사, 2002.〕

Debord, Guy(1967). *La Société du spectacle*, Paris : Buchet/Chastel. 〔이경숙 옮김, 『스펙터클의 사회』, 현실문화연구, 1996〕

Deleuze, Gilles(1963). *La Philosophie critique de Kant*, Paris : PUF. 〔서동욱 옮김, 『칸트의 비판철학』, 민음사, 1995.〕

_____(1968). *Différence et répétition*, Paris : PUF. 〔김상환 옮김, 『차이와 반복』, 민음사, 2004.〕

_____(1968). *Spinoza et le problème de l'expression*, Paris : Minuit 〔이진경/권순모 옮김, 『스피노자와 표현의 문제』, 인간사랑, 2003.〕

_____(1969). *Logique du sens*, Paris : Minuit. 〔이정우 옮김, 『의미의 논리』, 한길사, 2000.〕

_____(1973). *Nietzsche et la philosophie*, Paris : PUF. 〔신범순 · 조영복 옮김, 『니체, 철학의 주사위』, 인간사랑, 1993〕

_____(1978). "Cours Vincennes, Jan. 24, 1978", *Les Cours de Gilles Deleuze*, www.webdeleuze.com. 〔「정동에 관하여」, 서창현 외 편역, 『비물질 노동과 다중』, 갈무리, 2005.〕

Deleuze, Gilles, et Félix Guattari(1980). *Mille plateaux : Capitalisme et schizophrénie II*, Paris : Minuit〔이진경 · 권혜원 옮김, 『천의 고원』 I/II, 연구공간 너머, 2000.〕

_____(1983). *Anti-Oedipus*, Minneapolis : University of Minnesota Press.

Derrida, Jacques(1966). *De la grammatologie*, Paris : Minuit. 〔김성도 옮김, 『그라마톨로지』, 민음사, 1996.〕

_____(1967). *L'écriture et la différence*, Parris : Seuil. 〔남수인 옮김, 『글쓰기와 차이』, 동문선, 2001.〕

_____(1972). *Positions*, Paris : Minuit. 〔박성창 옮김, 『입장들』, 1996.〕

_____(1994). *Force de loi : Le "Fondement mystique de l'autorit?"*, Paris :

Galilée. 〔진태원 옮김, 『법의 힘』, 문학과 지성사, 2004.〕

Descartes, René(1970). *Règles pour la direction de l'esprit*(1628), Paris:J. Vrin. 〔「정신지도를 위한 제규칙」, 김형효 옮김, 『방법서설/성찰 외』, 삼성출판사, 1990.〕

De Vroey, Michel(1985). "La theorie Marxiste de la valeur, version travail abstrait:Un bilan critique", G. Dostaler and M. Lagueux ed., *Un echiquier centenaire:Théorie de la valeur et formation des prix*, Paris:La Découverte. 〔「마르크스주의 가치이론에 대한 추상노동적 해석 : 하나의 비판적 평가」, 한신경제과학연구소 편, 『가치이론』, 까치, 1986.〕

Dobb, Maurice(1946). *Studies in the Development of Capitalism*, London: Routledge and Kegan Paul. 〔이선근 옮김, 『자본주의 발전연구』, 광민사, 1980.〕

Donzelot, Jacques(1979). *The Policing of Families*, New York:Pantheon.

Drucker, Peter(1993). *Post-Capitalist Society*, New York:HarperBusiness.〔이재규 옮김, 『자본주의 이후의 사회』, 한국경제신문사, 2002.〕

Dyer-Witheford, Nick(1999). *Cyber-Marx:Cycles and Circuits of Struggle in High-technology Capitalism*, Urbana:University of Illinois Press. 〔신승철·이현 옮김, 『사이버-맑스』, 이후, 2003.〕

Emmeche, Claus(1994). *The Garden In the Machine:The Emerging Science of Artificial Life*, Princeton:Princeton University Press. 〔오은아 옮김, 『기계 속의 생명』, 이제이북스, 2004.〕

Engels, Friedrich(1962). "Ludwig Feuerbach und der Ausgang der klassischen deutschen Philosophie", *Karl Marx/Friedrich Engels Werke*, Bd. 21, Berlin: Dietz Verlag. 〔양재혁 옮김, 『포이에르바하와 독일고전철학의 종말』, 돌베개, 1987.〕

Ennen, Edith(1972). *Die europäische Stadt des Mittelalters*, Göttingen: Vandenhoeck u. Ruprecht. 〔안상준 옮김, 『도시로 본 중세 유럽』, 한울, 1997.〕

Foley, Duncan(2000). "Recent Developments in the Labor Theory of Value", *Review of Radical Political Economics*, 32. 〔「노동가치이론의 최근 동향」, 김석진 옮김, 『자본주의의 위기와 역사적 마르크스주의』, 공감, 2001.〕

Foucault, Michel(1961). *Histoire de la folie à l'âge classique*, Paris:Gallimard. 〔이규현 옮김, 『광기의 역사』, 나남, 2003.〕

_____(1971). *L'ordre du discours*, Paris:Gallimard. 〔이정우 옮김, 『담론의 질서』, 새길, 1993.〕

_____(1975). *Surveiller et punir: naissance de la prison*, Paris: Gallimard. 〔박홍규 옮김, 『감시와 처벌』, 강원대 출판부, 1989.〕

_____(1976). *Histoire de la sexualité*, Tome. I, La volonté de savoir, Paris: Gallimard. 〔이규현 옮김, 『성의 역사 1』, 나남출판, 1990.〕

_____(1996). *Les mots et les choses*, Paris: Gallimard. 〔이광래 옮김, 『말과 사물』, 민음사, 1986.〕

Friedman, Milton(1992). *Money Mischief: Episodes in Monetary History*, Orlando: Harcourt Brace Jovanovich. 〔김병주 옮김, 『돈의 이야기』, 고려원, 1992.〕

Furet, François(1978). *Penser la révolution française*, Paris: Gallimard. 〔정경희 옮김, 『프랑스 혁명의 해부』, 법문사, 1987.〕

Giedion, Sigfried(1948). *Mechanization Takes Command: A Contribution to an Anonymous History*, New York: Oxford University Press. 〔이건호 옮김, 『기계문화의 발달사』, 유림문화사, 1995.〕

Goff, Jacques Le(1964). *La civilisation de l'occident médiéval*, Paris: Arthaud. 〔유희수 옮김, 『서양 중세 문명』, 문학과지성사, 1992.〕

Goffi, Jean-Yves(1988). *La philosophie de la technique*, Paris: PUF. 〔황수영 옮김, 『기술철학』, 한길사, 2003.〕

Gould, Stephen Jay(1980). *The Panda's Thumb: More Reflections in Natural History*, New York: Norton. 〔김동광 옮김, 『판다의 엄지』, 세종서적, 1998.〕

Gould, Stephen Jay(1990). *Wonderful Life*, London: Hutchinson Radius. 〔김동광 옮김, 『생명, 그 경이로움에 대하여』, 경문사, 2004.〕

Gould, Stephen Jay(1996). *Full House: The Spread of Excellence from Plato to Darwin*, New York: Harmony Books. 〔이명희 옮김, 『풀 하우스』, 사이언스북스, 2002.〕

Guattari, Félix(1972). *Psychanalyse et transversalite*, Paris: Maspéro. 〔윤수종 옮김, 『정신분석과 횡단성』, 울력, 1944.〕

_____(1977). *La révolution moléculaire*, Fontenay-sous-Bois: Recherches. 〔윤수종 옮김, 『분자혁명』, 푸른숲, 1998.〕

_____(1979). *L'inconscient machinique: essais de schizo-analyse*, Fontenay-sous-Bois: Recherches. 〔윤수종 옮김, 『기계적 무의식』, 푸른숲, 2003.〕

_____(1980). "Le capital comme integrale des formations de pouvoir", *La revolution moleculaire*, 2e éd., Fontenay-sous-Bois:Recherches. 〔「권력구성체의 적분으로서 자본」, 윤수종 편역, 『욕망과 혁명』, 문화과학사, 2004.〕

Guattari, Félix, et Antonio Negri(1985). *Les nouveaux espaces de liberté*, Paris: Dominique Bedou. 〔조정환 옮김, 『미래로 돌아가다』, 갈무리, 2000.〕

Haraway, Donna(1991). *Simians, Cyborgs and Women: The Reinvention of Nature*, New York: Routledge. 〔민경숙 옮김, 『유인원, 사이보그, 그리고 여자』, 동문선, 2002.〕

Harris, Marvin(1974). *Cows, Pigs, Wars and Witches: The Riddles of Culture*, New York: Random House. 〔박종열 옮김, 『문화의 수수께끼』, 한길사, 1982.〕

Hegel, Georg W. F.(1816). *Wissenschaft der Logik: Zweiter Band, Die subjective Logik*, Hamburg: F. Meiner. 〔임석진 옮김, 『대논리학』 3권, 지학사, 1982.〕

_____(1983). *Enzyklopädie der philosophischen Wissenschaften*, Frankfurt: Suhrkamp Verlag. 〔서동익 옮김, 『철학강요』, 을유문화사, 1987.〕

Heidegger, Martin(1927). *Sein und Zeit*, Halle: Niemeyer. 〔이기상 옮김, 『존재와 시간』, 까치, 1998.〕

_____(1957). *Identität und Differenz*, Pfullingen: Neske. 〔신상희 옮김, 『동일성과 차이』, 민음사, 2000.〕

_____(1962). *Die Technik und die Kehre*, Pfullingen: Neske. 〔이기상 옮김, 『기술과 전향』, 서광사, 1993.〕

_____(1969). *Martin Heidegger zum 80. Geburtstag von seiner Heimstadt Messkirch*, Frankfurt: Vittorio Klostermann.

Heilbroner, Robert(1995). "Foreword", Jeremy Rifkin, *The End of Work*, New York: G. P. Putnam's Sons. 〔이영호 옮김, 『노동의 종말』, 민음사, 1996.〕

Himanen, Pekka et. al.(2001). *The Hacker Ethic: A Radical Approach to the Philosophy of Business*, New York: Random House. 〔신현승 옮김, 『해커, 디지털 시대의 장인들』, 세종서적, 2002.〕

Hobbes, Thomas(1968). *Leviathan, or the Matter, Forme and Power of a Commonwealth Ecclesiasticall and Civil*(1651), Harmondsworth: Penguin. 〔한승조 옮김, 『리바이어던』, 삼성출판사, 1995.〕

Hobsbawm, Eric(1975), *The Age of Capital*, London : Weidenfeld and Nicholson. 〔정도영 옮김, 『자본의 시대』, 한길사, 1983.〕

_____(1982). "Marx, Engels and Pre-Marxian Socialism", *The History of Marxism*, vol. 1 : Marxism in Marx's Day, Sussex : Harvester Press. 〔「맑스, 엥겔스와 맑스 이전의 사회주의」, 서관모 편역, 『역사적 맑스주의』, 새길, 1993.〕

_____(1990). *Nations and Nationalism since 1780 : Programme, Myth, Reality*, Cambridge : Cambridge University Press. 〔강명세 옮김, 『1780년 이후의 민족과 민족주의』, 창비, 1994.〕

Husserl, Edmund(1937). *Die Krisis der europäischen Wissenschaften und die transyentale Phänomenologie*, Tübingen : Martinus Nijhoff. 〔이종훈 옮김, 『유럽학문의 위기와 선험적 현상학』, 이론과실천, 1993.〕

Ihde, Don(1979). *Technics and Praxis*, Boston : D. Reidel Pub. Co. 〔김성동 옮김, 『기술철학』, 철학과 현실사, 1998.〕

Jacob, François(1970). *La logique du vivant*, Paris : Gallimard. 〔이정우 옮김, 『생명의 논리, 유전의 역사』, 민음사, 1994.〕

Jantsch, Erich(1980). *The Self-Organizing Universe : Scientific and Human Implications of the Emerging Paradigm of Evolution*, New York : Pergamon Press. 〔홍동선 옮김, 『자기조직하는 우주』, 범양사, 1989.〕

Kant, Immanuel(1922). *Kritik der reinen Vernunft*(1781), Berlin : Bruno Cassirer. 〔정명오 옮김, 『순수이성비판』, 동서문화사, 1978.〕

Kaplinsky, Raphael(1984). *Automation : The Technnology and Society*, Harlow : Longman.

Kearney, Richard(2002). *Strangers, Gods and Monsters : Interpreting Otherness*, London : Routledge. 〔이지영 옮김, 『이방인, 신, 괴물』, 개마고원, 2004.〕

Keller, Evelyn Fox(2000). *The Century of the Gene*, Cambridge : Harvard University Press. 〔이한음 옮김, 『유전자의 세기는 끝났다』, 지호, 2002.〕

Koyré, Alexandre(1939). *Études Galiléennes*, Paris : Hermann. 〔菅谷曉 譯, 『ガリレオ研究』, 法政大學出版局, 1988.〕

Kropotkin, Pyotr A.(1998). *Mutual Aid : A Factor of Evolution*(1902), London : Freedom Press. 〔하기락 옮김, 『상호부조론』, 형설출판사, 1993.〕

Kurzweil, Ray(1999). *The Age of Spiritual Machine*, New York : Penguin. 〔채윤기 옮김, 『21세기 호모 사피엔스』, 나노미디어, 1999.〕

Lafargue, Paul(1883). *Le droit à la paresse*, Paris : Henry Oriol. 〔조형준 옮김,

『게으를 수 있는 권리』, 새물결, 1997.〕

Lecourt, Dominique(1973). *Une crise et son enjeu : essai sur la position de Lénine en philisophie*, Paris : Maspéro. 〔「레닌의 철학적 전략」, 이성훈 편역, 『유물론, 반영론, 리얼리즘』, 백의, 1995.〕

Lefebvre, Georges(1962). *The French Revolution*, London : Routledge. 〔민석홍 옮김, 『프랑스 혁명』, 을유문화사, 1994.〕

Lefebvre, Henri(1968). *La vie quotidienne dans le monde moderne*, Paris : Gallimard. 〔박정자 옮김, 『현대세계의 일상성』, 세계일보사, 1990.〕

Le Goff, Jacque(1986). *La bourse et la vie*, Paris : Hachette Littérature. 〔김정희 옮김, 『돈과 구원』, 이학사, 1998.〕

Lenin, Vladimir I.(1972a). "Materialism and Empirio-criticism"(1908), *Lenin's Collected Works*, vol. 14, Moscow : Progress Publishers. 〔정광희 옮김, 『유물론과 경험비판론』, 아침, 1988.〕

_____(1972b). "A Great Beginning", *Lenin's Collected Works*, vol. 29, Moscow : Progress Publishers.

Leopold, Aldo(1949). *A Sand County Almanac*, New York : Oxford Univ. Press. 〔윤여창·이상원 옮김, 『모래땅의 사계』, 푸른숲, 1999.〕

Lévi-Strauss, Claude(1962). *La pensée sauvage*. Paris : Plon. 〔안정남 옮김, 『야생의 사고』, 한길사, 1996.〕

_____(1955). *Tristes tropiques*, Paris : Plon. 〔박옥줄 옮김, 『슬픈 열대』, 한길사, 1998.〕

Lévy, Pierre(1994), *L'intelligence collective : pour une anthropologie du cyber-space*, Paris : La Découverte. 〔권수경 옮김, 『집단지성』, 문학과지성사, 2002.〕

_____(1997). *Cyberculture*, Paris : Odile Jacob. 〔김동윤·조준형 옮김, 『사이버 문화』, 문예출판사, 2000.〕

Lipietz, Alain(1985). *The Enchanted World : Inflation, Credit and the World Crisis*, London : Verso. 〔김균 옮김, 『조절이론과 마르크스경제학의 재해석』, 인간사랑, 1993.〕

Locke, John(1967). *Two Treatises of Government*, Cambridge : Cambridge University Press. 〔강정인·문지영 옮김, 『통치론』, 까치, 1996.〕

Lomborg, Bjørn(1998). *Verdens Sande Tilstand*, Copenhagen : Centrum. 〔홍

욱희 외 옮김, 『회의적 환경주의자』, 에코리브르, 2003.]

Lovelock, James E.(1979). *Gaia: A New Look at Life on Earth*, New York: Oxford University Press. 〔홍욱희 옮김, 『가이아 : 생명체로서의 지구』, 범양사, 1990.〕

Lukács, György(1923). *Geschichte und Klassenbewusstsein*, Berlin: Malik-Verlag. 〔박정호 외 옮김, 『역사와 계급의식』, 거름, 1986.〕

_____(1948). *Der junge Hegel: Über die Beziehungen von Dialektik und Ökonomie*, Neuwied: Luchterhand. 〔이춘길 옮김, 『청년 헤겔』 1/2, 동녘, 1998.〕

Luxemburg, Rosa(1970~1975). *Gesammelte Werke I~V*, Berlin: Dietz Verlag.

Mantoux, Paul(1961). *The Industrial Revolution in The Eighteenth Century: An Outline of the Beginnings of the Modern Factory System in England*, New York: Macmillan. 〔정윤형 · 김종철 옮김, 『산업혁명사』, 창비, 1987.〕

Marcos(2001). *Our Word Is Our Weapon: Selected Writings*, New York: Seven Stories Press. 〔윤길순 옮김, 『우리의 말이 우리의 무기입니다』, 해냄, 2002.〕

Martin, Hans-Peter und Harald Schumann(1996). *Die Globalisierungsfalle*, Hamburg: Rowohlt. 〔강수돌 옮김, 『세계화의 덫』, 영림카디널, 1997.〕

Marx, Karl(1953). *Grundrisse der Kritik der politischen Ökonomie*, Berlin: Dietz. 〔김호균 옮김, 『정치경제학 비판 요강』 1~3, 백의, 2000.〕

_____(1958). "Die deutsche Ideologie" (1846), *Karl Marx/Friedrich Engels Werke*, Bd. 3, Berlin: Dietz Verlag. 〔「독일 이데올로기」, 최인호 외 옮김, 『맑스 엥겔스 저작선집』 1, 박종철출판사, 1990〕

_____(1959). "Lohnarbeit und Kapital" (1849), *Karl Marx/Friedrich Engels Werke*, Bd. 6, Berlin: Dietz Verlag. 〔「임금노동과 자본」, 최인호 외 옮김, 『맑스 엥겔스 저작선집』 1, 박종철출판사, 1990.〕

_____(1962). "Kritik des Gothaer Programms" (1875), *Karl Marx/Friedrich Engels Werke*, Bd. 19, Berlin: Dietz Verlag. 〔「고타강령 비판」, 김재기 편역, 『마르크스 · 엥겔스 저작선』, 거름, 1988.〕

_____(1964a). "Theorien über den Mehrwert" (1861), *Karl Marx/Friedrich Engels Werke*, Bd. 26, Berlin: Dietz Verlag. 〔편집부 옮김, 『잉여가치학설사』 1권, 아침, 1989.〕

_____(1964b). "Das Kapital I" (1867), *Karl Marx/Friedrich Engels Werke*, Bd. 23, Berlin: Dietz Verlag. 〔김수행 옮김, 『자본론』 I(상/하), 비봉출판사, 2001.〕

_____(1964c). "Das Kapital III"(1894), *Karl Marx/Friedrich Engels Werke*, Bd. 25, Berlin:Dietz Verlag. 〔김수행 옮김, 『자본론』 III(상/하), 비봉출판사, 2004.〕

_____(1969a). "Civil War in France", *Selected Works*, vol. 2, Moscow: Progress Publishers.

_____(1969b). *Resultate des unmittelbaren Produktionsprozesses*, Frankfurt: Neue Kritik. 〔「직접적 생산과정의 제결과」, 김호균 편역, 『경제학 노트』, 이론과실천, 1988.〕

_____(1969c). "The 18th Brumaire of Louis Bonaparte", *Selected Works*, vol. 1, Moscow:Progress Publishers.

_____(1969d). "Thesen über Feuerbach"(1845), *Karl Marx/Friedrich Engels Werke*, Bd. 3, Berlin:Dietz Verlag. 〔「포이에르바하에 관한 테제」, 최인호 외 옮김, 『맑스 엥겔스 저작선집』 1, 박종철출판사, 1990.〕

_____(1972). "Das Elend der Philosophie"(1847), *Karl Marx/Friedrich Engels Werke*, Bd. 4, Berlin:Dietz Verlag. 〔「철학의 빈곤」, 최인호 외 옮김, 『맑스 엥겔스 저작선집』 1, 박종철출판사, 1990.〕

_____(1975). "Ökonomisch-philosophische Manuskripte aus dem Jahre 1844"(1844), *Karl Marx/Friedrich Engels Werke*, Bd. 40, Berlin:Dietz Verlag. 〔최인호 옮김, 『1844년의 경제학-철학 초고』, 박종철출판사, 1991.〕

_____(1976). "Zur Kritik der Hegelschen Rechtsphilosophie", *Karl Marx/Friedrich Engels Werke*, Bd. 1, Berlin:Dietz Verlag. 〔홍영두 옮김, 『헤겔 법철학 비판』, 아침, 1988.〕

_____(1981). "Über die Differenz der demoknitischen und epikureischen Naturphilosopie"(1841), *Karl Marx/Friedrich Engels Werke*, Bd. 40, Berlin:Dietz Verlag. 〔고병권 옮김, 『데모크리토스와 에피쿠로스 자연철학의 차이』, 그린비, 2001.〕

Mason, Stephen Finney(1956). *A History of the Sciences*, New York:Collier. 〔박성래 옮김, 『과학의 역사』 I/II, 까치, 1987.〕

Maturana, Humberto, and Francisco Varela(1984). *Der Baum der Erkenntnis: Die biologischen Wurzeln des menschlichen Erkennens*, Bern:Goldmann. 〔최호영 옮김, 『인식의 나무』, 자작아카데미, 1995.〕

Mauss, Marcel(1950). "Essai sur le don:Forme et raison de l'échange dans les sociétés archaïques"(1924), *Sociologie et anthropologie*, Paris:PUF. 〔이 상률 옮김,『증여론』, 한길사, 2002.〕

Mayr, Ernst(1997). *This is Biology:The Science of the Living World*, Cambridge:Harvard University Press. 〔최재천 외 옮김,『이것이 생물학이다』, 몸과마음, 2002.〕

Monod, Jacques Lucien(1970). *Le hasard et la nécessité. Essai sur la philosophie naturelle de la biologie moderne*, Paris:Le Seuil. 〔김용준 옮김, 『우연과 필연』, 삼성출판사, 1990.〕

Morange, Michel(1998). *A History of Molecular Biology*, Cambridge:Harvard University Press. 〔강광일 외 옮김,『분자생물학』, 몸과마음, 2002.〕

Morrison, Toni(1998). *Paradise*, 〔김선형 옮김,『파라다이스』, 2001, 들녘.〕

Murard, Lion et Patrick Zylberman(1976), *Le petit travailleur infatigable, villes-usines, habitat et intimités au XIX éme siécle*, Paris:Recherches.

Murphy, Michael P., and Luke A. J. O'Neill(1995). *What is Life? The Next Fifty Years:Speculations on the Future of Biology*, Cambridge:Cambridge University Press. 〔이상헌·이한음 옮김,『생명이란 무엇인가, 그후 50년』, 지호, 2003.〕

Nadel, Siegfried N.(1982). *Contemporary Capitalism and the Middle Classes*, Moscow:Progress Publishers. 〔김병호 옮김,『계급론』, 녹두, 1986.〕

Negri, Antonio(1979). *Marx au-delà de Marx*, Paris:Bourgois. 〔윤수종 옮김, 『맑스를 넘어선 맑스』, 새길, 1994.〕

_____(1989). *The Politics of Subversion*, Cambridge:Polity Press.

Negri, Antonio, and Michael Hardt(1994). *Labour of Dionysus:A Critique of the State Form*, Minneapolis:University of Minnesota. 〔이원영 옮김,『디오니 소스의 노동:국가형태 비판』, 갈무리, 1996.〕

_____(2000). *Empire*, Cambridge:Harvard University Press. 〔윤수종 옮김,『제 국』, 이학사, 2001.〕

Negroponte, Nicholas(1995). *Being Digital*, New York:Alfred A. Knopf. 〔백 욱인 옮김,『디지털이다』, 커뮤니케이션북스, 1995.〕

Nietzsche, Friedrich W.(1980). "Zur Genealogie der Moral"(1887), *Sämtliche*

Werke, Bd. 5, Berlin: Walter De Gruyter. 〔김정현 옮김, 『선악의 저편/도덕의 계보』, 니체전집 14, 책세상, 2002.〕

Odum, Eugene(1997). *Ecology: A Bridge between Science and Society*, Sunderland: Sinauer Associates. 〔이도원 옮김, 『생태학』, 사이언스북스, 2001.〕

Penrose, Roger(1989). *The Emperor's New Mind: Concerning Computers, Minds, and the Laws of Physics*, Oxford: Oxford University Press. 〔박승수 옮김, 『황제의 새 마음: 컴퓨터, 마음, 물리법칙에 관하여』, 이화여대출판부, 1996.〕

Polanyi, Karl(1944). *The Great Transformation: The Political and Economic Origins of Our Time*, Boston: Beacon Press.〔박현수 옮김, 『거대한 변환: 우리 시대의 정치적·경제적 기원』, 민음사, 1991.〕

_____(1977). *The Livelihood of Man*, New York: Academic Press. 〔박현수 옮김, 『인간의 경제』 I~II, 풀빛, 1983.〕

Ramonet, Ignacio, et. al.(1989). *Penser le XXIe siécle*, Paris: Seuil. 〔최연구 옮김, 『프리바토피아를 넘어서』, 백의, 2001.〕

Reich, Wilhelm(1933). *Die Massenpsychologie des Faschismus*, Kopenhagen, Prag, Zürich: Sexpol Verlag. 〔황선길 옮김, 『파시즘의 대중심리』, 그린비, 2006.〕

_____(1936). *Sexualität im Kulturkampf*, Kopenhagen: Sexpol Verlag. 〔윤수종 옮김, 『성혁명』, 새길, 2000.〕

_____(1942). *Discovery of the Orgone 1: The Function of the Orgasm*, New York: Orgone Institute Press. 〔윤수종 옮김, 『오르가즘의 기능』, 그린비, 2005.〕

Ricardo, David(1817). *Principles of Political Economy and Taxation*, London: John Murray. 〔정윤형 옮김, 『정치경제학 및 과세의 원리』, 비봉출판사, 1991.〕

Ridley, Matt(1997). *The Origins of Virtue: Human Instincts and the Evolution of Cooperation*, New York: Viking. 〔신좌섭 옮김, 『이타적 유전자』, 사이언스북스, 2001.〕

Rifkin, Jeremy(1994). *The End of Work: The Decline of the Global Labor Force and the Dawn of the Post-Market Era*, New York: J. P. Tarcher/Putnam. 〔이영호 옮김, 『노동의 종말』, 민음사, 1996.〕

_____(2000). *The Age of Access: The New Culture of Hypercapitalism, where All of Life is a Paid-for Experience*, New York: J. P. Tarcher/Putnam. 〔이희재 옮김, 『소유의 종말』, 민음사, 2001.〕

Rothfels, Nigel(2002). *Savages and Beasts: The Birth of the Modern Zoo*, Baltimore: Johns Hopkins University Press. 〔이한중 옮김, 『동물원의 탄생』, 지호, 2003.〕

Rubin, Isaac I.(1972). *Essays on Marx's Theory of Value*, Detroit: Black & Red. 〔함상호 옮김, 『마르크스의 가치론』, 이론과 실천, 1989.〕

_____(1979). *A History of Economic Thought*, London: Ink Links. 〔함상호 옮김, 『경제사상사』, 지평, 1988.〕

Russell, Bertrand(1935). *In Praise of Idleness*, London: George Allen & Unwin. 〔송은경 옮김, 『게으름에 대한 찬양』, 사회평론, 1997.〕

Russian Social Democratic Labour Party(1983). "The Second Congress of the RSDLP"(1903), *Marxism in Russia: Key Documents 1879~1906*, Neil Harding, ed., Cambridge: Cambridge University Press. 〔「제2차 당대회 : 당규약 제1조에 관한 토론」, 이성형 옮김, 『러시아 맑스주의』, 거름, 1987.〕

Ryan, Michael(1982). *Marxism and Deconstruction: A Critical Articulation*, Baltimore: Johns Hopkins University Press. 〔나병철 옮김, 『해체론과 변증법』, 평민사, 1994.〕

Schiller, Dan(1999). *Digital Capitalism*, Cambridge: MIT Press. 〔추광영 옮김, 『디지털 자본주의』, 나무와 숲, 2001.〕

Schmitt, Carl(1963). *Der Begriff des Politischen*, Duncker & Humblot. 〔김효전 옮김, 『정치적인 것의 개념』, 법문사, 1995.〕

Schrödinger, Erwin(1944). *What is Life?: The Phisical Aspect of the Cell*, Cambridge: Cambridge University Press. 〔서인석·황상익 옮김, 『생명이란 무엇인가』, 한울, 1992.〕

Simmel, Georg(1900). *Philosopie des Geldes*, Berlin: Duncker & Humblot Verlag. 〔안준섭 외 옮김, 『돈의 철학』, 한길사, 1983.〕

Singh, Simon(1999). *The Code Book*, New York: Anchor Books. 〔이원근 외 옮김, 『코드북』, 영림카디널, 2003.〕

Smith, Adam(1776). *An Inquiry into the Nature and Causes of the Wealth of Nations*, London: T. Cadell. 〔김수행 옮김, 『국부론』(상), 동아출판사, 1992.〕

Sohn-Rethel, Alfred(1978). *Intellectual and Manual Labour: A Critique of Epistemology*, Atlantic Highlands, N.J.: Humanities Press. 〔황태연·윤길순 옮

김, 『정신노동과 육체노동 : 철학적 인식론 비판』, 학민사, 1986.〕

Stalin, Joseph V(1972). *The Essential Stalin: Major Theoretical Writings, 1905~ 52*, New York: Anchor Books. 〔서중건 옮김, 『스탈린 선집 1』, 전진, 1988.〕

Sweezy, Paul(1954). "The Transition from Feudalism to Capitalism" (1950), *The Transition from Feudalism to Capitalism: A Symposium*, New York: Science and Society. 〔「돕의 소론에 대한 비판」, 김대환 옮김, 『자본주의 이행논쟁』, 동녘, 1984.〕

Taylor, Frederick W.(1947). *The Principles of Scientific Management, Scientific Management Comprising Shop Management, the Principles of Scientific Management and Testimony before the Special House Committee*, New York: Harper. 〔박진우 옮김, 『과학적 관리의 원칙』, 박영사, 1994.〕

Thompson, Edward P.(1991). "Time, Work-Discipline and Industrial Capitalism", *Customs in Common*, London: Merlin Press.

Tökei, Ferenc(1968). *Á Társadalmi Formák Elméletébz*, Budapest: Kossuth. 〔김민지 옮김, 『사회구성체론』, 이성과현실사, 1987.〕

Trefil, James(1997). *Are We Unique?: A Scientist Explores the Unparalleled Intelligence of the Human Mind*, New York: J. Wiley & Sons, Inc. 〔마도경 옮김, 『인간지능의 수수께끼』, 현대미디어, 1999.〕

Virilio, Paul(1977). *Vitesse et politique*, Paris: Galilée. 〔이재원 옮김, 『속도와 정치』, 그린비, 2004.〕

_____(1980). *Esthétique de la dispartion*, Paris: Balland. 〔김경온 옮김, 『소멸의 미학』, 연세대학교출판부, 2004.〕

_____(1998). *La bombe informatique*, Paris: Galilée. 〔배영달 옮김, 『정보과학의 폭탄』, 울력, 2002.〕

Wakeford, Tom(2001). *Liaisons of Life: From Hornworts to Hippos, how the Unassuming Microbe has driven Evolution*, New York: J. Wiley. 〔전방욱 옮김, 『공생, 그 아름다운 공존』, 해나무, 2004.〕

Wallerstein, Immanuel(1974). *The Modern World-system I*, New York: Academic Press. 〔나종일 옮김, 『근대세계체제』 I, 까치, 1999.〕

_____(1989). *The Modern World-system III*, San Diego: Academic Press. 〔김인중 · 이동기 옮김, 『근대세계체제』 III, 까치, 1999.〕

Watson, James D., and Andrew Berry(2003). *DNA: The Secret of Life*, New York: Alfred A. Knopf. 〔이한음 옮김, 『DNA : 생명의 비밀』, 까치, 2003.〕

Weber, Max.(1923). *Wirtschaftsgeschichte: Abriss der universalen Sozial- und Wirt-schafts-geschichte*, Leipzig: Dunker & Humblot. 〔조기준 옮김, 『사회경제제사』, 삼성출판사, 1991.〕

Williams, George C.(1997). *The Pony Fish's Glow: And Other Clues to Plan and Purpose in Nature*, New York: BasicBooks. 〔이명희 옮김, 『진화의 미스터리』, 두산동아, 1997.〕

Wilson, Edward Osborne(1975). *Sociobiology: The New Synthesis*, Cambridge: Harvard University Press. 〔이병훈 옮김, 『사회생물학』, 민음사, 1992.〕

Worster, Donald(1985). *Nature's Economy: A History of Ecological Ideas*, New York: Cambridge University Press. 〔강헌·문순홍 옮김, 『생태학, 그 열림과 닫힘의 역사』, 아카넷, 2002.〕

Worwick, Kevin(2004). *I, Cyborg*, Urbana: University of Illinois Press. 〔정은영 옮김, 『나는 왜 사이보그가 되었는가?』, 김영사, 2004.〕

Wuketits, Franz(1998). *Naturkatastrophe Mensch: Evolution ohne Fortschritt*, Düsseldorf: Patmos Verlag. 〔박종대 옮김, 『자연의 재앙, 인간』, 시아출판사, 2004.〕

高橋幸八郎(1951). 「封建制から資本主義への移行─スウィージー・ドッブ兩氏の論爭に奇せて」, 『經濟姸究』 第2券. 〔「돕-스위지 논쟁에 부쳐」, 김대환 옮김, 『자본주의 이행논쟁』, 광민사, 1980.〕

柄谷行人(1990). 『マルクスその可能性の中心』, 東京 : 講談社. 〔김경원 옮김, 『마르크스, 그 가능성의 중심』, 이산, 1995.〕

山岡亮一/木原正雄 編譯(1956). 『封建社會の基本法則』, 東京 : 有斐閣. 〔김석민 옮김, 『봉건사회의 기본법칙』, 아침, 1987.〕

山岡亮一/福富正實 編(1963). 『資本主義への移行論爭』, 東京 : 三一書房. 〔김석민 옮김, 『자본주의 이행논쟁의 새로운 전개』, 아침, 1987.〕

李贄(1590). 『焚書』. 〔홍승직 옮김, 『분서』, 홍익출판사, 1998.〕

李孝德(1996). 『表象空間の近代』, 東京 : 新曜社. 〔박성관 옮김, 『표상공간의 근대』, 소명출판, 2002.〕

賢首法藏(694), 『華嚴五敎章』. 〔김무득 역주, 『현수법장 화엄학체계(화엄오교장)』, 우리출판사, 1988.〕

찾아보기